Wilhelm G. Busse (Hrsg.)

Schöpfung:

Varianten einer Weltsicht

d|u|p

Studia Humaniora

Düsseldorfer Studien
zu Mittelalter und Renaissance

Band 46

Schöpfung:
Varianten einer Weltsicht

Wilhelm G. Busse (Hrsg.)

d|u|p

Bibliografische Information
der Deutschen Nationalbibliothek
Die Deutsche Nationalbibliothek verzeichnet diese Publikation in der Deutschen Nationalbibliografie; detaillierte bibliografische Daten sind im Internet über http://dnb.dnb.de abrufbar.

Gedruckt mit Unterstützung der Gesellschaft von Freunden und Förderern der Heinrich-Heine-Universität aus Mitteln der Dr. Reinhard und Emmi Heinen Stiftung

http://www.dupress.de
Einbandgestaltung: düsseldorf university press
Einbandabbildung: William Blake „The Ancient of Days“ aus *Europe: a Prophecy* (1859), © Trustees of the British Museum
Satz: Wilhelm G. Busse, LaTeX
Herstellung: Ruhrstadt Medien AG, Castrop-Rauxel
Gesetzt aus der Linux Libertine und der URW Classico
ISBN 978-3-943460-22-3

Inhaltsverzeichnis

Vorwort

Für die Menschen, die im Mittelalter im Christentum lebten, war die Vorstellung von der Schöpfung untrennbar mit dem biblischen Schöpfungsbericht verbunden: *Schöpfung* war die Erschaffung der Welt. Deren Anfang und Ende fanden sich fest eingebunden in eine heilsgeschichtliche Weltsicht, in der Gottes omnipräsentes Wirken das Schicksal des Einzelnen wie das der Gemeinschaften in seinen Händen hielt und bestimmte. Aus dem geschlossenen System dieses christlichen Mythos von Schöpfung ergab sich, dass auch alles ‚Geschaffene' – wo es nicht rein handwerkliche Produktion für die praktische Bewältigung des täglichen Lebens war – keinen selbstreferentiellen Eigenwert besaß, sondern Rechtfertigung nur als Abbild, als Nachahmung der göttlichen Schöpfung erfuhr. Kunst als Schöpfung um ihrer selbst willen bleibt dem christlichen Mittelalter zunächst fremd. Urheber, *auctor* und zugleich *artifex*, Schöpfer und Bearbeiter der Materie ist demnach allein Gott, der durch seine Schöpfung, durch sein Wort und sein Handeln in sich Autorschaft und Ausführung verband. In dieser festgefügten Vorstellung vom Schöpfungsmythos war die Rolle, die irgendwelcher schöpferischer Tätigkeit des Menschen zugedacht war, klar definiert als sekundär, als abgeleitet, als nachahmend; was Menschen schaffen, konnte nur Abbild der göttlichen Wahrheit und Nachahmung zu ihrer Glorifizierung sein, eigene *auctoritas* kam solchen Schöpfungen demnach nicht zu.

Die festgefügte Vorstellung gerät aber bald nach dem Milleniumswechsel in Prozesse des Wandels. Dafür gibt es eine ganze Reihe von Indikatoren, die allesamt den Prozess in holzschnittartigen Formeln beschreiben lassen wie der Wandel von der bloßen Nachahmung zur geniehaften Erfindung und Schöpfung, oder der Wandel vom Handwerk zur Kunst, oder derjenige vom Arbeiter am Logos zu seinem Inventor. Das ist ein Prozess der *longue durée*, der sich vom Hochmittelalter über die Renaissancen bis zur Aufklärung und Klassik erstreckt und in dessen Verlauf sich die Vorstellung von *auctor* und *auctoritas*, von *artifex* und *faber*, von *opus* und *opera* langsam vom Diktat christlicher Tradition emanzipieren. Die Signaturen in der Baukunst signalisieren eine andere Bewertung des Geschaffenen und reklamieren Autorschaft für das, was als individuelle Manifestation von kunstvoller Arbeit gelten soll; die Selbstzeugnisse der Dichter setzen ein Bewusstsein von Autorschaft und subjektiver Schöpfung voraus, die mit einer Reklamation geistigen Eigentums einhergeht; aus dem ausführenden Handwerker, der Farben oder Steine oder Wörter zum Lobpreis Gottes zusammenfügt, wird ein freier Schöpfer, dessen Rang im Zuge der Neubewertungen nobilitiert wird: Boccaccio etwa stellt die Fiktionen der Literatur auf eine Stufe mit der Theologie. Die Kunstästhetiken der Renaissance wie der frühen Neuzeit können dann den Künstler als autonomen Schöpfer begreifen.

Aus diesem langen Prozess der Umwertungen von Autor, Werk und Schöpfung bieten die in diesem Band versammelten Beiträge exemplarische Fälle des Wandels, Varianten um den Mythos der Schöpfung. Dass selbst die Schöpfungsgeschichte der Genesis nicht von Anpassungen verschont bleibt und mit kritischer Rationalität gesichtet und umgeschrieben wird, zeigt Rudolf Hiestand in seinem Beitrag über die Weltchroniken; Barbara Haupt und Ricarda Bauschke-Hartung folgen Gottfried von Straßburg und Konrad von Würzburg bei ihren Versuchen der Positionierung von Dichtung als sprachliche Kunstwerke; Hans Hecker zeigt am Beispiel Polens und der Rus' Gründungsmythen und ihren Schöpfungscharakter; Jürgen Wiener und Hans Körner loten Schöpfungsbeispiele der bildenden Kunst aus, der eine am Beispiel der *Grotta Grande* in Florenz, der andere am Beispiel der Ornament-Figuren. Roger Lüdeke schließlich deckt in Blakes *America* dessen divinatorische Poetik auf, die den Zusammenfall von Anfang und Ende politischer Institutionen als Schöpfung imaginieren kann. Und einleitend begreift Gerhard Krieger Schöpfungsmotiv und mittelalterliches Weltverständnis als Beziehung zwischen Religion und Kultur, in der der philosophische Gehalt des Motivs in seinen Ausdeutungen vom Mittelater bis zur Neuzeit zur Diskussion gestellt wird.

Als Herausgeber danke ich den Kolleginnen und Kollegen für ihre Beiträge und die Geduld, mit der sie die Produktion dieses Bandes über fast zwei Jahre begleitet haben. Friedhelm Sowa (dup und ZIM der Heinrich-Heine-Universität) gilt ein Dankeschön für die jederzeit wohlwollende technische Betreuung bei der Gestaltung des Bandes. Den größten Dank schulden die Herausgeber der Reihe und ich als Herausgeber dieses Bandes jedoch der Gesellschaft von Freunden und Förderern, die den Druck dieses Bandes großzügig gefördert hat.

Wilhelm Busse

Düsseldorf, im März 2013

GERHARD KRIEGER

Zwischen Angleichung und Entwurf: Schöpfungsmotiv und mittelalterliche Weltorientierung

I. Religionsphilosophie als Kulturphilosophie

Religion ist unbezweifelbar eines der gegenwärtig heftigst umstrittenen Themen. Im Zusammenhang dieser Auseinandersetzung hat auch die Frage nach Gott neue Aufmerksamkeit gefunden, insofern der Glaube an Gott nach Auffassung von Vertretern des sogenannten neuen Atheismus aus wissenschaftlicher Sicht als schlichtweg wahnhaft abgetan werden kann und zudem für nichtgläubige Menschen gefährlich und lebensfeindlich ist. Wenn vor diesem Hintergrund die weiteren Überlegungen der Frage nach Gott im Blick auf den Zusammenhang zwischen Schöpfungsmotiv und mittelalterlichem Weltverstehen nachgehen, geschieht dies allerdings nicht zum Zwecke der Auseinandersetzung mit der zuvor angesprochenen Kritik am Gottesglauben. Die Bezugnahme darauf versteht sich vielmehr im Sinne der Einschätzung Henning Ritters, nach der „Religionsphilosophie, die auf Aktualität abhebt, [...] immer zugleich Kulturphilosophie" zu sein hat.[1] Insofern interessiert der neue Atheismus und die mit ihm neu aufgeworfene Frage nach Gott hier also nicht, soweit es die inhaltliche Kritik an religiösen Überzeugungen betrifft. Vielmehr stellen sich die weiteren Überlegungen der Aufgabe, um noch einmal Ritter zu bemühen, „die [...] Beziehungen von religiösen Bewegungen und allgemeinen kulturellen Entwicklungen ins Auge [...] zu fassen".[2] Gemäß dieser Aufgabenstellung soll in den weiteren Überlegungen deutlich gemacht werden, dass mit dem Zusammenhang zwischen Schöpfungsmotiv und mittelalterlicher Weltorientierung eine derartige Beziehung zwischen der christlichen Bewegung auf der einen Seite und der Philosophie als Teil einer allgemeinen kulturellen Entwicklung auf der anderen Seite gegeben ist. Die

[1] Henning Ritter, Warum der neue Atheismus unsere Kultur verflacht. Alister McGrath antwortet auf die Religionskritik von Richard Dawkins, in: *Frankfurter Allgemeine Zeitung*, 12.03.2008, S. L 13.

[2] Ebenda.

weiteren Überlegungen können deswegen zugleich als ein Beitrag zur Religionsphilosophie in aktueller Hinsicht genommen werden, da sie deutlich zu machen versuchen, dass es nicht lediglich im Interesse religiösen, sondern ebenso profanen Selbstverständnisses ist, den Gottesglauben nicht als wahnhaft und gefährlich erscheinen zu lassen.

Inwieweit eignet sich der Zusammenhang zwischen Schöpfungsmotiv und mittelalterlicher Weltorientierung dazu, in dieser Weise als eine Beziehung zwischen der christlichen Auffassung und der Philosophie als Teil einer allgemeinen kulturellen Entwicklung in den Blick genommen zu werden? Die Darlegungen zielen darauf ab, einerseits die besondere Bedeutung der christlichen Auffassung hinsichtlich des Motivs göttlicher Schöpfertätigkeit für das menschliche Weltverhältnis deutlich werden zu lassen. Andererseits versteht sich diese besondere Bedeutung auf der Grundlage der antik-philosophischen Voraussetzung des affirmativen Charakters des menschlichen Weltverhältnisses. Insoweit steht der Zusammenhang zwischen Schöpfungsmotiv und mittelalterlicher Weltorientierung exemplarisch für ein affirmatives Weltverhältnis als Basis ebenso des profanen wie des religiösen Selbstverständnisses. Auf diese Weise richtet sich der Blick, indem er die Aufmerksamkeit auf die mittelalterliche Auffassung in Bezug auf das menschliche Weltverstehen lenkt, somit auf eine Betrachtungsweise, die sich ebenso christlicher- bzw. religiöserseits versteht, wie sie zugleich eine Grundlage kultureller Erscheinung und Entwicklung im ganz allgemeinen Sinne ausmacht. Der Zusammenhang zwischen Schöpfungsmotiv und mittelalterlicher Weltorientierung ist also geeignet, als eine Beziehung zwischen Religion und Kultur zur Diskussion gestellt zu werden.

Die besondere Bedeutung der christlichen Auffassung im Mittelalter, die hier in Betracht gezogen werden wird, besteht darin, dass vor dem Hintergrund der im Schöpfungsgedanken gegebenen Selbsttranszendierung die menschliche Weltorientierung über das betreffende antike Verständnis hinaus in ihrer transzendenten oder ekstatischen Struktur ebenso wie in ihrer Standpunkthaftigkeit und Relativität hervortritt. Die menschliche Weltorientierung wird ihrerseits nach Maßgabe der Selbsttranszendierung konzipiert. Dieser Vorgang tritt in der Preisgabe der teleologischen Betrachtung hervor, welche Entwicklung sich in die Differenz von Angleichung und Entwurf als Ziel menschlicher Weltorientierung fassen lässt. In der Sicht der folgenden Überlegungen hat die für das christliche Schöpfungsverständnis zentrale Fähigkeit der Selbstranszendierung also ihre Bedeutung für die Auffassung des menschlichen Weltverhältnisses sowohl in struktureller Hinsicht als auch hinsichtlich ihrer bzw. seiner Entwicklung.

Im Rahmen dieser thematischen Vorbemerkungen sei schließlich das Verständnis der Begriffe der Weltorientierung und der Schöpfung in den folgenden Überlegungen erläutert. Der erstgenannte Begriff wird im erweiterten Sinne von Erkenntnis und Wissen gebraucht. Auf diese Weise soll sowohl deren auf den methodischen Aspekt begrenztes Verständnis vermieden als auch der Bezug auf die Welt als das Ganze der Inhalte des Erkennens und Wissens betont werden. Insofern liegt der Akzent auf dem orientierenden Sinn in umfassender Hinsicht. Der Begriff der Schöpfung findet zunächst ohne weitere Differenzierung seine Anwendung im Blick auf Platon und Aristoteles. Das ist insoweit begründet, als es im Wesentlichen um deren Kennzeichnung des Motivs ursprünglicher göttlicher Aktivität geht. In der Antwort auf die Frage, warum Gott ursprünglich tätig wird, unterscheiden sich nämlich die genannten beiden antiken Autoren insoweit nicht von den in den Blick genommenen christlichen Stellungnahmen, als gesagt wird: weil er gut ist. Insofern wird hier unterschiedslos im Blick auf sowohl die Antike als auch das Mittelalter von Schöpfung gesprochen. Allerdings soll auch gezeigt werden, dass in der Annahme der Selbsttranszendierung ein entscheidender Unterschied zwischen antikem und christlichem Schöpfungsverständnis besteht, vor dessen Hintergrund sich die Auffassung von der menschlichen Weltorientierung im Mittelalter in der skizzierten Weise ändert. Im Rahmen dieser Erläuterung zum Verständnis des Begriffs der Schöpfung sei darüber hinaus noch bemerkt, dass die christliche Auffassung, soweit sie, literarisch gesprochen, auf die betreffenden Texte des Alten Testamentes Bezug nimmt, auf das jüdische Verständnis verweist. Damit ergibt sich die Frage, inwieweit das, was in den weiteren Ausführungen im Blick auf den Zusammenhang zwischen dem Schöpfungsmotiv und mittelalterlich-christlichem Denken gesagt wird, ebenso in Bezug auf jüdisches Denken gesagt werden könnte. Diese Frage sei hier insoweit offen gelassen, als jedenfalls philosophiegeschichtlich entsprechende Befunde nicht erkennbar sind.

Dem Vorgehen nach wird zuerst auf die Einschätzung der Bedeutung der Geschöpflichkeit bei Jürgen Habermas eingegangen werden. Auf diese Weise soll das hier verfolgte religionsphilosophische Interesse zunächst im Zusammenhang der aktuellen Debatte verdeutlicht werden (Teil II). Der nächste Schritt wird sich mit der antiken Deutung des Schöpfungsmotivs befassen (Teil III), während dann die betreffende mittelalterliche Diskussion fokussiert wird (Teil IV). Am Ende wird eine kurze Bemerkung zur aktuellen Bedeutung der vorgetragenen Überlegungen stehen (Teil V).

II. Zum ,Ort' der Überlegungen in der gegenwärtigen religionsphilosophischen Debatte

Im Blick auf die zeitgenössische philosophische Diskussion des Themas ‚Religion' wird hier die Auffassung von Jürgen Habermas angesprochen, insoweit dieser das genannte Thema im positiven Sinne aufgreift. Die vorliegenden Überlegungen teilen diese positive Einstellung gegenüber dem genannten Thema, suchen diese aber auf andere Weise zu realisieren. Daher ist im Verlauf der weiteren Überlegungen auch auf die Differenzen näher einzugehen. Zunächst wird auf die grundsätzliche Einschätzung des Verhältnisses der Vernunft zur Religion näher eingegangen: Habermas beschreibt dieses Verhältnis als „ambivalente Einstellung", gemäß der die Vernunft „von der Religion Abstand halten kann, ohne sich deren Perspektive zu verschließen."[3] Im Besonderen ist diese Einstellung von zwei Momenten bestimmt: Auf der einen Seite überschreitet sich die sich „ihrer Grenzen inne werdende Vernunft auf ein Anderes hin", auf der anderen Seite tut sie dies „ohne anfänglich theologische Absicht".[4] Insofern beruht das Verhältnis der Vernunft zur Religion im Sinne Habermas' auf deren Fähigkeit und Selbstmotivation zur Transzendenz im ganz allgemeinen Sinne.

Die Bedeutung, die dem Aspekt der Schöpfung im Verständnis von Habermas zukommt, zeigt sich im Zusammenhang seiner Erläuterung der Absicht, in der die Vernunft sich für Religion interessiert. Diese Absicht zielt darauf ab, religiöse Gehalte „über die Grenzen einer Religionsgemeinschaft hinaus dem allgemeinen Publikum von Andersgläubigen und Ungläubigen" zu erschließen.[5] Insoweit scheint die Vernunft für Habermas vor allem ein hermeneutisches Interesse in Bezug auf religiöse Gehalte zu verfolgen. Seine Erläuterungen zur Bedeutung des Schöpfungsgedankens legen allerdings die Vermutung nahe, dass dieses Interesse darüber hinaus inhaltlich bestimmt ist. Denn insofern für Habermas im Gedanken der Geschöpflichkeit des Menschen die „Intuition" zum Ausdruck kommt, dass das „Gegenüber in Menschengestalt [...]

[3] Jürgen Habermas, *Glauben und Wissen*, Frankfurt a. M. 2001, S. 28 f.

[4] Jürgen Habermas, Vorpolitische Grundlagen des demokratischen Rechtsstaates?, in: ders., *Zwischen Naturalismus und Religion. Philosophische Aufsätze*, Frankfurt a. M., S. 106–118, hier: S. 114.

[5] Vorpolitische Grundlagen (wie Anm. 4), S. 116.

seinerseits frei sein [muss], um die Zuwendung Gottes erwidern zu können",[6] scheint mit der Freiheit doch ein Gesichtspunkt maßgeblich zu sein, der jedenfalls nicht so ohne weiteres im Zusammenhang mit der Geschöpflichkeit steht. Oder wenn die religiöse Überzeugung von der Gottesebenbildlichkeit des Menschen gedeutet werden kann im Sinne der „gleiche[n] und unbedingt zu achtende[n] Würde aller Menschen",[7] dürfte es sich mit dem Aspekt der Würde ähnlich verhalten.

Allerdings soll diesen Fragen hier ebenso wenig weiter nachgegangen werden, wie zuvor der sogenannte neue Atheismus thematisiert wurde. Habermas' Einschätzung wird hier vielmehr angesprochen, um das Interesse der weiteren Überlegungen an der Gottesfrage und dem Schöpfungsmotiv genauer zu kennzeichnen: Und zwar wenden sich die Überlegungen dem Schöpfungsgedanken im Unterschied zu Habermas als einem primär philosophischen Gedanken zu und nicht lediglich im Interesse der Übersetzung eines religiösen in einen philosophischen. Insofern zielen sie erstens auf ein Verständnis des Schöpfungsgedankens selbst ab. Zweitens tun sie das in dezidiert theologischer Absicht, wobei damit nicht die offenbarungs-theologische, sondern die philosophisch zu verstehende Theologik gemeint ist, um einen Aristotelischen Ausdruck zu gebrauchen.[8]

Über die sachliche Bedeutung der folgenden historischen Überlegungen für dieses dezidiert theologische Interesse kann und wird am Ende zu sprechen sein. Der Gedanke, der damit angezielt wird, besagt, dass die Annahme göttlicher Schöpfungsaktivität Ausdruck eines affirmativen Weltverhältnisses ist. Insoweit basiert menschliches Weltverstehen von vornherein auf der Annahme der Sinnhaftigkeit und Sinnbestimmtheit seines Gegenstandes. Insoweit ist menschliche Weltorientierung von Positivität getragen, sie verhält sich von vornherein im affirmativen Sinne asymmetrisch zu ihrem Gegenstand. Insofern dieser Gedanke historisch im Blick auf die antike Philosophie, insbesondere auf Platon herausgestellt werden soll, kann jetzt zu den entsprechenden Ausführungen übergegangen werden.

---

6 *Glauben und Wissen* (wie Anm. 3), S. 30.

7 Vorpolitische Grundlagen (wie Anm. 4), S. 115 f.

8 Vgl. Aristoteles, *Metaphysik* VI 1, 1026a 19.

III. Die Güte göttlicher Schöpfung und ihr Motiv in der antiken Philosophie

Platons Überlegungen zu Gott und den Göttern gehen von der griechischen Polisreligion aus, in der die Götter als Individuen angerufen und in der mythologische Erzählungen über die Götter verfasst worden sind.[9] Platon knüpft mit seiner Auffassung an eine Tradition an, die sich kritisch und ablehnend gegenüber dem Bild der Götter verhält, das Homer und Hesiod teilweise in ihren Epen zeichnen. Platon kritisiert vor allem, dass Homer und Hesiod den Göttern unmoralisches Verhalten zugeschrieben haben. Er lässt Sokrates vortragen, dass sich die Götter nicht so verhalten würden, wie sie von den genannten Dichtern dargestellt würden. Als ein Beispiel bringt Platon die Kastration des Uranos durch seinen Sohn Kronos. Man dürfe solche Geschichten nicht weiter tradieren, weil sie einen verheerenden Einfluss auf den Charakter derjenigen hätten, die diese Erzählungen hören, und weil sie sachlich schlicht falsch seien. Die Dichter sollten die Götter bzw. den Gott vielmehr so darstellen, wie sie bzw. er tatsächlich sei. Dabei ist es die Aufgabe der Philosophen, den Dichtern die Regeln vorzugeben, nach denen sie ihre Dichtung zu richten haben. Platon nennt zwei Regeln der *theologia*, die jeweils sagen, wie der Gott wirklich ist: Erstens ist er wirklich gut, zweitens ist er unveränderlich. Dass er gut ist, bedeutet auch, dass er ausschließlich Ursache von guten Dingen ist. Diese Bestimmung des Göttlichen ist revolutionär. Zwar haben auch Intellektuelle vor Platon behauptet, man dürfe keine schlechten Eigenschaften von Gott aussagen, aber kein Autor vor ihm hat je ausgesagt, dass der Gott gut (*agathos*) und nur Ursache guter Dinge ist.

Im Zusammenhang seiner Demiurgie stellt Platon auch die Frage, was den göttlichen Geist aktiv werden lässt.[10] Insofern thematisiert Platon also das Motiv göttlicher Aktivität. Seine Antwort besagt, der Grund sei die „Neidlosigkeit" und der Wille zum Gutsein dessen, was Gott bewirkt.[11] Insofern mit diesem Willen aber nicht ein Entschluss gemeint ist, dem sich die Welt in ihrer Existenz und Bestimmtheit verdankt, bleibt die fragliche Motivation unbestimmt.[12]

---

[9] Die folgenden Bemerkungen orientieren sich an Michael Bordt, *Platons Theologie*, Freiburg 2006, bes. S. 95–144.

[10] Platon, *Timaios* 29 d 7 – e 1.

[11] Ebenda e 1–4.

[12] Ähnlich Hans-Georg Gadamer, Idee und Wirklichkeit in Platos ‚Timaios', in: *Sitzungsberichte der Heidelberger Akademie der Wissenschaften*, phil.-hist. Kl. Jg. 1974, 2, Heidelberg 1974, S. 11: „Der Demiurg [. . .] wird hier nur als Verfertiger bezeichnet und es kommt zwar das Wort

Diesen Hinweisen zu Platon seien die betreffenden Beobachtungen im Blick auf Aristoteles an die Seite gestellt.[13] Für diesen ist Gott reine Selbstbezüglichkeit. Dieses Verständnis schließt die Figur einer absoluten Selbstbeziehung ein, die einerseits Selbstständigkeit und Bestimmtheit aus sich heraus besitzt und deren Sein insofern in herausgehobener Weise als Tätigsein definiert ist. Andererseits sind mit dieser Konzeption zwei grundlegende Schwierigkeiten verknüpft: Zwar ist die göttliche Selbstbeziehung nicht lediglich formelle Selbstreferenz. Dieses Selbstdenken verfügt durchaus über jene Bestimmungen, die der Welterschließung zugrunde liegen, insofern es, indem es „das Denkbare" denkt, gewissermaßen an sich Wirklichkeitserkenntnis ist. Gleichwohl bleibt festzuhalten, dass das „Denken des Denkens" nicht schon Weltdenken impliziert. Auf diese Weise ist der aristotelische Gott durch Autarkie qualifiziert, die zugleich Abgeschlossenheit meint. Aus diesem Grund bleiben die aristotelische Theologik und die Kosmologie, die mit Gott zugleich das Weltganze und sein Verhältnis zu diesem thematisiert, letztlich unvermittelt. Die zweite Schwierigkeit betrifft das Verhältnis von Selbstdenken und Selbstbestimmung, von theoretischem und praktischem Selbstbezug: Zwar stellen die Vorstellungen des Lebens, des Wohlbefindens und der Lust wichtige Aspekte hinsichtlich dieses Verhältnisses dar. Auf diese Weise kommt zum Ausdruck, dass Gott als reine *energeia* ein Vollzug ist, in welchem das höchste Seiende sich selber Telos ist und Vollendung findet. Aber diese göttliche Selbsterfüllung bleibt auf die Selbsterkenntnis begrenzt, insoweit bleibt ihr Ziel lediglich Angleichung, ihre Vertiefung hin zur Selbstbestimmung und damit zur Selbstsetzung bleibt aus. Insofern gelangt Aristoteles ebenso wenig wie Platon zur Bestimmung des Motivs göttlicher Schöpfungstätigkeit. Der göttlichen Schöpfertätigkeit im antiken Verständnis fehlt der Gedanke der Selbsttranszendierung.

Im Blick auf die vorangegangenen Ausführungen sei Folgendes festgehalten: Mit Platon und insofern zugespitzt gesagt mit dem historischen Ursprung der Philosophie wird erstens der göttliche Ursprung der Welt ebenso wie

---

Wollen vor (29 e 3), aber nicht im Sinne eines einmaligen Entschlusses und überhaupt nicht im Sinne einer Motivation für die Herstellung der Welt. Die eigentliche Motivation für sein herstellendes Tun wird überhaupt nicht genannt – nur die Art der Ausführung wird – seltsam genug – abgeleitet: Weil er ‚gut' ist, kennt er keinen phthonos, das heißt kein eifersüchtiges Zurückbehalten von etwas, was nur er hat oder ist." Ebenso Heinz J. Schäfer, *Phronesis bei Platon*, Bochum 1981, S. 61: „Die stellare Ordnung [...] entstammt göttlicher Tätigkeit, die wir uns nicht als ‚freien' Schöpfungsakt vorstellen dürfen."

[13] Die folgenden Bemerkungen orientieren sich an Emil Angehrn, *Der Weg zur Metaphysik. Vorsokratik, Platon, Aristoteles*, Weilerswist 2000, bes. S. 467–493.

diese selbst als im Grundsatz gut angesehen. Insofern ist das menschliche Weltverhältnis von seinem Gegenstand her grundsätzlich positiv bestimmt. Im Rückgang auf ein erstes, transzendentes Prinzip zeigt sich eine „Grundhaltung“, die „letztlich auf eine affirmative Fundierung unseres Selbst- und Wirklichkeitsverständnisses zielt“.[14] Der Mensch steht von vornherein in einem positiv-asymmetrischen Verhältnis zur Welt. Zweitens bleibt die Frage nach dem Grund dieser Positivität letztlich offen, die Befähigung zur Selbsttranszendierung kommt nicht in den Blick.

IV. Schöpfungsmotiv und mittelalterliche Weltorientierung

Wenn sich die Überlegungen jetzt dem mittelalterlichen Denken zuwenden, geschieht dies vor dem Hintergrund der Auffassung in Bezug auf die göttliche Schöpfertätigkeit, wie sie dem mittelalterlichen Denken insbesondere durch Augustinus vermittelt wird. Der Sache nach geht es um das Motiv des göttlichen Willens als Grund der Schöpfung, und insoweit handelt es sich um den Gedanken der Schöpfung kraft göttlicher Allmacht.[15] Insofern dieser Augustinische Gedanke angesprochen wird, ist im historischen Sinne von der christlichen Auffassung die Rede. Ebenso wird in den weiteren Überlegungen auf christliche Autoren Bezug genommen. Die Frage, inwieweit das, was im Zusammenhang mit dem genannten Augustinischen Gedanken steht, ebenso von jüdischer Seite aus denkbar ist, wird hier, dies sei noch einmal betont, offen gelassen.

Der Sache nach versteht sich der Augustinische Gedanke im Sinne göttlicher Selbstbestimmung und Selbsttranszendierung, und insoweit sei seine Bedeutung vorerst im Verhältnis zur aristotelischen Auffassung erläutert: Insofern Gott für Aristoteles reine Selbstbezüglichkeit ist, schließt dieser Selbstbezug Selbständigkeit und Bestimmtheit aus sich heraus ein. Insofern zugleich die Vorstellungen des Lebens, des Wohlbefindens und der Lust für Aristoteles wichtige Aspekte des göttlichen Selbstdenkens und Tätigseins darstellen, ist das höchste Seiende sich zwar selber Telos, aber lediglich im Sinne der auf Angleichung abzielenden Selbsterkenntnis. Im Vergleich dazu besagt die willentliche Selbstmotivation im Verständnis Augustins die Transzendierung der Selbsterkenntnis zur Selbstbestimmung, insofern führt die göttliche Selbst-

[14] Ebenda S. 498.

[15] Augustinus, *De libero arbitrio* I, II 5.

motivation zur Preisgabe der Angleichung als des Zieles göttlicher Selbsterkenntnis.

Die weiteren Überlegungen zum mittelalterlichen Denken knüpfen an das skizzierte Augustinische Verständnis göttlicher Schöpfungstätigkeit insoweit an, als diese entscheidend mit der Fähigkeit zur Selbsttranszendierung verknüpft ist. Deren Bedeutung für die menschliche Weltorientierung wird darin gesehen, dass diese ihrerseits nach Maßgabe der Selbsttranszendierung bestimmt wird. Das besagt zunächst, dass der Gegenstand oder die Sache, auf die in diesem Verhältnis Bezug genommen wird, diesem als es selbst transzendent ist und bleibt. Zugleich eröffnet sich dieser Gegenstand der betreffenden Orientierung aufgrund der besagten strukturellen Transzendenz nicht als er selbst, sondern in bleibender Differenz zu eben dem Verhältnis seiner Erfassung im menschlichen Verstehen. Insoweit ist das Ziel menschlicher Weltorientierung nicht bloße Angleichung. Insofern die strukturelle Differenz im mittelalterlichen Denken zugleich im standpunktbezogenen und damit relativen Sinne gedeutet wird, gewinnt menschliches Weltverstehen Entwurfscharakter. Der Zusammenhang zwischen der Selbsttranszendierung in der göttlichen Schöpfertätigkeit und der entsprechenden Konzeptionierung des menschlichen Weltverhältnisses zeigt sich im Prozess der Preisgabe des teleologischen Gesichtspunktes in Bezug auf das Ziel des zur Diskussion stehenden Verhältnisses. Dabei sei in Bezug auf diesen letztgenannten Zusammenhang betont, dass dieser im kontingenten Sinne verstanden, der damit angesprochene Prozess also nicht als notwendig angesehen wird. In der Perspektive der vorliegenden Überlegungen ist von Bedeutung, dass mittelalterliches Denken, insofern es menschliche Weltorientierung als Entwurf und damit unter der Voraussetzung der Preisgabe des teleologischen Gesichtspunktes deutet, im Zusammenhang mit dem Aufstieg der modernen Wissenschaften und damit in Kontinuität mit der Entwicklung von Philosophie und Wissenschaft über das Mittelalter hinaus gesehen werden kann. Infolge dieser Kontinuität können mittelalterliche Auffassungen, auch und insofern sie im Einzelnen an der teleologischen Betrachtung festhalten, alternative Bedeutung besitzen.

Dem angesprochenen Prozess der Preisgabe des teleologischen Gesichtspunktes folgen die weiteren Überlegungen in der Weise, dass sie ihren Ausgang bei Thomas von Aquin nehmen, insofern dieser auf der einen Seite, in seiner Lehre vom natürlichen Gesetz sowie in seiner Handlungs- und Willenslehre, seine Überzeugung von der Ursprünglichkeit und Selbstständigkeit der praktischen Vernunft des Menschen in Bezug auf die Normierung des Wollens und Handelns zur Geltung bringt. Demgemäß bestimmt sich menschliches Weltverstehen, soweit es sich in der menschlichen Praxis realisiert, unabhängig und eigenständig gegenüber teleologischer Ausrichtung. Auf der anderen Seite kennt Thomas keine wertneutrale Wirklichkeit. Insofern ist das menschliche Weltverhältnis in seiner über die Begründung des Wollens und Handelns hinausgehenden Bedeutung bezogen auf die theologisch-teleologische Verfasstheit des Seienden insgesamt. Menschliche Weltorientierung realisiert sich also nach Auffassung des Thomas auf der einen Seite unter der Leitung der praktischen Vernunft. Insoweit ist sie gegenüber der theologisch-teleologischen Verfasstheit des Seienden unabhängig und eigenständig. Auf der anderen Seite steht das menschliche Weltverhältnis unter der Voraussetzung und Vorgabe artspezifischer Vollendung und vollzieht sich deswegen im Modus der Angleichung.[16]

Der Zusammenhang der Preisgabe der teleologischen Bestimmung mit der transzendenten Struktur des menschlichen Weltverhältnisses zeigt sich bei Thomas im Besonderen im Blick auf seine Differenzierung im Begriff des Endziels, die sich in dieser Form in der betreffenden antiken Auffassung nicht findet.[17] Näherhin unterscheidet Thomas zwischen der Sache selbst, die das Ziel ist, und deren bzw. dessen Realisierung bzw. Genuss, also etwa zwischen einer bestimmten Nahrung einerseits und deren tatsächlichem Verzehr und Genuss andererseits oder zwischen einem einzelnen Menschen auf der einen Seite und dessen besonderer Zuneigung und Liebe auf der anderen Seite. Während die Sache als das jeweilige Ziel ihren ‚Ort' im Menschen selbst hat, insofern sie ihm auf diese Weise letztlich zu Eigen wird, bleibt ihm die jeweilige Realisierung doch äußerlich: Die Befriedigung oder Erfüllung, der mit einer Nahrung angezielte Genuss oder das Gefühl der Gemeinschaft mit einem geliebten Menschen stellen sich letztlich im Inneren ein, doch das betreffende

[16] Vgl. dazu Wolfgang Kluxen, *Philosophische Ethik bei Thomas von Aquin*, 3. durchges. Auflage, Hamburg 1998, S. XVIII; Otto Herrmann Pesch, Kommentar, in: *Thomas von Aquin, Das Gesetz*, Die Deutsche Thomas-Ausgabe Bd. 13, Heidelberg u. a. O. 1977, S. 535–540; Ruedi Imbach, Thomas von Aquin – Das Gesetz, in: Ansgar Beckermann/Dominik Perler (Hgg.), *Klassiker der Philosophie heute*, Stuttgart 2004, S. 145–147; Georg Wieland, Gesetz und Geschichte, in: Andreas Speer (Hg.), *Thomas von Aquin: Die Summa theologiae. Werkinterpretationen*, Berlin / New York 2005, S. 224–226; Karl Mertens, Handlungslehre und Grundlagen der Ethik, in: Speer (Hg.), op. cit., S. 168–197.

[17] Die folgenden Überlegungen orientieren sich an Maximilian Forschner, *Thomas von Aquin*, München 2006, S. 201 ff. Der genannte Autor bezieht sich seinerseits auf die *Summa theologiae* I–II, q. 2. a. 7 corp. art.

Tun, das zu dieser Befriedigung bzw. Erfüllung führt, vollzieht sich äußerlich. Insofern bleibt dem Menschen die eigentliche Quelle seiner Erfüllung selbst äußerlich. Menschliche Weltorientierung hat damit „eine transzendente bzw. ekstatische Struktur."[18] Gemäß dieser Struktur verliert die teleologische Bestimmung aber ihren Sinn. Denn damit bestimmt sich die tatsächliche Erfüllung letztlich nicht von der teleologischen Ausrichtung, sondern von den gegebenen Möglichkeiten ihrer Realisierung.[19]

Dies bestätigt sich in besonderer Weise im Blick auf Thomas' Auffassung in Bezug auf das vollkommene Glück: Thomas denkt die Realisierung des vollkommenen Glücks („beatitudo perfecta") zwar als eine gemäß der Artspezifik des Menschen äußerste Vollendung des menschlichen Intellektes („ultima perfectio humani intellectus") in der Betrachtung des Göttlichen („in contemplatione divinorum").[20] Insofern sie aber als solche nicht in die Macht des Menschen gestellt ist, droht die teleologische Bestimmung menschlicher Existenz am Ende unerfüllt zu bleiben oder wird doch zumindest fragwürdig. Dementsprechend steht die wissenschaftliche oder philosophische Existenz für Thomas anthropologisch gesehen in der Gefahr des Scheiterns.[21]

Die für Thomas geltende Auffassung, der gemäß es eine Wirklichkeit gibt, die von sich aus menschlicher Wirksamkeit entzogen bleibt, ändert sich im Verständnis des um die Mitte des 14. Jahrhunderts an der Pariser Artistenfakultät wirkenden Johannes Buridan in folgender Weise:[22] Buridan sieht dies insoweit anders, als für ihn die Entscheidung darüber, welche Wirklichkeit menschlicher Wirksamkeit entzogen bleibt, doch insoweit durch die praktische Vernunft bestimmt ist, als sich dieser der Entschluss zu Erkenntnis und Wissen verdankt. Mit Aristoteles und Thomas ist Buridan zwar durchaus der Überzeugung, dass wissen zu wollen zu unserer Natur gehört. Insofern vermögen wir uns zwar nicht wirklich dazu zu entscheiden, nicht wissen zu wollen. Da wir jedoch dazu in der Lage sind, darüber zu entscheiden, ob wir

---

[18] Forschner, ebenda S. 202.

[19] Dies bestätigt sich auch in Thomas' Auffassung zur Askese; vgl. dazu Gerhard Krieger, Askese und Wissenschaft – Thomas von Aquin und Max Weber im Vergleich, *Das Mittelalter* 15 (2010), S. 111–127.

[20] *Summa theologiae* I–II, q. 3, art. 7 ad 2; ebenda art. 5 corp.

[21] Forschner (wie Anm. 17), S. 204 f.: „Für Thomas endet die existentielle Perspektive der Philosophie [...] unweigerlich in Schwermut und angsterfüllender Bedrängnis." Der Autor verweist zum Beleg auf *Summa contra gentiles* III 48.

[22] Für die folgenden Bemerkungen verweise ich insgesamt auf meine Untersuchung *Subjekt und Metaphysik. Die Metaphysik des Johannes Buridan*, Beiträge zur Geschichte der Philosophie und Theologie des Mittelalters, Neue Folge 65, Münster 2003.

etwas primär um des Wissens oder um des Nutzens willen wissen wollen, können wir uns die Realisierung des Wissens durchaus intentional, d. h. als gewollt, zurechnen. Dementsprechend kann sich die Möglichkeit des Wissens in einem Lebensprozess realisieren, der durchaus als diese Möglichkeit selbst, d. h. als wissenschaftliche Praxis und Existenz, wahrnehmbar und intendierbar ist. Vor diesem Hintergrund kann Buridans historisch betrachtet durchaus ungewöhnliche Entscheidung, zeitlebens Professor für Philosophie zu bleiben und nicht in eine der höheren Fakultäten aufzusteigen, als lebenspraktische Konsequenz dieses Bewusstseins angesehen werden.[23] In gegenständlicher Hinsicht ergibt sich aus diesem grundsätzlich praktischen Verständnis von Erkenntnis und Wissenschaft, dass das, was uns durch äußere Erfahrung zugänglich wird, überhaupt nur insoweit zum Inhalt unseres Erkennens und Wissens werden kann, insoweit es veränderbar, d. h. technisch zugänglich ist. Insoweit begründen sich Erkenntnis und Wissenschaft methodisch. Demgemäß bleibt die Welt, soweit es ihre qualitative Differenziertheit und anschaulich-gestalthafte Struktur betrifft, unserem Erkennen und Wissen entzogen. Insofern gibt Buridan den Gedanken der teleologischen Bestimmtheit des Seienden zugunsten seiner naturgesetzlichen Erkenntnis auf.

Infolge des praktischen bzw. methodischen Selbstverständnisses von Erkenntnis und Wissenschaft zielt unser Weltverstehen aus der Sicht Buridans nicht mehr auf Angleichung. Gleichwohl scheint mir im Blick auf seine Auffassung noch nicht von einem Verständnis im Sinne von Entwurf gesprochen werden zu können. Das hat seinen Grund darin, dass er die Relativität unserer theoretischen Kompetenz im Verhältnis zu deren Gegenstand zwar dem Grundsatz nach erkennt und begründet. Doch sie erfährt noch nicht eine eigene Sinnbestimmung, wie dies bei Nikolaus von Kues geschieht.

Zur näheren Erläuterung dieser Auffassung sei zuerst die Haltung des Kardinals in der Frage nach dem Motiv oder Grund göttlicher Schöpfungsaktivität in Betracht gezogen. Seine Auffassung besagt, dass es „für alle Werke Gottes keinen Grund gibt; das heißt, warum der Himmel Himmel und die Erde Erde und der Mensch Mensch ist, dafür gibt es keinen Grund als den, dass der, der (sie) schuf, es so wollte".[24] Im Blick darauf glaubt Kurt Flasch,

[23] Vgl. dazu Bernd Michael, *Johannes Buridanus: Studien zu seinem Leben, seinen Werken und zur Rezeption seiner Theorien im Europa des späten Mittelalters*, 2 Bde., Diss. FU, Berlin 1985.

[24] Die Texte des Cusanus werden nach den in der Philosophischen Bibliothek herausgegebenen lateinisch-deutschen Ausgaben zitiert: *Schriften des Nikolaus von Kues in deutscher Übersetzung*, hg. von Ernst Hoffmann, Hamburg 1977 ff. *De beryllo* XXX: „Et ita dico cum sapiente

Cusanus vor dem Verdacht eines Voluntarismus schützen zu müssen: „[...] kaum ist dies ausgesprochen, korrigiert Cusanus die voluntaristische und anthropomorphe Terminologie [...] ‚Gottes Wille', diesen Ausdruck müsse man richtig verstehen. Der Wille Gottes, das sei nichts anderes als Intellekt und Wesensgrund. [...] Das Wesenswas der Dinge ist also der göttliche Begriff." Allerdings übt Flasch an dieser Auffassung des Kardinals insoweit Kritik, als er den göttlichen Begriff bzw. die Idee in der Gefahr sieht, seine bzw. ihre charakteristische Bestimmtheit zu verlieren, d. h. inhaltlich unbestimmt zu bleiben.[25]

Das Problem, das sich mit der Cusanischen Kennzeichnung des Motivs göttlicher Schöpfungstätigkeit ergibt, ist also Folgendes: Auf der einen Seite liegt nach Cusanus der göttlichen Schöpfertätigkeit kein anderes Motiv als der göttliche Wille selbst zugrunde, und dieser Wille fällt mit dem göttlichen Begriff zusammen. Auf der anderen Seite scheint eben diesem Begriff gemäß der Kritik Flaschs Bestimmtheit zu fehlen. Damit aber bleibt die fragliche Motivation weiterhin offen, insofern die mangelnde Inhaltlichkeit des Begriffs die Frage nach dem Motiv oder Grund göttlicher Schöpfertätigkeit unbeantwortet lässt. Historisch betrachtet sieht es also so aus, als ob der Kardinal, indem er den Willen selbst in Bezug auf das zur Diskussion stehende Motiv in Betracht zieht, jenen Schritt tut, der bei den antiken Autoren ausbleibt. Folgt man der Kritik Flaschs, führt Cusanus diesen Schritt allerdings nicht konsequent fort und bleibt somit eine wirkliche Antwort schuldig.

Hinsichtlich der Lösung dieses Problems, wie sie im Folgenden entwickelt werden wird, ist zunächst davon auszugehen, dass Cusanus im Willen des Schöpfers eine Allmacht erblickt, die die Welt als ‚Faktum' realisiert. Gott hat die tatsächliche Welt zu Werke gebracht, ohne dabei in seinem Wollen von dem vorgegebenen Inbegriff der einzig möglichen Welt abhängig zu sein.[26] Schöpfungswille und Schöpfungsplan, so könnte man sagen, sind als solche

quod omnium operum dei nulla est ratio, scilicet cur caelum caelum et terra terra et homo homo, nulla est ratio nisi quia sic voluit qui fecit."

[25] Kurt Flasch, *Nicolaus Cusanus*, München 2001, S. 83.

[26] *De docta ignorantia/Die belehrte Unwissenheit* I c. 22, n. 68: „Unde quamvis deus multa potuisset providisse, quae non providet nec providebit, multa enim providit, quae potuit non providere, tamen nihil addi potest divinae providentiae aut diminui." Vgl. dazu Gerhard Krieger, Belehrte Unwissenheit und Freiheit. Zum Motiv der Naturbetrachtung im Blick auf Nicolaus Cusanus und die Pariser Naturphilosophie, in: Klaus Reinhardt/Harald Schwaetzer (Hgg.), *Nikolaus von Kues – Vordenker moderner Naturwissenschaft?*, Regensburg 2003, S. 71–91, bes. S. 83 f.

kontingent.[27] Insofern wäre es auch falsch zu sagen, die Welt hätte auch nicht oder anders erschaffen werden können.

Vor diesem Hintergrund wird in den weiteren Überlegungen nach der Sinnbestimmung gefragt, die sich aus dieser Haltung für die menschliche Weltorientierung ergibt. Insofern wird nach der von Flasch infrage gestellten Bestimmtheit des göttlichen Begriffs nach Maßgabe desjenigen Begriffs gefragt, den der Mensch sich von der Welt und insoweit auch von der dieser zugrundeliegenden göttlichen Schöpfertätigkeit machen kann. Dabei zeigt sich, dass der Kardinal menschliches Weltverstehen in seiner perspektivischen Grundstruktur erfasst und diese als ein Wesensmoment eben dieses Verstehens begreift. Dieses ist als solches an einen bestimmten Standpunkt gebunden. Insofern steht das menschliche Weltverhältnis von seiner Grundverfasstheit her von vornherein nicht in einem bloßen Abbildungs- bzw. Angleichungsverhältnis zu seinen Gehalten, sondern in einer deutenden bzw. entwerfenden Beziehung. Terminologisch drückt sich dieser Entwurfscharakter in der Kennzeichnung des Erkennens und Wissens als *coniectura* aus.

Die skizzierte Auffassung des Cusanus soll hier unter zwei Aspekten näher erläutert werden. Der erste betrifft den konjekturalen Charakter menschlicher Erkenntnis als solchen, der zweite die Begründung menschlicher Erkenntnis in ihrer Objektivität und Wahrheit. Dabei versteht sich der Zusammenhang dieser beiden Aspekte in folgendem Sinne: Im ersten Punkt geht es um das Erkennen als ein Verhältnis des Erkennenden zum Erkannten. Der Akzent liegt dabei auf der subjektiven Einschätzung des Erkennens als dem Ausgangspunkt jeglicher Erkenntnis. Die Überlegungen zur objektiven Begründung der Erkenntnis führen diese Betrachtung unter der Frage fort, inwieweit sich dieser Ausgangspunkt als unhintergehbar und zugleich als ein individueller verstehen lässt. Unter dieser Voraussetzung wäre menschliche Erkenntnis insoweit perspektivisch bestimmt, als sie an den individuellen Standpunkt gebunden ist.

In der erstgenannten Hinsicht geht es im Besonderen um die Feststellung, dass es sich bei einer *coniectura* um „eine bejahende Behauptung handelt, die zur Wahrheit selbst im Verhältnis von Andersheit und Teilhabe steht".[28]

[27] *De venantione sapientiae/Die Jagd nach der Weisheit*, lat.-dt., neu hg. von Karl Bormann, Schriften des Nikolaus von Kues in deutscher Übersetzung H. 24, Hamburg 2003, c. XXVII, n. 82: „Non enim praecessit ipsam mentem divinam alia mens, quae ipsam determinaret ad creandum hunc mundum. Sed quia ipsa mens aeterna libera ad creandum et non creandum vel sic vel aliter, suam omnipotentem, ut voluit, intra se ab aeterna determinaverit."

[28] *De coniecturis/Mutmaßungen*, lat.-dt., übers. und mit Einf. und Anm. hg. von Josef Koch/

Diese Kennzeichnung sei hier gedeutet als ‚subjektive Selbstgewissheit der Vernunft oder Wahrheit': Insofern der konjekturale Charakter besagt, dass menschliche Erkenntnis von behauptender Natur sei, ist der relationale Charakter der Erkenntnis angesprochen: Erkenntnis stellt als solche ein Verhältnis dar, das vom Erkannten selbst verschieden ist. Wenn Erkenntnis als diese Beziehung zugleich „positiven" Charakter besitzt, ist damit ihre Gewissheit zum Ausdruck gebracht: Erkenntnis basiert darauf, dass sie ihrer Natur nach vom Erkennenden bejaht wird und insoweit gewiss ist. Demgemäß ist jede einzelne Erkenntnis begleitet von der Bejahung ihres Zieles als Erkenntnis, d. h. ihrer Wahrheitsintention. Da sie allerdings lediglich in dieser Intention, aber nicht bereits dem tatsächlichen Ergebnis nach bejaht sein kann, wenn anders Irrtum ausgeschlossen wäre, ist sie zwar subjektiv, aber nicht schon objektiv gewiss, d. h. tatsächlich wahr. Im Ergebnis heißt das: Menschliche Erkenntnis steht gemäß ihrer Vernunftbestimmtheit von vornherein im Verhältnis zur Wahrheit, d. h. zur zu erkennenden Sache, ist aber zugleich, soweit es ihre subjektive Seite betrifft, von dieser Sache als der Wahrheit sowohl im Sinne des betreffenden Anspruchs wie der Realität nach verschieden.

Die skizzierte subjektive Hinsicht schließt in ihrer bisher in den Blick genommenen Relationalität kein für die Erkenntnis selbst bedeutsames individuelles Moment ein. Bezogen auf den zitierten Text legt sich dieser Aspekt aber insoweit nahe, als von der „Teilhabe an der Wahrheit in Andersheit" die Rede ist. Dazu ergibt sich in den folgenden Ausführungen zum einen, dass Cusanus menschliche Erkenntnis in ihrer Objektivität und Wahrheit nicht auf ihren Gegenstand, sondern auf diese selbst in ihrer Vereinheitlichungsfunktion und Evidenz gründet. Zum anderen wird im Falle der Gotteserkenntnis deutlich, dass sich diese in einer Differenz zu ihrem Gegenstand realisiert, die nicht Defizienz bedeutet, sondern Ermöglichung von Deutung und Kreativität. Insofern ist Individualität eine unaufhebbare Bedingung menschlicher Erkenntnis von deren Struktur ebenso wie von deren Ergebnis und Ziel her. Dementsprechend besagt die Perspektivität menschlicher Erkenntnis deren Gebundenheit an die Bestimmtheit eines Standpunktes.

Das skizzierte Ergebnis ist die Cusanische Antwort auf die Frage nach der Wahrheit und Objektivität menschlicher Erkenntnis. Zur Erläuterung dieser Beantwortung soll zuerst etwas über das Gegenstandsfeld des Erkennens ge-

---

Winfried Happ, Schriften des Nikolaus von Kues in deutscher Übersetzung H. 17, Hamburg 1971, I c. XI n. 57: „Coniectura igitur est positiva assertio, in alteritate veritatem, uti est, participans."

sagt werden, soweit das Erkennen dieses Gegenstandsfelds gemäß der dargelegten subjektiven Selbstgewissheit der Vernunft als dem Ausgangspunkt der Erkenntnis betrifft. Inwieweit geht Cusanus in Bezug auf unser Erkennen von besonderen Annahmen über dessen Gegenstand aus? Der Zusammenhang, an dem er seine betreffende Auffassung zum Ausdruck bringt, betrifft seine Überlegungen zum Intellekt als Quelle menschlicher Erkenntnis. Cusanus hebt zunächst dessen Unabhängigkeit und Ursprünglichkeit hervor. Demgemäß kann der Intellekt ohne weitere Hilfe das Urteil hervorbringen, dass Jegliches sei oder nicht sei.[29] Insofern steht am Ausgangspunkt der Erkenntnis die Annahme, dass es jegliches im Sinne eines Vorkommnisses gibt. Diese Annahme entspricht der skizzierten subjektiven Gewissheit der Vernunft in zweifacher Hinsicht: der Form nach, insofern es sich um eine Hypothese handelt, und dem Gehalt nach, insofern diese Annahme die bloße Feststellung von Gegebenem ist. Das Gegenstandsfeld des Erkennens stellt sich von dessen Ausgangspunkt subjektiver Gewissheit her betrachtet als unbestimmt dar. Soweit es diesen Ausgangspunkt betrifft, bringt Cusanus also keine weiteren Annahmen in Bezug auf den Erkenntnisgegenstand zur Geltung.

Wie erklärt sich darüber hinaus unsere Erkenntnis in objektiver Hinsicht? In dieser Hinsicht ist für Cusanus der Begriff der absoluten Einheit der sogenannte erste Begriff, d. h. derjenige Begriff, der in jeder anderen Erkenntnis der Sache nach vorauszusetzen ist. Zur Erklärung dieser Erkenntnis setzt er an der Einheit des menschlichen Geistes an und spricht dem Begriff des Geistes in seiner absoluten Einheit im schlechthinnigen Sinne Bestimmtheit („certitudo") zu. Insofern bleibt dieser Begriff jedem Zweifel entzogen.[30] Der Ansatzpunkt der Argumentation ist also der Begriff des menschlichen Geis-

---

[29] *Compendium/Kompendium* (Kurze Darstellung der philos.-theol. Lehren), lat.-dt., übers. und mit Einl. und Anm. hg. von Bruno Decker und Karl Bormann, Schriften des Nikolaus von Kues in deutscher Überssetzung H. 16, Hamburg 1982, XI n. 36: „Intellectus enim non dependet ab aliquo, ut intelligibilia intelligat, et nullo alio a se ipso indiget instrumento, cum sit suarum actionum principium. Intelligit enim hoc complexum: ‚quodlibet est vel non est,' sine aliquo instrumento seu medio." Eine weitere Erwähnung dieses Urteils findet sich in *Die Jagd nach der Weisheit* (wie Anm. 27), XIII n. 38.

[30] *De coniecturis/Mutmaßungen* (wie Anm. 28), I c. V n. 19 : „Contemplare igitur mentis tuae unitatem per hanc absolutionem ab omni pluralitate, et videbis eius vitam corruptibilem in sua unitate absoluta, in qua est omnia. Huius autem absolutae unitatis praecissima est certitudo [...] Omnis enim quaestio de quaesito oppositorum alterum tantum verificari posse admittit, aut quid aliud de illo quaestio quam de aliis affirmandum negandumque existat. Haec quidem de absoluta unitate credere absurdissimum est, de qua nec alterum oppositorum aut potius unum quodcumque quam aliud affirmantur."

tes. Insofern kommt der Begriff der absoluten Einheit nicht unvermittelt zustande. Weiter bleibt dieser Begriff in objektiver Hinsicht eine Annahme, die im Zuge der Entfaltung dieses Begriffs zwar thematisiert, aber nicht eigentlich bewiesen wird. Insofern handelt es sich um eine Annahme, die ihrerseits nicht der Differenz von wahr und falsch unterliegt. In diesem Sinne gilt von der absoluten Einheit, dass sie die jedem Zweifel entzogene Wahrheit ist, der kein Mensch zu widersprechen vermag.

Insofern Cusanus in seiner Argumentation für den Begriff der absoluten Einheit am Begriff des menschlichen Geistes ansetzt, stellt sich die Frage, wie sich das Zustandekommen dieses Begriffs erklärt. Die betreffende Diskussion sei hier im Ergebnis folgendermaßen zusammengefasst:[31] Dieser Begriff entspringt einer Selbsterfahrung des menschlichen Geistes in seinem Tätigsein. Dem Ursprung nach handelt es sich also um den Begriff des menschlichen Geistes und nicht um den von Geist überhaupt. Seinem Gehalt nach besagt dieser Begriff, mit Kurt Flasch gesagt, „tätiges Beieinander entgegengesetzter Erstbestimmungen [...] als von Bestimmungen, die zugleich die des Denkens und der Sachen sind."[32] In seinem Gehalt ist der fragliche Begriff damit der von Sachhaltigkeit oder Bestimmtheit überhaupt.

Was bedeutet diese Begründung von Bestimmtheit für das konkrete Erkennen? Zunächst gilt für die wissenschaftliche Erkenntnis, soweit diese auf Erfahrung beruht, dass sie sich letztlich aus ihrer tatsächlichen Evidenz legitimiert. Denn insofern dieser Erkenntnis nicht die Möglichkeit offen steht, ihre Sachhaltigkeit über die gegebene Erfahrung hinaus auf eine sie begründende Basis zu beziehen, kann sich die Wahrheit oder Objektivität einer Erkenntnis nur aus der Tatsache oder Existenz eben dieser Erkenntnis selbst legitimieren. Wenn Cusanus erklärt, dass die mechanischen Künste und die Physik infolge der Unsicherheit ihrer Begriffe „eher Mutmaßungen als Wahrheiten" („potius coniecturae quam veritates") erzielen,[33] wird man diesen Hinweis gemäß der

---

[31] Vgl. dazu im Einzelnen Gerhard Krieger, Cusanus und die Idee der Toleranz, in: Klaus Reinhardt/Harald Schwaetzer (Hgg.), *Nicolaus Cusanus, ein bewunderswerter historischer Brennpunkt: Philosophische Tradition und wissenschaftliche Rezeption*, Akten des Cusanus-Kongresses vom 20.–22. September 2006 in St. Petersburg, Regensburg 2008, S. 97–119, hier: S. 111–114.

[32] Kurt Flasch, *Nikolaus von Kues. Geschichte einer Entwicklung. Vorlesungen zur Einführung in seine Philosophie*, Frankfurt a. M., 1998, S. 301.

[33] *Idiota de mente/Der Laie über den Geist*, lat.-dt., mit einer Einl. von Giovanni Santinello, neu übers. und mit Anm. hg. von Renate Steiger, Schriften des Nikolaus von Kues in deutscher Übersetzung H. 21, Hamburg 1995, VII n. 102: „[...] nostra vis mentis ex illis talibus notionibus [...] facit mechanicas artes et physicas et logicas coniecturas [...] omnes tales sunt potius

dargelegten Deutung der Konjekturalität im Sinne der Legitimation der angesprochenen wissenschaftlichen Erkenntnis durch Evidenz verstehen dürfen.

Wenn Cusanus darüber hinaus auch von der Logik feststellt, sie erziele „eher Mutmaßungen als Wahrheiten", kann dies ebenfalls im Sinne der Legitimation logischer Erkenntnis durch Evidenz gedeutet werden: Die logische Erkenntnis unterscheidet sich insoweit von der auf Erfahrung beruhenden wissenschaftlichen Erkenntnis, als ihre Gehalte sich nicht auf diesem Wege ergeben, sondern ausschließlich durch den Geist selbst. Demgemäß erklärt Cusanus, dass der Intellekt des Logikers selbst zuerst die Voraussetzung dafür schafft, dass es die Logik überhaupt gibt. Insofern aber die logischen Formen im Einzelnen derart im Geist verankert sind, dass sie erst in der konkreten logischen Operation zur Erscheinung gelangen, erweist sich die Wahrheit der logischen Erkenntnis letztlich ebenso wie die auf Erfahrung beruhende aufgrund ihrer Evidenz.[34]

Die mathematische Erkenntnis bezieht sich weder auf in der Erfahrung zugängliche Gehalte noch auf solche, die in der Natur des Geistes selbst verankert sind. Cusanus kennzeichnet diese Gehalte als unwandelbare Wesenheiten der Dinge, die der Geist in sich und an sich erfasst, indem er seine eigene Unwandelbarkeit erfasst.[35] Allerdings bedient sich der Geist dabei seiner selbst nicht als Quelle, sondern als Instrument.[36] Am Beispiel gesagt bedeutet das, dass der Geist im Ausgang von der Definition des Kreises erstens erkennt, dass der so definierte Kreis als solcher weder in der Erfahrung noch im Geist selbst angetroffen werden kann. Zweitens zeigt sich die Wahrheit dieser Definition in der konstruktiven Sichtbarmachung eines Kreises. Demgemäß fungiert die Definition wie eine Anweisung oder eine praktische Regel. Insofern zeugt erst die tatsächliche Anwendung dieser Regel von der Richtigkeit der Definition bzw. ihrer Erkenntnis.[37] Auf diese Weise begründet sich die

coniecturae quam veritates."

[34] *De venantione sapientiae/Die Jagd nach der Weisheit* (wie Anm. 27), IV n. 9–10: „Intellectus magistri vult creare artem syllogisticam. Ipse enim posse fieri huius artis praecedit; quae ars in ipso est ut in causa. Ponit igitur et firmat posse fieri huius artis. [...] Et hae sunt specificae formae syllogisticae in ratione fundatae et permanentes, quas necesse est omnem syllogismum, qui sensibili sermone exprimitur, imitari. Et ita posse fieri huius artis explicatur."

[35] Vgl. *Idiota de mente/Der Laie über den Geist* (wie Anm. 33), VII n. 103.

[36] Ebenda: „utens se ipsa pro instrumento".

[37] Ebenda: „sicut dum concipit circulum esse figuram, a cuius centro omnes lineae ad cicumferentiam ductae sunt aequales, quo modo essendi circulus extra mentem in materia esse nequit. [...] Unde circulus in mente est exemplar et mensura veritatis circuli in paviemto." Vgl. auch *De venantione sapientiae/Die Jagd nach der Weisheit* (wie Anm. 27), V n. 11–12: „Videtur autem naturam imitari geometer, dum circulum figurat. Nam ad praedeterminatam circuli re-

Objektivität der einzelnen mathematischen Erkenntnis ihrem Ursprung nach durch die Kreativität und Konstruktivität des menschlichen Geistes; ihrer tatsächlichen Geltung nach gründet die Objektivität wie die der auf Erfahrung beruhenden Wissenschaften und der Logik auf ihrer Evidenz.

Bisher haben sich die Überlegungen auf die durch den menschlichen Geist begründete Erkenntnis bezogen, soweit diese sich in der Logik, in der auf Erfahrung beruhenden Wissenschaft und der Mathematik realisiert. Im nächsten Schritt geht es um die darüber hinaus gehende Erkenntnis, im Besonderen also um die Gotteserkenntnis. Der Anknüpfungspunkt ist der menschliche Geist in seiner Bedeutung als Inbegriff von Bestimmtheit oder Sachhaltigkeit, und zwar wiederum in instrumenteller Hinsicht. Cusanus kennzeichnet die jetzt zur Diskussion stehende Erkenntnis in negativer Weise, indem er sie von der als Abstraktion beschriebenen mathematischen Erkenntnis unterscheidet: In der mathematischen Abstraktion kommt es insoweit zur Angleichung des Geistes an die Wahrheit, als dieser sich gemäß dem betreffenden mathematischen Gehalt jeweils verschieden angleicht, so dass die eine Erkenntnis so und die andere anders wahr ist. Im Unterschied dazu kann es in Bezug auf die absolute Notwendigkeit und Einfachheit sowohl dem Weg wie dem Ergebnis nach nur eine einzige Weise der Angleichung geben: Dem Weg nach, indem der Geist sich in seiner Bedeutung als Inbegriff von Sachhaltigkeit und Bestimmtheit als solcher, d. h. als Sinnbild der Einheit selbst, erfasst, und dem Ergebnis nach, indem der Geist die Wahrheit selbst nicht nur als den genannten Inbegriff, sondern als die Sachhaltigkeit oder Einheit selbst erfasst, d. h. „ganz einfach, ohne Zahl und Größe und jede Andersheit".[38] Das bedeutet im Ergebnis: Die Gotteserkenntnis im Begriff der absoluten Einheit bleibt

spicit rationem, secundum quam studet operari, quantum hoc posse fieri sensibilis subiecti permittit; unum enim aptius est alio. Nec aliud est haec ratio quam aequidistantia centri circuli a circumferentia, quae est vera circuli ratio seu causa, non recipiens magis nec minus. Sed nullus circulus adeo perfecte fieri potest, quod rationem illam praecise attingat. Nam posse fieri sensibilis circulus est post illam intelligibilem rationem fixam et stabilem, quam ut imago veritatem sequitur et imitatur posse fieri circulum in sensibili materia. [...] Sic nec natura respicit ad aliam speciem quam humanam."

[38] *Idiota de mente/Der Laie über den Geist* (wie Anm. 33), VII n. 105 f.: „mens ut in se et a materia abstracta has facit assimilationes, tunc se assimilat formis abstractis. [...] mens [...] intuetur veritatem in necessitate quadam determinata cuilibet, prout una est sic, alia sic, et qualibet ex suis partibus composita [...] Unde mens respiciendo ad suam simplicitatem, ut scilicet est non solum abstracta a materia, sed ut est materiae incommunicabilis seu modo formae inunibilis, tunc hac simplicitate utitur ut instrumento [...] Et haec est intuitio veritatis absolutae. [...] talis profecto supra determinatam complexionis videret omnia [...] in absoluta necessitate simplicissime, sine numero et magnitudine et omni alteritate."

hinsichtlich ihrer Objektivität eine Annahme, die in der skizzierten Angleichung zwar entfaltet, aber nicht eigentlich bewiesen wird. Die Gotteserkenntnis legitimiert sich also wie alle übrige Erkenntnis letztlich aus ihrer Evidenz. Zugleich gibt sie dem Begriff des menschlichen Geistes in der Bestimmtheit seiner Vereinheitlichungsfunktion eine abschließende objektive Begründung.

Die vorangegangene Analyse des Cusanischen Verständnisses menschlicher Erkenntnis erfolgte im Blick auf die Frage nach der Begründung der Objektivität oder Wahrheit dieser Erkenntnis. Die Antwort auf diese Frage beinhaltet zusammengefasst zwei Aspekte: Der erste besagt, nochmals mit Kurt Flasch formuliert: „Wir können gar nicht anders denken als uns eine Einheit herzustellen aus Bestimmbarem und Bestimmen; nur so gibt es für uns Bestimmtes, d. h. eingesehene Wirklichkeit."[39] Die Wahrheit oder Objektivität unserer Erkenntnis legitimiert sich also erstens von der durch den menschlichen Geist begründeten Funktion der Vereinheitlichung her. Zweitens ergibt sich die infrage stehende Wahrheit oder Objektivität von ihrer Evidenz her. Insoweit legitimiert sich die menschliche Erkenntnis in ihrer Objektivität oder Wahrheit also nicht von ihrem Gegenstand her, sondern aus sich selbst, ohne zugleich die Vorgängigkeit ihres Gehaltes seiner Realität nach aufzuheben.

Inwieweit eröffnet sich mit dieser Begründung zugleich der Aspekt der Perspektivität oder Standpunktgebundenheit der Erkenntnis? Erstens ergibt sich die Möglichkeit der Anerkennung gegebener Sachverhalte und deren Wahrheit in ihrer Pluralität, insofern sich Erkenntnis auf Evidenz stützt. Zweitens zeigt sich der Deutungs- und Entwurfscharakter der menschlichen Erkenntnis in positiver Weise in der Gotteserkenntnis. Denn diese ist in ihrer Differenz zur mathematischen Erkenntnis zunächst negativer Natur: Die Erkenntnis des absoluten Geistes als Sachhaltigkeit und Einheit erfolgt „ganz einfach, ohne Zahl und Größe und jede Andersheit".[40] Darüber hinaus eröffnet sich die Möglichkeit einer positiven Bestimmung etwa in der Annahme, diese absolute Einheit beziehe sich auf die Vereinheitlichungsfunktion des menschlichen Geistes als deren Grund. Insofern eine derartige Annahme aber an einen Standpunkt gebunden ist, besitzt sie Deutungs- und Entwurfscharakter.[41]

[39] Flasch, *Nikolaus von Kues* (wie Anm. 32), S. 316.

[40] Vgl. oben Anm. 38.

[41] In vergleichbarer Weise spricht Flasch im Zusammenhang seiner Stellungnahme dazu, ob im Blick auf Cusanus von Perspektivität die Rede sein könne, davon, dass „*wir* die Annahme brauchen, die bestimmungslose Unendlichkeit beziehe sich als Einheit auf die Welt als de-

V. Zur aktuellen Bedeutung der vorliegenden Überlegungen

Bevor vor diesem Hintergrund abschließend auf die aktuelle Bedeutung der vorgetragenen Überlegungen eingegangen wird, seien diese zunächst zusammengefasst: Der Sache nach zielten die Überlegungen auf den philosophischen Gehalt des Schöpfungsmotivs. Im genaueren Sinne ging es um die Klärung des Motivs göttlicher Schöpfungstätigkeit. Dazu hat sich im Blick auf Platon und Aristoteles gezeigt, dass beide die göttliche Schöpfungstätigkeit als Ausdruck göttlicher Güte ansehen und insoweit das menschliche Weltverhältnis von vornherein im affirmativen Sinne begreifen. Die Frage allerdings, worin die göttliche Güte ihrerseits begründet ist, bleibt offen. Vor diesem Hintergrund sollten die Überlegungen zum mittelalterlichen Denken deutlich gemacht haben, dass im christlichen Schöpfungsgedanken die göttliche Güte im Akt göttlicher Selbsttranszendierung begründet wird und diese die menschliche Weltorientierung über das betreffende antike Verständnis hinaus in ihrer transzendenten oder ekstatischen Struktur ebenso wie in ihrer Standpunkthaftigkeit und Relativität hervortreten lässt. Dieser Vorgang kommt in der Preisgabe der teleologischen Betrachtung zum Vorschein, welche Entwicklung in die Differenz von Angleichung und Entwurf als Ziel menschlicher Weltorientierung gefasst werden kann.

In aktueller Hinsicht ist unter zwei Aspekten Stellung zu nehmen: Zunächst zur Deutung des Schöpfungsmotivs durch Jürgen Habermas. Dieser sieht darin die Anerkennung menschlicher Freiheit und unbedingter Würde des Menschen zum Ausdruck gebracht. Die hier aufgezeigte Bedeutung des Schöpfungsmotivs für das menschliche Weltverstehen kann zunächst insoweit nicht im Sinne der Bestätigung dieser Deutung gelten, als die angesprochenen mittelalterlichen Autoren in philosophischer Hinsicht gelesen und interpretiert wurden. Das Interesse von Habermas richtet sich im Besonderen darauf, dass dem Menschen von religiöser Seite eine Anerkennung und Wertschätzung in unbedingter Weise entgegengebracht wird. Insofern ist das Interesse von Habermas in primärer und emphatischer Weise praktischer Natur. Die hier vorgetragenen Überlegungen betrafen die mittelalterliche Auffassung in Bezug auf die menschliche Weltorientierung in umfassender Hinsicht. Deswegen kann die aufgezeigte mittelalterliche Anerkennung und Wertschätzung der Selbstständigkeit und Unabhängigkeit menschlichen

ren Grund." Docta ignorantia und negative Theologie, in: Werner Beierwaltes/Hans Gerhard Senger (Hgg.), *Nicolai de Cusa. Opera Omnia.* Symposium zum Abschluß der Heidelberger Akademie-Ausgabe, Heidelberg 2005, S. 81–100, hier S. 97 (Hervorhebung im Original).

Weltverstehens als solchen zwar nicht unmittelbar im Sinne von Habermas praktisch genommen werden. Gleichwohl wird das mittelalterliche Verständnis als ein Beitrag gelten können, ohne den es die von Habermas angesprochene Wertschätzung und Anerkennung jedenfalls historisch kaum hätte geben können.

Der zweite Aspekt, unter dem hier zur aktuellen Bedeutung der in Betracht gezogenen Auffassungen Stellung genommen werden soll, betrifft die sachliche bzw. systematische Seite. Der Hintergrund, vor dem sich diese Stellungnahme versteht, ist, wie eingangs betont, die Diskussion um den sogenannten neuen Atheismus. Allerdings soll dazu nicht direkt Stellung genommen werden. Vielmehr gilt es, die Bedeutung der hier untersuchten mittelalterlichen Diskussion anzusprechen, soweit Philosophie als Teil eines allgemein-kulturellen Zusammenhangs angesehen werden kann. Insofern betrifft die hier intendierte Stellungnahme die Frage, inwieweit die Gottesfrage in eben diesem allgemein-kulturellen Zusammenhang von Bedeutung sein kann. In Bezug auf diese Frage legen sich zwei Bemerkungen nahe: Zum einen, dass die mittelalterliche Deutung menschlicher Weltorientierung, insofern diese als Entwurf gesehen wird, in einen Zusammenhang mit dem Aufstieg der modernen Wissenschaften gebracht werden kann. Denn insoweit Cusanus im Zusammenhang des angesprochenen Weltverstehens die Wissenschaften in ihren Erkenntnissen auf Evidenzen stützt, nimmt er eine entscheidende Voraussetzung für eben jenen Aufstieg der modernen Wissenschaft in den Blick. So gesehen legt sich die Vermutung nahe, dass die Kritik, die den Glauben an Gott aus wissenschaftlicher Sicht glaubt abtun zu können, ins Leere zielt.

Die zweite Bemerkung knüpft an die antike Aufwertung des Schöpfungsmotivs an, d. h. an die Deutung göttlicher Schöpfertätigkeit als Ausdruck göttlicher Güte. Die systematische Bedeutung dieser Deutung ergibt sich unter dem schon mehrfach hervorgehobenen Aspekt, dass das menschliche Weltverhältnis und Weltverstehen damit von vornherein auf eine affirmative Basis gestellt wird. In profaner Hinsicht heißt dies, dass menschlicher Existenz von vornherein die Möglichkeit zu einer Sinnperspektive eröffnet ist. Der religiöse Glaube an Gott kann insoweit als eine Orientierung gelten, die die affirmative Grundausrichtung und damit die Möglichkeit sinnbestimmter menschlicher Existenz zunächst bestätigt und stützt. Darüber hinaus kann dieser Glaube der fraglichen Grundausrichtung eine Erfüllungsperspektive eröffnen. Insoweit hängt die ‚Attraktivität' religiöser Überzeugung nicht so sehr von der Beweisbarkeit göttlicher Existenz ab als vielmehr von ihrer orientierenden Ausrichtung und Kraft. So gesehen ist also die Bejahung der Sinnbestimmtheit menschlicher Existenz eine Gemeinsamkeit zwischen profanem und religiösem Selbstverständnis. Und das Schöpfungsmotiv bietet dafür eine Begründung.

Rudolf Hiestand

Schöpfungsgeschichte und mittelalterliche Weltchroniken

Wer sich im Spätmittelalter über den Lauf der Weltgeschichte orientieren wollte, dem bot sich als ein eigentlicher Bestseller in vielen und großen Auflagen die Chronik des Hartmann Schedel an.[1] Man konnte sogar wählen zwischen einer Ausgabe in der Sprache der Gelehrten *Liber chronicarum* und einer anderen in der Volkssprache *Buch der cronicken und gedechtnuswirdigen geschichten von anbegynn der werlt bis auf diese unssere zeit.*[2] Zugleich hatte man eine Art Bilderbuch vor sich, denn fast keine Seite war ohne Zeichnungen bzw. Holzschnitte, nicht nur verzierte Initialen oder begleitende Ranken, sondern meist einzelne Figuren oder ganze Szenen, manchmal auch schematische Zeichnungen, die die obere oder untere Hälfte, vereinzelt auch eine ganze Seite füllten, und über dies koloriert. So stand auch auf dem Titelblatt der deutschen Ausgabe „mit figuren und pildnissen".[3] Da der Band immerhin 287 Blätter, also über 570 Seiten umfasste, war dem eigentlichen Text ganz modern, für die Zeit aber noch fast sensationell, vorgeschaltet, was sich heute in dickeren Büchern meist am Schluss findet: auf immerhin 18 Seiten ein ausführliches alphabetisches Register der Personen, Orte und Ereignisse je mit Verweis auf die Blattzahlen.[4]

Wie es sich für einen Christen gehörte, der ein *Buch der Chroniken und Geschichten von Anbegynn der Werlt* an schrieb oder lesen wollte, begann nach einer – man könnte sagen vorbildlich kurzen – Einleitung von einer Seite[5] und einem ganzseitigen Holzschnitt mit dem Psalmwort 32 (heute 33) V. 9: „Ipse dixit et facta sunt, ipse mandavit et creata sunt" (in der Übersetzung der Lutherbibel „Denn so er spricht, so geschieht's, so er gebeut, so steht's da") auf Blatt 2 ohne jede Überschrift oder Hervorhebung der Text mit den

[1] Im Folgenden wird zugrundegelegt der Nachdruck der deutschen Ausgabe, Köln 2002.

[2] Die Formulierung weicht in den rasch aufeinanderfolgenden Auflagen leicht von einander ab. Zitate werden im folgenden in der Schreibweise der Vorlage wiedergegeben.

[3] Ebenda, ohne Blattzählung.

[4] Wieder ohne Blattzählung.

[5] Zu dieser Einleitung vgl. unten S. 56 f.

Versen *Genesis* 1,1 und 2: „In dem Anfang hat Gott beschaffen Himmel unn erden, aber die erde war eytel und leere und die finsternus waren auff dem Antlitz des Abgrunds und der gaist des herren swebet oder wart getragen ob den Wassern".[6]

Doch statt, wie man erwarten könnte, den Vers *Genesis* 1,3 über den ersten Tag der Schöpfung folgen zu lassen, wird die Erzählung unterbrochen mit einem Exkurs, der die obere Hälfte der Seite füllt, während unten ein Kreis mit Engeln und in der Mitte der aus dem Griechischen stammende Fachterminus *yle* bzw. *hyle*, deutsch die Materie, mit Fleuronnée-Verzierung zu sehen ist, und links oben eine Hand – gemeint ist Gottes Hand – im Befehlsgestus in das Rechteck hineinragt – eben jenes „(Deus) dixit" bzw. „mandavit". Auf der Rückseite geht es mit einer künftig nie mehr fehlenden Kopfzeile weiter, hier: „Vom werck des ersten tages", und unten auf der Seite zeigt eine geometrische Abbildung zwei in ein Viereck eingeschriebene konzentrische Kreise und wieder links oben die Hand Gottes.

In dieser Weise geht es weiter: als Überschrift die einzelnen Tage der Schöpfung, dann zuerst die biblischen Verse, je mit einem ausführlichen Kommentar, bis mit dem sechsten Tag die Schaffung des Menschen die Schöpfung vollendet, wobei der zugehörige Holzschnitt die in einen wallenden Mantel gehüllte anthropomorphe Gestalt Gottes zeigt, mit der linken Hand den eben geschaffenen Adam an seinem rechten Arm haltend, die rechte Hand im Befehls- bzw. Sprechgestus erhoben, während sinngemäß die in das Bild hineinreichende Hand entfällt. Es folgen auf Blatt 5 verso ein Abschnitt „Von beheiligung des sibenden Tages" und dann drei kürzere Exkurse auf Blatt 6 recto. Über Blatt 6 verso und 7 recto steht, über beide Seiten verteilt, die Überschrift „Das erst alter der werlt", was sich wiederholt, bis es auf Blatt 11 verso wechselt zu „Das ander alter der Werlt". Gemeint sind damit das erste bzw. zweite der sechs Weltalter, die nach der damals gängigen Lehre als chronologisches Gliederungssystem auch hier den Ablauf bestimmen.[7]

Auf die Chronik des Hartmann Schedel, die am Ende unseres Betrachtungszeitraums steht, werden wir am Schluss zurückkommen, zuerst aber nach einigen allgemeinen Überlegungen an Weltchroniken des 6. bis 13. Jahrhunderts prüfen, wie sie den Schöpfungsbericht wiedergeben und was dabei ihre Intention ist. Dabei bleiben sowohl jüdische als auch islamische Welt-

6 Auf Blatt 1 oben steht „fo. 1", von Blatt 2 an stets deutsch „Blat II" usw.

7 Zur Lehre von den Weltaltern vgl. Anna-Dorothee von den Brincken, *Historische Chronologie des Abendlandes*, Stuttgart 2000.

chroniken, die es auch gab, aus Zeit- und Raumgründen außer Betracht. Dass ein mittelalterlicher Autor, der im eigentlichen Sinn des Wortes Geschichte als ein Nacheinander von Geschehenem bis in seine Zeit schreiben wollte, mit der Schöpfung begann, ergab sich zwingend aus *Genesis* 1. Dort hieß es: „Am Anfang schuf Gott Himmel und Erde". Wenige Verse später folgte die Schaffung des Menschen, der den eigentlichen Gegenstand jeder Geschichtsschreibung bildet. Die Schöpfung der Welt war so auch der Anfang der Geschichte. Kein Verfasser einer wirklichen Weltchronik konnte an der Schöpfung vorbeigehen, keiner aber auch weiter zurückgehen: es gab eben kein Davor, nicht ein Jahr, einen Monat, einen Tag oder auch nur eine Stunde vor jenem „Am Anfang [...]". In gleicher Weise begann das vierte Evangelium: „Am Anfang war das Wort", wie in *Genesis* 1 Schritt um Schritt die Schöpfung mit Gottes Sprechen verbunden war: „Und Gott sprach [...]" (V. 3, 6, 9, 11, 14, 20, 22, 24, 26, 28, 29). Erst das Wort, nicht im theologischen Sinn, sondern als Reden und dann über entsprechende Zeichen als Schreiben gab dem Geschichtsschreiber *hic et nunc* die Möglichkeit, etwas über die Zeit seit diesem Anfang zu berichten. Geschichte, Weltgeschichte konnte in Wirklichkeit daher gar nicht anders als mit der Erschaffung der Welt oder, wie es in den Überschriften dieser Werke oft lautete, „ab orbe condito", „ab initio mundi" u.ä. beginnen.[8]

Dabei war der Schöpfungsbericht freilich zweitens zugleich Gegenstand der Theologie.[9] Er war als Anfang der Bibel und seit dem Konzil von Nikäa im Glaubensbekenntnis fixiert, ein Teil des Glaubens.[10] Demgemäß war jeder mittelalterliche Weltchronist *eo ipso* auch Theologe. Insofern war es konsequent, dass Geschichte an den hohen Schulen bzw. den Universitäten im Mittelalter nie in unserem modernen Sinn ein eigenes Fach war, wenn man sich auch bis heute darüber streitet, wo sie einzuordnen sei.[11] Freilich ergab sich für die Historiker wie für die Theologen schon mit dem Schöpfungsbe-

---

[8] Vgl. die Liste der berücksichtigten Werke bei Anna-Dorothee von den Brincken, *Studien zur lateinischen Weltchronistik bis in das Zeitalter Ottos von Freising*, Phil. Diss. Münster, Düsseldorf 1957, und die entsprechenden Titelangaben im *Repertorium Fontium Medii Aevi*, 11 Bde., Roma 1962–2008.

[9] Zu den theologischen Bibelkommentaren vgl. *Lexikon für Theologie und Kirche*, 3. Aufl. Bd. 2, Sp. 405 (mit Literatur); Henning Graf Reventlow, *Epochen der Bibelauslegung*, Bd. 1: Vom Alten Testament bis Origenes, Bd. 2: Von der Spätantike bis zum ausgehenden Mittelalter, München 1990–1994.

[10] *Acta conciliorum oecumenicorum* II, 1/2: 80, 3–16.

[11] Vgl. u. a. Laetitia Boehm, Der wissenschaftliche Ort der *historia* im früheren Mittelalter, in: *Speculum historiale*, Festschrift Johannes Spörl, Freiburg 1965, S. 663–693; Arno Seifert, Historia im Mittelalter, *Archiv für Begriffsgeschichte* 21 (1977) 226–284; Hans-Werner Goetz,

richt der Bibel ein erstes gravierendes Problem. In Wirklichkeit stehen eben in *Genesis* 1 und 2 zwei Schöpfungsberichte nacheinander, die gerade unter dem Gesichtspunkt des auf die Geschichte des Menschen ausgerichteten Historikers im Ablauf des Geschehens einander widersprechen. Im ersten jüngeren Bericht *Genesis* 1–2,4a, den die alttestamentliche Forschung heute der sog. Priestergrundschrift zuschreibt, wird die Schöpfung in der uns allgemein vertrauten Weise auf sieben Tage verteilt, und die Schaffung des Menschen erfolgt am sechsten Tag nach der Entstehung aller anderen unbelebten und belebten Teile der Welt als ihre Krönung (1,26). Im anderen älteren Bericht, dem sog. Jahwisten zugewiesen, geht die Schaffung des Menschen voraus; Himmelslichter, Gewässer, Pflanzen und Tiere werden nach ihm geschaffen, um ihm zu dienen und um seinen Lebensunterhalt zu sichern (*Genesis* 2, 4b–25). Dies wirkt sich ganz aktuell auch auf das Verhältnis der Geschlechter aus, denn im zweiten Bericht schafft Gott Adam durch die Entnahme einer Rippe eine Gefährtin, damit er nicht allein sei (*Genesis* 2,22), während im ersten Bericht beide gleichzeitig geschaffen werden: „Als Mann und Frau schuf er sie" (*Genesis* 1,27). Ist Eva somit im zweiten Bericht nach Adam geschaffen, nicht wie er von Gott aus Lehm und Staub geformt, sondern aus dem bereits geschaffenen Adam, so sind beide im ersten Bericht in einem höheren Maße gleich, freilich von Anfang an mit unterschiedlichem Geschlecht und damit wie die Vögel, die Fische und die Tiere auf Vermehrung ausgerichtet, während im zweiten Bericht erst durch den Sündenfall die Sexualität in das Dasein des Menschen tritt. Der Historiker, der Weltgeschichte schrieb, musste wählen, und er wählte meist die uns viel vertrautere erste Variante, die sich zudem historisch klarer in ein Zeitschema fügen ließ, freilich in einem *mixtum compositum* mit der Schaffung Evas aus einer Rippe Adams.

Da sich in solcher Darstellung des biblischen Geschehens die Schöpfung auf sechs Tage verteilte, also ein Sechstageswerk (griech. *hexaemeron*) war,[12] wovon die ersten fünf Tage auf die Schaffung von Himmel und Erde, Wasser und Land, Pflanzen und Vögel und Meerestiere, Gestirnen und Flüssen entfielen, bis erst am sechsten Tag zusammen mit den auf festem Boden lebenden Tieren der Mensch geschaffen wurde, war der biblische Text drittens zu allererst ein naturgeschichtlicher Bericht. Er betraf Astronomie, Botanik,

Die „Geschichte" im Wisssenschaftssystem des Mittelalters, in: Franz-Josef Schmale, *Funktion und Formen mittelalterlicher Geschichtsschreibung*, Darmstadt 1985, S. 165–213.

[12] Zum *Hexaemeron* vgl. Frank Egleston Robbins, *The Hexaemeral Literature. A study of the Greek and Latin Commentaries on Genesis*, Chicago 1912; J. C. M. van Winden, *Reallexikon für Antike und Christentum* Bd. 14 (1988), Sp. 1250–1269.

Zoologie, Geographie usw., ehe als der eigentliche Gegenstand der Geschichte das Sein und Handeln von Menschen begann. Der Historiker wurde, wenn er, wie es seiner Aufgabe eigentlich entsprach, mit dem ersten Tag der Schöpfung begann, außer zum Theologen auch zum Naturwissenschaftler.[13]

Als Historiker konnte der Geschichtsschreiber freilich nach dem damaligen methodischen Verständnis seiner Aufgabe nichts zum biblischen Bericht hinzufügen, denn es gab keine anderen authentischen Quellen als *Genesis* 1 und 2. Die Frage war vorerst nur, wie weit er sie wiedergab, ob er mit dem ersten oder erst mit dem sechsten Tag einsetzte oder gar erst, weil ja im historischen Sinn an ihnen allen vom menschlichen Tun und Lassen her nichts geschehen war, was hätte berichtet werden können, mit dem ersten großen ‚Unfall' der Weltgeschichte, dem Sündenfall und der Vertreibung aus dem Paradies, und wie er in der Folge sein Werk aufbaute und gliederte. Dabei wurde er wie gesagt methodisch auf den ersten Schöpfungsbericht als Leitlinie verwiesen. Denn die Großeinteilung der Geschichte in sechs bzw. sieben Weltalter, der wir bei Hartmann Schedel begegnet sind, ging im Analogieschluss auf die Angaben des ersten Schöpfungsberichtes zurück: der erste, der zweite, der dritte Tag usw., dann die Lebensjahre der Ureltern und den Zeitpunkt der jeweiligen Zeugung und der Lebensdauer ihrer Nachkommen, mit der Abfolge der Zeit als Grundmuster, eben einer Chronik bzw. Chronologie, und mit der bis heute dominanten Messeinheit der Jahre: „Adam zeugte mit 130 Jahren den Seth und lebte dann noch 800 Jahre, Seth zeugte mit 105 Jahren den Enoch [...] und lebte noch 800 Jahre" usw. (*Genesis* 5,5 ff.).

Auf diesem Ordnungsprinzip, das potentiell jedem Jahr einen eigenen Abschnitt zuwies, der mit mehr oder weniger Text versehen werden konnte, schuf in der Zeit Konstantins des Großen nach einigen Vorläufern Bischof Eusebios von Kaisareia in Palästina eine Chronik, die kolumnenartig die Geschichte der verschiedenen Reiche synoptisch zu erfassen suchte und fast sogleich in alle wichtigen Sprachen der Zeit übersetzt wurde.[14] Sie ist – offen angeführt oder nur stillschweigend – das Leitbild für alle Weltgeschichten

[13] Über das Sechstagewerk als Modell der Weltstrukturierung im Mittelalter vgl. kurz Christel Meier, Enzyklopädischer Ordo und sozialer Gebrauchsraum. Modelle der Funktionalität einer universalen Literaturform, in: dies. (Hg.), *Die Enzyklopädie im Wandel vom Hochmittelalter bis zur frühen Neuzeit*, München 2002, S. 511–532, hier S. 514 ff.

[14] Der griechische Originaltext ist verloren. Erhalten sind u. a. eine armenische und eine syrische Übersetzung und eine bis ans Ende des 4. Jahrhunderts fortgeführte lateinische Überarbeitung einer zweiten Fassung durch den Kirchenvater Hieronymus, hg. von Rudolf Halm, 2. Aufl., Leipzig 1956. Vgl. zu Eusebios u a. Monika Gödecke, *Geschichte als Mythos: Eusebs Kirchengeschichte*, Frankfurt 1987.

geworden, man erinnere sich nur an den eben in neuer Auflage erschienenen Ploetz oder den sog. "Kulturfahrplan", der dem gleichen Prinzip folgt;[15] wobei Eusebios freilich, kritischer als mancher seiner Vorgänger, den biblischen Zahlen für die Frühzeit nicht vertraute und die eigentliche Zählung erst mit Abraham begann, nach alexandrinischer Zählung 2016/2015 v. Chr.

Probleme ergaben sich für eine solche Darstellung Jahr um Jahr umso mehr, als im biblischen Schöpfungsbericht unter historisch-chronologischem Gesichtspunkt gravierende Lücken bestanden. So fehlte schon für den ersten Tag der Schöpfung ein festes Datum mit Monat- und Tagesangabe, und noch größer wurde das Problem durch das Nebeneinander von zwei Schöpfungsberichten. Ebenso offen war die Dauer des Aufenthaltes der Ureltern im Paradies, die zeitliche Festlegung des Sündenfalls und diejenige der Vertreibung aus dem Paradies. Erst recht erfuhr man in der *Genesis* zwar von drei Söhnen Adams und Evas, Kain, Abel und Seth, ebenso von deren Söhnen, Enkeln, Urenkeln usw., aber nirgends von Töchtern, mit denen sie, wenn auch mindestens in den ersten Generationen im Inzest, ihre Nachkommen hatten. Daher blieb für einen Weltchronisten nur die Wahl, dem lückenhaften biblischen Bericht zu folgen oder ihn durch eigene Deduktionen und Spekulationen, gegebenenfalls ‚Er-Findungen' zu ergänzen. Wie es zu gehen pflegt, fielen die Lösungen der Gelehrten, Theologen und Historiker, wie wir noch sehen werden, unterschiedlich aus.

In ihrer überwiegenden Mehrzahl geben die mittelalterlichen Weltchroniken unter dem Gesichtspunkt der Schöpfungsgeschichte wenig her und reduzieren diese, wenn sie nicht überhaupt Eusebios folgen und erst spät einsetzen, auf die Nennung Adams als erstem Menschen. Diese Werke sollen uns hier nicht näher beschäftigen, ihr Interesse für den Historiker liegt in der Art und Weise, wie sie den folgenden Ablauf der Geschichte darstellen und gliedern, was Anna-Dorothee von den Brincken vor etwas mehr als fünfzig Jahren in einer bis heute unüberholten Dissertation aufgezeigt hat.[16] Während die Ansichten der mittelalterlichen Chronistik über das Ende der Geschichte eingehend untersucht worden sind,[17] fehlt eine entsprechende Untersuchung

[15] *Der Große Ploetz*, 35. Aufl., Göttingen 2008; die synoptische Darstellung liegt auch der beliebten Zusammenstellung von Werner Stein, *Kulturfahrplan*, Berlin 1954, zugrunde.

[16] Wie Anm. 8.

[17] Martin Haeusler, *Das Ende der Geschichte in der mittelalterlichen Weltchronistik*, Köln/Wien 1980.

der Gestaltung des Anfangs und damit der Aufnahme des *Hexaemerons*.[18] In vielen modernen Ausgaben werden die frühen Abschnitte mangels ‚Originalität' gleich überhaupt weglassen, höchstens auszugsweise in dem berühmt-berüchtigten Petitdruck wiedergegeben. Dass damit wesentliche Einblicke in das Wissensgut der Verfasser und der Leser verloren gehen, wird in Kauf genommen.

Hier sollen dagegen Autoren betrachtet werden, die in gewisser Hinsicht sozusagen Abweichler waren, um aufzuzeigen, was zu verschiedenen Zeiten ein mittelalterlicher Historiker aus der Schöpfungsgeschichte machte und wie sich neue Konzeptionen bemerkbar zu machen begannen.

Am Anfang steht das Werk des gallorömischen Senators und Bischofs Gregor von Tours, geb. um 525, gestorben 590. Durch eine fast unaufhörliche Abfolge von Berichten über Mord und Totschlag gilt es gerne als typisch mittelalterlich. Als angebliche Stammesgeschichte wird es immer noch oft als „Fränkische Geschichte" bezeichnet, obwohl der Titel in Wirklichkeit *Historiae* lautet, wohlgemerkt im Plural, und Gregor gerade nicht eine Geschichte der Franken geben wollte, sondern eine Weltgeschichte.[19] Als Absicht bezeichnet die Vorrede, zur Erinnerung an das Vergangene und zur Kenntnis für die Nachkommen die Kämpfe der Ruchlosen und das Leben der Rechtschaffenen ans Licht zu bringen. Gregor will dabei „wegen der Berechnung der Jahre" vom Anfang der Welt an beginnen.[20] Doch dem ersten Kapitel des ersten Buches mit der durchaus zu erwartenden Überschrift „Über Adam und Eva" (S. 4 und 10) geht, wie unter anderem Vorzeichen in wissenschaftlichen Abhandlungen in einer noch nicht weit zurückliegenden Zeit, ein fast zwei Seiten umfassendes Glaubensbekenntnis voraus, „damit niemand, der dies lese, daran zweifle, dass ich rechtgläubig bin".[21] Geschichte schreiben ist für Gregor ein Glaubensakt, aber auch eine pastorale Aufgabe, denn er fährt im Blick auf die Leser fort: „auch habe ich beschlossen, um derentwil-

[18] Zur heutigen Sicht der Historiographie, die weniger auf die Suche nach ‚neuen' bzw. ‚originellen' Abschnitten ausgerichtet ist, sondern die Werke als ein Ganzes zu würdigen sucht, vgl. neben von den Brincken (wie Anm. 8) und Schmale (wie Anm. 11) Bernard Guenée, *Histoire et culture historique dans l'Occident médiéval*, Paris 1980.

[19] Hg. von Bruno Krusch, Monumenta Germaniae Historia, Scriptores rerum Merovingicarum Bd. 1/1, Hannover 1951; Übersetzung unter dem Titel *Fränkische Geschichte* von Rudolf Buchner, Freiherr-vom-Stein-Gedächtnisausgabe, Darmstadt 1958 (im folgenden wird nach dieser Ausgabe zitiert). Zu Gregor von Tours vgl. die Literaturangaben im *Lexikon des Mittelalters* Bd. 4 Sp. 1679 ff.; Martin Heinzelmann, *Gregor von Tours*, Darmstadt 1994.

[20] „Praefatio prima", S. 2.

[21] Vorspann zum 1. Buch, S. 6–10.

len, die da banget vor dem herannahenden Weltende, durch eine Berechnung der verflossenen Jahre nach den Chroniken und Geschichten genau darzutun, wie viele (Jahre) vom Beginn der Welt an bereits verstrichen sind", eben jene Berechnung der Jahre, die ihn zu seinem Werk veranlasst habe. Dadurch wollte er, gestützt auf die Zählung bei Eusebios und und dessen lateinischen Übersetzer Hieronymus, ängstlichen Gläubigen neue innere Sicherheit geben. Dies geschehe eben am leichtesten, wenn er von Adam an beginne.[22] Doch nach dem kurzen Satz „Am Anfang bildete der Herr Himmel und Erde in seinem Christus, der da ist der Ursprung aller Dinge" wird in einer trinitarisch-allegorischen Exegese, die Adam vor dem Sündenfall als den Typus des Erlösers bezeichnet, die Formung des Menschen dem Sohne zugeschrieben (I 1 S. 10). In der richtigen Wiedergabe der Schöpfungsgeschichte, insbesondere der Schaffung des Menschen durch den Sohn am sechsten Tag, offenbart sich für den Leser die Rechtgläubigkeit des Verfassers. Sie wird anschließend mit dem Glaubensbekenntnis „Ich glaube an Jesus Christus, [...] geboren vom Vater, nicht geschaffen, nicht nach der Zeit, sondern vor aller Zeit immer mit dem Vater" in deutlicher Wendung gegen den unter den germanischen Nachfolgestaaten verbreiteten Arianismus, der den Sohn als nach dem Vater geschaffen bezeichnete, noch einmal nachdrücklich festgehalten (Vorspann S. 8). Die ‚richtige' Schöpfungsgeschichte diente so einer Abgrenzung gegen eine Häresie und sicherte die Richtigkeit und Heilsmächtigkeit des eigenen Werkes.

Entgegen den Erwartungen, die durchaus bestehen könnten, brauchen wir auf die vielleicht berühmteste Weltchronik des Mittelalters, das *Chronicon seu Historia de duabus civitatibus* Ottos von Freising aus der Mitte des 12. Jahrhunderts, nicht näher einzugehen.[23] Otto erwähnt die Schöpfungsgeschichte nur implizit, beginnt mit der gleichsam eine präexistente Kategorie für die Geschichte der Menschheit bildenden Feststellung, dass es drei Erdteile gebe (I 1 S. 60), und fährt mit der knappen Erwähnung fort, laut Moses sei in das im Osten im Lande Eden geschaffene Paradies der erste Mensch gesetzt, aber nach seinem Ungehorsam gegenüber dem Gebot Gottes zur Pilgerschaft auf der Erde verurteilt worden (I 1 S. 60). Für Otto beginnt Weltgeschichte, ohne dass auf das Sechstagewerk auch nur im Ansatz ein-

[22] Ebenda S. 10: „Quod facilius adinplemus, si ab ipso Adam sumamus exordium."

[23] Otto von Freising, *Chronica seu Historia de duabus civitatibus*, hg. von Franz-Josef Schmale, Freiherr vom Stein-Gedächtnisausgabe, Darmstadt 1961. Zu Otto vgl. vor allem Hans-Werner Goetz, *Das Geschichtsbild Ottos von Freising*, Köln/Wien 1984; *Repertorium Fontium* (wie Anm. 8) Bd. 8/3, S. 430–432.

gegangen wird, mit der Vertreibung aus dem Paradies, weil anklingend an Gregor von Tours' ‚Kampf der Ruchlosen und gottgefälliges Leben der Rechtschaffenen' mit dem Sündenfall der als Grundmotiv der Geschichte gesehene Kampf der *Civitas Dei* und der *Civitas terrena* beginnt, deren erste Bürger die von Adam gezeugten Söhne Kain und Seth waren (I 2 S. 62 ff.). Ebenfalls überzeugt, am Ende der Zeiten zu stehen,[24] muss Otto dennoch nicht mehr seine Rechtgläubigkeit gegenüber häretischen Lehren belegen, sondern will angesichts der Unbeständigkeit der irdischen Dinge den Lesern durch den Verweis auf den göttlichen Heilsplan Halt geben. Auf eine genaue Wiedergabe des *Hexaemerons* kann er daher verzichten.

Andere Werke des 12. Jahrhunderts zeigen, wie Anna-Dorothee von den Brincken betont hat, einen Wandel in der Konzeption der Weltchroniken. Für die weiter zurückliegenden Epochen, erst recht für die Schöpfungsgeschichte scheinen weitverbreitete Chroniken der vorangegangenen hundert Jahre wie Frutolf/Ekkehard und Sigibert von Gembloux das historische Wissensbedürfnis zu erfüllen.[25] Die bisher dominierenden Probleme der richtigen Chronologie der Ereignisse treten daher zurück, die Stoffmasse für die früheren Jahrhunderte wird als ausreichend gesehen, doch entstehen gleichzeitig meist mit einem didaktischen Zweck nach einem halben Jahrtausend zum ersten Mal wieder unter Titeln wie *Imago mundi* Werke, die alle Wissensgebiete für die sich rasch ausbreitenden Schulen zu erfassen suchen, zum Teil allerdings ohne die Geschichte wirklich zu integrieren.

Bevor wir uns der gewaltigsten dieser Enzyklopädien zuwenden und ohne weitere, unter unserer Fragestellung wenig ergiebige Werke heranzuziehen, soll ein Blick dem zu Unrecht meist wenig beachteten christlichen Osten gelten. Hier blieb die Chronik des Eusebios über Jahrhunderte bis in die Neuzeit das fast stereotype Muster der chronologischen Geschichtsschreibung, so dass sich die einzelnen Werke nur in den der Gegenwart gewidmeten Teilen unterschieden, keines den Blick auf die bevorstehenden jüngsten Zeiten ausweitete, für ältere Epochen nicht selten *expressis verbis* einfach auf ein Vorgängerwerk verwiesen und damit auch die Schöpfungsgeschichte nicht wiedergegeben wurde.[26] Eine Ausnahme stellt die Chronik des Michael Glykas

[24] Vorwort an Abt Isingrim, S. 12.

[25] Ekkehard/Frutolf, *Chronicon universale*, Monumenta Germaniae Scriptores Bd. 6, Hannover 1844, S. 33–211; Sigibert von Gembloux, *Chronica sive chronographia universalis*, ebenda S. 300–374.

[26] Zur byzantinischen Geschichtsschreibung vgl. den Werkkatalog von Johannes Karayannopoulos/Günter Weiss, *Quellenkunde zur Geschichte von Byzanz 324–1453*, 2 Bde., Wiesba-

Sikidites dar, eines Sekretärs (*grammatikós*) am Hof der Komnenenkaiser.[27] Geboren im ersten Drittel des 12. Jahrhunderts auf Korfu, gehörte er zu dem Kreis hochgebildeter Beamter, die sich auch literarisch und theologisch betätigten, wurde aber nicht, wie man lange annahm, wegen einer Stellungnahme gegen die von Kaiser Manuel I. (1143–1180) geförderte Astrologie, sondern wegen der Verwicklung in eine Verschwörung gegen Ende der 1150er Jahre geblendet.[28] Dies hinderte freilich nicht, dass gerade nach diesem Lebenseinschnitt eine reiche schriftstellerische Tätigkeit begann, aus der 95 theologische Traktate über Aporien der Hl. Schrift mit dem Titel *Lyseis* („Lösung von Streitfragen“) herausragen, in denen er in einer an das dialektische Vorgehen der abendländischen Scholastiker gemahnenden Weise unterschiedliche Auffassungen einander gegenüberstellt und dann die ‚richtige‘ Antwort gibt.[29] Michael Glykas gilt daher als der originellste Exeget der griechischen Kirche des 12. Jahrhunderts, auch weil er seine theologischen Erörterungen immer wieder mit naturwissenschaftlichen Verweisen unterbricht und gleichzeitig die Auffassungen der traditionellen, volksnahen Orthodoxie wiedergibt und damit einen Einblick in eine Sphäre des kirchlichen Lebens gewährt, die sonst weniger zugänglich ist.[30]

Doch nicht um die *Lyseis* geht es hier, sondern, wie gesagt, um sein zweites großes Werk. In der in vier Bücher eingeteilten Chronik, in der nach den Worten eines Handbuches „Theologie und Kuriosa ein schönes Gleichgewicht

---

den 1982, und den Abschnitt „Geschichtsschreibung“ in Herbert Hunger, *Die hochsprachliche profane Literatur der Byzantiner*, 2 Bde., München 1978, Bd. 1, S. 241–504; für die kirchlichen Autoren auch Hans-Georg Beck, *Kirche und theologische Literatur im byzantinischen Reich*, München 1959.

[27] Michael Glykas, *Chronicon*, hg. von Immanuel Bekker, Bonn 1836. Zu ihm vgl. vor allem Beck (wie Anm. 26), S. 654 f.; Hunger (wie Anm. 26), Bd. 1, S. 422–426; Karl Krumbacher, Michael Glykas. Eine Skizze seiner Biographie und seiner literarischen Thätigkeit nebst einem unedierten Gedichte und Briefe desselben, *Sitzungsberichte der Bayerischen Akademie der Wissenschaften*, Phil.-hist. Klasse 1894, Heft 3, München 1895, S. 391–460; *Repertorium Fontium* (wie Anm. 8), Bd. 5 (1984), S. 164 f.

[28] Die astrologischen Auseinandersetzungen gehören – wie Otto Kresten, Zu Theodoros Styppeiotes, *Jahrbuch der Österreichischen Byzantinistik* 27 (1978), S. 49–103 nachgewiesen hat – in die 1170–1180er Jahre. Für die frühere Einordnung vgl. Beck (wie Anm. 26), S. 654.

[29] Von den 95 *Lyseis* betreffen nur drei die alttestamentlichen Bücher nach der Genesis, aber zehn die Schöpfung, Adam und Eva und die menschliche Natur vor und nach dem Sündenfall. Zu den *Lyseis* ausführlich Martin Jugie, *Theologia dogmatica christianorum orientalium*, Bd. 2, Paris 1933, S. 537–644, und Robbins (wie Anm. 12), passim. Für beide bilden die *Lyseis* eine wichtige Quelle, ohne dass sie auf die z. T. parallele Rezeption in dem Geschichtswerk eingehen.

[30] Beck (wie Anm. 26), S. 654.

halten",[31] umfasst die Schöpfungsgeschichte das ganze erste Buch, trotz der Beteuerung des Strebens nach Kürze als das zu befolgende Ideal gegenüber ausschweifenden rhetorischen Darstellungen, die er mit wenigen Worten zusammenfassen wolle.[32] Es folgt im zweiten Buch die jüdisch-orientalische, im dritten die römische Geschichte bis Konstantin und im vierten schließlich die byzantinische Geschichte bis zum Jahre 1118. Ist schon auffällig, dass in einem historischen Werk die Schöpfungsgeschichte in dieser einmaligen Weise und Breite hervorgehoben wird, so stellt sich angesichts ihres Umfangs, nach Seiten gerechnet mehr als ein Drittel des Ganzen, nicht nur die Frage, wie man, trotz der scharfen Ablehnung aller rhetorischen Stilmittel, aus den zwei- bis zweieinhalb Seiten einer modernen Bibelausgabe das Hundertfache machen konnte, sondern vor allem was die Intention dieser nur hypertroph zu nennenden Ausweitung und damit der ganzen Chronik war. Gewiß nicht überflüssig erfolgt, als nach 220 Druckseiten (!) mit der Vertreibung aus dem Paradies das Ende der Schöpfungsgeschichte erreicht ist, eine neue *captatio benevolentiae*, die die Länge der Darstellung entschuldigt (S. 221). In der Tat ist der Chronikcharakter im ersten Buch fast völlig verloren gegangen; es handelt sich vielmehr um eine enzyklopädische Schrift, die sich in manchem den abendländischen *Imago-mundi*-Werken annähert, die allerdings wie in den theologischen *Lyseis* die Naturwissenschaften in die Geschichte (und die Theologie) integriert.

Die eigentliche Intention des Werkes verrät freilich der belehrende Stil. Die Chronik ist nicht nur, wie schon auf der ersten Zeile mit der Anrede „geliebtestes Kind" deutlich wird, Michaels Sohn gewidmet, sondern beginnt fast jeden zweiten Satz mit „Du sollst nämlich wissen", „Beachte wohl", "Sieh nun mit voller Aufmerksamkeit", „Die Erde, musst du wissen, ist in der Mitte des Universums gewissermaßen aufgehängt, wie man aus der Bewegung der Gestirne weiß" usw. (S. 5 ff.; letztes Zitat S. 12) und fügt immer wieder moralische Anweisungen und Schlussfolgerungen ein, die für byzantinische und abendländische Chroniken völlig aus dem Rahmen fallen. Vielleicht auch unter dem Einfluss des eigenen Lebensschicksals will Michael seinem Sohn ein breites Schulwissen an Geographie, Botanik, Zoologie, Astronomie und Astrologie vermitteln, bevor er dann auf das eigentliche Thema, die Geschichte, eingeht.

[31] Beck (wie Anm. 26), ebenda.

[32] Michael Glykas, S. 3 f.

Dabei wird in diesen Ausführungen eine doppelte Stoßrichtung erkennbar. Es beginnt schon ganz zu Anfang mit der Feststellung, zwar hätte Gott auch alles, einschließlich des Menschen, an einem Tag schaffen können, dennoch habe er ganz bewusst sechs Tage damit verbracht, wie schon „jener goldene Redner Johannes", gemeint ist der griechische Kirchenvater Johannes Chrysostomos, überliefere, denn wenn gewisse Autoren verwegen meinten, die Dinge seien in Wirklichkeit ‚durch einen Zufall' entstanden, so hätte dies viel mehr noch gegolten, wenn die Welt an einem Tage geschaffen worden wäre (S. 4). In recht zweifelhafter Logik heißt es, Gott habe die Welt an sechs und nicht mehr und nicht weniger Tagen geschaffen, damit der Schöpfungsvorgang mit dem folgenden Ruhetag der Woche entspreche (S. 4 f.)! Gleich anschließend wird ein nicht offen ausgesprochener Zweifel aufgegriffen, was Gott in der auf die Schöpfung folgenden Woche gemacht habe, wenn doch das Schöpfungswerk am Ende des sechsten Tages vollendet gewesen sei, und damit beantwortet, dass Gott doch sein Werk bewahren müsse, so dass er auch nach der Schöpfung nicht ohne etwas zu tun geblieben sei (S. 5). Michael Glykas richtet sich damit gegen die in das Denken seiner Zeit wieder breiter einströmenden Lehren der antiken Philosophen, die nicht mehr nur wie in den vergangenen Jahrhunderten ein theoretisches (Schul-)Wissen bildeten, sondern in der Gegenwart Anklang fanden. Jenes „nicht durch einen Zufall erschaffen", was beiläufig tönt, war in Wirklichkeit eine Stellungnahme vor allem gegen Epikur.

Methodisch werden zu jedem biblischen Satz wie im Verweis auf Johannes Chrysostomos verschiedene Thesen einander gegenübergestellt. Zur Frage etwa, ob zuerst die Erde und dann das Dach des Himmels oder zuerst der Himmel und dann die Erde geschaffen worden sei, folgen nacheinander Aussagen großer Theologen des 4. bis 7. Jahrhunderts: Gregor von Nazianz, Maximos Confessor, Basileios der Große. Freilich besitzt für Michael Glykas keiner unter ihnen eine stets zu befolgende Autorität schlechthin, sondern in bemerkenswerter Eigenständigkeit erfolgt die Lösung jedes Mal individuell, wenn etwa in Bezug auf die Himmelslichter Johannes Chrysostomos widersprochen wird, obwohl er zweifellos ein *aner theios* sei (S. 35). Dies ist natürlich verwirrend, und ohne von dem einen oder anderen zu sagen, seine Auffassung sei falsch, handelte es sich doch um die bedeutendsten Theologen der orthodoxen Kirche, wird dann der Rat gegeben: „es gibt also verschiedene Meinungen, aber in dieser Sache vertraue mehr dem Basileios (dem Großen)".

Die Betonung der Schöpfungsgeschichte ist daher auch bei Glykas neben ihrer Eignung, didaktisch die ganze Breite des Wissens zu vermitteln, zugleich theologisch-dogmatisch bedingt. Wie Gregor von Tours mit der Berechnung der Jahre auf eschatologische Ängste seiner Zeit antworten wollte, richtete sich die Darlegung des göttlichen Wirkens in der Schöpfung bei Michael Glykas nicht nur gegen den auf die Antike rekurrierenden Humanismus der Komnenenzeit und die neuplatonischen Ideen von der Ewigkeit der Dinge, der Seelenwanderung und vor allem der Astrologie, sondern ganz offensichtlich vor allem auch gegen die im Volk anscheinend weit verbreitete dualistische Häresie der Bogomilen, die in einem noch nicht endgültig geklärten Verhältnis zu den abendländischen Katharern standen.[33]

Dass die Welt, die Geschichte und das Römische Kaiserreich mit seinem Sitz in Konstantinopel eine Schöpfung Gottes und nicht des Teufels war, sollte in ständiger Auseinandersetzung mit den Theologen, den Philosophen und dem eigenen rationalen Verstand und Zweifeln, besonders prononciert in den astrologischen Fragen, die umfassende Exegese des *Hexaemerons* aufzeigen. Zugleich sollte die breite Aufzählung von Naturerscheinungen, der einzelnen Meere und Flüsse, der Tiere, der Pflanzen zusätzliche ‚Beweise' für schwer nachzuvollziehende Glaubensinhalte wie die Auferstehung, die Jungfrauengeburt usw. beibringen. Michael Glykas zog dafür in breitem Umfang vor allem die Tierbücher Aelians und den Physiologus heran.[34] Um wieder nur ein Beispiel zu geben, hält er denjenigen, die die Auferstehung leugnen oder verspotten, die *phaska* entgegen, eine Entenart, die sterbe und nach 40 Tage sich wieder belebe, und die Ochsenbremse, die sechs Monate tot sei und dann wieder das Leben gewinne (S. 88); als Beweis für die Jungfrauengeburt verweist er auf den arabischen Vogel Phoenix, der aus sich heraus jährlich 500 Nachkommen gebäre, ohne Gefährten zu haben (ebd.). Andererseits werden aus der in dieser Weise erweiterten Wiedergabe der Schöpfung moralische Kategorien abgeleitet, wenn der böse Adler aus Zorn von zwei seiner Jungen das eine verstößt, die mütterliche Krähe dagegen eine große Zahl von

[33] Vgl. Dmitri Obolensky, *The Bogomils. A Study in Balcan Neo-Manichaeism*, London 1948; Hans-Georg Beck, *Vom Umgang mit Ketzern. Der Glaube der kleinen Leute und die Macht der Theologen*, München 1993; Steven Runciman, *The Medieval Manichee*, Cambridge 1960.

[34] Zu den naturwissenschaftlichen Teilen vgl. Francesco Sbordone, Φυσιολογία Parigina degli Annales di Michael Glykas, *Byzantinische Zeitschrift* 29 (1929–1930), S. 188–197; zu Aelian vgl. Manuela García Valdes (Hg.), *De natura animalium*, Berolini 2009; Alwyn Faber Scholfield (Übers.), *On the characteristics of animals*, 3 Bde., Loeb Classical Library 446, 448, 449, London 1958–59; zum Physiologus Francesco Sbordone (Hg.), *Physiologus*, Roma/Milano/Napoli 1936.

Jungen mit Liebe aufzieht (S. 65 zum fünften Tag). Ebenso werden in wieder didaktischer Intention Erklärungen für Himmelserscheinungen wie die Kometen (S. 56 f.) oder den Regenbogen eingefügt (S. 58), oder Fabeltiere wie ein Kamelopardus und das Einhorn (S. 117 f.) als reale Teile der Schöpfung angeführt. Der Geschichte als dem eigentlichen Gegenstand der Chronik näher wird dann die Schaffung Adams aus Staub auf fast 90 Seiten geschildert, wobei der Staub, zu dem die Tiere zerfallen, nebenbei als Zeichen der Wiederauferstehung gedeutet wird (S. 126 ff. und S. 142).[35]

Gleichzeitig gilt es für Michael Glykas, in einem Lehrbuch für einen Heranwachsenden kritischen Fragen vorweg zu begegnen, so etwa, ob das Paradies vor Adam oder nach ihm geschaffen wurde, wo Adam sich aufgehalten habe, wenn er nach einem nicht weiter bekannten Pyrrhos nach 40 Tagen ins Paradies verbracht worden sei, was mit der kritischen Gegenfrage beantwortet wird: „ich aber sehe nicht, wo Adam sich aufgehalten haben sollte, wenn er 40 Tage außerhalb des Paradieses war" (S. 156). Ähnlich verhält es sich mit der Erbsünde und der Prädestination, da Gott doch in seiner Allwissenheit gewusst haben müsse, dass Adam und Eva sein Verbot übertreten werden, bzw. noch grundsätzlicher, weshalb Gott überhaupt den Baum der Erkenntnis geschaffen habe.[36] Immer wieder wird auf eine weitverbreitete „kleine Genesis" Bezug genommen, eine apokryphe *Vita Adae et Evae*, nach der u. a. Adam den Apfel vom Baum nimmt und Eva verführt (!) und dann Pflanzen und Tiere nimmt und das Paradies verlässt: das sei „pro ludo et ioco" zu halten (S. 206).[37]

In der Summe wird der Schöpfungsbericht bei Michael Glykas, wie wir gesehen haben, zu einem Erziehungsbuch, einer Handreichung für das richtige Leben und Handeln, für die *Genesis* 1 und 2 fortlaufend die entsprechenden Stichworte geben und gleichzeitig für eine Auseinandersetzung mit entgegenstehenden Ideen und kritischen Fragen ausrüsten.

Ein zweites Werk aus der zweiten Hälfte des 12. Jahrhunderts von ganz anderem Aufbau zeigt, wie sehr sich die Konzeption von Weltchroniken seit der

---

[35] Vgl. auch S. 143: Adam symbolisiere in den vier Buchstaben seines Namens die vier Himmelsrichtungen, über die sich die Menschen ausbreiten werden.

[36] S. 170 ff., S. 191 wird erörtert, ob Adam sterblich oder unsterblich geschaffen wurde. In jenem Fall müsste er von Anfang an Empfindungen („affectionibus") unterworfen gewesen sein, aber in den heiligen Schriften sei davon nirgends die Rede, sondern erst nach dem Sündenfall kenne der Mensch Müdigkeit, Schlaf und Schweiß, wie die Synode von Karthago festgelegt habe.

[37] Diese „kleine Genesis" erwähnt nun auch die aus genealogischer Sicht unentbehrlichen Töchter der Ureltern, und nennt sie mit Namen eine Atzura, die Cain heiratete, und eine Asua, die Seth als Frau nahm. Zu abweichenden Namen in anderen Werken vgl. auch weiter unten.

Zeit des Eusebios verändert hatte. Die Chronik des jakobitischen Patriarchen Michael Syrus gehört einem Teil der christlichen Welt an, der noch stärker als Byzanz meist außerhalb unseres Blickfeldes steht.[38] Dabei war ihr Verfasser eine der überragenden Gestalten des ganzen 12. Jahrhunderts des Ostens und des Westens. Kirchliches und politisches Oberhaupt einer seit dem Konzil von Chalkedon von der Orthodoxie getrennten christlichen *natio*, Theologe, Mediziner, Jurist, Dichter und eben auch Historiker, mit Kenntnissen des Aramäischen, Arabischen, Griechischen, vielleicht auch des Lateins und des Hebräischen, stand er im Kontakt mit dem Basileus in Konstantinopel, den armenischen Fürsten Kilikiens, den arabischen, türkischen und kurdischen Herrschern und denen der Kreuzfahrerstaaten. Papst Alexander III. lud ihn im Jahre 1178 zum dritten Laterankonzil ein, was er zwar nicht annahm, aber er ließ den Konzilsvätern einen Traktat gegen die Häretiker, sprich wohl gegen die Albigenser, zukommen.[39]

Seine monumentale Chronik in 22 Büchern, in der französischen Übersetzung knapp 1000 Seiten, ist das außergewöhnlichste, konzeptionell vielleicht bedeutendste historische Werk des Mittelalters überhaupt. In einem kunstvollen Aufbau sollte der Gang der Weltgeschichte von der Schöpfung bis in die Gegenwart mit einem chronologischen Kanon auf drei Ebenen erfasst werden: in klarer hierarchischer Anordnung zuerst die Kirchengeschichte als apostolische Sukzession des Hohepriestertums seit Adam als erstem Inhaber dieses Amtes, dann die weltlichen Herrscher als weltliche Sukzession wieder mit Adam als dem ersten von Gott eingesetzten Herrscher über die Schöpfung und schließlich „Vermischtes“ mit Lokalgeschichte und Kultur im weitesten Sinne.[40] Zwar baut Michael für die zeitliche Abfolge auf Eusebios auf, doch schon im Vorwort bezeichnet er angesichts unterschiedlicher Traditionen die Rolle der genauen Chronologie explizit als sekundär, ja eine Kräfteverschwendung für den wahren Forscher.[41] Die Chronologie ist bei ihm nur

[38] Jean-Baptiste Chabot, *La chronique de Michael le Syrien*, 4 Bde., Paris 1899–1924. Zu ihr jetzt vor allem Dorothea Weltecke, *Die „Beschreibung der Zeiten“ von Mōr Michael dem Großen (1126–1199). Eine Studie zu ihrem historischen und historiographiegeschichtlichen Kontext*, Louvain 2003.

[39] *Chronique* Buch 19, Bd. 3 S. 378; vgl. auch Rudolf Hiestand, Der Klerus des lateinischen Ostens auf den allgemeinen Konzilien von Lateran I bis Vienne, *Annuarium historiae conciliorum* 38 (2006) S. 147–182, S. 178 f.

[40] Vgl. vor allem Weltecke (wie Anm. 38) mit einer eingehenden Erörterung der durch die nur kopiale Überlieferung und den Verlust der ersten Blätter bestehenden Probleme.

[41] S. 2: „il ne faut pas que les hommes studieux consomment leurs forces à considérer le plus ou le moins dans la suppotation des temps“.

noch ein methodisches Instrument und nicht mehr ein heilsgeschichlich-eschatologisches Problem, wohl aber ein dogmatisches Problem. Deshalb „müssen wir ihn an den Anfang den Ursprung des menschlichen Geschlechts stellen, Adam meine ich, um das Gebäude mit seiner Basis zu beginnen, denn dies ist nützlich für diejenigen, die reden, und für diejenigen, die zuhören“ (S. 1). Die Weltgeschichte und damit auch die Geschichte der „Syrer“, der „Nation“ der wirklich rechtgläubigen Christen, beginnt mit Adam, der für Michael vor allem eine *Praefiguratio Christi* ist. Dennoch setzt nach einem durch Textverlust nicht völlig rekonstruierbaren Anfang das erste Kapitel eher abrupt ein: „Nach der Septuaginta zeugte Adam, als er 230 Jahre alt geworden war, den Seth, und lebte noch 460 Jahre, und sein ganzes Leben dauerte 930 Jahre“ (S. 3). Sogleich betont Michael freilich, dass hier ein offensichtlicher Rechenfehler der Septuaginta vorliege, denn nach den Syrern habe Adam den Seth mit 130 Jahren gezeugt und noch 800 Jahre gelebt, was wieder der ganzen Lebenszeit Adams von 930 Jahren gleichkomme. Die Schwierigkeiten haben für Michael freilich noch kein Ende, denn gleich anschließend fügt er ein sekundäres Zitat aus dem apokryphen Henochbuch an, dass Adam nach seiner Vertreibung aus dem Paradies im Alter von 70 Jahren Eva beigewohnt habe, worauf sie Kain gebar und nach weiteren sieben Jahren Abel; und nach 53 Jahren tötete Kain seinen Bruder Abel. Und schließlich folge aus Methodius von Patara, einem Autor des 4. Jahrhunderts, dass Adam und Eva dreißig Jahre nach dem Verlassen des Paradieses Kain und seine Schwester Climia und nach weiteren dreißig Jahren Abel und seine Schwester Labyda zeugten. Im 130. Lebensjahr Adams habe dann Kain Abel getötet und im Jahr 230 Adams sei Seth gezeugt worden, womit die Kongruenz mit der Septuaginta, die wie angeführt Adam ebenfalls mit 230 Jahren den Seth zeugen ließ, wieder erreicht war. Damit war das chronologische Netz und die Familiengeschichte der Ureltern durch präzise, wenn auch widersprüchliche Zahlenangaben und durch Namen biblisch nicht genannter, aber für die Erhaltung und Vermehrung des Geschlechts unentbehrlicher Personen wesentlich dichter geknüpft.

Aus der ein Jahrhundert später gleichfalls syrisch geschriebenen *Chronographie* des Bar Hebräus (Ibn al-Farağ), die sich eng an Michael anlehnte, kann vermutet werden, dass bei Michael Syrus in dem heute fehlenden Anfang auch für den Tag der Erschaffung des Menschen eine präzise chronologische Angabe gemacht wurde: Bei Bar Hebräus beginnt der Bericht mit dem Satz „Adam, der erste Mensch, [...] wurde geschaffen am Freitag, dem sechsten Tag des Monats Nîsân, dem ersten Monat des Jahres eins des Bestehens der Welt, das am ersten Tag der Woche, am ersten Tag des Monats Nîsân, begann".[42] Für jeden sorgfältig arbeitenden Historiker wichtige Fragen hatten so Antworten gefunden, wenn auch unter sich abweichende. Wenn man freilich nach diesem Satz die weitere Nacherzählung über die Urgeschichte im Paradies hinaus bis zur Sintflut erwartet, so springt Michael im zweiten Kapitel zurück und verweist auf das Buch des Moses, das lehre, dass Gott den Himmel und die Erde gemacht habe. Es folgt in wörtlicher Übersetzung zuerst der Bericht in *Genesis* 1 über den ersten Tag, dann eine Zusammenfassung des weiteren Berichts bis zum sechsten Tag, als – wieder unter wörtlichem Zitat des biblischen Textes – Gott den Adam schuf. In Paraphrase schließt der siebente Tag und erst darauf die Schaffung Evas und die Vertreibung aus dem Paradies an, was sich nicht nur im ‚Priesterbuch', meint die Bibel, sondern auch in den Chroniken finde (S. 4).

Freilich ginge man in die Irre, wenn man damit das Ende der Erörterung der Schöpfungsgeschichte erreicht zu haben glaubte. Auf eine höhere Warte wechselnd, folgt die Mahnung: „Wer liest, verstehe, denn wenn diese Dinge – d. h. die Schöpfung – nicht sorgfältig unterrichtet und im Sinne des Geistes der Heiligen verstanden werden, werden auch die Dinge, die folgen, nicht verstanden werden" (ebd.). Die Schöpfungsgeschichte ist, richtig verstanden, für Michael die Basis für Theologie, Kirche und Weltgeschichte, sie hat aber auch einen homiletisch-didaktischen Charakter und ist die Voraussetzung, um das Heilsgeschehen zu verstehen.

Wie *Genesis* 1/2 zwei Schöpfungsberichte wiedergibt, kommt Michael im 5. Kapitel noch einmal auf die Schöpfung und ihre Bedeutung zurück, nun nicht auf der Ebene des Sacerdotiums, sondern auf der dritten Ebene. Dort liest man: „Dieser (d. h. Adam) wird auch erwähnt als der erste Priester von St. Mar Jakobus", der Mutterkirche der syrisch-orthodoxen Kirche – „es gibt darüber mehrere Zeugnisse, doch wir zitieren von diesen nur einige in diesem unserem Buch" (S. 5). Wie unter dem Gesichtspunkt der Trinität die Präfiguration Christi, so ist Adam die Präfiguration der allein rechtgläubigen Kirche, der erste der syrisch-orthodoxen Gläubigen, von dem diese ihre Legitimität und Orthodoxie herleiten.

Aus der Tradition der syrischen Literatur, vor allem der nur noch fragmentarisch erhaltenen Chronik eines Dionysios von Tell Mahre aus dem 8. Jahr-

[42] *The Chronography of Gregor Abû'l Faraj commonly known as Bar Hebraeus*, engl. Übersetzung von Ernest A. Wallis Budge, Bd. I, Oxford 1932, S. 3.

hundert,[43] und unter Angabe von Buch und Kapitel gestützt auf Dionysius Areopagita (S. 6), folgt auf der zweiten Ebene eine mystische Deutung der Schöpfungsgeschichte, vor allem des sechsten Tages. Zugleich werden wie erwähnt jene unter historisch-chronologischem Blickwinkel in *Genesis* 1–5 bestehenden Lücken aufgefüllt und zugleich wird die Schöpfungsgeschichte auf allen drei Ebenen zur Präfiguration des Heilsgeschehens. Adam ist folglich nicht nur biologisch der Stammvater aller Menschen, sondern als der noch im Paradies vor dem Sündenfall eingesetzte Herrscher über die von Gott geschaffene Welt auch der erste Träger eines Königtums, dem alles untertan sein soll, ebenso der erste der Propheten und überdies der erste mit der Priesterweihe versehene Mensch, auch wenn er diese gleich anschließend durch den Sündenfall einbüßte (S. 11).

Halten wir fest: für den syrisch-orthodoxen Christen Michael Syrus muss eine ‚richtige' Weltchronik die Schöpfungsgeschichte, mindestens die Schaffung des Menschen am sechsten Tag einbeziehen, weil sich sonst der Sinn der Geschichte und die Struktur der Welt nicht erfassen lässt; sie ist zwar vordergründig nur ein faktisches Ereignis, doch als die Inkarnation Gottes in der Welt allegorisch der Beginn des Aufstiegs der Schöpfung zu Gott und für den Autor und den Leser unverzichtbar.

Obwohl dieses Geschichtsbild des Michael Syrus konzeptionell gewisse Verwandtschaften mit Otto von Freising aufweist, verläuft die Hauptlinie der Weltchronistik im lateinischen Westen, dem sowohl Michael Glykas als auch Michael Syrus unbekannt blieben, über enzyklopädische Werke als *imago mundi* weiter und lässt nun wieder unabdingbar die Darstellung *ab orbe condito* beginnen und setzt nicht mehr nur Werke wie Eusebios-Hieronymus, Frutolf-Ekkehard, Sigebert bis in die eigene Gegenwart fort. Freilich ist ihr Ziel dabei nicht mehr, neue historische Erkenntnisse über die Anfänge der Geschichte bzw. des Menschen beizubringen, sondern didaktisch zu unterrichten, wenn auch nicht wie bei Michael Glykas als persönlich moralische Formung, sondern schulmäßig. Man war sich bewusst geworden, dass keine gesicherten neuen Fakten über den Schöpfungsvorgang gewonnen werden konnten, sondern versuchte mit der scholastisch-dialektischen Methode die vielen, z. T. widersprüchlichen Aussagen zu ordnen. Dabei kapitulierte man freilich, wie schon Michael Syrus, vor allem für das erste Weltalter angesichts der ganz unterschiedlichen Angaben vor der Aufgabe einer verbindlichen

[43] Zu Dionysios von Tell Mahre vgl. Karayannopoulos-Weiss (wie Anm. 26) S. 322 Nr. 172; Weltecke (wie Anm. 38) passim.

Festlegung von festen Jahrzahlen. Zu diesen Werken mit Titeln wie *Summa, Speculum, Flores (temporum)*[44] gehört als monumentalstes das *Speculum maius* oder *Opus universale* des nordfranzösischen Dominikaners Vinzenz von Beauvais. Geboren zwischen 1184 und 1194, gestorben 1264, war er zeitweise am Hofe Ludwigs des Heiligen als Prinzenerzieher tätig.[45] Unter Einbezug eines nicht von ihm stammenden *Speculum morale* umfasst es in ursprünglich zwei, dann erweitert in drei Teilen ein *Speculum naturale*, aus dem in einem zweiten Arbeitsschritt ein *Speculum doctrinale* herausgelöst wurde, und ein *Speculum historiale*, im heute meistens verwendeten Druck vom Anfang des 17. Jahrhunderts insgesamt etwa 3500 Seiten in Folioformat, was in moderner Buchform schon ohne Anmerkungen und Kommentar wohl 15–20.000 Seiten ergäbe.[46] Ein moderner Forscher hat berechnet, dass das gesamte *Speculum* ca. 3,1 Millionen Wörter umfasse, so dass es auch kaum überrascht, dass der Plan einer modernen Ausgabe zum zweiten Mal im Sand zu verlaufen scheint. Wichtig für uns ist, dass Vinzenz seine Quellen ausdrücklich benennt, andererseits jedem Teil als eine Einleitung eine erst seit dreißig Jahren kritisch edierte, weitgehend gleichlautende, nur im letzten Kapitel jeweils spezifische *Apologia actoris* beigeben hat, in der er über sein Vorhaben reflektiert.[47]

---

[44] Vgl. Herbert Grabes, *Speculum, Mirror und Looking-Glass. Kontinuität und Originalität der Spiegelmetapher in den Buchtiteln des Mittelalters und der englischen Literatur des 13.–17. Jahrhunderts*, Tübingen 1973; Wilhelm Berges, *Die Fürstenspiegel des hohen und späten Mittelalters*, Schriften der MGH 2, Hannover 1938. Zu den Enzyklopädien vgl. jetzt den Sammelband von Christel Meier (Hg.), *Enzyklopädie* (wie Anm. 13).

[45] Astrik L. Gabriel, *Vinzenz von Beauvais: Ein mittelalterlicher Erzieher*, neubearb. deutsche Ausgabe von Josef Knecht, Frankfurt 1967; Rudolf Weigand, *Vinzenz von Beauvais. Scholastische Universalchronistik als Quelle volkssprachiger Geschichtsschreibung*, Germanistische Texte und Studien 36, Hildesheim/Zürich/New York 1991; Serge Lusignan u. a. (Hgg.), *Vincent de Beauvais. Intentions et réceptions d'une oeuvre encyclopédique au Moyen-Âge*, Québec/Paris 1990; J.B. Voorbij, The Speculum historiale. Some aspects of its Genesis and Manuscript Tradition, in: W. J. Aerts u. a. (Hgg.), *Vincent of Beauvais and Alexander the Great: Studies on the Speculum Maius and its Translations into Medieval Vernaculars*, Groningen 1986, S. 12–14 über Plan und Absicht des *Speculum*; Monique Paulmier-Foucart, *Vincent de Beauvais et le Grand miroir du monde*, Turnhout 2004, vor allem S. 77–104.

[46] Ed. Douai 1624, Nachdruck Graz 1965. Über das *Speculum Maius* vgl. vor allem Anna-Dorothee von den Brincken, Geschichtsbetrachtung bei Vinzenz von Beauvais. Die Apologia Actoris zum Speculum Maius, *Deutsches Archiv für die Erforschung des Mittelalters* 34 (1978), S. 410–499. Zur umfangreichen Sekundärliteratur der letzten Jahrzehnte vgl. die Zusammenstellung in *Repertorium Fontium* (wie Anm. 8) Bd. 11/3 (2007), S. 355–359.

[47] Die *Apologia actoris* ist zum ersten Mal kritisch ediert und interpretiert in von den Brincken, Geschichtsbetrachtung (wie Anm. 46) S. 475–499, nachdem sie wohl aus Sparsamkeitsgründen in der Druckausgabe von 1624 nur dem *Speculum naturale* vorangestellt wurde: vgl. von den Brincken, S. 411 f.

Beschäftigen soll uns hier nur das *Speculum historiale*, das die Ereignisse vom Anfang der Zeiten bis zum Jahre 1244, dann fortgeführt bis zum Jahre 1250, umfasst.[48] Wie in den meisten dieser Werke wollte Vinzenz von Beauvais nicht kreativ arbeiten, sondern mit Hilfe einer Schar von Mitarbeitern sozusagen mit Schere und Kleister durch Zerschnippeln und Wiederzusammenfügen einschlägiger Auszüge die Summe des Wissens seiner Zeit erstellen, was freilich an die Grenzen der finanziellen Leistungsfähigkeit nicht nur seines eigenen Konvents, sondern des Ordens ging, und ohne die finanzielle Unterstützung durch den König nicht möglich gewesen wäre.[49] Man hat sein Werk daher auch die erste und größte Enzyklopädie des Mittelalters genannt. Wenn jenes durchaus anfechtbar ist, man denke nur an Isidor von Sevilla, Hugo von Saint-Victor, Richard von Saint-Victor, so besteht diese Bewertung zweifellos zu Recht. Wir wollen hier nicht auf die außerordentlich komplizierte Überlieferungsgeschichte des *Speculum historiale* eingehen, die eine ganze Reihe von Reorganisationen und Umarbeitungen des Werkes aufgedeckt hat, und können dies um so eher, als, soweit bisher erfassbar ist, die uns hier interessierenden Abschnitte nicht betroffen sind.[50]

Dennoch hatte der Versuch, das gesamte Wissen der Zeit in einem Werk einzufangen, wenn auch in mehreren je für sich stehenden Teilen oder Bänden, auch für die Darstellung der Schöpfung einschneidende Folgen, denn sie musste, wie wir es am Anfang skizziert haben, an mehreren Stellen behandelt werden. Sie war für das *Speculum doctrinale* ein Thema als Gegenstand der Theologie und für das *Speculum naturale* ein Thema als Teil der Naturgeschichte. In beiden konnte man nun nicht an den seit dem 12. Jahrhundert wieder als Herausforderung an das christliche Weltbild ins Bewusstsein getretenen Schriften der griechisch-lateinischen Antike vorbeigehen, in beiden galt es, zu diesen Stellung zu nehmen und die Überlegenheit und alleinige Wahrheit der göttlichen Offenbarung darzulegen, vor allem gegenüber den

---

48 Gabriel, *Vinzenz von Beauvais* (wie Anm. 45) S. 19.

49 Vinzenz von Beauvais, *Tractatus consolatorius*, Ausgabe Basel 1481, zitiert bei Jean-Baptiste Bourgeat, *Études sur Vincent de Beauvais*, Paris 1956, S. 18: an den König anlässlich des Todes seines jüngsten Sohnes: „Insuper etiam in sumptibus ad eadem scripta conficienda liberaliter interdum mihi subsidia praebuistis".

50 Vgl. dazu neben von den Brincken (wie Anm. 46) vor allem J.B. Voorbij, La version Klosterneuburg et la Version Douai du ‚Speculum historiale', manifestation de l'évolution du texte, in: Lusignan u. a. (wie Anm. 45), S. 111–140; Monique Paumier-Foucart, Le Plan et l'évolution du *Speculum maius* de Vincent de Beauvais: de la version *bifaria* à la version *trifaria*, in: Christel Meier (wie Anm. 13), S. 245–267.

insbesonders durch Chalkidius und Cicero vermittelten Ideen Platons über die Ewigkeit der Welt.

Methodisch stellt Vinzenz in vollem Bewusstsein der unvermeidlichen Doppelung bzw. Mehrfachdarstellung, aber auch in Rücksicht auf die Leser, von denen er ausdrücklich annimmt, dass nicht jeder von ihnen alle Teile seines Werkes vor sich, geschweige gelesen hat,[51] dem *Speculum historiale* als einer „universalis temporis omnium gentium ac populorum historia" als *epilogus* nochmals die wichtigsten Ergebnisse des *Speculum naturale* voran. Der auf die Schöpfung bezogene Teil des *Speculum historiale* ist damit nicht die allgemeine Summe des Wissens über die Schöpfung überhaupt, sondern über das, was für einen Historiker interessant bzw. notwendig ist.

Mit der bereits bekannten Formel erklärt auch Vinzenz von Beauvais, zweifellos mit mehr Recht als Glykas, ‚kurz' das *Hexaemeron* zu behandeln, das im *Speculum naturale* als Leitfaden und Gerüst für das ganze Werk dient, während hier nach dem Vorbild der *Historia Scholastica* des Petrus Comestor bis zu Nero die Bibel die Richtschnur abgibt. In der Tat reicht das erste von 31 Büchern in 131 Kapiteln immerhin bis zu Moses, und umfasst nur 47 von 1334 Seiten, also etwas ein Dreißigstel des Ganzen.[52] Freilich behandeln die ersten acht Kapitel, was in Weltchroniken, sieht man von Michael Syrus ab, bisher kaum angesprochen wurde und den Theologen vorbehalten blieb, zuerst die Trinität Gottes, die Schaffung der Engel, den Engelsturz und Lucifer und vor allem den Aufbau der himmlischen Hierarchie nach Dionysius Areopagita.[53] Die folgenden 13 Kapitel erörtern das eigentliche *Hexaemeron* mit philosophischen und vor allem naturgeschichtlichen Kommentaren über die Schaffung des Wassers, zählen alle bekannten Meere und Meerbusen auf, die vier Weltflüsse mit einem Dutzend weiterer bedeutender Flüsse und Seen, dann seitenlang Pflanzen und Baumarten samt ihres Nutzens für Nahrung, Medizin und Aromata (c. 22), die Gestirne am Himmel zur Darlegung von Tagesanfang und -einteilung bei Christen, Arabern und Juden so-

---

[51] Vgl. *Apologia actoris* (wie Anm. 47), c. 15.

[52] Bis zur Sintflut sind es 58 Kapitel auf 23 Seiten, weil eine breite Darlegung der geographischen Gegebenheiten erst nach der Sintflut eingefügt wird. Zum *Speculum Historiale* vgl. Jean de Hautfuney, Tabula super Speculum Historiale fratris Vincentii, hg. von Monique Paulmier-Foucart, *Spicae: Cahiers de l'Atelier Vincent de Beauvais* 2 (1980), S. 19–263, und *Spicae* 3 (1981), S. 7–208. Vgl. auch Anna-Dorothee von den Brincken, Geschichtsbetrachtung (wie Anm. 46); Serge Lusignan u. a. (Hgg.), *Lector et compilator: Vincent de Beauvais, frère prêcheur. Un intellectuel et son milieu au XIIIe siècle*, Rencontres à Royaumont 9, Grâne 1997.

[53] Vgl. auch *Apologia actoris* c. 15 und von den Brincken (wie Anm. 46), S. 420.

wie des Jahresanfangs bei Arabern, Ägyptern, Römern und Juden (c. 25). Die *curiositas* als grundlegendes Element des Denkens des 12./13. Jahrhunderts entfaltet sich erst recht bei den Tierarten, wie etwa 74 „normalen" Fischarten und dreißig weiteren mit Schalen versehenen (c. 27). Mit dem vorletzten dieser Kapitel (c. 28) werden die Großtiere erreicht, bei denen im Sinne einer Tugendlehre die Tapferkeit des Löwen, die Furchtsamkeit des Hasen usw. hervorgehoben werden.

Weitaus am breitesten jedoch gelten nicht weniger als zwölf Kapitel der Schaffung des Menschen (c. 30–41), des, wie Aristoteles sage, vornehmsten und höchsten Lebewesens, das, allein mit *ratio* ausgestattet, ein Mikrokosmos in sich sei. Es folgen die einzelnen Körperteile, die Unsterblichkeit der Seele, die auch die *philosophi*, d. h. die antiken Denker, vertreten hätten (c. 30). Noch einmal dreizehn Kapitel handeln über die Sünde, den Glauben, die *caritas*, die Kardinaltugenden und -laster, vor allem aber auch über die einzelnen Wissensgebiete und Fertigkeiten des Menschen, getrennt in *theorica*, *practica* und *mechanica*, je mit Unterteilungen.

Auf diese Weise wird bei Vinzenz von Beauvais die Schöpfungsgeschichte zum Anlass, das ganze naturwissenschaftliche Wissen der Zeit nach seiner ausführlichen Behandlung im *Speculum naturale* nochmals gekürzt in das einer Weltchronik entsprechende *Speculum historiale* in das menschliche Wissen und in den göttlichen Heilsplan einzubauen, als Integration bzw. Reintegration der durch die Wiederentdeckung der antiken und die Auseinandersetzung mit den arabischen Autoren gewonnenen Kenntnisse.

Fast mit einem Stoßseufzer der Erleichterung endet dieser erste Abschnitt des *Speculum historiale* mit den Worten: „jetzt können wir übergehen zu den *volumina temporum*" (c. 56, S. 22). Doch die intensive Begegnung mit der Naturlehre und den *philosophi* bringt für den Historiker neue Fragen: Zuerst geht es um die genaue zeitliche Einordnung. So liest man nun, Adam und Eva seien, „wie man glaubt", am Tage ihrer Erschaffung, also am sechsten Tage der Welt, im Paradies um die sechste Stunde, also zur Mittagszeit verdorben („praevaricati") und wenig später um die neunte Stunde aus dem Paradies verstoßen worden, wie Christus, der neue Mensch, am 25. März („8 kal. aprilis") um die sechste Stunde gekreuzigt wurde und bei seinem Tod um die neunte Stunde dem Räuber am Kreuz den Zugang zum Paradies öffnete. Daher kann die Schöpfung des Menschen auf einen Freitag, den 24. März, festgelegt werden. Dass damit neue Probleme entstehen, da etwa der siebente Tag der Schöpfung mit Gottes Ruhen bereits nach dem Sündenfall läge, bleibt unerörtert. Als zweites Problem lassen sich nun genauere Angaben über die Nachkommenschaft der Ureltern, als sie in *Genesis* zu finden sind, nicht umgehen. Auch bei Vinzenz haben Adam und Eva neben den drei in der Bibel erwähnten Söhnen Kain, Abel und Seth zwei Töchter, hier Calmana bzw. Delbora genannt, die Kain und Abel zugeordnet werden. In diesen sei der Anfang der beiden *civitates* zu sehen, des himmlischen Jerusalem und des weltlichen Babylon, nicht aber bei Adam, denn sonst wäre, wie bei Vinzenz zu lesen ist, die *ecclesia* wegen des Sündenfalls nicht *continua*.[54] Dass freilich Abel bekanntlich von seinem Bruder erschlagen wird und von Nachkommen Abels nirgends die Rede ist, sondern der biblische Stammbaum auf Seth beruht, wird wieder übergangen. Dennoch muss Weltgeschichte, wenn sie Geschichte der beiden *civitates* und der *ecclesia* ist, mit der Schöpfung beginnen. Wirkliche Nachfolger fand Vinzenz von Beauvais nicht.

Kehren wir zurück zu Hartmann Schedel. Geboren im Jahre 1440 in Nürnberg, aus einer begüterten Kaufmannsfamilie, gestorben 1514 ebendort, Arzt, Humanist, Chronist, gehört er zu den deutschen Frühhumanisten.[55] Er hatte in Padua Medizin studiert und Anfangskenntnisse des Griechischen erworben und konnte dank eines erheblichen eigenen Vermögens und auf dem Erbweg sowohl an Drucken als auch durch eigene Abschriften von Werken der Humanisten, römischer Klassiker und medizinischer Fachliteratur eine der bedeutendsten Privatbibliotheken der Zeit zusammenbringen, für die er eigens einen Katalog erstellte.[56] Die Chronik, erschienen zuerst im Juli 1493 auf lateinisch, bereits am 23. Dezember des gleichen Jahres auf Deutsch, und damit von Anfang an zweisprachig konzipiert, war mit ihren in einzelnen Ausgaben zudem kolorierten 1800 Holzschnitten, die als eigentliche Kunstwerke nicht selten herausgeschnitten und einzeln in Auktionskatalogen angeboten wurden und werden, nicht nur ein bis heute vielfach nachgedruckter

[54] Dass von Kindern Abels in *Genesis* nirgends die Rede ist, dass die Geschichte des Menschengeschlechts über Kinder von Adams drittem Sohn Seth verläuft, wird übergangen. Vgl. dagegen Otto von Freising, *Chronik* I 2 S. 60: „Seth [...] qui resurrectio interpretatur; a quo postmodum populus Dei propagatur". Ausführlich auch Petrus Comestor, *Historia Scholastica Theologiae disciplinae*, Migne PL 198: Sp. 1053–1722 reichen bis zum Tod von Petrus und Paulus, davon bis Sp. 1082 für Genesis bis zur Sintflut.

[55] Ich folge den Angaben von Alfred Wendehorst, *Lexikon des Mittelalters* Bd. 7, Sp. 1444 f.; vgl. auch *Dictionnaire d'histoire et de géographie ecclésiastiques* Bd. 17, Sp. 1040 f., und *Verfasserlexikon* Bd. VIII, S. 609–621; *Repertorium Fontium* (wie Anm. 8), Bd. 10/3 (2005), S. 303–305. Auch die lateinische Fassung mit dem Titel *Liber chronicarum* liegt in Facsimile vor, Köln 2001.

[56] Zuerst um 1498, dann ergänzt 1507.

Bestseller, sondern das größte Buchunternehmen der Dürerzeit, von dem wir sogar die Endabrechnung besitzen.[57]

Inhaltlich und konzeptionell stellte die Chronik Schedels als Geschichtswerk wenig Neues dar. Sie war in hohem Maße abhängig von italienischen Werken wie Flavio Biondos *Historiarum ab inclinatione Romani imperii decades III* (Venedig 1483), Bartolomeo Sacchis (gen. Platina) *Liber de vita Christi ac omnium pontificum* (1463) und vor allem einem *Supplementum chronicarum orbis* des Augustinereremiten Jacopo Filippo Foresti, gedruckt zuerst in Venedig 1483,[58] das Schedel durch eine fünf Jahre später erschienene volkssprachliche Ausgabe auch in dieser Hinsicht den Weg vorgezeichnet hatte.[59] Wie auch Schedel selbst wird Foresti von der modernen Historiographieforschung weitgehend mit Verachtung bestraft, weil sie populär seien;[60] doch durch die Holzschnitte verband Schedel die beiden neuen Medien und eröffnete auch einem mehr auf die optische Wahrnehmung ausgerichteten Benutzer historische Kenntnisse in einem *continuum*.

Seinem Wesen nach war Schedel ein Kompilator – in moralischen Kategorien sogar ein schamloser – , der zwar in der Vorrede mit einer Fülle von griechischen, chaldäischen d. h. arabischen und hebräischen Autoren prunkte, diese aber umgehend zur Seite schob, wie dann auch Bezüge auf lateinische oder griechische Kirchenlehrer ausgesprochen selten sind.[61] Dennoch zeigt schon sein Vorwort eine neue Zeit. Natürlich bleibt die biblische Erzählung Richtschnur, doch er nennt daneben sogleich „die kriechischen hocherlewchten Mann", deren Ansichten über die ewige „materi" freilich Irrlehren seien, denen gegenüber selbst gewisse „Saraceni" richtiger gesehen hätten.

[57] Elisabeth Rücker, *Hartmann Schedels Weltchronik, das größte Buchunternehmen der Dürerzeit*, München 1988.

[58] 1493 lagen bereits fünf Drucke aus Bergamo für die früheren Abschnitte seines Werkes vor.

[59] Schedel wird gelegentlich einfach als die *Nürnberger Chronik* bezeichnet; vgl. zu ihm Adrian Wilson, *The Making of the Nuremberg Chronicle*, 2. Aufl. Amsterdam 1978; immer noch wichtig Paul Jochimsen, *Geschichtsauffassung und Geschichtsschreibung in Deutschland unter dem Einfluss des Humanismus*, Leipzig-Berlin 1910.

[60] Es gibt daher (fast) keine Sekundärliteratur zu Foresti; vgl. *Repertorium Fontium* (wie Anm. 8) Bd. 4 (1976), S. 492 f.

[61] Vgl. z. B. folio 1 recto: „was aber die heiligsten Mann Ambrosius und Augustinus, Item Strabo [d. h. Walafrid Strabo] und Beda und Remigius Und auss den iungeren Egidius und Albertus und auch bey den kriechischen Philon, Origenes, Basilius, Theodorus, Appolinarius, Didimus, Gernadius, Crisostomus etc. uber diss Buch geschriben haben [d. h. Moses 1], das wirt von uns gantz unberüt bleiben. Auch wöllen wir von den Dingen, die Jonethes oder anchelos oder Simeon der Alt in Caldeyschem gezüng oder auss dem hebreyschen Eleazadus, Aba, Joannes, Neonius, ysaak, Josephus, Gerfonides, Sadias, Abraham etc. haben beschriben, hie bey kein meldung thun."

Damit eröffnet sich der Sinn der eingangs erwähnten Abbildung eines Kreises mit Engeln und dem Wort „Hyle“ im Zentrum und links oben der befehlenden Hand Gottes.[62] Sie soll angeben, dass in Wirklichkeit Gott am Anfang der Schöpfung geschaffen hatte, was die Griechen als Urmaterie vor der Schöpfung annahmen und zum Beweis für die Ewigkeit der Welt erhoben – eben die *hyle.* Man konnte die inzwischen weit verbreiteten antiken Ideen über die Entstehung der Welt, ihre Ewigkeit und die Atomlehre nicht mehr einfach übergehen, man konnte sie auch nicht einfach als falsch erklären, sondern versuchte soviel als möglich von ihnen auf die Rezeption biblischer Aussagen zurückzuführen und damit gerade zum Beweis für die Richtigkeit der biblischen Aussagen zu machen. So heißt es, Pythagoras habe vieles aus Moses „gewendet“, Plato sei eigentlich ein ‚attischer Moses‘ gewesen (folio 1). So habe in Wirklichkeit Gott jenes Chaos der Griechen geordnet und Erde genannt, was auch die antike Dichtung belege: „Da von auch Ouidius der poet in seinen Gedicht gar schön meldung thuet“ (Blatt II).

Trotz aller neuen Ideen ist und bleibt auch für den Humanisten Schedel in Bezug auf die Schöpfungsgeschichte Moses die entscheidende Autorität, „der göttliche Prophet und Geschichtsbeschreiber, der fast 700 Jahre vor dem trojanischen Krieg gelebt“, als ein Lehrer der himmlischen Wahrheit. „Was nw der mosaysch buchstaben von den volbrachten Wercken der sechs Tage lere: das wollen wir kürtzlichen erzelen“ (folio 1), und betont nochmals, „ein kurtze beschreybung des wercks der sechs tag von dem geschöpff der werlt“ (folio 1) geben zu wollen. Auch wenn diese sich zwar immer noch über 11 enggedruckte Seiten erstreckt, so ist sie im Vergleich mit Michael Glykas als knapp zu bezeichnen, wie der Stoff nun, zweifellos unter dem äußeren Zwang des Druckverfahrens, klar gegliedert und jedem Tag der Schöpfung je eine Seite zugewiesen wird.

Wie man freilich in einer Weltchronik am Ende des 15. Jahrhunderts für den Anfang der Schöpfung nicht mehr einfach den knappen biblischen Text anführen oder gar erst mit dem Sündenfall beginnen konnte, sondern die längst allgemein bekannten antiken Lehren, wenn auch ggf. kritisch, einbeziehen musste, so galt dies erst recht für die durch die fortschreitende Antikenrezeption und durch Orientmissionen und die beginnende Entdeckung Afrikas ausgeweiteten naturwissenschaftlichen Erkenntnisse. Vieles ist allgemeines Bildungsgut geworden und wird in einer Weltchronik nicht mehr

[62] „Blat II“, vgl. oben S. 34.

erwartet, weil dafür andere ähnlich enzyklopädische Werke zur Verfügung stehen, so dass die seitenlangen Aufzählungen von Pflanzen, Bäumen, Tieren entfallen können, deskriptive Naturwissenschaft und Geschichte wieder auseinander zu treten beginnen.[63] Dennoch zeigen sich auch in diesen Abschnitten Reflexe der seit dem 13. Jahrhundert eingetretenen Veränderungen, wenn als Spiegelung des sich ausbreitenden Bergbaus und ‚industrieller' Produktion die verschiedenen Metalle aufgeführt werden, wenn für den vierten und fünften Tag die Bedeutung der Himmelkörper für die Beleuchtung der Erde diskutiert ist, oder wenn unter den Tieren zwar wie in *Genesis* 2 nur noch der Walfisch *expressis verbis* genannt, doch die Feststellung hinzugefügt wird, die größten Tiere im Meer würden im Indischen Ozean am nördlichen Wendekreis gefunden, wohin sie von den Bergen herunter gespült würden (Blatt IIIIv). Ob damit Kalmare gemeint waren?

Vor allem aber wird nun in einem Exkurs zum siebten Tag der Abstand der Planeten von der Erde und untereinander in Meilen beziffert, als ob man sich im Vorgriff auf die moderne Raumfahrt die Dauer einer Reise dorthin zurechtlegen wollte. Über die Erde hinaus ist das Universum in das Blickfeld gerückt. Natürlich lesen wir mit leicht überheblichem Lächeln, dass es nach Schedel von der Erde bis zum Mond 15625 Meilen sind, vom Mond zum Merkur wie auch vom Merkur zur Venus je die Hälfte davon, von der Erde zum Firmament 109375 Meilen usw. (Blatt VIr). Wie die Geschichte die Zeit misst, so wird nun auch die Schöpfung als Raum messbar. Wir befinden uns beim Erscheinen der Chronik bekanntlich nur ein Jahr von dem Zeitpunkt, zu dem Kolumbus aufgrund von optimistischen Berechnungen über den Erdumfang seine Reise nach Westen angetreten hatte, um auf diesem Weg Indien zu erreichen.

Nach drei Seiten ohne Abbildung berichtet Schedel dann über Adam und Evas Leben nach dem Sündenfall, mit einer Zeichnung, wie Eva dem Abel die Brust gibt, während Kain zusieht und Adam die Erde bestellt (Blatt IX) – man erinnert sich an jenes „Als Adam grub und Eva spann" – , dann beginnt auf der nächsten Seite mit medaillonähnlichen Bildern die Linea bzw. der Stammbaum Christi nach dem Matthäus-Evangelium, womit wieder die

[63] Vgl. folio 1. Moses habe dies alles beschrieben, er sei wie Lukas und Philon „bey den vnsernen fast tapfer lerer sagen in aller lere der Egyptier hoherfaren gewest. So spricht Hermippus, das Pitagoras vil dings in sein philosophey auss dem mosayschen gesetz gewendt hab. Numenius philosophus sagt, nichts anders Platonem sein, dann den atticischen Moysen, den in dem anfang seins wercks von der natur, von dem geschöpff der gantzen werlt [...] sonder in gestalt kurzer Beschreibung auf den Propheten Moyse einfüren die Ordnung der sechs Tage".

Kontinuität der Heilsgeschichte von der Schöpfung an unterstrichen wird. Sie zwingt aber auch Schedel, sich zuerst mit jener offenen Frage auseinander zu setzen, dass nach *Genesis* 3–5 Adam und Eva nur drei Söhne hatten, aber keine Töchter. So erklärt er nun nach der *Historia scolastica* des Petrus Comestor vom Ende des 12. Jahrhunderts, Adam habe ohne Kain und Abel, einige Zeilen darauf auch ohne Seth, 30 Söhne und ebenso viele Töchter gehabt, wie schon Augustin gesagt habe. Geboren sei Kain im 15. Jahr Adams, mit seiner Schwester Calmana, Seth zu Beginn des 130. Jahres Adams bzw. am Ende des 131. Jahres der Welt, andererseits im 230. Jahr Adams, eine Differenz, die dadurch entstehe, dass Moses die hundert Jahre übergangen habe, während derer Adam seinen Sohn Abel betrauert habe. Auch Seth habe eine Schwester namens Delbora geheiratet (Blatt IX verso), bis schließlich der Bericht über die Sintflut folgt. Damit aber war auch für Schedel, wie immer man es sehen wollte, die Schöpfungsgeschichte spätestens zu Ende.

Allgemein geht es Schedel darum, einerseits widersprüchliche Aussagen der christlichen Autoren wenn nicht aufzulösen, so doch zu nennen, damit man dem Verfasser nicht den Vorwurf machen kann, solchen Schwierigkeiten aus dem Weg gegangen zu sein. Zum anderen wird die Parallele zu unserem ersten Beispiel deutlich. Wie Gregor von Tours mit seiner Chronik seine eigene Rechtgläubigkeit und die richtige Entscheidung der Merowinger für den Katholizismus gegen die Arianer verteidigen will, so kämpft Hartmann Schedel in der Exegese des *Hexaemerons* gegen die das christliche Weltbild gefährdenden Aussagen der heidnischen Autoren. Er setzt dafür nun die neuen Medien des Buchdrucks und der Holzschnitte und der Volkssprache ein, wie schon das Werk des Vinzenz von Beauvais auszugsweise ins Französische übersetzt worden war. So waren nun die mehrfache Dimension der Schöpfungsgeschichte und die Fragen und Antworten, die sich dem gläubigen und dem kritischen Leser ergaben, verfügbar geworden als ein allgemeines Bildungsgut.

Hans Hecker

Geschichtsschreibung als historische Schöpfung: Die Entstehungsgeschichte Polens und der Rus' in der mittelalterlichen Chronistik

Dass Geschichtsschreibung etwas mit Fiktionalität zu tun hat, das heißt: dass kein Historiker im Ernst beanspruchen kann, die Vergangenheit so darzustellen, wie sie tatsächlich gewesen ist, ist keine neue Erkenntnis.[1] Dieses ‚tatsächlich gewesen' stellt bereits für sich insofern ein Problem dar, als es zu keiner Zeit eine objektiv und endgültig feststellbare, allgemein gültige Gegenwart gegeben hat. Jeder erlebt seine Zeit aus seinem Blickwinkel, aus seiner individuellen Situation heraus. Der Überblick über eine Epoche, die verallgemeinernde Zusammenfassung einer Entwicklung, die Zuordnung von Ursache und Wirkung sowie die Einschätzung der Bedeutung der handelnden Personen sind Arbeitsergebnisse von Historikern, die wiederum aus den Zeugnissen der jeweiligen historischen Zeit als ihren Quellen schöpfen. Auf dieser Grundlage entwerfen sie Geschichtsbilder für ihre Zeitgenossen. So entsteht Geschichtsschreibung aus dem Spannungsfeld zwischen Erinnerung – sowohl ‚sich erinnern' als auch ‚an etwas erinnern' – und Wiedergabe. Veröffentlichungen, die aus dem Düsseldorfer Graduiertenkolleg *Europäische Geschichtsdarstellungen* hervorgegangen sind,[2] bestätigen, was jedermann wissen kann, nämlich dass die Historiker letzten Endes so etwas wie Übersetzer und Maler sind: Sie haben die Aufgabe, vergangene Zeiten für ihre

[1] An dieser Stelle ist an Leopold von Rankes oftmals missverstandene Forderung zu erinnern, die Geschichtswissenschaft müsse erweisen, ‚wie es eigentlich gewesen'. Die hieran anknüpfende Debatte kann hier nicht referiert werden, verwiesen sei exemplarisch auf Wolfgang J. Mommsen (Hg.), *Leopold von Ranke und die moderne Geschichtswissenschaft*, Stuttgart 1988.

[2] Johannes Laudage (Hg.), *Von Fakten und Fiktionen. Mittelalterliche Geschichtsdarstellungen und ihre kritische Aufarbeitung*, Europäische Geschichtsdarstellungen 1, Köln/Weimar/Wien 2003; Vittoria Borsò/Christoph Kann (Hgg.), *Geschichtsdarstellung. Medien, Methoden Strategien*, Europäische Geschichtsdarstellungen 6, Köln/Weimar/Wien 2004; Christian Klein/Peter F. Saeverin/Holger Südkamp (Hgg.), *Geschichtsbilder. Konstruktion – Reflexion – Transformation*, Europäische Geschichtsdarstellungen 7, Köln/Weimar/Wien 2005.

zeitgenössischen Leser und Zuhörer verständlich zu machen, also: die Vergangenheit in die Gegenwart zu übersetzen. Und sie sind Maler, weil sie dabei ein Bild von der Vergangenheit entwerfen – nicht zufällig spricht man von ‚Geschichtsbildern', und Bilder malt man.[3] Jeder Maler malt das, was er sieht und wie er es sieht. Daher teile ich nicht ohne weiteres die Meinung des in Berlin lehrenden Historikers Etienne François. Auf dem deutschen Historikertag 2008 in Dresden sagte er wörtlich: „Wir produzieren nicht Bilder, sondern Literatur."[4] Man könnte nun darüber philosophieren, was denn Literaten anderes tun, als mit ihren Texten Bilder im Kopf des Lesers zu erzeugen, aber es soll hier bei dieser Frage bleiben.

Auch die derzeit häufig vertretene Ansicht, Geschichtsschreibung sei nichts anderes als Literatur, muss kritisch befragt werden. Ein Schriftsteller kann schreiben, was er will. Er braucht sich an keinerlei konkrete Fakten und Personen zu halten. Er ist in seinen Erfindungen völlig frei. Der Historiker hingegen, der Geschichte als Wissenschaft begreift, hat sich an das Gebot zu halten, das von ihm entworfene Bild von der Vergangenheit in höchstmöglicher Weise auf beweisbare Fakten zu gründen und seine Argumentation in allen Punkten nachprüfbar zu halten.

Es gibt wohl kaum einen professionellen Historiker, der nicht gefragt worden ist, warum es denn ständig und immer noch Historiker und Geschichtsschreibung geben müsse. Wenn man einmal die ganze Vergangenheit aufgeschrieben habe, sei die Sache doch jederzeit nachzulesen und damit erledigt. Die erste Antwort darauf ist der Hinweis, dass jede Zeit ihre und jeder Historiker seine Fragen stelle und mit den ihm zugänglichen Mitteln bearbeite, und dass die Gesellschaft, in der und für die der Historiker arbeite, ihren Bezug zur Geschichte immer wieder neu herstelle; denn Erfahrungen vererben sich nicht, sie müssen immer neu gemacht werden.

Auch ist es eine wesentliche Frage, in wessen Auftrag und unter welchen Bedingungen ein Historiker arbeitet. Herrscht in dem Land, in dem er lebt, Zensur? Macht eine ideologisch gesteuerte Politik thematische und methodologische Vorgaben? Lebe ich als Historiker in einer säkularisierten oder einer

---

[3] In der Gegensicht stellen den Zusammenhang zwischen Geschichtsschreibung und Kunstwerken, insbesondere Bildern, in hervorragender Weise heraus: Helmut Altrichter (Hg.), *Bilder erzählen Geschichte*, Freiburg im Breisgau 1995; Bernd Roeck, *Das historische Auge. Kunstwerke als Zeugen ihrer Zeit*, Göttingen 2004.

[4] So am 1. Oktober 2008 in seinem Vortrag „Erinnerungsorte im binationalen und transnationalen Kontext" innerhalb der Sektion Kollektives Gedächtnis und Beziehungsgeschichte: Binationale Erinnerungsorte im deutsch-polnischen Verhältnis.

religiös orientierten Zeit und Gesellschaft? Es ist auch kein Zufall, dass seit einiger Zeit ausdrücklich von Geschichtspolitik in den verschiedenen Ländern und politischen Systemen gesprochen wird.[5]

Und weiterhin: Wähle ich als Historiker mein Thema frei oder bekomme ich es von jemandem gestellt? Oder arbeite ich für einen Auftraggeber? Erwartet er ein bestimmtes Ergebnis, den historischen Beweis einer These, die Legitimierung einer bestimmten Politik oder eines Interesses aus der Geschichte heraus?

Diese hier nur angedeuteten Hinweise und Überlegungen bilden den stets präsenten Hintergrund zu dem Thema dieses Beitrages: den Berichten mittelalterlicher polnischer und russischer Chroniken über den Ursprung und die Entfaltung der jeweiligen politischen Herrschaft, die Anfangsgeschichte Polens und der Rus'. Dabei beschränken wir uns für Polen auf die *Chronik und Taten der Herzöge und Fürsten von Polen*[6] und für die Rus' auf die *Erzählung von den vergangenen Jahren.*[7] In beiden Fällen haben wir es mit den ältesten Werken der jeweiligen Geschichtsschreibung zu tun, die jedoch nicht zeitgenössisch, sondern erst in erheblichem zeitlichem Abstand verfasst worden sind. Beide Male waren, wie im Mittelalter üblich, die Geschichtsschreiber Mönche. Die Klöster waren die Stätten der Gelehrsamkeit, dort konnte man lesen und schreiben.

[5] Exemplarisch seien hier zwei Studien zur russischen Geschichtspolitik genannt: Dietrich Geyer (Hg.), *Die Umwertung der sowjetischen Geschichte*, Geschichte und Gesellschaft, Sonderheft 14, Göttingen 1991; Elke Fein, *Geschichtspolitik in Rußland. Chancen und Schwierigkeiten einer demokratisierenden Aufarbeitung der sowjetischen Vergangenheit am Beispiel der Tätigkeit der Gesellschaft MEMORIAL*, Osteuropa: Geschichte, Wirtschaft, Politik 23, Münster/Hamburg/London 2000. Grundlegend zum Problem immer noch Chris Lorenz, *Konstruktion der Vergangenheit. Eine Einführung in die Geschichtstheorie*, Beiträge zur Geschichtskultur 13, Köln/Weimar/Wien 1997.

[6] Im lateinischen Original *Cronicae et Gesta Ducum sive Principum Polonorum.* Hier benutze ich die deutsche Ausgabe *Polens Anfänge. Gallus Anonymus: Chronik und Taten der Herzöge und Fürsten von Polen*, übersetzt, eingeleitet und erklärt von Josef Bujnoch, Slavische Geschichtsschreiber X, Graz/Wien/Köln 1978, im folgenden zitiert als *Polens Anfänge.*

[7] Im russischen Original *Povest' vremennych let.* Hier zitiere ich nach der deutschen Übersetzung der Fassung der sogenannten *Radziwiłł-Chronik* in *Rauchspur der Tauben. Radziwiłł-Chronik*, aus dem Altrussischen übertragen und herausgegeben von Helmut Graßhoff†, Dietrich Freydank und Gottfried Sturm unter Mitarbeit von Jutta Harney, mit Anmerkungen, einem Personenregister und einer Genealogie von Gottfried Sturm, Leipzig/Weimar 1986, im folgenden zitiert als *Radziwiłł-Chronik.*

Die Chronisten kennen wir nicht wirklich. Im Falle Polens[8] haben die vielfältigen Bemühungen der Historiker und Sprachforscher, ihn ausfindig zu machen, zu der inzwischen überwiegend akzeptierten These geführt, dass es sich um einen aus der Gegend um Lüttich stammenden wallonischen Benediktinermönch handle, der in Polen Abt eines Klosters geworden sei. Damit fand die Bezeichnung, die man für ihn gefunden hatte, nämlich „Gallus Anonymus" (= der unbekannte Gallier, d. h. Französisch sprechender Westeuropäer), eine gewisse Bestätigung. Wahrscheinlich verfasste er das Werk zwischen 1113 und 1117, und zwar als eigenständige, in einem Zug geschriebene Geschichtserzählung. Das Material dazu erhielt er wohl vom Hof des damaligen polnischen Herrschers Bolesław III. Krzywousty (Schiefmund, 1102–1138).

In der Rus'[9] ist die *Erzählung von den vergangenen Jahren* in ihrer ältesten Fassung wahrscheinlich etwa um die gleiche Zeit entstanden, kurz vor Beginn der Herrschaftszeit des bedeutenden Kiever Großfürsten Vladimir Monomach (1113–1125). Sie wurde von einem Redaktionskollegium, einer Gruppe von Mönchen des Kiever Höhlenklosters, auf der Grundlage eines Kerntextes erarbeitet, der aus einer byzantinischen Weltchronik stammte. Diese Weltchronik war, erweitert um etliche andere Texte, in einer serbischen und einer bulgarischen Übersetzung in die Rus' gelangt. Dass sich der Mönch Nestor um 1110–1112 als Schreiber dieser Chronik nennt, ist ein seltener Fall, denn üblicherweise bleiben die Mönche als Verfasser oder Redaktoren von Chroniken anonym. Wahrscheinlich hat Nestor ein mönchisches Redaktionsteam geleitet. Dass er der alleinige Verfasser war, haben der Göttinger Geschichtsprofessor August Ludwig von Schlözer und andere russische und deutsche Gelehrte angenommen, aber heute gilt dies eher als unwahrschein-

[8] Zum Folgenden siehe die Einleitung zu *Polens Anfänge*, S. 10–39; Karol Maleczyński, *Galli Anonymi Cronica et gesta ducum sive principum Polonorum*, Monumenta Polonoae Historica, Series nova tom 2, Kraków 1952, Wstęp [Einführung]; einen ersten Überblick und die grundlegende Literatur bietet *Słownik historyków polskich* [Lexikon der polnischen Historiker], Warszawa 1994, S. 138–140.

[9] Den nach wie vor besten deutschsprachigen Überblick mit knapper Einführung in die Probleme der russischen Chronistik und in die bis dahin erschienene, seitdem aber nicht überholte einschlägige Literatur bietet Hartmut Rüss, Das Reich von Kiev, in: Manfred Hellmann (Hg.), *Handbuch der Geschichte Russlands, Band 1: Von der Kiever Reichsbildung bis zum Moskauer Zartum*, Stuttgart 1978–1981, S. 199–429, hier: S. 207–237. Eine grundlegende, forschungsorientierte russische Darstellung, erstmals 1940 in Leningrad erschienen und später mit zahlreichen Ergänzungen neu aufgelegt ist M.[ichail] D.[mitrievič] Priselkov, *Istorija russkogo letopisanija XI–XVvv.* [Geschichte der russischen Chronographie 11.–15.Jh.], S.-Peterburg 1996, hier v. a. S. 48–84.

lich. Jedoch wird die *Erzählung von den vergangenen Jahren* auf Grund dieser Selbstnennung auch als „Nestor-Chronik" bezeichnet.

So unterschiedlich die Entstehung und Struktur beider Chroniken auch sind, so haben sie auch manches Gemeinsame. So handelt es sich bei ihnen um die jeweils älteste erzählende Quelle zur Geschichte ihres Landes. Allerdings hat Gallus Anonymus sein Werk mit hohem literarischen Anspruch gestaltet. Mit Recht hat Josef Bujnoch von ihm gesagt, „als glänzender Schriftsteller des lateinischen Mittelalters gehört er nicht nur Polen, sondern wie Cosmas von Prag der mittellateinischen Literatur Europas".[10] Die Nestorchronik hingegen ist eine inhaltlich wie stilistisch vielfältige Kompilation aus biblischen Texten, Berichten vom Leben und Glauben der verschiedenen Arten von Heiden ebenso wie vom Leben in den christlichen Klöstern und über die frühe Kirchengeschichte, einer Reihe von Erzählungen z. T. antiken Ursprungs, und nicht zuletzt aus Auszügen aus Werken griechischer Gelehrter, bei denen es sich meistens um recht subtile philosophische und theologische Betrachtungen handelt. Diese Textteile, die sich inhaltlich auf das griechische Kaiserreich bezogen, waren auf die – im Vergleich zu Byzanz noch völlig unterentwickelten – Verhältnisse in der Rus' mit ihren eigenen Interessen zugeschnitten worden. Der Gesamttext wurde immer wieder überarbeitet und anderen, späteren Chroniken vorangesetzt. Deswegen finden wir hier, anders als bei Gallus Anonymus, verschiedene – wahrscheinlich drei – Kiever Redaktionen und mehrere Handschriften, die in der Regel nach ihrer jeweiligen Überlieferung bzw. nach dem Ort ihrer Entdeckung benannt sind. In Russland hat sich ein ganzer Wissenschaftszweig entwickelt, der sich darauf spezialisiert hat, die verschiedenen redaktionellen Schichten voneinander abzuheben.

Gemeinsam ist beiden wiederum, dass sie nicht primär aus eigenem Antrieb der Verfasser geschrieben wurden, sondern in höherem Auftrag. Das war im Mittelalter und zum guten Teil darüber hinaus üblich. Von Bedeutung ist dabei die Frage, wer der Auftraggeber war und welches Interesse er daran hatte, eine Chronik schreiben zu lassen, wie in Polen, oder sie redigieren, ihr eine bestimmte, dem jeweiligen politischen Interesse entsprechende Färbung geben zu lassen, wie in der Rus'. Das besondere Augenmerk galt dabei der Entstehung des jeweiligen Reiches und seiner politischen Herrschaft. Dabei handelt es sich nicht um Einzelfälle, vielmehr ist generell mit guten Grün-

[10] *Polens Anfänge*, S. 33.

den der argumentative und diskursive Duktus der mittelalterlichen Chronistik herausgearbeitet worden.[11]

Bevor wir auf die Frage nach der „Schöpfung“ des polnischen und des Kiever Reiches in der jeweiligen Chronistik eingehen, wollen wir uns eine Vorstellung von den Verhältnissen im damaligen Polen und Russland machen. Dazu begeben wir uns in die Zeit zwischen etwa 800 und 1000. Was wir heute Europa nennen, gab es damals so noch nicht. Wir finden auf der Erde eine Gegend, in der die Christenheit wohnt, die Ökumene. „Christenheit“ hört sich viel einheitlicher und geschlossener an, als es bereits damals war: Diese Religion hatte sich vom Orient her zunächst im Mittelmeerraum ausgebreitet und war von dort im Westen nach Norden gewandert. Bis dahin war sie von heftigen Diskussionen, scharfen Kontroversen, politisch intendierten Entscheidungen, Abspaltungen und Machtkämpfen gekennzeichnet gewesen. War Jesus nur Mensch gewesen oder besaß er zugleich eine göttliche Natur? Darf man Gott und die Heiligen auf Bildern darstellen? Ist die Geschichte des Himmels und der Erde vom ständigen Kampf zwischen Gut und Böse bestimmt? Ist der Anspruch des Bischofs von Rom auf Vorrang in der Kirche berechtigt? Wie gestaltet sich das Verhältnis zwischen der Kirche und den weltlichen Mächten? Diese und andere Fragen wurden höchst unterschiedlich beantwortet, und je nach der Antwort bildeten sich unterschiedliche Strömungen, die alle für sich die Kenntnis der göttlichen Wahrheit beanspruchten. Am schwerwiegendsten war der Gegensatz zwischen dem westlichen und dem östlichen Christentum, den christlichen Zentren im lateinischen Rom und im griechischen Konstantinopel. Dieser Gegensatz sollte in das offizielle Schisma von 1054 münden – es ist bis heute nicht überwunden.

Neben dem Christentum gab es andere große, weit ältere religiöse und kulturell-philosophische Bewegungen wie den Buddhismus und Konfuzianismus, außerdem zwei unmittelbar dem Christentum benachbarte Religionen: das Judentum und den Islam. Beide ähneln dem Christentum dadurch, dass sie ebenfalls monotheistische Religionen sind, die sich auf eine in Buchform gefasste göttliche Offenbarung berufen. Für die weit im Osten gelegene Rus' stellten sie grundsätzlich eine Alternative zum Christentum dar.

Die Naturreligionen, denen die Polen und die Ostslaven in der Rus' ursprünglich anhingen, galten den christlichen Missionaren als Heidentum.

[11] Gerd Althoff, *Inszenierte Herrschaft. Geschichtsschreibung und politisches Handeln im Mittelalter*, Darmstadt 2003, insbesondere Kap. „Das argumentative Gedächtnis. Anklage- und Rechtfertigungsstrategien in der Historiographie des 10. und 11. Jahrhunderts“, S. 126–149.

Tatsächlich hatten schon in beiden Ländern im 9. Jahrhundert christliche Missionare gewirkt, in Polen kamen sie aus dem deutschen Reich und dann auch aus Böhmen, in der Rus' aus den südslavischen Ländern, aus Byzanz, aber auch aus dem Westen. Bereits zu Beginn des 10. Jahrhunderts gab es in Kiev Christen. Über sie hieß es in dem Vertrag von 911 mit Byzanz, sie sollten die getroffenen Regelungen auf ihre Weise beschwören wie die anderen auf die ihrige Weise. Die Kiever „Heiden" legten ihren Eid auf Perun ab, ihren Hauptgott, der Donner und Blitz verwaltete, und Volos, den Gott des Viehs.[12] Diese Aufgabenverteilung deutet schon an, dass die religiöse Vorstellungswelt dieser „Heiden" von ihrer bäuerlichen, mit der Natur aufs engste verbundenen Lebensweise geprägt war. Für den Sonnenschein waren beispielsweise Chor und Dažbog zuständig, für den Wind Stribog. Bäume und Wasser spielten in Fruchtbarkeitskulten eine wichtige Rolle. Ähnlich können wir uns die Götterwelt der Westslaven vorstellen, also auch der Polen.[13] Deren bäuerliche Wurzeln werden ja bereits aus ihrer Selbstbezeichnung erkennbar: Pole kommt von pole, dem polnischen Wort für das Feld. Nicht zufällig führt der Mythos die erste polnische Dynastie der Piasten auf einen Bauern zurück; er hieß Piast.

Wie kann man sich nun die Einführung des Christentums vorstellen, die mit der Etablierung einer kontinuierlichen fürstlichen Zentralherrschaft einherging? Mit Absicht vermeide ich zunächst den Begriff „Staat"; er legt den Gedanken an den modernen Staat zu nahe. Vielmehr war es so, dass aus permanenten Stammeskämpfen, Auseinandersetzungen um Gebiete und Abgaben der Bevölkerung, Adelsrivalitäten und aus zeitweiligen Bündnissen mit benachbarten Fürsten ein Stammesfürst besonders erfolgreich hervorging. Er baute seine Macht durch geschickte Bündnisse, Heiraten seiner Verwandten und nicht zuletzt durch Aussicht auf erfolgreiche Feldzüge und reiche Beute zielstrebig aus.

Das Element der Nachhaltigkeit in der Politik ist keine Erfindung der jüngeren Zeit. So lange Menschen Politik machen, sehen sie zu, ihre Ziele langfristig durchzusetzen, d. h. ihre Nachfolge festzulegen. Das bedeutete in aller Regel die Durchsetzung der eigenen Familie als kontinuierliche Herrscherdynastie. Ein wesentlicher Punkt war dabei die Legitimierung der eigenen Herrschaft, und zwar die eindeutige Legitimierung.

---

[12] *Radziwiłł-Chronik*, S. 41.

[13] Joachim Herrmann, *Frühe Kulturen der Westslawen. Zwischen Hradschin und Vineta*, Leipzig/Jena/Berlin 1981, S. 216 ff.

Diese konnte in einer Zeit, in der noch nicht das Volk als Souverän seinen Willen durch Wahlen kundtun konnte und die noch nicht säkularisiert war wie heute, sondern in der die Menschen in einer Welt voller transzendentaler Bezüge lebten, also von Göttern und Geistern umgeben waren und sich mit ihnen auseinanderzusetzen hatten, nur durch eine göttliche Bestätigung glaubhaft nachgewiesen werden. Außerdem diente eine gemeinsame, für alle unterworfenen Stämme verbindliche Religion als Stütze der Herrschaft dieses zentralen Fürsten. Sie sollte als Band der Einheit die miteinander ständig in Auseinandersetzungen liegenden Stammesfürsten zusammenführen und die Herrschaft des obersten Herrn propagieren.

Vladimir war in der zweiten Hälfte des 10. Jahrhunderts Großfürst von Kiev. Als er noch Vladimir der Erste und noch nicht Vladimir der Heilige war, wollte er sich diese Legitimation verschaffen, indem er den Kult des Perun und der mit ihm verbundenen Götter, ein wahres „Pantheon", als verbindliche Religion, man könnte sagen: als „Staats"religion, einführen ließ.[14] Wenn wir erfahren, dass er mit diesem Versuch scheiterte, stellt sich die Frage: Warum scheiterte er? Der Fehler lag darin, dass es so viele Götter gab. Perun war zwar der oberste, aber eben nicht der einzige Gott, und andere Fürsten, die mit Vladimir um die Vorherrschaft rivalisierten, konnten für sich und ihre Ansprüche einen anderen Gott ins Feld führen. Die Vielgötterei erwies sich als Legitimationsreligion für eine Einzelherrschaft als ungeeignet. So lag es für Vladimir I. nahe, sich nach einer monotheistischen Religion umzusehen. Als solche boten sich in seiner mehr oder minder mittelbaren Nachbarschaft das Judentum bei den Chasaren an, der Islam bei den vordringenden Kräften im Südosten, das lateinische Christentum im Westen und das östliche, griechische Christentum in Byzanz. Dass er sich für dieses letzte entschied, hatte praktische, machtpolitische Gründe. Zum einen war das byzantinisch-griechische Kaiserreich das nächstgelegene Großreich, die stärkste Macht und der wichtigste Handelspartner. Die skandinavischen Kriegerkaufleute, die Waräger, hatten das Stromgebiet des Dnepr mit einem Netz eigener Stützpunkte überzogen und ihre Herrschaft in einer Verbindung mit dem bereits ansässigen ostslavischen Adel aufgebaut. Das Zielgebiet dieses gewaltigen Unternehmens war Byzanz. Mit diesem Reich und über dieses hinaus

[14] Joachim Herrmann (Hg.), *Welt der Slawen. Geschichte, Gesellschaft, Kultur*, Leipzig/Jena/Berlin 1986, S. 203. Zum Folgenden siehe Rüss (wie Anm. 9), S. 302 ff.; *Chrześciaństwo Rusi Kijowskiej, Białorusi, Ukrainy i Rosji (X–XVII wiek)* [Die Christianisierung der Kiever Rus', Weißrusslands, der Ukraine und Russlands (10.–17. Jh.)], Pod red. Jerzego Kłoczowskiego, Kraków 1997.

mit dem Orient wollten die Waräger Handel treiben. Von daher lag die Übernahme des Christentums von dort nahe: Dort kannten sich diese Russen aus, verfügten über Kontakte, hatten Verträge.

Darüber hinaus gab es bei den Südslaven bereits seit der zweiten Hälfte des 9. Jahrhunderts christliche Literatur aus dem griechisch-ostkirchlichen Bereich. Die Slavenlehrer Kyrill und Methodios, zwei griechische Theologen und Gelehrte, hatten die Übersetzungen angefertigt und dafür eine eigene Schrift entwickelt, die dem slavischen Lautsystem entsprach. Insofern waren hier vergleichsweise die besten politischen, wirtschaftlichen, literarischen und theologischen Voraussetzungen vorhanden.

Schließlich gab die Aussicht auf einen politischen Coup sondergleichen den Ausschlag. In Byzanz war Kaiser Basileios II. bald nach seiner Regierungsübernahme 985/986 in größte Bedrängnis geraten: Der bulgarische Zar versuchte ihm in mehreren Feldzügen die Vorherrschaft auf dem Balkan zu entreißen. Zugleich zettelte sein alter Widersacher Bardas Phokas erneut einen Aufstand gegen ihn an, um ihn vom Thron zu vertreiben. Der Kaiser verfügte in diesem Kampf an der äußeren und der inneren Front über keinerlei nennenswerte Truppen mehr, so dass er einer verheerenden Niederlage entgegensah, es sei denn, von außerhalb käme Hilfe. Hier kam für ihn, dessen Existenz auf dem Spiele stand, nur die nächstgelegene und darüber hinaus eine schlagkräftige Macht in Frage: der Großfürst von Kiev. Als er eine Gesandtschaft zu ihm schickte, die rasche und effektive Hilfe erbitten sollte, sprang er über seinen Schatten, denn aus der Sicht des hochkultivierten kaiserlichen Konstantinopel war dieses Kiev nicht viel mehr als das Nest eines unzivilisierten Räuberhauptmanns. Der Kaiser sprang in einer Weise über seinen Schatten, wie es niemals ein anderer getan hatte: Er sicherte dem Barbarenfürsten Vladimir die Ehe mit seiner Schwester Anna zu, einer purpurgeborenen, also höchstrangigen Prinzessin.[15] Auf dieses äußerste Zugeständnis hin schickte Vladimir eine Hilfstruppe von 6.000 Mann, zum größten Teil Waräger. Mit ihrer Hilfe konnte sich der Kaiser gegen seine Feinde durchsetzen.

Vladimir hingegen hatte eine unwiederbringliche Chance in mehrfacher Weise genützt: Erstens, für die Eheschließung mit Anna musste er Christ werden. Das war unabdingbare Voraussetzung, aber die Annahme des Christentums war ohnedies ein Schritt, der über kurz oder lang unumgänglich

[15] Selbst der abendländische Kaiser Otto II. hatte mit Theophanu ‚nur' eine nicht purpurgeborene Prinzessin zur Gemahlin bekommen.

wurde, wie wir gesehen haben. Er konnte aber dabei als derjenige auftreten, der nicht um die Missionierung bat, sondern der für seine Hilfe an den Kaiser und die Annahme des Christentums auch noch einen hohen Preis fordern konnte. Zweitens, die Eheschließung mit der purpurgeborenen Anna bedeutete für ihn eine unvergleichliche dynastische Rangerhöhung: Er wurde geradezu vom Häuptling roher Barbaren am Rande der bekannten Welt in die erste Reihe der christlichen Fürsten katapultiert. Drittens, die warägischen Truppen, die er schickte, waren ihm im Kampf um die Macht innerhalb der Rus' äußerst lästig geworden. Durch die Entsendung wurde er sie los, und er verzichtete nicht nur auf ihre Rückkehr, sondern schickte laufend weitere warägische Krieger nach Konstantinopel. Und viertens, indem Vladimir seinen Herrschaftsbereich in die Christenheit eingliederte, konnte er das Argument christlicher Herrscher, die Mission mit dem Schwert zu fördern, entkräften. Dies gilt auch für andere Herrscher, auch für Polen.

Schließlich kamen Taufe und Hochzeit wirklich zustande; seit 988/989 war das Christentum griechischer Prägung Staatsreligion der Rus', und die folgenden Jahrhunderte war die Russische Orthodoxe Kirche damit beschäftigt, das russische Volk zu Christen zu machen und den Aufstieg Russlands zur Schutzmacht der Orthodoxie voranzutreiben.

Was dieser Überblick deutlich machen soll, ist: Praktische Politik, Zwang der Umstände, geschickte Taktik eines – im übrigen völlig skrupellosen – Fürsten, Kampf um die Macht, das ist die Geschichte der Christianisierung Russlands. Wir werden sehen, was die Chronikschreiber daraus machten, wenn wir zuvor noch einen kurzen Blick auf die entsprechende Geschichte in Polen geworfen haben.[16]

Bereits die geographische Lage bedingte dort eine andere politische Situation. Die polnischen Stämme und Fürstentümer befanden sich in einem spannungsreichen Verhältnis zum deutsch-römischen Reich mit seiner starken königlich-kaiserlichen Macht und einer ebenfalls starken und einflussreichen römisch-lateinischen Kirche. In einer Reihe von Auseinandersetzungen mit den sächsischen Markgrafen verspürten sie den Druck, der von den christlichen Mächten auf die noch nicht getauften Länder und Völkerschaften ausgeübt wurde. Zu dem Interesse an einer vereinheitlichenden und stabili-

[16] Zum Folgenden Gotthold Rhode, *Geschichte Polens. Ein Überblick*, 3.Aufl. Darmstadt 1980; Klaus Zernack, *Polen und Russland. Zwei Wege in der europäischen Geschichte*, Berlin 1994; Jörg K. Hoensch, *Geschichte Polens*, 2. Aufl. Stuttgart 1990; Kazimierz Tymienicki, *Polska w średniowieczu* [Polen im Mittelalter], Warszawa 1961.

sierenden Zentralherrschaft, wie wir sie am Beispiel der Rus' erläutert haben, kam die Einsicht, dass nur die Annahme des Christentums den christlichen Nachbarn die Begründung für weitere Angriffe und Unterwerfungsfeldzüge entziehen könne.

Der polnische Fürst, der in der zweiten Hälfte des 10. Jahrhunderts diese Einigungspolitik nach innen und Abwehrpolitik nach außen zu treiben hatte, war Mieszko I. (960–992). Auch er legte ein bemerkenswertes politisches Geschick an den Tag. Im Zusammenhang mit seinem Übertritt zum Christentum heiratete er Dubrava, eine Prinzessin aus Böhmen, wo das Christentum schon eingeführt war (965/966). Damit umging er eine engere Bindung ins deutsche Reich hinein, und wenig später leitete er eine Politik der Anbindung an den Heiligen Stuhl ein, indem er eine Art Schutzherrschaft des Papstes über das polnische Land anstrebte. Ihren ersten Höhepunkt fand diese Politik in der formalen Schenkung Polens an den Heiligen Stuhl, die er 991 vornahm. So minderte er den Expansionsdruck aus dem Westen und stabilisierte die politische Eigenständigkeit Polens.

Auch im Falle Polens vollzogen sich die Annahme des Christentums und der Aufbau eines mittelalterlichen Staatswesens in engster Verbindung miteinander, und zwar im Zuge einer kühl kalkulierten, allein auf die Absicherung einer neuen fürstlichen Zentralherrschaft gerichteten Machtpolitik.

In beiden Ländern, in Russland wie in Polen, dauerte es lange, bis die neue Religion die Bevölkerung erfasst hatte. Widerstände richteten sich weniger gegen den einen Gott, den man jetzt verehren sollte, eher schmerzten der Abschied von den gewohnten Bräuchen und Lebensgewohnheiten und die aufgezwungenen neuen Gebote wie die Einehe, Fastenzeiten, der Wechsel von den alten Heiligtümern in die ungewohnten Kirchen, und nicht zuletzt die harten Bußen und Kirchenstrafen wie auch die Abgaben, die man an die neue Obrigkeit zu leisten hatte. Der entscheidende Grund für sogenannte Heidenaufstände, die mehrfach Polen heimsuchten, war politischer Natur: Die mühsam unterworfenen Stämme lehnten die zentrale Herrschaft ab, die sich für sie in Form der neuen Religion darstellte.

Man kann sich den Christianisierungsvorgang folgendermaßen vorstellen: Der Adel, der sich im Umkreis des Herrschers aufhielt, ließ sich sofort taufen. Die Teilnahme war eine Frage der Loyalität gegenüber dem Herrscher. Die Bevölkerung des weiten, nur verstreut besiedelten, meistens schwer zugänglichen bäuerlichen Landes wurde Dorf für Dorf von Kriegern zusammengeholt. Dann verkündete man ihnen den neuen Herrscher und Glauben.

Ein einfacher Kirchenbau aus Holz wurde befohlen, die Menschen hatten an der Taufe und einer Messe teilzunehmen und die Gebühren dafür zu entrichten. Verstanden haben sie wenig, eigentlich nur, dass sich die Zeiten geändert hatten, und das nicht gerade zum Vorteil. Von Kiev wissen wir, dass dort die Russen in den Dnepr getrieben wurden, in dem sie untertauchen mussten. Am Ufer standen Missionare, sie schwangen das Rauchfass, sprachen unverständliche Gebete und Formeln. Die Heiligtümer der bisher angebeteten Gottheiten wurden zerstört, die einfachen Menschen waren verstört.[17]

Wie erwähnt, zog sich der Verchristlichungsprozess sehr lange und gegen große Widerstände hin. In Russland bildete sich ein Nebeneinander von orthodoxer Bilderfrömmigkeit und brauchtumsartigem Volksglauben heraus, das sogenannte „dvoeverie", der Doppelglauben.[18] Dieser Prozess war in seinem Verlauf eher banal bis pragmatisch, man wich den Drohungen aus und folgte den Verlockungen, die mit der Annahme der neuen Herrschaft mit ihrem Glauben verbunden waren – oder man leistete Widerstand auf verschiedene Weise.

Wie liest sich nun in den Chroniken der Mönche die Geschichte von der Entstehung des christlichen Reiches der Polen und der Russen? Sowohl bei Gallus Anonymus als auch in der Nestorchronik ist die Bekehrung Mieszkos wie Vladimirs von Wundern begleitet. Für beide wird von einem bekannten, überaus kennzeichnenden Wunder berichtet: Sie werden als Heiden blind und durch die Taufe oder im Hinblick auf sie sehend: Vladimir, der den Kaiser und seinen Bruder noch unter militärischen Druck setzen musste, um sie zur Erfüllung der zugesagten Heirat mit Anna zu zwingen, erblindete, als Anna in seine Nähe gelangt war:

> Durch Gottes Vorsehung erkrankte aber Wladimir zu dieser Zeit an den Augen, er konnte nichts sehen, und er härmte sich sehr und kam nicht darauf, was zu tun sei. Und die Kaisertochter schickte zu ihm und ließ sagen: „Wenn diese Krankheit von dir genommen werden soll, lass dich alsbald taufen; wenn nicht, dann wirst du dieses Leiden nicht loswerden." Als Wladimir dies hörte, sagte er: „Wenn das wahr wird, dann ist der Gott der Christen wirklich groß." Und er befahl, dass man ihn taufe. Der Bischof von Korsun taufte gemeinsam mit den Priestern der Kaisertochter Wladimir, nachdem er ihn unterwiesen hatte. Als er ihm die Hand auflegte, konnte er auf der Stelle sehen. Da sich nun Wladimir seiner plötzlichen Heilung bewusst wurde, pries er Gott mit den Worten: „Jetzt

17 *Radziwiłł-Chronik*, S. 120 ff.

18 *Chrześcijaństwo* (wie Anm. 14), S. 83.

> habe ich den wahren Gott erkannt." Als das aber seine Drushina sah,[19] ließen sich viele taufen.[20]

Die Blindheit des Heiden Vladimir tritt auf und weicht wieder unmittelbar vor der Taufe. Die Blindheit des Ungläubigen und die neu gewonnene Sehkraft des Glaubenden bzw. zum Glauben Gelangenden ist ein beliebter Topos, der sein Vorbild im Neuen Testament, in den Berichten von Blindenheilungen durch Jesus hat.[21]

Bei Mieszko kam es viel früher zur Blindheit und einem doppelten Wunder. Gallus Anonymus erzählt, dass er von Geburt an sieben Jahre blind war, dann aber bei einem Festmahl überhaupt erstmals sehend wurde. Sein Vater Ziemomysł glaubt die Nachricht zunächst nicht, bis die Mutter den nunmehr sehenden Knaben vorführt, und dabei geschieht die Doppelung des Wunders: Für alle Anwesenden

> war die Freude vollkommen, als der Knabe diejenigen, die er niemals gesehen hatte, erkannte und die Schande seiner Blindheit[22] in unentwirrbare Freude verwandelte. Da erkundigte sich Fürst Ziemomysł bei den anwesenden Ältesten und Weisen sorgfältig, ob durch die Blindheit und Erleuchtung des Knaben etwas Zeichenhaftes angezeigt werde. Sie aber erklärten, durch die Blindheit werde bezeichnet, dass Polen vorher so gewesen sei, nämlich gleichsam blind, dass es aber, so weissagten sie, in Zukunft durch Mieszko erleuchtet und *über die Nachbarvölker erhöht* werden solle. Und so war es auch wirklich, aber trotzdem konnte man es auch anders deuten. Polen war in Wahrheit vorher blind, das *weder die Verehrung des wahren Gottes* noch die Lehre des Glaubens kennen lernte, aber durch Mieszkos Erleuchtung wurde es auch selbst erleuchtet, weil das polnische Volk dadurch, dass es glaubte, dem Tod des Unglaubens entrissen worden ist. In richtiger Reihenfolge hat nämlich der allmächtige Gott Mieszko zuerst das körperliche Sehen wiederhergestellt und hernach das geistige hinzugefügt, damit er über Sichtbares zur Erkenntnis des Unsichtbaren vordringe und durch die Erkenntnis der Dinge die Allmacht des Schöpfers ahne.[23]

Mit den Chronikberichten über die Blindheit und Bekehrung unterstreichen die Chronisten die Bedeutung dieses Vorganges. Immerhin hatte ja Gott sozusagen persönlich eingegriffen. Nun handelt es sich hierbei um eine bekannte, typische Bekehrungslegende. Ob die Chronisten das Ganze als historische Tatsache betrachteten, wissen wir nicht. Das war und ist aber auch nicht

[19] Drushina = Gefolge.

[20] *Radziwiłł-Chronik*, S. 115 f.

[21] Matthäus 9, 27–31; Johannes 9, 1–41.

[22] Blindheit bedeutete die Unfähigkeit, die Herrschaft auszuüben.

[23] *Polens Anfänge*, S. 54; Kursivierung im Text.

wichtig. Für sie kam es darauf an, die Bedeutung dieser Wende in der Geschichte der Rus' und Polens eindringlich klar zu machen. Im Falle Polens kommt noch steigernd hinzu, dass Gallus in rückblickender Vorausdeutung – er kannte ja die Geschichte, wie sie weiterging – die Erleuchtung Mieszkos, die Übertragung dieser Erleuchtung auf das gesamte polnische Volk und seine hervorragende Rolle, seine Erhöhung gegenüber den Nachbarmächten mit dieser Geschichte verknüpfte.

Hier wird schon deutlich, dass es den Chronisten zwar um die Erzählung der Geschichte des Landes ging, aber sie diente dazu, die Bedeutung des Landes und seiner Herrscher hervorzuheben. Das Element der Konstruktion in den Darstellungen ist unübersehbar.

Wie streng und verbindlich die Eheschließung beider Fürsten mit ihrer Taufe verbunden war, darauf wurde schon im Falle Vladimirs hingewiesen. Über Mieszko und seine Dubrava berichtet Gallus eine Lysistrata-Geschichte. Die strenge Christin war demnach erst bereit, überhaupt nach Polen zu kommen, wenn er seinen sieben Frauen, die er als Heide gehabt hatte, und seinem ganzen verkehrten Lebenswandel entsagt und die Taufe genommen habe. Damit nicht genug: „Sie hat sich aber mit ihm so lange nicht ehelich verbunden, bis er unter sorgfältiger Betrachtung der Lebensweise des Christentums und der Bindung an die kirchliche Ordnung dem Irrtum der Heiden allmählich entsagte und sich mit dem Schoß der Mutter Kirche vereinigte."[24]

Für unser Thema ist weniger der sexuelle Druck von Bedeutung, unter den Dubrava Mieszko gesetzt hat, als die Überhöhung der ehelichen Vereinigung zu einer Vereinigung des bekehrten Heiden mit der christlichen Kirche. Damit lässt Gallus Anonymus die Einheit von Staat, Kirche und Dynastie sinnfällig werden. Als Mieszko sich dann endlich auch mit seiner Gattin vereinigen durfte, zeugte er den Herrscher, unter dem Polen seinen eigentlichen glanzvollen Aufstieg nehmen sollte:

> Als erster Herzog der Polen kam also Mieszko durch seine gläubige Gemahlin zur Gnade der Taufe, dem es zum Lob und Ruhm übergenug ist, dass zu seiner Zeit und durch ihn das *Licht aus der Höhe* das Königreich Polen *heimgesucht hat.* Denn mit dieser seliggepriesenen Frau zeugte er den ruhmreichen Bolesław, der nach Mieszkos Tod die Herrschaft mannhaft führte und mit Gottes Huld zu solcher Tapferkeit und Macht erwuchs, dass er – um es so auszudrücken – durch seine Tüchtigkeit ganz Polen mit goldenem Glanz überzog. Denn wer vermöchte seine Heldentaten und Kämpfe gegen die Völker überall ringsum in gebührender Weise zu erzählen, geschweige denn, sie der Erinnerung sogar in Schriften an-

[24] *Polens Anfänge*, S. 55.

> zuvertrauen? [Hier folgt die angekündigte Erhöhung Polens gegenüber seinen Nachbarn.-HH] Hat er nicht Mähren und Böhmen unterjocht und in Prag den Herzogsstuhl eingenommen [...]? Hat er nicht die Ungarn öfter im Kampf besiegt und ihr Land bis zur Donau ganz seinem Machtbereich dienstbar gemacht? Die unbezwungenen Sachsen aber hat er mit solcher Tapferkeit gezähmt, dass im Flusse Saale mitten in ihrem Lande eine eiserne Grenzsäule das Gebiet Polens begrenzte. Ist es also nötig, Siege und Triumphe über ungläubige Völkerstämme namentlich aufzuzählen, die er, wie bekannt, gleichsam *unter seinen Füßen zerstampft hat*?[25]

Weiterhin wird Bolesław Chrobrys kirchliche Aufbauarbeit gerühmt, die allerdings neben fördernden Taten auch den Kampf gegen diejenigen einschloss, die im Heidentum verharrten. In diesem Sinne fährt Gallus Anonymus fort:

> Denn er hat Selencia, Pomoranen und Preußen, sofern sie bis dahin noch im Unglauben verharrten, vernichtet, oder, wenn sie sich bekehrt hatten, im Glauben gefestigt, so dass er dort viele Kirchen und Bischöfe durch den apostolischen Vater, ja vielmehr der apostolische Vater (sie) durch ihn geweiht hat.[26]

Mit der Überführung der Leiche des Missionsbischofs und Märtyrers Adalbert in den Dom zu Gnesen errichtete er das kirchlich-politische Zentrum des mittelalterlichen Polen. Der glanzvolle Aufstieg Polens zur christlichen Vormacht der Sclavinia, der von den Slaven bewohnten Erdregion, fand schließlich im Jahr 1000 mit dem bereits erwähnten Zug Kaiser Ottos III. nach Gnesen seine Bestätigung durch die beiden höchsten Autoritäten der westlichen Christenheit, den Kaiser und den Papst. Der Herzog der Polen inszenierte den Empfang für den Kaiser aufs prachtvollste, er demonstrierte den Reichtum seines Landes in großartigen Schaustellungen und überaus großzügigen Geschenken. Gallus schwelgt geradezu in der farbigen Ausmalung dieses Ereignisses:

> [...] es gab dort nicht irgendeine billige Buntheit der Ausstattung, sondern alles, was man überhaupt unter den Völkern als das Wertvollere finden kann. Denn zur Zeit Bolesławs trugen alle Ritter und Frauen des Hofes Mäntel anstatt Leinen- und Wollkleider, und auch noch so kostbare Pelze, auch wenn sie neu waren, trug man an seinem Hof nicht ohne Unterbesatz und Goldbrokat. Gold wurde nämlich zu seiner Zeit von allen für so gemein gehalten wie Silber, Silber aber hielt man für so wohlfeil wie sonst Stroh.[27]

---

[25] *Polens Anfänge*, S. 56. Kursivierungen im Text; die ersten beiden sind Zitate aus dem Alten Testament, Buch Daniel 7, 19.

[26] *Polens Anfänge*, S. 56. Unter Selencia ist Schlesien, unter Pomoranen Pommern und unter Preußen – laut *Polens Anfänge*, S. 214 Anm. 26 – „das Land zwischen unterer Weichsel und dem Njemen zu verstehen".

[27] *Polens Anfänge*, S. 57.

Der Kaiser zeigt sich außerordentlich beeindruckt: Als er „seinen Ruhm, seine Macht und seinen Reichtum betrachtete, sprach er voll Bewunderung: ‚Bei der Krone meines Reiches, was ich sehe, ist größer, als ich durch Erzählen vernommen habe.'"[28] Und dann ehrt er ihn durch wertvolle Geschenke, vor allem durch eine außerordentliche Rangerhöhung (ob es eine Königskrönung war, ist in der Forschung umstritten), und er gründet die Kirchenprovinz Polonia mit Gnesen als Sitz des Metropoliten.

Diese Beispiele mögen genügen, um die Entstehungsgeschichte des christlichen polnischen Reiches nach der Chronik des Gallus Anonymus zu illustrieren. Der Chronist hält sich nicht mit den Mühseligkeiten und Schwierigkeiten des Aufbaus der staatlichen und kirchlichen Strukturen auf, wenn auch später Hinweise und Berichte bezüglich heidnischer Aufstände nicht fehlen. Es überwiegt aber der Eindruck einer glanzvollen Erfolgsgeschichte. Sie beruht zwar im wesentlichen auf historisch nachweisbaren Fakten, aber die deutenden Kommentare des Gallus verstärken den Eindruck, dass hier mit den Mitteln der Geschichtsschreibung eine Schöpfungsgeschichte des polnischen Reiches entworfen wurde.

In unserer russischen Chronik finden wir Berichte darüber, wie die Christianisierung der Menschen in der Rus' betrieben wurde. Unmittelbar an den Bericht von der Taufe Vladimirs heißt es (116): „Als das aber seine Drushina sah, ließen sich viele taufen."[29] Es war also schon ratsam, sich dem Vorbild des Herrschers anzuschließen. Es folgt eine ausführliche Erzählung vom Glaubensbekenntnis Vladimirs, danach von seinem Befehl, eine Kirche zu bauen und die alten Götter zu stürzen (120):

> Er befahl [...], die Götzenbilder umzustürzen, die einen zu zerschlagen und die anderen dem Feuer zu übergeben. Den Perun aber befahl er an den Schwanz eines Pferdes zu binden und ihn von der Anhöhe herab [...] zu schleifen; 12 Männer bestellte er, ihn mit Ruten auszupeitschen; dies aber nicht, weil das Holz etwas fühlen würde, sondern [um] den Dämon zu verhöhnen, der in dieser Gestalt die Menschen täuschte [...][30]

Hier wird also die hölzerne Götterstele zum Sitz des Teufels. Es wird nicht verschwiegen, dass die Menschen noch an den alten Göttern hingen: Als Perun herum„geschleift wurde, beweinten ihn die ungläubigen Menschen, denn sie hatten die Taufe noch nicht empfangen."[31] Schließlich wird Perun in den

[28] Ebenda.
[29] *Radziwiłł-Chronik*, S. 116.
[30] *Radziwiłł-Chronik*, S. 120 f.
[31] *Radziwiłł-Chronik*, S. 121.

Dnepr geworfen und es wird sorgfältig darauf geachtet, dass er nirgendwo wieder herausgefischt werden konnte. Mit den Göttern sollte es eben ein für allemal vorbei sein.

Nach dem Gefolge sollte die einfache Bevölkerung zu Christen werden (121):

> Danach schickte Wladimir durch die ganze Stadt und ließ sagen: „Wer sich morgen nicht am Fluss einfindet, sei er reich oder arm, Bettler oder Sklave, der wird mein Feind sein."[32]

Deutlicher kann man es nicht ausdrücken, wie eng hier die Taufe und die Anerkennung des Herrschers, die Unterwerfung unter ihn, Hand in Hand gingen. Der Chronik zufolge kam ein Teil der Bevölkerung übrigens freudig der Anordnung nach: Man sagte untereinander: „Wäre dies nicht gut, hätten es der Fürst und die Bojaren nicht angenommen."[33] Die Menschen versammelten sich am Dnepr, stiegen in ihn hinein und wurden getauft, wie bereits erwähnt. Man kannte zwar die Lehre des neuen Glaubens nicht, aber hielt sie für gut – weil sie befohlen war.

Einer litt bei der ganzen Geschichte, der Teufel:

> Jedoch der Teufel sagte unter Stöhnen: „Wehe mir, der ich von hier vertrieben bin, wo ich doch meine Heimstatt haben sollte, denn hier gibt es nicht die Lehren der Apostel, und es sind auch keine da, die von Gott wissen; aber ich erfreute mich ihres Dienstes, den sie mir erwiesen haben. Und siehe, nun bin ich von diesen Einfältigen besiegt worden und nicht von den Aposteln und auch nicht von den Märtyrern. Ich werde hinfort nicht mehr in diesen Ländern herrschen."[34]

Hier haben wir es mit einer regelrechten Abrechnung Vladimirs mit dem heidnischen Götterglauben zu tun. Sie fällt so gründlich aus, weil damit die Voraussetzungen für den wahrhaft rechtgläubigen russischen Staat geschaffen werden. Dies beschreibt die Chronik anschließend auch sehr ausführlich: Vladimir lässt Kirchen bauen, Klöster gründen, Glaubensunterweisung erteilen, ein Kirchenstatut erarbeiten – und zugleich Städte gründen und besiedeln, er treibt also den Landesausbau intensiv voran, kümmert sich um Arme und Kranke, und er besiegt, nunmehr mit Gottes Hilfe, die inneren und äußeren Feinde, die Räuber und die Petschenegen, ein gefährliches, im Westen als Kumanen bekanntes Nomadenvolk. Die Chronik trägt also alles zusammen, was zum Leben und Wirken eines christlichen Herrschers gehört, und

---

[32] *Radziwiłł-Chronik*, S. 121.

[33] *Radziwiłł-Chronik*, S. 121.

[34] *Radziwiłł-Chronik*, S. 121 f.

das ist auch hier, aufs ausführlichste berichtet, die Schaffung des christlich-rechtgläubigen russischen Staates.

Die Vita Vladimirs endet mit seinem Tod, der zugleich seine Apotheose ist: „Dies ist der neue Konstantin des großen Roms, der sich selbst und sein Volk hatte taufen lassen; gleichermaßen handelte auch dieser.“[35] Hier kann man schon einen Hinweis auf den Anspruch erkennen, den das spätere Russland erheben wird: Rom und seine Kaiser als Vorbilder – vielleicht auch als Vorläufer?

Abschließend stellt sich die Frage: Unter welchen Umständen, aus welchen Motiven und mit welchen Absichten schrieben die mittelalterlichen Chronisten ihre Werke als sozusagen christlich-nationale Schöpfungsgeschichten? Dass sie gezielt die Unwahrheit geschrieben hätten, sollte man ihnen nicht unterstellen. Vielmehr argumentierten sie mit ihrer Geschichtsschreibung im Diskurs ihrer Zeit, und zwar mit den Mitteln ihrer Erkenntnismöglichkeiten, aus ihrer Weltsicht. Hier kommen die jeweiligen Zeitumstände und Auftraggeber ins Spiel. Die russische *Erzählung von den vergangenen Jahren* orientierte sich grundlegend an den byzantinischen Vorbildern, sie erlebte dann aber bis ins 16. Jahrhundert hinein eine ganze Reihe von Redaktionen. Was den Bericht über die Schöpfung der heidnischen Rus' als christlicher Staat betrifft, so kann man generell Folgendes sagen:

Dem Leser wird der Eindruck von der Rus' als einem historisch-politisch und ethnisch identifizierbaren Herrschaftsbereich mit dem besonders betonten Gedanken der Einheit dieses an sich fragilen und heterogenen Verbandes nahegelegt. Die Gründe dürften auf verschiedenen historischen Ebenen zu suchen sein. Zunächst ging es im 10. und 11. Jahrhundert darum, den inneren Zusammenhang der Kiever Rus' und deren äußere Abgrenzung und Rolle mit den Mitteln der Geschichtsschreibung zu dokumentieren und zu fundieren. Die Absicht war, um es mit einem anachronistischen Ausdruck zu bezeichnen, eine ‚staatspädagogische'. In dem vergleichsweise jungen, aus vielerlei Sippen und Stämmen in einem weiten Gebiet zusammengefügten Herrschaftsbereich musste es zuerst um den Grundgedanken der Einheit der Rus' gehen, der die partikularistischen Tendenzen auffangen sollte. Als Vladimir I. „der Heilige“ 988 das Christentum für die Kiever Rus' als Staatsreligion annahm, tat er dies, um die innere Einheit der Rus' unter der Oberhoheit des Kiever Großfürsten zu stärken. Weiterhin war dies die logische politische

[35] *Radziwiłł-Chronik*, S. 134.

Konsequenz, die der Fürst eines heidnischen Herrschaftsgebildes zu ziehen hatte, das von christlichen Reichen umgeben war. Die Rus' trat erst sehr spät in den Kreis der christlichen Völker und Reiche ein. Von daher lag es nahe, die Rus' in diesen Zusammenhang einzuordnen und zugleich ihre Eigenständigkeit gegenüber dem Zentrum der Ostkirche, dem byzantinischen Reich, zu betonen, von dem sie das Christentum übernommen und dessen Einfluss sie sich deswegen hatte öffnen müssen.

Es ging den Chronisten also stets um Eigenständigkeit und Zusammenhalt des christlichen Russland. Dies spielte in der Herrschaftszeit Vladimir Monomachs, aus der wahrscheinlich die vorliegende Redaktion der Chronik stammt, eine große Rolle. Der Großfürst hatte sich in schweren Kämpfen durchgesetzt und betrieb einen intensiven Ausbau seiner Macht. Und zwar nicht nur politisch, sondern auch ideologisch. Bereits der Metropolit Ilarion, der große Förderer der Heiligsprechung Vladimirs I., hatte um die Mitte des 11. Jahrhunderts in umfangreichen Schriften die Eigenständigkeit und Bedeutung Kievs gegenüber dem im Niedergang befindlichen Konstantinopel propagiert.[36] Dieses Selbstverständnis schlug sich auch in der Bearbeitung der Chronik nieder.

Die Chronik des Gallus Anonymus war hingegen, wie gesagt, aus einem Guss, geschrieben im frühen 12. Jahrhundert unter dem Herrscher Bolesław III. Krzywousty („Schiefmund"). Ihm hat Gallus seine Chronik gewidmet. „Auf ihn sind", wie Josef Bujnoch schreibt, „Anordnung und Darstellung des Stoffes ausgerichtet, und alles andere, was er sonst noch erzählt, bleibt wie am Rande diesem Ziel untergeordnet."[37] Ausgedrückt ist dies im Epilog zu der Chronik. An dessen Beginn heißt es:

> Boleslaw, der berühmte Fürst,
> Von Gott geschenkt, als er gezeugt,
> Durch Bitten Sankt Aegidii
> Trat er in dieses Leben ein.
> Wie solch ein Wunder nur geschah,
> Und Gott dazu auch willigt ein,
> Das können wir erzählen euch,
> Wenn ihr es ganz erfahren wollt. [...]

Dann wird berichtet, dass die Eltern Bolesławs lange kinderlos geblieben waren, nach vielen Gebeten und Stiftungen, v. a. an den Zuständigen unter

---

[36] Peter Hauptmann, Gerd Stricker (Hg.), *Die Orthodoxe Kirche in Russland. Dokumente ihrer Geschichte (860–1980)*, Göttingen 1988, S. 82–91.

[37] *Polens Anfänge*, S. 30.

den Vierzehn Nothelfern, den hl. Ägidius, gerichtet, gelingt es schließlich. Nach diesen Nöten kann es nur ein großer Herrscher sein, der da geboren wurde:

> In Hoffnung jetzt die Herzogin.
> So wird geboren jenes Kind, Boleslaw man den Knaben nennt,
> Es hat Wladislaw ihn gezeugt,
> der Herzog, wie Gott es gewollt.
> Die Mutter, Judith, trug vielleicht
> Den hohen Namen schicksalhaft: Denn Judith rettete das Volk,
> Als sie den Holophernes schlug.–
> Die andere Judith, sie gebar
> Den Sohn, der jeden Feind besiegt.
> Von seinen Taten will ich nun
> Erzählen [...][38]

Bolesław III. Schiefmund hatte sich, wie schon seine Vorläufer auf dem polnischen Thron, gegen zahlreiche Rivalen, gegen große Teile des Adels, gegen äußere Feinde durchsetzen müssen. Die zentrifugalen Kräfte in Polen waren so groß, dass er ein Testament hinterließ, in dem er das Reich unter seinen Söhnen aufteilte und ihre Rangfolge regelte, in der Hoffnung, auf diese Weise eine dauerhafte Ordnung zu schaffen. Damit hatte er sich getäuscht. Polen fiel auseinander. Das steht nicht mehr in Gallus‘ Chronik. Was er aber beabsichtigte, war ein staatspädagogisches Ziel: Er wollte, im Sinne seines Herrschers, die Taten der polnischen Fürsten als Vorbilder darstellen: Tatkräftige, mächtige Herrscher und glaubensstarke Christen. Deswegen nannte er sein Werk *Cronicae et Gesta Ducum sive Principum Polonorum* – ‚Chronik und Geschichte/Taten der Herzöge und Fürsten der Polen‘. In diesem Sinne gestaltete er seine Schöpfungsgeschichte des christlichen polnischen Reiches: Unter Vorzeichen des Himmels und durch den Willen und das Eingreifen Gottes stieg Polen nach der Taufe Mieszkos sehr rasch zur glanzvollen Großmacht auf.

Zwei Länder, zwei Chroniken, zwei Schöpfungsgeschichten christlicher Reiche – aus dem Denken des Mittelalters heraus in vielem ähnlich, den unterschiedlichen Gegebenheiten entsprechend verschieden, aber beide Schöpfungen aus späterer Sicht, aus der Zeit und Sicht ihrer Verfasser, geschrieben für ihre Auftraggeber, als nachdrückliche Erinnerung für ihre Zeitgenossen und für den Nachruhm bei den später Geborenen.

---

[38] *Polens Anfänge*, S. 45–47.

BARBARA HAUPT

meisterschaft des Dichters – Gottes *meisterschaft*?

„Der großangelegte Artusroman ist die geniale Schöpfung Chrétiens",[1] so lautet ein allgemein anerkanntes Urteil der Literaturgeschichtsschreibung. Um nur wenige Beispiele zu nennen: Karl Otto Brogsitter erklärt 1965: „Es ist in der Geschichte der Literaturen nicht selten, dass am Beginn einer literarischen Bewegung eine überragende Gestalt steht, die wie aus dem Nichts eine neue Welt erschafft [...]. Für die Geschichte der Artusdichtung kommt eine solche Rolle CHRÉTIEN DE TROYES zu";[2] Hans Fromm, 1969, spricht von Chrestien als dem „Schöpfer" der für den Artusroman „Chrétien-Hartmannscher Prägung" charakteristischen Strukturform;[3] in seinem Standardwerk über Hartmann von Aue erklärt Peter Wapnewski 1972, dass „Chrestien den Artusroman erst schuf";[4] im Sachwörterbuch der Mediävistik von 1992 finden wir die Aussage: „Eigentlich Schöpfer und genialster Vertreter d. A. [sc. der Artusdichtung] ist Chrétien de Troyes";[5] und Volker Mertens, 1998, spricht von der „Erfindung der Fiktion" durch Chrestien de Troyes.[6] Selbstverständlich ging man stets, auch angesichts solcher Urteile, davon aus, dass

---

[1] Diese Arbeit nimmt, aus einem neuen Blickwinkel, in wichtigen Teilen zwei voraufgegangene Arbeiten in sich auf, reichert diese aber durch neu gewonnene Einsichten an und erweitert sie. Das sind: Barbara Haupt, Literaturgeschichtsschreibung im höfischen Roman. Die Beschreibung von Enites Pferd und Sattelzeug im ‚Erec' Hartmanns von Aue, in: *FS Herbert Kolb*, unter Mitarbeit von Barbara Haupt und Hilkert Weddige hg. von Klaus Matzel/Hans-Gert Roloff, Bern/Frankfurt a. M./New York/Paris 1989, S. 202–219; dies., Literarische Bildbeschreibung im Artusroman – Tradition und Aktualisierung. Zu Chrestiens Beschreibung von Erecs Krönungsmantel und Zepter, *Zeitschrift für Germanistik* N.F. IX (1999), S. 557–585. Zitat von Christoph Cormeau in: Christoph Cormeau/Wilhelm Störmer, *Hartmann von Aue. Epoche-Werk-Wirkung*, München 1985, S. 167.

[2] Karl Otto Brogsitter, *Artusepik*, Sammlung Metzler 38, Stuttgart 1965, S. 40.

[3] Hans Fromm, Doppelweg, in: Ingeborg Glier/Gerhard Hahn/Walter Haug/Burghart Wachinger (Hgg.), *Werk – Typ – Situation. Studien zu poetologischen Bedingungen in der älteren deutschen Literatur*, Stuttgart 1969, S. 64–79; S. 65 u. 64.

[4] Peter Wapnewski, *Hartmann von Aue*, Sammlung Metzler 17, Stuttgart ^{4}1969, S. 43 u. ^{5}1972, S. 44.

[5] Peter Dinzelbacher (Hg.), *Sachwörterbuch der Mediävistik*, Stuttgart 1992, Art. *Artusdichtung*, S. 55–57; S.56.

[6] Volker Mertens, *Der deutsche Artusroman*, Reclam UB Nr. 17609, Stuttgart 1998, S. 25.

Chrestien den Artusroman nicht voraussetzungslos ‚geschaffen' hat,[7] denn Chrestien (2. Hälfte des 12. Jahrhunderts) kannte den voraufgegangenen *Roman de Brut* von Wace (um 1155) und hatte wohl auch Zugang zu der *Historia Regum Britanniae* des Geoffrey von Monmouth (1130/1136), Waces lateinischer Vorlage, er hatte darüber hinaus Kenntnis von einer mündlichen bretonischen Erzähltradition um König Artus und seine Ritter.[8]

Außerordentlich erstaunlich ist es, dass der Verfasser des ersten Artusromans so umstandslos als ‚Schöpfer' apostrophiert und die ungeheuerliche Brisanz solcher Äußerungen dabei ausgeblendet wird. Denn eine literarische ‚Schöpfung', schon gar eine Schöpfung gleichsam ‚aus dem Nichts', müsste angesichts des vielberufenen Traditionalismus der mittelalterlichen Literatur eher undenkbar erscheinen: „La référence du texte, c'est la tradition. C'est par rapport à elle que se définit la signifiance."[9] Vor allem den Autoren vor und um 1200 ist es außerordentlich wichtig nachzuweisen, dass ihr „Werk durch die Tradition – eine Quelle, eine Vorlage – verbürgt sei", und das *buoch* oder *diu buoche* , auf das oder auf die die Erzähler sich beziehen, sind für sie oder ihr Publikum „fast soviel wie die Wahrheit selbst".[10] Selbst da, wo etwas tatsächlich Neues gestaltet wird, muss dies in der Regel als durch die Tradition verbürgt dargeboten werden.[11] Auch die Verfasser der schriftlich konzipierten Heldenepen, die sich nicht auf Buchvorlagen, sondern auf mündliche Überlieferung berufen, erklären ihre Erzählungen stets als tief in der Vergangenheit verwurzelt: „Uns ist in alten maeren wunders vil geseit" so setzt die Programmstrophe des Nibelungenliedes (kurz nach 1200) in der Handschrift C an.[12] – Dieser Traditionalismus ist zwar vor allem erst durch Paul Zumthor 1972 explizite formuliert worden, war aber Mediävisten immer

---

[7] Cormeau (wie Anm. 1), S.167: „Dennoch hat auch er Quellen, Geoffreys und Waces Chroniken waren ihm sicher zugänglich. Ob sie seine einzige Stoffgrundlage für die Artusfabel waren, war – und ist teilweise noch – umstritten." Vgl. auch Erich Köhler, *Vorlesungen zur Geschichte der französischen Literatur*, Mittelalter I, hg. von Henning Krauß, Stuttgart/Berlin/Köln/Mainz 1985, S. 124. Vgl. weiter Kurt Ruh, *Höfische Epik des deutschen Mittelalters I: Von den Anfängen bis zu Hartmann von Aue*, Berlin 1967, S. 98 f.

[8] Siehe Brogsitter (wie Anm. 2), S. 41.

[9] Paul Zumthor, *Essai de poétique médiévale*, Paris 1972, S. 117. Siehe auch Max Wehrli, *Literatur im deutschen Mittelalter. Eine poetologische Einführung*, Reclam UB Nr. 8038, Stuttgart 1984, S. 95ff.

[10] Wehrli (wie Anm. 9), S. 100 f.

[11] Siehe Gert Kaiser, *Textauslegung und gesellschaftliche Selbstdeutung. Die Artusromane Hartmanns von Aue*, Wiesbaden ^{2}1978, S. 23.

[12] *Das Nibelungenlied.* Nach der Ausgabe von Karl Bartsch hg. von Helmut de Boor, Mannheim 1988.

schon bewusst, denn in der Praxis hatten ja die Philologen stets mit Werken zu tun, deren Vorlagen man kannte, bzw. deren Autoren sich auf zumeist schriftliche Quellen beriefen.[13]

Wenn nun in der Literaturgeschichtsschreibung der Moderne, ungeachtet des mittelalterlichen Traditionalismus, so hartnäckig vom Schöpfertum Chrestiens de Troyes die Rede ist, so ist zu fragen, ob sich dies mit der Selbstauffassung des Dichters des 12. Jahrhunderts vereinbaren läßt.

Der Prolog zu Chrestiens erstem Artusroman, *Erec et Enide* (um 1170), gibt Aufschluss über Chrestiens Selbstverständnis als Dichter und über sein Werkverständnis – was wohlgemerkt nur im Hinblick auf diesen einen Roman gelten kann. Das Bemerkenswerte an Chrestiens Reflexion in diesem Prolog ist, dass er keine schriftliche Quelle in Anspruch nimmt und auch keinerlei Wahrheitsbeteuerung formuliert – eine für einen hochgebildeten Autor eher befremdliche Vorgehensweise, zumal sich Chrestien in seinem zweiten Roman, dem *Cligès*, wieder ganz traditionell auf ein altes Buch beruft, das er aus der Bibliothek der Kathedrale von Beauvais erhalten haben will (V. 18 ff.).[14] Im *Erec*-Prolog bezieht sich Chrestien aber auf die mündlich kursierende *matière de Bretagne*, auf mündlich verbreitete bretonische Erzählstoffe; er erklärt, er verdanke die Geschichte von Erec, dem Sohn König Lacs, einem bislang eher verachteten *conte d'aventure*, einer Abenteuererzählung, die aber von fahrenden Sängern zerstückelt und verderbt werde. Er hingegen, Chrestien, werde den Stoff in Form einer „mout bele conjointure" (V. 14), ‚einer sehr schönen Zusammenfügung' präsentieren, und gemeint ist damit die ästhetische Organisation „der Einzelelemente der Erzählung zu einem sinnvollen Ganzen."[15] Gegenüber dem mündlich tradierten „conte", der den Stoff

[13] Siehe dazu die Belege bei Albert Blumenröder, *Die Quellenberufungen in der mittelhochdeutschen Dichtung*, Diss. (masch.) Marburg 1922 passim. Siehe auch Carl Lofmark, *The Authority of the Source in Middle High German Narrative Poetry*, London 1981, S. 10 ff., der die „bookishness" des Mittelalters hervorgehoben hatte, oder auch Wapnewski (wie Anm. 4), ^{1}1962 u. ^{3}1967, S. 39, ^{4}1969, S. 41: „Hartmanns ‚Erek' folgt Chrestiens Dichtung [...]." Vgl. insbesondere Klaus Grubmüller, Das *buoch* und die Wahrheit. Anmerkungen zu den Quellenberufungen im Rolandslied und in der Epik des 12. Jahrhunderts, in: *bickelwort und wildiu maere. FS Eberhard Nellmann*, hg. von Dorothea Lindemann/Berndt Volkmann/Klaus-Peter Wegera, Göppingen 1995, S. 37–50.

[14] Siehe Fritz Peter Knapp, Historiographisches und fiktionales Erzählen in der zweiten Hälfte des 12. Jahrhunderts, in: *Erzählstrukturen der Artusliteratur. Forschungsgeschichte und neue Ansätze*, hg. von Friedrich Wolfzettel, Tübingen 1999, S. 3–22; S. 16. Ausgabe: Chrétien de Troyes, *Cligès*, hg.von Alexandre Micha, Les classiques français du moyen âge 84, Paris 1957. Siehe auch Klaus Grubmüller (wie Anm. 13).

[15] Walter Haug, *Literaturtheorie im deutschen Mittelalter. Von den Anfängen bis zum Ende*

verstümmelt darbietet, will die „conjointure" ein sinnvoll gefügtes Ganzes im Medium der Schrift darstellen, und das „u n e r h ö r t N e u e"[16] daran ist, dass sich der Sinn „im Akt der poetischen Gestaltung" realisiert.[17]

Chrestien muss sich bewusst gewesen sein, dass er mit dem Konzept der „mout bele conjointure" etwas Neues bietet,[18] denn er stellt sich ganz entschieden an einen Anfang, einen Neubeginn:

> Des or comancerai l'estoire
> Qui toz jorz mes iert an memoire
> Tant con durra crestiantez;
> De ce s'est Crestiiens vantez. (*Erec* Vv. 23–26)

Nun werde ich diese Geschichte beginnen, die immerwährend im Gedächtnis bleiben wird, solange die Christenheit besteht; dessen hat sich Chrestien gerühmt

– und bis heute hat er recht gehabt. Mit der Nennung seines Namens präsentiert sich Chrestien als einen „Spezialisten des kulturellen Gedächtnisses",[19] und „als solcher stiftet er sein Werk für alle Zukunft der christlichen Religions- und Kulturgemeinschaft zur kollektiven Erinnerung."[20]

Für das Konzept der *bele conjointure* „gab es in der gelehrten lateinischen Poetologie keine theoretische Grundlage",[21] und wenn dieser erste Artusroman den Charakter der Stiftung von etwas Neuem besitzt, so entspricht dies zwar durchaus einer modernen Auffassung von dichterischer Schöpfung bzw. vom Schöpfertum des Künstlers, Chrestien selbst hat sich indes nicht als ‚Schöpfer' bezeichnet, und Wendelin Foerster verzeichnet in seinem Wörterbuch zu den Werken Chretiens de Troyes nicht einmal ein altfranzösisches Äquivalent zu diesem Terminus.[22] Chrestien selbst fasst sein Tun, sein ‚Bemühen' (*estuide* V. 4 u. 6), als auf Wissen (*sciance* V. 17) basierend auf, und es ist auffällig, wie oft im Prolog zum *Erec* Wörter aus dem Sinnbezirk des

des 13. Jahrhunderts. Eine Einführung, Darmstadt 1985, S. 102. Ausgabe: Chrétien de Troyes, *Erec und Enide*, hg. von Ingrid Kasten, Klassische Texte des romanischen Mittelalters 17, München 1979.

[16] Siehe Knapp (wie Anm. 14), S. 16 [Sperrung F.P. K.]

[17] Haug (wie Anm. 15), S. 104.

[18] Siehe auch Haug (wie Anm. 15), S. 103.

[19] Jan Assmann, *Das kulturelle Gedächtnis: Schrift, Erinnerung und politische Identität in frühen Hochkulturen*, München 1992, S. 55.

[20] Barbara Haupt, Literarische Memoria im Hochmittelalter. Chrestien de Troyes und der *Discours de la Méthode, Zeitschrift für Literaturwissenschaft und Linguistik* 105 (1997), S. 39–61; S. 55.

[21] Knapp (wie Anm. 14), S. 16.

[22] Siehe Wendelin Foerster, *Wörterbuch zu Kristian von Troyes' sämtlichen Werken*, Halle a.d. Saale 1960.

Verstandes[23] erscheinen: „san“ (V. 5), „reisons“ (V. 10), „panser et antandre“ (V. 11), „savoir“ (V. 15), „sciance“ (V.17). Nicht von Erfindung, *inventio*, oder gar von Schöpfung, *creatio*, ist die Rede, vielmehr wird die *ratio* des Dichters betont, dem es darum gehen soll, seinen Gegenstand gut zu vermitteln („bien dire et [...] bien aprandre“ V. 12) – ein vergleichsweise bescheidener Anspruch an den Künstler, der dazu noch der Gnade Gottes bedarf (V. 18). Das Tun des menschlichen Künstlers erscheint hier eindeutig in der Hierarchie unten angesiedelt zu sein, unterhalb der Instanz des gnädigen Gottes.

San, der Verstand, oder auch: ‚Kunstfertigkeit, die auf Wissen beruht‘, kann sich mit *mestrie*, mit Meisterschaft, paaren. „Par grant san et par grant mestrie“, ‚mit großem (Kunst)Verstand und mit großer Meisterschaft‘ (V. 6745), haben vier Feen den Krönungsmantel Erecs angefertigt, den er am Ende seiner *aventuren* erhält. Und die *Ekphrasis* oder *descriptio*, die Beschreibung dieses Artefakts, ist meines Erachtens von außerordentlichem Interesse, will man der Frage nach Chrestiens künstlerischem Selbstverständnis weiter nachgehen.

Bei der Schilderung des Krönungsmantels und der darauf befindlichen Bildmotive stellt Chrestien ganz zentral gelehrtes Wissen zur Schau. Der Hinweis auf den *san*, den Verstand der Textilkünstlerinnen, rechtfertigt es zunächst, eine Verbindung zum Prolog ins Auge zu fassen. Während Chrestien mit den Figuren der Feen – vier an der Zahl – dem zeitgenössischen Geschmack am *merveilleux*, am Wunderbaren, entgegenkommt,[24] entstammen die Abbildungen auf dem Krönungsmantel gelehrter Tradition. Dargestellt sind die Personifikationen der vier Disziplinen des Quadriviums aus dem Kanon der *septem artes liberales*. Seit Martianus Capella in seiner wirkungsmächtigen Schrift *De nuptiis Philologiae et Mercurii* (Anfang 5. Jh. n. Chr.) die sieben freien Künste als Personifikationen dargestellt hatte,[25] sind die freien Künste immer wieder in der lateinischen und volkssprachigen Literatur sowie in der bildenden Kunst personifiziert worden: Die Reihe der lateinischen Belege führt von Theodulf von Orléans in karolingischer Zeit über

23 In Anlehnung an Jost Trier, *Der deutsche Wortschatz im Sinnbezirk des Verstandes. Die Geschichte eines sprachlichen Feldes*, Bd. 1: Von den Anfängen bis zum Beginn des 13. Jahrhunderts, Heidelberg 1931.

24 Siehe Edmond Faral, *Recherches sur les sources latines des contes et romans courtois du moyen âge*, Genf/Paris 1983, S. 307 ff., bes. S. 405.

25 Martianvs Capella, hg. von James Willis, Bibliotheca Scriptorum Graecorum et Romanorum Teubneriana, Leipzig 1983; neuerdings: Martianus Capella, *Die Hochzeit der Philologia mit Merkur (De nuptiis Philologiae et Mercurii)*, übersetzt, mit einer Einleitung, Inhaltsübersicht und Anmerkungen versehen von Hans Günter Zekl, Würzburg 2005.

Fulcovius von Beauvais im 11. Jahrhundert bis zu Baudri von Bourgueil Anfang des 12. Jahrhunderts,[26] auch im volkssprachigen *Roman de Thèbes* (V. 4749 ff.) des 12. Jahrhunderts werden die personifizierten *artes* beschrieben,[27] und – um nur ein, aber für das 12. Jahrhundert wichtiges Beispiel aus der bildenden Kunst zu nennen – an der Westfassade der Kathedrale von Chartres finden sich in den Archivolten des rechten Portals die *septem artes* als Frauengestalten mit ihren spezifischen Attributen. Dieses letzte Beispiel aus der bildenden Kunst ist deshalb bemerkenswert, weil es nicht unwahrscheinlich ist, dass ein führender Gelehrter der sogenannten Schule von Chartres, Thierry von Chartres, zu der Zeit Kanzler des Kapitels von Chartres war, als man in den 1140er Jahren daran ging, das Programm der Westportale zu entwerfen.[28] Dieser Thierry nämlich hatte in der 2. Hälfte des 12. Jahrhunderts eine Enzyklopädie der *septem artes liberales* verfasst, die unter dem Namen *Eptatheucon* bekannt geworden ist. Im Vorwort zu dieser Schrift erklärt Thierry, dass der Philosoph zweier Instrumente [bedarf], „nämlich des Verstandes und der Sprache. Das Quadrivium erhellt den Geist, und das Trivium schenkt den gewählten verständigen und schönen Ausdruck."[29] Es wird noch zu zeigen sein, welche Beziehungen zwischen der Schule von Chartres und Chrestien de Troyes bestanden haben mochten.

Eine Besonderheit der Darstellung Chrestiens ist es, dass das eigentlich Bildhafte der Personifikationsallegorien nicht zur Geltung kommt. Chrestien ‚malt' nicht mit Worten, er vermittelt kein anschauliches Bild: nichts z. B. über die konkrete Körpergestalt der Personifikationen, nichts über ihr Alter, das Aussehen ihrer Gewänder. Auch vermittelt er keine Vorstellung davon, wie die Figuren auf dem Mantel angeordnet sind, ob sie z. B. paarweise erscheinen wie bei Baudri von Bourgueil oder ob sie vielleicht in einer bestimmten Stufenordnung, aufgeteilt nach Oben und Unten, in Erscheinung treten.[30] Eine gewisse Rangordnung lässt Chrestien insofern erkennen, als er die Astronomie als „la mellor des arz" (V. 6779) hervorhebt, aber dies ist nicht

[26] Siehe dazu Haiko Wandhoff, *Ekphrasis. Kunstbeschreibungen und virtuelle Räume in der Literatur des Mittelalters*, Berlin/New York 2003, S. 131 f. Siehe auch Haupt, Literarische Bildbeschreibung (wie Anm. 1), S. 566 f.

[27] *Le Roman de Thèbes*, hg. von Léopold Albert Constans, 2 Bde., Paris 1890.

[28] Siehe *Chartres. Die Kathedrale*, Text von Brigitte Kurmann-Schwarz/Peter Kurmann, Fotografien von Claude Sauvageot, Regensburg 2001, S. 198. Siehe auch Tina Stiefel, *The Intellectual Revolution in Twelfth-Century Europe*, New York 1983, S. 60.

[29] Berthe Widmer, Thierry von Chartres, ein Gelehrtenschicksal des 12. Jahrhunderts, *Historische Zeitschrift* 200 (1965), S. 552–571; S. 558.

[30] Vgl. Christine Ratkowitsch, *Descriptio Picturae. Die literarische Funktion der Beschreibung*

optisch nachvollziehbar, wird nicht ‚ins Bild' gesetzt. Chrestien ‚malt' nicht mit Sprache, er erzählt und berichtet der Reihe nach: „L'une ... Et la seconde ... La tierce ... La quarte" (V. 6746, 6756, 6770, 6777) – mit einem epischen ‚und dann ... und dann ... und dann ... und dann'. Was Chrestien hingegen vermittelt, sind die Tätigkeiten der Personifikationen: Die Geometrie misst und schätzt mit den Augen („esgarde" V. 6747) die Dimensionen des Raumes ab, sie misst Höhe und Tiefe, Breite und Länge des Himmels und der Erde ab, die Arithmetik befasst sich mit Zahlen und Zeitmessung, sie zählt die Tage und Stunden der Zeit, Tropfen für Tropfen das Wasser des Meeres, den ganzen Sand und die Sterne der Reihe nach, ja, sie vermag auch Auskunft darüber zu geben, wie viele Blätter es im Wald gibt – Zuverlässigkeit ist ihre hervorragende Qualität. Die Musik befasst sich mit Klängen, mit Instrumenten – Harfe, Rotte und Fiedel – und mit deren Wirkung („deduiz", ‚Ergötzen' V. 6671); bei ihr finden wir immerhin einen Hinweis auf den dargestellten Raum, denn vor ihr lagen, so heißt es, alle Instrumente und Ergötzlichkeiten (V. 6775 ff.). Die Astronomie schließlich fragt nach der wunderbaren Lenkung der Menschenleben durch die Gestirne, sie holt sich Rat bei den Sternen, bei Mond und Sonne. – Die Abbildungen vermitteln also jeweils eine gedankliche, nicht bildhafte Vorstellung von dem, was die einzelnen Künste leisten: Diese nämlich klären auf über die Ordnung des von Gott geschaffenen Kosmos: „omnia in mensura et numero et pondere disposuisti", heißt es im *Liber Sapientiae* XI, 21.

Äußerst ungewöhnlich vor dem Hintergrund der lateinischen Tradition und auch im Hinblick auf die Skulpturen an der Kathedrale von Chartres ist nun die Reduktion der sieben freien Künste auf die Teilgruppe des Quadriviums.[31] Dies aber hat, wie Heiko Wandhoff ausgeführt hat, seinen besonderen Grund. Hervorgehoben wird dadurch die Zahl Vier: vier Künste, vier Feen, ja der Krönungsmantel weist außerdem vier kostbare Verschlusssteine auf (V. 6807 f.). Die Zahl Vier darf „als die Weltzahl des Mittelalters gelten, die – in babylonisch-biblischer Tradition wurzelnd – auf Vorstellungen von kosmischer Totalität verweist."[32] Die Tetradensymbolik umfaßt die

von Kunstwerken in der lateinischen Großdichtung des 12. Jahrhunderts, Wien 1991, S. 108–113. Baudris Darstellung lässt auch eine gewisse Rangordnung der Künste erkennen.

31 Siehe Heiko Wandhoff (wie Anm. 26), S. 131 f. u. besonders 133.

32 Ders., Das geordnete Welt-Bild im Text. Enites Pferd und die Funktionen der Ekphrasis im Erec Hartmanns von Aue, in: *Ordnung und Unordnung in der Literatur des Mittelalters*, hg. von Wolfgang Harms/C. Stephen Jaeger/Horst Wenzel/Kathrin Stegbauer, Stuttgart 2003, S. 45–60; Zitat S. 47.

Ordnungskategorien der vier Elemente, der vier Himmelsrichtungen oder der vier Temperamente.[33] Diese Kosmoszahl repräsentiert die Ordnung der göttlichen Schöpfung. Die Darstellung der vier Künste, die den von Gott geschaffenen Kosmos veranschaulichen sollen, ist der Webkunst der vier Feen zu verdanken, mit dem Hinweis aber, die vier Feen hätten das Webwerk und die Abbildung – „l'uevre del drap et le portret" (V. 6743) – angefertigt, mit dem Hinweis also auf die wunderbare Herkunft des Artefakts, verschleiert Chrestien seine eigene Autorschaft.

Das Kunstobjekt, bzw. die einzelnen Motive darauf, entstehen ja de facto im Prozeß der dichterisch-literarischen Beschreibung, wiedergegeben als das Wirken der emsigen Feen. Das Wortkunstwerk des Dichters und das beschriebene textile Kunstwerk der Feen sind raffiniert in eins gesetzt. Die *descriptio* des Krönungsmantels enthält somit poetologische Implikationen, denn durch die Art und Weise seiner Gestaltung stellt Chrestien eine Analogie her zwischen dem sinnvoll und meisterhaft geschaffenen Kunstwerk des bebilderten Mantels, das zugleich das Wortkunstwerk des Dichters ist, und dem göttlichen Schöpfungswerk. Der Dichter schafft mit Worten ein *uevre* – hier: die Beschreibung des Krönungsmantels – , das der Ordnung des von Gott geschaffenen Kosmos entspricht. Diese kühne Analogie, die Chrestien nahelegt, ist mit hoher Wahrscheinlichkeit dem lateinischen Schriftsteller Macrobius des ausgehenden Altertums (5. Jh. n. Chr.) zu danken, der im 12. Jahrhundert in der Schule von Chartres intensiv rezipiert und interpretiert worden ist.[34] In seinen *Saturnalia* (5,1,18–19 u. 5,2,1) hatte Macrobius die große Ähnlichkeit („magnam similitudinem") zwischen dem „divinum opus mundi" und dem „poeticum opus" Vergils, zwischen dem „deus opifex" und dem „poeta" erkannt.[35] Die „Angleichung des Dichters an den Weltenschöpfer" findet sich, wie Ernst Robert Curtius in seinem großen Buch über *Europäische Literatur und lateinisches Mittelalter* nachweist, bei Macrobius zum ersten Mal.[36] Und diesen „Gedanken vom schöpferischen Dichtertum" sah Curtius dann erst wieder „Im morgendlichen Glanz von Goethes Jugend" wieder ‚aufleuch-

[33] Vgl. dens., ebenda. Siehe auch Rudolf Simek, *Erde und Kosmos im Mittelalter. Das Weltbild vor Kolumbus*, München 1992, S. 35 f.

[34] Siehe Tony Hunt, Chrestien and Macrobius, *Classica et Mediaevalia* 33 (1981/82), S. 211–227, besonders S. 215 f.

[35] *Ambrosii Theodosii Macrobii Satvrnalia*, hg. von James A. Willis, Leipzig 1963.

[36] Ernst Robert Curtius, *Europäische Literatur und lateinisches Mittelalter*, Bern/München 1961, S. 404 (Zitat) u. 442.

ten'[37] – doch hier irrte Curtius wohl. Der gelehrte Chrestien, der *clerc*, konnte über wie auch immer geartete Kontakte zur Schule von Chartres leicht mit dem Gedankengut des Macrobius bekannt geworden sein, und nicht zuletzt hat sich Chrestien selbst auf Macrobius berufen: unmittelbar bevor er die *descriptio* des Krönungsmantels ausführt, erklärt er, Macrobius habe ihn gelehrt, das Kunstwerk des Gewandes und das Bildnis zu beschreiben, so wie er es in einem Buch gefunden habe (V. 6738–43) – allerdings bezieht sich diese Äußerung meines Erachtens, wie noch auszuführen sein wird, auf die Theorie der *narratio fabulosa* des Macrobius, die er nicht in den *Saturnalia*, sondern in seinen *Commentarii* erläutert.[38] Dass aber diverse Beziehungen zwischen Chrestien und Macrobius naheliegen, ist in der Forschung, insbesondere durch eine Arbeit von Tony Hunt, nachgewiesen worden.[39]

Wie subversiv der „Gedanke vom schöpferischen Dichtertum",[40] den Curtius erst dem jungen Goethe des Sturm und Drang zutrauen mochte, schon im 12. Jahrhundert wirken konnte, wird vor dem Hintergrund der Auffassung vom Künstler unter den Gelehrten der Schule von Chartres evident, denn hier gab es eine klare Hierarchie. Bei Guillaume de Conches z. B. ist von drei denkbaren Werken die Rede: *opus Dei*, *opus naturae* und das *opus artificis imitantis naturam*,[41] jedes Werk ist entweder Werk des Schöpfergottes oder der Natur oder des menschlichen Künstlers, der die Natur nachahmt. Während das Werk Gottes eine *creatio ex nihilo* ist, kann der menschliche *artifex* „sich immer nur des bereits Geschaffenen bedienen",[42] und sein Werk ist insofern dem des Schöpfergottes untergeordnet. Eine derartige Hierarchie ist bei Chrestien nicht zu erkennen, – allerdings wird die Angleichung der Schöpfung des Künstlers an das göttliche Schöpfungswerk nicht theoretisch erörtert, vielmehr ist sie als dichtungstheoretische Reflexion der ästhetischen Gestaltung inhärent.

Die Analogie zwischen dem Schöpfungswerk des Künstlers und dem Werk des Schöpfergottes ließe sich mit einiger Vorsicht auch auf Chrestiens Ro-

[37] Curtius (wie Anm. 36), S. 404.

[38] Siehe dazu Haupt, Literarische Bildbeschreibung (wie Anm. 1), S. 561–564 u. 570–576.

[39] Hunt (wie Anm. 34) passim, besonders S. 221.

[40] Curtius (wie Anm. 36), S. 404.

[41] Guillaume de Conches *In Timeum*, in: *La doctrine de la creation dans l'école de Chartres*, étude et textes par Joseph M. Parent, O.P., Paris/Ottawa 1938, S. 137–177; Zitate S. 147. Vgl. Umberto Eco, *Kunst und Schönheit im Mittelalter*, München/Wien 1991, S. 152.

[42] Thomas Cramer, *Solus creator est Deus*. Der Autor auf dem Weg zum Schöpfertum, *Daphnis* 15 (1986), S. 261–276, Zitat S. 262. Vgl. Rosario Assunto, *Die Theorie des Schönen im Mittelalter*, DuMont-Taschenbücher 117, Köln 1982, S. 40.

man im Ganzen, auf die „bele conjointure" übertragen.[43] Chrestien selbst tut diesen Schritt freilich nicht, jedenfalls nicht expressis verbis, Chrestiens dichtungstheoretische Reflexion beschränkt sich de facto nur auf die *descriptio* des Krönungsmantels.

Die *descriptio* wird abgeschlossen durch die Schilderung der Pelzverbrämung des von den Feen gefertigten Mantels. Sie stammt von merkwürdigen Tieren, „barbioletes" (V. 6801) genannt. Ihre Köpfe sind ganz weiß, die Hälse schwarz wie Maulbeeren, die Rücken sind blutrot, die Bäuche grün, und der Schwanz ist indigoblau. Ihr Herkunftsland ist das ferne Indien, und das gilt, mindestens seit dem Alexanderroman des Pseudo-Kallisthenes vom Ende des 3. Jahrhunderts n. Chr., auch dem Mittelalter als die Heimat alles Wunderbaren und Exotischen schlechthin. Der exotische Charakter der „barbiolete" wird von Chrestien noch unterstrichen durch den Hinweis auf ihre exquisiten Ernährungsgewohnheiten: Sie lebt nur von Spezereien, von Zimt und frischen Gewürznelken. – Die Gestaltung der vielfarbigen „barbiolete", zu der der Zelter der Camille im voraufgegangenen *Roman d'Enéas* angeregt hat (V. 4047 ff.),[44] ist wohl wiederum als ein Tribut an den Zeitgeschmack, an die Faszination durch das Wunderbare, Ungewöhnliche und Exotische zu werten. Auch wenn in der Forschung versucht wurde, die verschiedenen Farben der Tiere symbolisch zu deuten, so zielt Chrestien mit der Vielfarbigkeit vordergründig wohl nur auf Augenlust.[45] Aber eben nur vordergründig! Denn diese ‚indische' „barbiolete", die es in der erfahrbaren Wirklichkeit nicht geben kann, darf auch als ein Fiktionssignal verstanden werden, als ein Hinweis auf eine andere Realität, die der Dichter mit Worten erschafft. Das Werk nämlich der Feen enthält Motive, die realiter nicht auf einem Werk der bildenden Kunst denkbar wären, wie etwa die personifizierte Arithmetik, die allen Sand der Welt und die Wassertropfen des Meeres zählt. Die durch Sprache erzeugten Abbildungen sprechen nicht das äußere Auge an, dafür aber bringen sie zur inneren Anschauung, was in Wirklichkeit abzubilden unmöglich wäre.

Im Zuge der Vorbereitungen zu Erecs Krönung nimmt Chrestien bei der Beschreibung der Kronen für Erec und Enide (V. 6836–6855) mit dem Hinweis auf die vier strahlenden Karfunkel an den Kronen das Viererschema der Motive auf dem Krönungsmantel formal-abstrakt noch einmal auf und leitet

[43] Siehe Haupt, Literarische Bildbeschreibung (wie Anm. 1), S. 576.

[44] *Le Roman d'Eneas*, übersetzt u. eingeleitet von Monica Schöler-Beinhauer, Klassische Texte des romanischen Mittelalters 9, München 1972.

[45] Siehe Haupt, Literarische Bildbeschreibung (wie Anm.1), S. 568.

dann zur Ekphrasis des Zepters über. Dieses Zepter ist durchsichtiger als eine Glasscheibe, ganz aus einem einzigen Smaragd gearbeitet und breit wie eine Faust (V. 6873–75). Abgebildet sind darauf alle erdenklichen Lebewesen, die aber nicht einzeln, wie etwa bei Alanus ab Insulis im *Planctus Naturae*,[46] vielmehr summarisch genannt, d. h. nach Klassen aufgeführt werden: Fische, wilde Tiere, Menschen und Vögel.

> Par vérité dire vos os
> Qu'an tot le mont nen a meniere
> De peisson ne de beste fiere
> Ne d'ome ne d'oisel volage,
> Que chascuns lonc sa propre image
> N'i fust ovrez et antailliez. (V. 6876–81)

‚Ich getraue mich, Euch die Wahrheit zu sagen: Auf der ganzen Welt gibt es keine Art Fisch oder kein wildes Tier oder einen Menschen oder einen fliegenden Vogel, der dort nicht, seiner besonderen Form gemäß, abgebildet und eingeschnitzt war.'

Offenbar hat Chrestien hier die Bildmotive auf dem Gewand der Camilla im *Roman d'Enéas* – „[...] peissons marages, oisels volanz, bestes salvages" (*RdE* V. 4019 f.),[47] ‚Meeresfische, fliegende Vögel, wilde Tiere' – mit der Darstellung des Menschen auf eine Vierzahl ergänzt, um eine Korrespondenz zur Vierzahl der Mantel-Schilderung (vier Feen, vier *artes*, vier Edelsteine) zu erreichen und wiederum die Tetradensymbolik ins Spiel zu bringen, die Vier als Ordnungszahl des Kosmos. Die genannten Lebewesen entsprechen denen, die im Schöpfungsbericht der *Genesis* 1, 20 ff. genannt sind, wobei die verschiedenen in *Gen.* 1,24 genannten Tiere der Erde – Nutztiere (*iumenta*), Gewürm (*reptilia*) und wilde Tiere (*bestias terrae*) – zu einer Gruppe zusammengefaßt sind. Und so, wie sie der Schöpfergott „ein jegliches nach seiner Art" (so die Lutherübersetzung) geschaffen hat, „secundum species suas" (*Gen.* 1,24 u. ö.), so ist auch auf dem Zepter jedes „lonc sa propre image" gearbeitet; anders als in Luthers Übersetzung hätte Chrestien das *species* des Bibeltextes durchaus in seiner primär visuell definierten Bedeutung als ‚Erscheinung, Bild, Aussehen' aufgefaßt. Hinsichtlich des Adjektivs *propre (image)* im Text Chrestiens könnte man, wie in der Forschung dargelegt, an einen Einfluß des Alanus ab Insulis denken,[48] was ich hier aber deshalb nicht ausführe, weil die knappe *descriptio* nicht interpretatorisch überfrachtet werden soll, denn Chrestiens

[46] Alanus ab Insulis *Liber de Planctu Naturae*, Migne, P.L. 210, Sp. 429–482, bes. Sp. 435C–439C.

[47] *Roman d'Eneas* (wie Anm. 44).

[48] Siehe Winthrop Wetherbee, *Platonism and Poetry in the Twelfth Century*, Princeton 1972, S. 239; vgl. Haupt, Literarische Bildbeschreibung (wie Anm. 1), S. 579.

Formulierung legt durchaus eine Anspielung unmittelbar an den Text der *Genesis* nahe. Auf jeden Fall bietet das Zepter ein Bild der paradiesischen Schöpfung, und dies steht wiederum – mittels der Vierzahl – in Relation zu der von Gott geschaffenen Schöpfungsordnung, die der Krönungsmantel repräsentiert. Das Zepter, durchsichtig wie eine Glasscheibe, macht noch einmal die Arbeit des Wortkünstlers auf die Tätigkeit des göttlichen Schöpfers hin transparent.

Obwohl Chrestiens poetologische Reflexion in seine *descriptio* gleichsam ‚eingewoben' ist, so wird sich dennoch zeigen, dass sie sehr wohl verstanden worden ist und aufgenommen und kreativ anverwandelt wurde. Der deutsche Dichter Hartmann von Aue hat bekanntlich noch gegen Ende des 12. Jahrhunderts Chrestiens ersten Artusroman ins Deutsche übertragen, eine Adaptation, die man kaum als Übersetzung, vielmehr als eigenständige Umgestaltung bezeichnen könnte.[49] So hat denn Hartmann weder Chrestiens *descriptio* des Krönungsmantels noch die des Zepters direkt übernommen. Vielmehr konzentriert er sich auf eine einzige große *descriptio*, und zwar auf die Beschreibung von Enites Pferd und Sattelzeug, die bei Chrestien vorgebildet, aber keineswegs so extensiv gestaltet war.

Pferd und Sattel hat Enite von den Freunden auf der Burg Penefrec erhalten, und dieses Reittier, so der Erzähler, hat einen ganz eigenen Reiz, der es von einem gewöhnlichen Pferd unterscheidet (V.7286–89).[50] Schon die Ästhetisierung von vornherein – es wird als unübertrefflich schön vorgestellt (V. 7278–80) – zeigt die Besonderheit dieses Pferdes an, die weitere, detailreiche Beschreibung lässt gar ein wahres Wunderpferd erkennen: Das Pferd ist auf der einen Seite ganz weiß, auf der anderen Seite ganz schwarz, und zwischen den beiden Farben, vom Kopf über den Rücken bis zum Schweif, verläuft wie ein Pinselstrich (V. 7317) ein grüner Streifen; ein grüner Kreis umschließt jeweils die Augen. Die Proportionen des Körpers sind harmonisch („ze rehter mâze" V. 7351), der Gang ist leicht und gleichsam schwebend (V. 7439–49). Sinnreich ist am Kopf des Pferdes ein leuchtender Karfunkel angebracht, so dass der Reiter auch im Dunkeln seinen Weg finden kann (V. 7740–49). (Wir haben es hier mit der poetischen Erfindung des Scheinwerfers zu tun, denn im Mittelalter hielt sich hartnäckig die Vorstellung, dass der Karfunkel endogen, aus sich heraus hell leuchtet.) Zudem hört man goldene Schellen weithin

[49] Vgl. Wapnewski (wie Anm. 4), S. 41 f.: „schöpferische Umgestaltung".

[50] Hartmann von Aue *Erec*, mittelhochdeutscher Text u. Übertragung von Thomas Cramer, Fischer Taschenbuch 6017, Frankfurt a. M. 1972.

klingen (V. 7752–54). Der Sattel ist ganz aus Elfenbein geschnitzt, verziert mit Gold und Edelsteinen. Ein „meister" namens „Umbrîz" hat ihn mit „grôzer wîsheite" und viel Sorgfalt geschnitzt (V. 7463 ff., 7537). Auf dem Sattel und auf dem kostbaren Sattelkissen finden sich Miniaturen aus der Antikenliteratur. Auf der Satteldecke sind außerdem die vier Elemente und die ihnen zugeordneten Lebewesen dargestellt, und unter allem Zierrat verdienen die Bildwerke besondere Aufmerksamkeit, wobei für unseren Zusammenhang das Interesse speziell der Satteldecke gelten soll.

Hartmann von Aue hat die Motive von Pferd und Sattelzeug von Chrestien übernommen,[51] abgewandelt und amplifiziert, dazu kombiniert mit dem Bildkonzept von Erecs Krönungsmantel sowie von Chrestiens Beschreibung des Zepters. Insgesamt hat Hartmann Chrestiens Beschreibung von Enides Pferd und Sattel um ca. das Dreizehnfache erweitert.[52] Aber auch der deutsche *Eneasroman* Heinrichs von Veldeke (Ende des 12. Jahrhunderts) hat Pate gestanden. Bei der Beschreibung des Grabmals der Camilla hat Heinrich von Veldeke für den Bau des Grabmals kein „namenloses Individuum verantwortlich" gemacht,[53] vielmehr hat dieser Baumeister bei Veldeke einen Namen: es ist ein „meister" (*En.* V. 253,36) namens „Gêometras" (*En.* V. 251,40), der „wole konde / die list von gêometrîen" (*En.* 252,4 f.), ‚der sich gut auf die Wissenschaft von der Geometrie verstand'. Jener Meister Geometras hatte sein „werc" – ähnlich wie Hartmanns Meister Umbriz – mit „michel list" (*En.* 252,37) und mit „sinnen" (*En.* 253,12), d. h. mit großem Kunstverstand verfertigt. In Veldekes altfranzösischer Vorlage, dem anonym überlieferten *Roman d'Enéas*, hatte dieser Baumeister ebensowenig einen Namen wie der Sattelhersteller bei Chrestien.[54]

Allein die Farben des Pferdes und ihre seltsame Anordnung sind, wie bei der „barbiolete" Chrestiens, ein Fiktionssignal, und sie sind nicht, wie frühere Forschungsbeiträge meinten, „auf eine bestimmte Symbolik angelegt",

[51] Vgl. *Erec und Enide* (wie Anm. 15), V. 5323–5329.

[52] Vgl. Wehrli (wie Anm. 9), S. 126 und Franz Josef Worstbrock, Dilatatio materiae. Zur Poetik des ‚Erec' Hartmanns von Aue, *Frühmittelalterliche Studien* 19 (1985), S. 1–30; Zitat S. 20.

[53] Corinna Laude, Quelle als Konstrukt. Literatur- und kunsttheoretische Aspekte einiger Quellenberufungen im „Eneasroman" und im „Erec", in: *„Quelle". Zwischen Ursprung und Konstrukt. Ein Leitbegriff in der Diskussion*, hg. von Thomas Rathmann und Nikolaus Wegmann, Beihefte zur Zeitschrift für deutsche Philologie 12, Berlin 2004, S. 209–240; Zitat S. 235. Ausgabe: *Heinrich von Veldeke: Eneasroman.* Mittelhochdeutsch/Neuhochdeutsch. Nach dem Text von Ludwig Ettmüller ins Neuhochdeutsche übersetzt, mit einem Stellenkommentar und einem Nachwort von Dieter Kartschoke, Reclam UB Nr. 8303, Stuttgart 1986.

[54] Siehe Laude (wie Anm. 53), S. 235.

vielmehr sollen sie signalisieren, „daß der Dichter die Ebene der epischen Handlung verläßt und im folgenden mit der Sattelbeschreibung in eine andere Realitätssphäre überwechselt."[55]

Deutlich hervorgehoben und besonders elaboriert ist unter den Bildmotiven auf diesem Werkstück aus Elfenbein die Eneas-Geschichte, sie erstreckt sich beinahe über den ganzen Sattel. Innerhalb des insgesamt viergeteilten Bildprogramms wird noch einmal gesondert der zweiteilige Aufbau des mittelalterlichen Eneasromans mit den beiden Minnehandlungen als den „charakteristischen Kulminationspunkte[n]" prägnant herausgearbeitet: „einhalp" die Dido-, „jenhalp" die Lavinia-Episode – nicht zufällig wohl macht Hartmann hier auf die Struktur, die ‚Ordnung' des Eneasromans aufmerksam.[56] Vorn am Sattel ist außerdem die Vorgeschichte abgebildet: „daz lange liet von Troiâ" (V. 7546). Weitere Abbildungen aus der Antikenliteratur befinden sich auf dem Sattelkissen. Insgesamt zitiert Hartmann in bildhafter Darstellung aus dem Fundus antikisierender epischer Werke, aus denen die Epiker der neuen Artusromane vielfach Anregungen bezogen haben. Solche Werke stehen für die neue Welterfahrung im 12. Jahrhundert und für das neu erwachte Bedürfnis der Laien nach weltlichen Stoffen und für eine nicht primär geistliche Interpretation von Welt.

Von besonderem Interesse sind nun die Abbildungen auf der Satteldecke, denn hier entwirft Hartmann einen Gesamtordo der geschaffenen Welt:

> dâ stuonden an besunder
> al der werlde wunder
> und swaz der himel besliuzet. (V. 7588–90)

Darauf waren alle Wunder der Welt zu sehen, die der Himmel umschließt.

„ein teil" davon will der Erzähler nennen, aber doch „michels mê verdagen" (V. 7592 f.), ‚sehr viel mehr verschweigen', d. h. augenzwinkernd macht der Erzähler aus der Not eine Tugend und will aus allem, was es in der Welt an Erstaunenswertem gibt und was natürlich unmöglich in einem einzigen Bild festgehalten werden könnte, eine Auswahl treffen. Es geht also darum, einen „ordo" zu konturieren.

Dazu stand Hartmann – ähnlich wie zuvor Chrestien – ein vorgeprägtes Muster zur Verfügung, das, aus dem Wissensschatz der Antike tradiert,

[55] Walter Haug, Gebet und Hieroglyphe. Zur Bild- und Architekturbeschreibung in der mittelalterlichen Dichtung, *Zeitschrift für deutsches Altertum* 106 (1977), S. 163–183; Zitat S. 170.

[56] Zitat von Haug (wie Anm. 55), ebenda. Vgl. Haupt, Literaturgeschichtsschreibung (wie Anm. 1), S. 206. Zu Vers 7564 u. 7565 (*ynnerhalp*) in der Handschrift A bevorzuge ich mit Haug Leitzmanns Konjektur nach Moriz Haupt: „einhalp" – „jenhalp".

zum selbstverständlichen Bildungsgut des Mittelalters gehört und das über die frühmittelhochdeutsche Geistlichendichtung auch in den Vorstellungshorizont der Laien eingegangen war: die Beschreibung der Grundstruktur des Kosmos anhand der vier Elemente.[57] Diese Grundordnung bestimmt auch die Einteilung der Tierwelt: Zur Erde gehören die Landtiere, „zam oder wilde“ (V. 7605), zum Wasser der Fisch und alle „merwunder“ (V. 7612 f.), zur Luft die Vögel (V. 7645) und zum Feuer die Drachen (V. 7650). Die zoologische Elementenlehre, die die christlichen Exegeten mit dem Schöpfungsbericht der Bibel (*Gen.* 1,20 ff.) harmonisiert haben, ist im lateinischen wie im volkssprachigen Schrifttum des Mittelalters und auch in der bildenden Kunst weit verbreitet.[58] Hartmann präsentiert die Elementenlehre als ein koloriertes Bildkunstwerk, nicht ohne darauf hinzuweisen, dass diesem Bild eine vernunftgeleitete Ordnung innewohnt:

> diu vier elementâ
> stuonden schînbaere dâ
> in ir sundervarwe,
> und in iegelîchem garwe
> swaz dem undertaenic ist:
> diz meisterte ouch starker list. (V. 7594–99)

Die vier Elemente waren leuchtend, jedes in seiner Farbe, abgebildet, und bei jedem, was ihm zugehört, das war ebenfalls mit gewaltiger Kunst verfertigt.

Ein verständiger, kluger ‚Meister‘ hat die Elemente in eine solche Anordnung gebracht, dass sie „in ir sundervarwe“ (V. 7596) erkennbar sind, also jedes für sich und voneinander unterschieden. Die Tätigkeit des ‚Meisters‘ ist vor allem ein Akt der Disposition, eines Voneinander-Trennens und Unterteilens (man beachte das Prädikatsnomen „undertaenic“!). Dies erinnert unschwer an die *Genesis* (1,1–10), an den ersten Schöpfungsbericht, wo die Erschaffung der Welt gleichfalls als ein Akt des Trennens und Unterscheidens erscheint, es erinnert an die ordnende Tätigkeit des Schöpfergottes, der aus dem Chaos den Kosmos schafft.

Hartmann bezieht das bildnerisch-künstlerische Schaffen auf den Schöpfungsakt zurück, und dabei muss besonderes Augenmerk auf den Menschen fallen. Die Lebewesen, die der Erde zugeordnet sind – und damit natürlich auch der Mensch –, werden an erster Stelle beschrieben, aber darüber hinaus

[57] Siehe Haupt, Literaturgeschichtsschreibung (wie Anm. 1), S. 210; vgl. Wandhoff, *Das geordnete Welt-Bild* (wie Anm. 32), S. 47.

[58] Siehe die materialreiche Untersuchung von Thomas Cramer, *Ich sach swaz in der welte was.* Die Ordnung des Kosmos in Walthers zweitem Reichsspruch, *Zeitschrift für deutsche Philologie* 104 (1985), S. 70–85.

wird das Bild vom Menschen noch auf eine ganz spezifische Weise hervorgehoben:

> diu erde von den vieren
> stuont mit ir tieren,
> swaz der dehein man
> in sînem muote erkennen kan
> an walde oder an gevilde,
> zam oder wilde:
> dâ stuont diu menschlîch geschaft
> geworht von solher meisterschaft
> sam ez wolde sprechen
> und bildes reht brechen. (V. 7600–09)

> Von den vieren [sc. den vier Elementen] war der Erde ihr Getier beigegeben, so viel, wie kein einzelner Mensch in seinem Gedächtnis haben kann, in Wald und Feld, zahm und wild. Da stand auch die menschliche Kreatur, mit solcher Meisterschaft verfertigt, als wollte sie sprechen und mehr als nur bloßes Abbild sein.

Während etwas später im Text der Fisch „sam er lebete" (V. 7611) oder die Vögel „rehte sam si lebeten" (V. 7648) als lebensechte Abbildungen erscheinen, wird beim Menschen der Topos ‚als ob er lebte' in bemerkenswerter Weise abgewandelt: ‚als ob' er „wolde sprechen". Hier wird einerseits die Besonderheit des Artefakts reflektiert, d. i. der spezifische Status des Bildkunstwerks als lebensechtes Abbild der Natur, andrerseits aber sieht es so aus, als wolle der abgebildete Mensch eben diesen Status überschreiten: „sam ez wolde [...] bildes reht brechen". Die „Transgression, die Überschreitung der Bildhaftigkeit in Richtung auf wirkliche, autonome Lebendigkeit des menschlichen Artefakts" wird allerdings nur angedeutet, nur als potentiell vorgestellt.[59]

Die Wortwahl V. 7607 – „geworht von selher meisterschaft" – verweist auf den „wercwîseste[n] man", auf den ‚mit aller Verständigkeit begabten' „meister Umbrîz", der das Sattelkunstwerk „geworht", ‚gewirkt, gefertigt' hatte. Die Häufung von Ausdrücken aus dem Wortfeld von „werc/wirken" in dieser *descriptio* ist auffällig, und sie entspricht gleichermaßen dem biblischen „creare" in *Gen.* 1,1 oder 1,27 wie dem „(opus) facere" bzw. „operari" im 2. Kapitel der *Genesis* (*Gen.* 2,2 f.; 2,5 u. 15 u. ö.).[60]

Auf die *descriptio* der Lebewesen der Erde folgt die Beschreibung der Lebewesen, die dem Element des Wassers zugeordnet sind:

---

[59] Laude (wie Anm. 53), S. 227.

[60] Siehe dazu Haupt, Literaturgeschichtsschreibung (wie Anm. 1), S. 212 Anm. 47 mit weiteren Literaturangaben.

dâ bî daz mer swebete:
dar inne sam er lebete
der visch , bî dem besunder
elliu merwunder
und swaz dâ bûwet smeres grunt. (V. 7610–14)

Daneben wogte das Meer, darin, als ob er lebte, der Fisch, daneben alle Meerwunder und was sonst auf dem Grunde des Meeres wohnt.

Unmittelbar im Anschluss folgt dann ein Exkurs, der 27 Verse umfasst und damit den formalen Rahmen von 33 Versen, die die eigentliche Elementendarstellung enthalten (V. 7594–7614 u. 7642–53), durchbricht. Mit dem Unsagbarkeitstopos (V. 7615–19) erklärt der Erzähler, dass es im Meer dieser Welt mehr Wunderbares gibt als der menschliche Geist zu erfassen vermag. Der Erzähler fordert die Zuhörer scherzhaft-humorig auf, sie sollten sich schnell an das Ufer des Meeres begeben und die Meerwunder auffordern, zu ihnen auf den Sand zu kommen, dann würden sie sie kennenlernen (V. 7623–29). Der Versuch freilich würde vielleicht nichts nützen, gibt der Erzähler zu, und schlägt deshalb ein anderes Experiment vor: Man solle doch selbst auf den Meeresgrund tauchen, da werde man die Meerwunder kennenlernen – mit großem Schaden und kleinem Nutzen (V. 7632–34).

Insgesamt demonstriert der Exkurs – jedenfalls wäre das eine Sinnebene –, dass der „niugerne“ (V. 7636), der menschlichen Neugier, den *ordo* der Schöpfung durch eigenmächtige Experimente zu durchbrechen, natürliche Grenzen gesetzt sind. Aber Hartmann zielt nicht in predigthafter Weise darauf ab, die menschliche Neugier als verwerflichen Hochmut zu brandmarken, denn er leugnet keineswegs die Faszination der wunderbaren Mannigfaltigkeit der Phänomene dieser Welt. Wenn er mit dem Hinweis auf die Sinnlosigkeit ausschweifender „niugerne“ den Exkurs beendet (V. 7635–41), so hat er sein Publikum bereits sensibilisiert für eine Erfahrung, die zur damaligen Zeit nur möglich war in einem (für wahr gehaltenen) literarischen Entwurf. Und der zweite, meines Erachtens der eigentliche Sinn seiner Warnung vor neugierigen Experimenten ist der, dass es keinen Zweck habe, die mittels Sprache geformten Bilder eins zu eins mit der Wirklichkeit verrechnen zu wollen.

Dann erst rundet der Dichter die Bildfolge der Schöpfungsordnung ab, indem er auch die Vögel und die Drachen zur Geltung bringt, das heißt: nachdem er sich die Freiheit genommen hat, das Bildensemble der Elemente durch den Exkurs zu stören, kehrt er zur *descriptio* zurück. Dadurch aber, dass er die Bild- und Formeinheit spielerisch experimentierend durchbricht, macht er erst recht auf den in der Form vermittelten Sinnzusammenhang aufmerksam. Angesichts einer Vielfalt der Einzeldinge nimmt Hartmann die Position des bildenden und formenden Künstlers ein, der darin dem Meister Umbriz, der den Sattel hergestellt hat, vergleichbar ist, dass er mit „sin" und nach „gevuoge" (V. 7535 u. 7541), d. h. in der Weise, dass das Ganze sinnvoll und gut verfugt ist, aus dem vorhandenen Material eine Form herausarbeitet, die Zusammenhalt hat: so wollte er das „werc zesamene haben" (V. 7544). Wie Veldekes Baumeister Geometras als „Chiffre für den Erzähler selbst" zu verstehen ist,[61] verweist der Meister Umbriz auf den Erzähler und letztlich auf den Sprachkünstler Hartmann.

Indem Hartmann verschiedene Vorstellungsbereiche – christliche Schöpfungsmythologie, bildende Kunst und literarisches Schaffen – ineinandersetzt, gegeneinander vergleicht und wiederum in Beziehung zueinander stellt, miteinander ‚verfugt', zeigt er, dass der Sinn sich erst in der literarischen Gestaltung verwirklicht, und damit kann wohl auch das neue, von Chrestien geschaffene fiktionale Konzept der *bele conjointure* gemeint sein.

Es findet sich bei Hartmann der gleiche Grundgedanke wie bei Chrestien: die Analogie von sprachlichem Bildkunstwerk und dem göttlichen Schöpfungswerk. Diese Analogie wird bei beiden Dichtern nicht expressis verbis formuliert, aber sie enthüllt sich durch den Akt der Gestaltung. Die *meisterschaft* des Dichters ist der *meisterschaft* des Schöpfergottes vergleichbar.

[61] Joachim Hamm, Camillas Grabmal. Zur Poetik der *dilatatio materiae* im deutschen Eneasroman, *Literaturwissenschaftliches Jahrbuch* 45 (2004), S. 29–56; S. 37; siehe auch Laude (wie Anm. 53), S. 238 f.

Ricarda Bauschke

Der Dichter als Schöpfer. Zur Heiligkeit des Sprechens bei Konrad von Würzburg

Die mittelalterliche Literatur ist eine Dichtkunst des Wiedererzählens. Nahezu jeder volkssprachige Autor des 12. und 13. Jahrhunderts bezieht sich im Vorwort zu seinem Werk auf eine Quelle oder Vorlage, auf eine bekannte Materie, auf eine Erzähltradition, aus der sich sein Werk speist. Der Dichter erscheint im Extremfall als Mitschreiber und Fortsetzer einer Stoffgeschichte, in der das Einzelwerk lediglich als Glied einer Generationen übergreifenden Erzählkette auftritt. In jüngerer Zeit hat Franz Josef Worstbrock diese Beobachtung mit poetologischen Überlegungen verbunden und als Grundprinzip mittelalterlichen Dichtens theoretisch konzeptualisiert.[1] Auch das der Mündlichkeit verpflichtete *Nibelungenlied* beginnt in einigen der überlieferten Manuskripte[2] mit dem expliziten Verweis darauf, dass Bekanntes berichtet wird:[3]

> Uns ist in alten maeren wunders vil geseit,
> von helden lobebaeren, von grôzer arebeit,
> von vröiden, hôchgezîten, von weinen unt von klagen,
> von küener recken strîten muget ir nû wunder hoeren sagen.
> (*NL* 1,1–4)

Uns ist in alten Geschichten viel Wunderbares berichtet worden, von ruhmreichen Helden, von großer Not, von Freude, von Festen, von Weinen und von Wehklagen, von den Kämpfen tapferer Recken werdet ihr nun Wunderbares erzählen hören.

---

[1] Franz Josef Worstbrock, Wiedererzählen und Übersetzen, in: Walter Haug (Hg.), *Mittelalter und frühe Neuzeit. Übergänge, Umbrüche und Neuansätze*, Fortuna vitrea 16, Tübingen 1999, S. 128–142. Siehe auch ders., *Dilatatio materiae.* Zur Poetik des Erec Hartmanns von Aue, *Frühmittelalterliche Studien* 19 (1985), S. 1–30.

[2] Zur handschriftlichen Überlieferung des *Nibelungenliedes* vgl. die zusammenfassende Darstellung durch Ursula Schulze, *Das Nibelungenlied*, Stuttgart ²2003, S. 33–53, weiterführende Literaturhinweise S. 307 f.

[3] Das Zitat folgt der Ausgabe *Das Nibelungenlied*, nach der Ausgabe von Karl Bartsch hg. von Helmut de Boor, 10. Aufl. Leipzig 1940, 22; revidierte und von Roswitha Wisniewski ergänzte Aufl. Mannheim 1988.

Die Kommunikationssituation mit dem Rezipienten etabliert sich über den bekannten Gegenstand als gemeinsamen Nenner von Publikum und Erzähler, wobei das am Beginn stehende „uns“ (*NL* 1,1) paritätisch die Hörenden und den Redenden einschließt. Erst im zweiten Schritt erfolgt die Separierung in ein impliziertes Erzähler-Ich und das Gegenüber der Zuhörer, „ir“ (*NL* 1,4), für die der bekannte Stoff nun in eine Form gegossen und mit neuem Sinn gefüllt wird. – Neben dieses Prinzip der Wiederkehr des thematisch immer Gleichen tritt allerdings im selben Atemzug stets die Profilierung der Einzeldichtung als Sonderphänomen, als herausragende Erzählleistung und spezifische Aktualisierung, für die ein bestimmter Autor verantwortlich zeichnet. Dieser Gedanke liegt zum Beispiel Hartmanns Selbstinszenierung in seinem Artusroman *Iwein* zugrunde:[4]

> Ein rîter, der gelêret was
> unde ez an den buochen las,
> swenner sîne stunde
> niht baz bewenden kunde,
> daz er ouch tihtennes pflac
> (daz man gerne hoeren mac,
> dâ kêrt er sînen vlîz an:
> er was genant Hartman
> und was ein Ouwaere),
> der tihte diz maere. (*Iw.* V. 21–30)

> Ein Ritter, der lateinisch gebildet war und in Büchern lesen konnte und immer dann, wenn er seine Zeit nicht besser nutzen konnte, sogar selbst dichtete (Er verwandte seinen Fleiß auf das, was man gern hören will; er wurde Hartmann genannt und kam aus dem Ort Au.), der dichtete diese Erzählung.

Hartmann nennt sich, signiert also seine Autorschaft und individualisiert sie unverwechselbar mit seinem Namen und seiner Herkunft; darüber hinaus thematisiert er seine dichterische Leistung, die er in harmonischer Abstimmung auf den Geschmack seines Publikums vollbringt.[5] Gerade der Hinweis auf die spezifische persönliche Motivation, „vlîz“ (*Iw.* V. 27), wirft die Frage

[4] Einführende Informationen zum *Iwein* bietet das Handbuch Christoph Cormeau/Wilhelm Störmer, *Hartmann von Aue: Epoche – Werk – Wirkung*, 3., neu bearbeitete Aufl. München 2007. Das Zitat folgt der Ausgabe *Hartmann von Aue, Iwein*, Text der siebenten Ausgabe von Georg Friedrich Benecke und Karl Lachmann, Übersetzung und Nachwort von Thomas Cramer, 4., überarbeitete Auflage, Berlin 2001.

[5] Für konkurrierende Deutungen des *Iwein*-Prologes vgl. die Positionen von Haug und Kellermann – Walter Haug, *Literaturtheorie im deutschen Mittelalter. Von den Anfängen bis zum Ende des 13. Jahrhunderts*, Darmstadt 1985, Kap. VII „Programmatische Fiktionalität: Hartmann von Aue ‚Iwein‘-Prolog“, S. 118–130; Karina Kellermann, ‚Exemplum‘ und ‚historia‘. Zu poetologischen Traditionen in Hartmanns ‚Iwein‘, *GRM* N.F. 42 (1992), Heft 1, S. 1–27.

auf, worin der ‚Eifer' des Dichters genau liegt, mit dem er sein Werk zu einer unverwechselbaren Version der bekannten Geschichte machen will; denn „vlîz" impliziert eine besondere Einlassung und – auf Autorschaft bezogen – hier zugleich eine Schöpfungsleistung. Damit steht Hartmann relativ am Beginn einer Tradition dichterischen Selbstverständnisses, die sich im Zuge einer komplexer werdenden Erzähltechnik und Erzählerinszenierung immer mehr ausdifferenziert und einen ihrer Höhepunkte bei einem Dichter der nächsten Generation findet: Konrad von Würzburg. An ihm soll im Folgenden das Spannungsfeld von Wiedererzählen und Neuschöpfung als Erzählmaxime profiliert werden.

Konrad stammt,[6] darauf verweist sein Namenszusatz, wie er ihn selbst in zahlreichen seiner Werke vorgibt, aus dem fränkischen Würzburg: „Von Wirzeburc ich Cuonrât" (*Troj.* V. 266). Zwischen 1220 und 1230 ist dort seine Geburt anzusetzen. Konrads Tod am 31. August 1287 in Basel ergibt sich mittelbar aus einem Eintrag im Anniversarienbuch des Basler Münsters; dort ist der Dichter in der Maria-Magdalenenkapelle begraben. An Umfang und Vielseitigkeit hat Konrad wohl das beeindruckendste Œuvre im 13. Jahrhundert vorgelegt. In der sangbaren Dichtung beherrscht er alle Textsorten: Minnelieder, Sangsprüche, Leichs. Noch beachtlicher aber ist das Erzählwerk. Neben die drei großen Romane *Engelhard, Partonopier und Meliur* sowie den *Trojanerkrieg* treten kleinere Verserzählungen: *Schwanritter*, *Der Welt Lohn*, *Herzmære* und *Heinrich von Kempten* sowie der auf gesellschaftliche und politische *repraesentatio* zielende Text *Turnier von Nantes.* Über den großen Komplex weltlichen Erzählens hinaus hat Konrad sich auch als Bearbeiter religiöser Stoffe hervorgetan. Das große Marienpreisgedicht *Die goldene Schmiede* gilt als ein Hauptwerk des sogenannten ‚geblümten Stils' und wirkt traditionsbildend auf nachfolgende Marienlobdichtung. In den Legenden (*Silvester*, *Alexius* und *Pantaleon*) berichtet Konrad von den herausragenden Lebenswegen der Heiligen, die im zeitgenössischen historischen Umfeld offenbar eine große Bedeutung besaßen. Die Auftraggeber Konrads – erst in Straßburg, dann und vor allem in Basel – gehörten durchweg zur politischen und ökonomischen Führungsschicht der Stadt. Sie rekrutierten sich einerseits aus den ratsfähigen Familien des Patriziats, etwa die Burger Heinrich Merschant, Arnold Fuchs, Johannes von Arguel und andere, oder aber

6 Für die folgenden Informationen vgl. Horst Brunner, Konrad von Würzburg, in: *Die deutsche Literatur des Mittelalters. Verfasserlexikon*, begr. von Wolfgang Stammler, fortgeführt von Karl Langosch, 2., völlig neu bearbeitete Aufl. hg. von Kurt Ruh, Bd. 5 (1985), Sp. 272–304.

der *miles* Peter Schaler, Führer der Adelspartei der Psitticher. Andererseits nennt Konrad auch dem Klerus angehörende Gönner wie den Domherren Liutold von Roeteln und den Cantor Dietrich an dem Orte. Dass Konrad für so viele unterschiedliche Angehörige des Stadtadels als Berufsdichter tätig war, hat sicher die Vielfalt seines Werkes befördert; denn er musste sich den Wünschen und Vorlieben seiner Mäzene anpassen und die Einzelwerke als Unikate *ad personam* des Auftraggebers herstellen. Immerhin hat Konrad dies, so erwähnt es das Urkundenbuch der Stadt Basel, ein Haus in der Spiegelgasse eingebracht, und er konnte eine Familie gründen. Verheiratet war Konrad mit einer gewissen Berchta, seine beiden Töchter hießen Gerina und Agnes.

Interessant für den hier entworfenen Zusammenhang ist Konrad vor allem deshalb, weil er in den Vorreden zu einigen seiner Erzähltexte die Abhängigkeitssituation des Dichters von seinen Auftraggebern verklärt, und zwar indem er einerseits die Erzählkunst zu einem Wert an sich erhebt und andererseits seine Autorschaft in besonderer Weise aufwertet. Dazu bedient er sich einer Sprache und bestimmter Vorstellungshorizonte, die aus dem sakralen Bereich stammen und auf eine Emotionalisierung des Publikums zielen. Mit solchen Verfahren rückt Konrad die von ihm etablierte Autorrolle in die Nähe göttlichen Schöpfertums, und dies ist in doppelter Hinsicht brisant: Zum einen widerspricht die Idee vom Autor als Schöpfer dem mittelalterlichen Konzept vom Wiedererzählen, das oben skizziert worden ist; zum anderen reklamiert der Dichter damit eine Souveränität, die allein Gottvater zukommt. Gerade im christlichen Mittelalter ist der Grat zwischen Innovation und Anmaßung ein recht schmaler.

Der Impetus, Autorrolle und Schöpferrolle einander anzunähern, deutet sich bereits in selbstreferentiellen Äußerungen an, mit denen Konrad programmatisch seinen märchenhaften Abenteuerroman *Partonopier und Meliur* einleitet:[7]

> Ez ist ein gar vil nütze dinc,
> daz ein bescheiden jungelinc
> getihte gerne hoere

[7] Alle Zitate und Versangaben nach der Ausgabe *Konrad von Würzburg, Partonopier und Meliur*, aus dem Nachlass von Franz Pfeiffer hg. von Karl Bartsch (Photomechanischer Nachdruck der Ausgabe Wien 1871), Berlin 1970. – Eine eigene Interpretation des kompletten Prologes legt Rikl vor: Susanne Rikl, *Erzählen im Kontext von Affekt und Ratio. Studien zu Konrads von Würzburg ‚Partonopier und Meliûr'*, Mikrokosmos 46, Frankfurt a. M. u. a. 1996, bes. S. 205–236.

und er niemen stoere,
der singen unde reden kan.
dâ lît vil hôhes nutzes an
und ist ouch guot für ürdrutz. (*PM* V. 1–7)

Es ist eine sehr nützliche Sache, wenn ein kluger junger Mensch gern einer Dichtung zuhört und er niemanden störend unterbricht, der singen und vortragen kann. Darin liegt ein sehr großer Gewinn, und es ist auch gut gegen die Melancholie.

Vorerst ganz allgemein bestimmt Konrad den Nutzen von Dichtkunst, der allerdings – um sich voll entfalten zu können – eines aufmerksamen Publikums bedarf, das durch Ruhe im Auditorium die Voraussetzung für den eigenen Kunstgenuss selbst herstellt; und als vorauseilende Anerkennung für vorbildliches Zuhörerverhalten bescheinigt Konrad dem idealen Rezipienten ein hohes Maß an Klugheit („bescheiden", *PM* V. 2). Die Dichtkunst an sich wird in zwei Komponenten aufgesplittet: „singen unde reden" (*PM* V. 5), also das Setzen schöner Worte sowie deren musikalische Präsentation im Vortrag. Diese Zweiteilung überrascht, weil sie zwar konstituierend für die Lyrik ist, auf eine erzählende Textsorte bezogen der Gesang aber ungewöhnlich erscheint, vor allem wenn – wie hier – keine Strophen, sondern Reimverspaare vorliegen. Die Besonderheit des Musikalischen wird daher an späterer Stelle noch stärker interessieren. Zuerst aber charakterisiert Konrad Singen und Reden als Heilmittel gegen die Melancholie („ürdrutz", *PM* V. 7). Da der Trübsinn, die lethargische Traurigkeit, im Sinne des Lasters der Trägheit, lateinisch *acedia*, in mittelalterlicher Vorstellung den Rang einer Hauptsünde einnimmt und seelische Gottesferne impliziert,[8] wird die Dichtkunst mit der ihr eingeschriebenen *remedium*-Potenz als Gegenmittel gerade in religiöser Hinsicht aufgewertet. Weltliche Dichtung in der Volkssprache, die nicht erst seit Thomasin von Zerklære immer unter Rechtfertigungszwang steht,[9] präsentiert sich in Konrads *Partonopier*-Prolog als ein möglicher Schlüssel für angemessenes, gottgefälliges Leben.

Diese tendenzielle Sakralisierung höfischen Erzählens bildet für Konrad nur einen Auftakt, um in der weiteren Argumentation im Detail aufzufächern, welche Arten von Nutzen er der Dichtkunst zuschreibt. Unter den

[8] Siehe dazu Michael Theunissen, *Vorentwürfe von Moderne. Antike Melancholie und die Acedia des Mittelalters*, Berlin/New York 1996.

[9] Über Nutzen und Gefahr weltlicher Erzählkunst handelt Thomasin im *Welschen gast*, V. 1026–1126. – *Thomasin von Zirklaere, Der wälsche Gast*, hg. von Heinrich Rückert, Bibliothek der gesammten deutschen National-Literatur 30, Quedlinburg/Leipzig 1852, unveränderter Nachdruck mit einer Einleitung und einem Register von Friedrich Neumann, Berlin 1965.

skizzierten Vorzeichen kategorisiert Konrad nämlich im nächsten Schritt verschiedene Ebenen des Gewinns, die sich aus dem Vortrag von Literatur ableiten lassen:

> Ich zel iu drîer hande nutz,
> die rede bringet unde sanc.
> daz eine ist, daz ir süezer klanc
> daz ôre fröuwet mit genuht;
> daz ander ist, daz hovezuht
> ir lêre deme herzen birt;
> daz dritte ist, daz diu zunge wirt
> gespraeche sêre von in zwein. (*PM* V. 8–15)

> Ich zähle Euch auf/ ich erzähle Euch von drei Arten von Nutzen, den gesprochene Rede und Gesang bringen. Das eine ist, dass ihr süßer Klang dem Ohr eine genussvolle Freude bereitet. Das zweite ist, dass die höfische Sitte ihre Lehre dem Herzen offenbart. Das dritte ist, dass durch die beiden ersten die Zunge redefertig wird.

Der Gewinn, den der Einzelne aus der Rezeption von Dichtkunst ziehen kann, wird als organisch zusammengehörender Komplex von Wort und musikalischer Begleitung begriffen. In diesem Rahmen ist der erste Nutzen angesiedelt: der Ohrenschmaus, die Freude am Sprachklang. Die wohlgesetzten Wörter und ihre Untermalung mit Musik bewirken einen emotionalen Genuss, den Konrad in seiner Anordnung an erster Stelle positioniert. Ihm folgt die Didaxe, das lehrhafte Potential zur Selbstvervollkommnung des Zuhörers. Diese seit der Antike an die Dichtkunst gestellte Forderung, zu gefallen und zu unterweisen, *delectare* (‚erfreuen') und *prodesse* (‚nützen') bzw. *docere* (‚belehren'), wie sie bei Horaz in der *Ars poetica* angelegt ist,[10] erweitert nun Konrad um eine dritte Komponente, die auch schon in der antiken Rhetorik als ein *officium oratoris*, eine Aufgabe des Redners, gilt: *movere* (‚bewegen').[11] In der Gerichtsrede meint dies die Persuasion, die Überzeugung des Auditoriums von der Schuld oder Unschuld des Angeklagten. Auf die Dichtkunst gemünzt verbirgt sich dahinter emotionale Einlassung, empathisches Miterleben des Erzählten. Konrad allerdings geht in seiner Prologargumentation noch einen Schritt weiter, indem er *movere* in eine bestimmte Richtung spezifiziert: die Schulung der eigenen Redefähigkeit, die Provokation des Hörenden, zum Selbst-Redenden zu mutieren. Auf der Oberfläche

[10] Über die durch Konrad aktualisierte Horazische Tradition handelt, auf der Grundlage entsprechender älterer Forschung, die diesen Aspekt bereits beobachtet hat, Haug (wie Anm. 5), hier Kap. XIX „Konrad von Würzburg. Artistische Faszination und isolierte Moral", S. 335–354.

[11] Siehe hierzu auch Haug (wie Anm. 10) und Rikl (wie Anm. 7).

ist damit wohl die Fähigkeit von Dichtkunst gemeint, soziale Kompetenz zu erzeugen, nämlich die des Sprechens über das Gehörte. Eigentlich aber verbirgt sich dahinter ein Plädoyer für den Vorbildcharakter von Literatur für die Herstellung nachkommender Dichtung. An existierenden Werken sollen sich andere Texthersteller orientieren; und dies spielt in verschlüsselter Form auf das Prinzip des Wiedererzählens an. Allerdings entfaltet Konrad diesen Gedanken nicht in traditioneller Zielsetzung, sondern in einer dieser diametral entgegengesetzten Blickrichtung: Leiten üblicherweise die Dichter aus dem Phänomen des Nacherzählens ihre eigene Berechtigung zu literarischem Sprechen ab (etwa am Beginn des *Nibelungenliedes*, s.o.), so ist es hier das eigene Werk, das Konrad zum Vorbild für Nachahmer stilisiert. Diese Perspektivierung zukünftiger Erzählkunst ist poetologisch innovativ; durch sie wird dem vorliegenden Werk ein initiatorischer Status eingeräumt.

Die von Konrad implizierte Rangfolge von zuerst *delectare*, dann *prodesse* bzw. *docere* und schließlich *movere* dient zwar nicht der Hierarchisierung, bildet aber die Chronologie in der Nutzentfaltung ab: die positive Rezeption bewirkt eine innere Läuterung und motiviert zu eigenem Reden, dichtendem Sprechen. Erzielt wird diese Wirkung ganz wesentlich über das Medium der Musik, deren süßer Klang das Ohr erfreut. Die Süßigkeit aber evoziert Heiligkeit; *süeze* ist im Mittelalter Chiffre für die Heiligkeit Gottes und zunehmend konstituierendes Attribut von heiligen Personen.[12] Damit ist der Bogen zum Beginn der Prologausführungen geschlagen; wie ein roter Faden zieht sich die Engführung von Dichtkunst und Sakralität durch Konrads Vorrede.

Im weiteren Verlauf der Argumentation führt Konrad seine Überlegungen fort und baut sie aus, wobei er zwischen Redundanz, Variation und *extrapolatio* pendelt. Die bereits formulierten Gedanken nimmt er wieder auf, er präsentiert sie in neuen Bildern, um die jeweilige Idee von verschiedenen Seiten zu beleuchten und zu verfestigen, und er erklärt ausführlicher, dass es ihm um ein ganz spezifisches Verständnis seiner poetologischen Überlegungen geht: „ Hie merket wie ichz meine" (*PM* V. 49), ‚Nun nehmt war, wie ich es meine.' Konrad hebt seine exegetische Leistung hervor und stilisiert sich damit zum Vermittler, zum Dichter als dem Medium, das dem Rezipienten die Dichtung nicht nur vorstellt, sondern zugleich erklärt. Die Auslegung

[12] Über diesen Zusammenhang handelt grundlegend Friedrich Ohly, Geistige Süße bei Otfried, in: Wolfgang Kleiber (Hg.), *Otfried von Weißenburg*, Wege der Forschung 419, Darmstadt 1978, S. 306–340 (zuerst erschienen 1969); ders., *Süße Nägel der Passion. Ein Beitrag zur theologischen Semantik*, Saecula Spiritalia 21, Baden-Baden 1989 (zuerst erschienen 1985).

wird selbstbewusst individualisiert und erscheint als Eigenleistung. Dadurch aber lässt Konrad weder Raum für rezeptionsästhetische Beliebigkeit noch erscheint seine Ausdeutung als Wiedergabe einer generellen Meinung; vielmehr wird sie als subjektive Positionierung präsentiert, so dass das erzählende Ich sich als Schlüssel der Sinnvermittlung zu erkennen gibt.

Permanent begleitet wird dieser Argumentationsgang durch das Motiv der Meisterschaft, das in verschiedenen Kontexten und unter variierenden Vorzeichen eingespielt wird – als Hinweis auf Vorbilder:

> gesprochen und gesungen
> die meister hânt sô rehte wol,
> daz man guot bilde nemen sol
> an ir getihte schoene. (*PM* V. 38–41)

Die Meister/ Die Besten/ Die Vorbilder haben so sehr auf angemessene Weise Worte gesetzt und Melodien erdacht, dass man sich an ihren schönen Dichtwerken ein gutes Beispiel/ Vorbild nehmen soll.

– im Anklang an die seit der Antike tradierte Sentenz ‚Wissen verpflichtet zur Mitteilung' nun neu formuliert als ‚Können verpflichtet zu künstlerischer Praxis':

> ein meister sol niht lâzen doch
> dar umbe sprechen unde sanc. (*PM* V. 106 f.)

Dennoch soll ein wahrer Könner deshalb Dichten und Singen nicht unterlassen.

– und als Synonym für besondere Kunstfertigkeit:

> meisterliche[...] kunst (*PM* V. 109)

meisterhaftes Können

Diese und weitere Beispiele zeigen, dass Konrad „meisterschaft" hierarchisierend benutzt. Die Vorbilder, an denen er sich orientiert, rangieren in der Dichtkunst an oberster Position. Ebenso fordert er für sich und sein Erzählwerk eine Vorrangstellung ein. Diese Lesart von „meisterschaft" bestätigt der Text selbst, wenn unmittelbar im Anschluss an den Prolog ganz am Beginn des Handlungsberichtes die Herrschaft des französischen Königs mit dem Begriff der „meisterschaft" charakterisiert wird:

> er haete Francrîche
> sô starc in sîner meisterschaft,
> daz wider sîner magenkraft
> niemen dô getorste leben. (*PM* V. 242–245)

Er übte in Frankreich so starke Herrschaft aus, dass es niemand wagte, sich gegen ihn und seine Familie aufzulehnen.

Zugleich aber impliziert „meister“ – und zwar gerade in Verbindung mit „kunst und „wort“ – den lateinischen Bildungshintergrund, den Konrad als klerikal Gebildeter und selbst wohl *magister artium* vorweisen kann.[13] Die Prädominanz in der Dichtkunst koppelt sich mithin an eine besondere Kompetenz, die sprachliche Fähigkeiten im Sinne der Rhetorik ebenso einschließt wie das im Rahmen mittelalterlicher Schullektüre erworbene Wissen. – Für die weitere Prologargumentation ist gerade dieser Gedanke von besonderer Bedeutung.

Die im *Partonopier*-Prolog beanspruchte Vorrangstellung ergibt sich nicht von selbst. Konrad leitet sie aus Kategorien ab, die er für wichtig erachtet und zu Angelpunkten seines poetischen Konzeptes erhebt. Um die Zustimmung für seine Überlegungen muss er allerdings noch werben, und dies geschieht in Form von zwei Vogelgleichnissen. Zuerst entfaltet er das Lerchenbeispiel:[14]

> der lerchen sanc unwerden
> muoz von den schulden alle frist,
> daz alsô vil der lerchen ist,
> die die werlt bedoenent. (*PM* V. 78–81)

Der Gesang der Lerchen wird aus dem Grund auf alle Zeiten für gering erachtet, weil es so viele von ihnen gibt, die die Welt beschallen.

Weiter führt er aus, dass jegliche Art von Spiel langweilig wird, wenn man es übermäßig betreibt, ebenso die Erzählkunst, vor allem wenn Lerchen singen bzw. Dichter Texte herstellen, die dies so gut beherrschen, wie er selbst mit Blei einen Quaderstein zertrümmern kann – also gar nicht. Konrad sieht sich – so behauptet er – einer zweitklassig einzustufenden Konkurrenz ausgesetzt, welche die Dichtkunst in Verruf bringt:

> Swie gerne ein künste rîcher man
> wil tihten swaz er guotes kan,
> sô ist der tumben alsô vil,
> der iegelicher tihten wil,
> daz der geswîgen muoz vor in,
> dem edeliu kunst und edeler sin
> wont in dem herzen bî. (*PM* V. 97–103)

Wie gern auch ein kluger Mann das dichten möchte, was er gut kann, so gibt es doch stets so viele Einfältige, von denen alle ebenso dichten wollen, so dass er,

[13] Für die Bildungsmöglichkeiten im Mittelalter vgl. die Überschau bei Hilkert Weddige, *Einführung in die germanistische Mediävistik*, 6. Aufl. München 2006, hier S. 45–57.

[14] Den Vergleich mit einer Lerche zieht Konrad in seiner Dichtung nur ein einziges Mal – an der hier zitierten Stelle; siehe dazu Elisabeth Rast, *Vergleich, Gleichnis, Metapher und Allegorie bei Konrad von Würzburg*, Würzburg 1936, S. 82.

dem edles Können und edle Absicht im Herzen wohnen, vor ihnen verstummen muss.

Mit „meisterschaft“ wird „tump“ konfrontiert, das damit sowohl für die niedere Qualität der ‚Lerchendichtung‘ steht als auch den fehlenden Bildungshintergrund der Dichterkonkurrenten impliziert. Sie ziehen – so der Vorwurf – potentielles Publikum von Konrad ab und sorgen für eine Geringschätzung seiner Kunst. Das Problem der Wahrnehmung resultiert damit angeblich aus einer Schwemme schlechter Dichter, welche durch ihre Fülle an Texten und poetischen Aktivitäten die Attraktivität des Einzelwerkes mindern. Die sich daraus ergebende Konsequenz ist bestechend: Mangelndes Zuhörerinteresse an Konrads Erzählung weist in logischer Schlussfolgerung die Rezipienten, die offenbar kein Differenzierungsvermögen besitzen, selbst als „tump“ aus; dies aber wird sich im Publikum keiner vorwerfen lassen wollen.[15] Wenn nun Aufmerksamkeit der Indikator für eigene Klugheit und Urteilskompetenz ist, bleibt dem Auditorium keine andere Wahl, als der Erzählung zu folgen; andernfalls liefe es Gefahr, als einfältig zu gelten. – Der Reiz dieser Argumentation liegt in der polarisierenden Abgrenzung von „tump“ und „meisterlicher kunst“, die im Herzen des Einzelnen angelegt ist. In einer syllogistischen Denkstruktur werden Konrads redende und komponierende Fähigkeiten nunmehr mit dem Epitheton „edele“ geadelt und über die Fülle angeblich zweitrangiger Werke erhoben.

Entsprechend leitet Konrad aus dem Lerchengleichnis auch keine Begründung ab, das Dichten etwa aufzugeben, sondern er setzt vielmehr ein anderes Vogelbild dagegen, das der Nachtigall:[16]

[15] Dies korrespondiert mit der Funktion des Prologes, wie Brinkmann sie beschreibt, nämlich der ‚Gesprächseröffnung‘ oder – wie Kobbe kommunikationstheoretisch formuliert – mit der Verortung im dynamischen Beziehungsgeflecht von Autor, Empfänger und Werk. Vgl. Hennig Brinkmann, Der Prolog im Mittelalter als literarische Erscheinung. Bau und Aussage, *Wirkendes Wort* 14 (1964), S. 1–21; Peter Kobbe, Funktion und Gestalt des Prologes in der mittelhochdeutschen nachklassischen Epik des 13. Jahrhunderts, *Deutsche Vierteljahresschrift* 43 (1969), S. 405–457.

[16] Die Nachtigall als Vogel, der die Dichtkunst symbolisiert, ist seit der Antike etabliert und wird in eben dieser Weise im Minnesang (etwa bei Heinrich von Morungen, Walther von der Vogelweide), in der ‚klassischen‘ Epik des Mittelalters (zum Beispiel durch Gottfried von Straßburg im *Tristan*) und mehrfach bei Konrad von Würzburg selbst (*Partonopier, Trojanerkrieg, Goldene Schmiede*) verwendet. Belegstellen bietet Rast (wie Anm. 14), S. 82. Die Geschichte des Motivs wie die potentiellen Quellen Konrads skizziert Trude Ehlert, Zu Konrads Auffassung vom Wert der Kunst und von der Rolle des Künstlers, *Jahrbuch der Oswald von Wolkenstein Gesellschaft* 5 (1988/89), S. 79–94. Speziell zur Nachtigall, die sich zu Tode singt, siehe Florence McCulloch, *Mediaeval Latin and French bestiaries*, University of North Carolina Studies in the Romance Languages and Literatures 33, Chapel Hill ²1962, S. 144.

in holze und in geriuten
diu nahtigale singet,
ir sanc vil ofte erklinget,
dâ niemen hoeret sînen klanc;
si lât dar umbe niht ir sanc
daz man sîn dâ sô lützel gert:
si hât in selber alsô wert
und alsô liep tag unde naht
daz si durch wünneclichen braht
ir lîbe grôzen schaden tuot:
wan der dunket si sô guot
und alsô rehte minneclich
daz si ze tôde singet sich. (*PM* V. 122–134)

In Wald und Wiese singt die Nachtigall; ihr Sang erklingt oft dort, wo niemand den Klang hört. Sie unterlässt aber nicht deshalb ihr Singen, weil man so selten danach verlangt. Sie hält ihren Sang selbst für so wertvoll und liebt ihn Tag und Nacht, dass sie mit diesem wunderbaren Schall sich selbst großen Schaden zufügt: denn ihr Sang kommt ihr so gut und so liebenswert vor, dass sie sich zu Tode singt.

Anhand der Idee von der ungehörten Nachtigall, die sich wohlklingend zu Tode singt, kann Konrad drei Aspekte pointieren: Indem (erstens) trotz fehlender Zuhörerschaft nicht auf schöne Literatur verzichtet werden soll, eröffnet Konrad den Spielraum für eine Kunst, die sich ohne Performation rezeptionslos entfaltet. Dies kommt einem Plädoyer für die Selbstzweckhaftigkeit von Kunst gleich, das in der Vormoderne mehr als überrascht. Dabei spielt (zweitens) die Selbstachtung des Produzenten eine wesentliche Rolle; seine Liebe zur eigenen Kunst korreliert mit dem zuvor artikulierten *herze*-Motiv, und aus ihr resultiert (drittens) das Motiv des Zu-Tode-Singens. Es impliziert die ganz existentielle Dimension von Kunstausübung für den Dichter, der auch trotz fehlender Zuhörer nicht von seinem Tun ablassen kann.

Erwartungsgemäß formuliert Konrad dann doch eine Ausnahme: Es gäbe Zuhörer, die gute Kunst und speziell seine Kunstfertigkeit zu schätzen wüssten. Durch die vorangegangene Prologargumentation erscheinen sie als elitäre Gruppe. Das Verfahren, eine exklusive Kommunikationssituation herzustellen, erinnert an die Erzählerinszenierung in Gottfrieds *Tristan*-Prolog, wo die „edelen herzen“ als auserwähltes Publikum die implizierten Adressaten sind.[17] Das *herze*-Motiv bei Konrad verweist damit wohl auch intertextuell

[17] Vgl. stellvertretend die Deutung des *Tristan*-Prologes durch Haug (wie Anm. 5), hier Kap. XI „Ethik und Ästhetik in Gottfrieds von Straßburg Literaturtheorie“, S. 191–221, sowie den kurzen Forschungsabriss bei Christoph Huber, *Gottfried von Straßburg: Tristan*, Klassiker-

auf Gottfried.[18] – Letztlich erweist sich die gesamte Diskussion allerdings als großes Gönnerlob; denn Konrad exkludiert und konkretisiert weiter, wenn er seinen besten Zuhörer mit dem Auftraggeber der Dichtung, Peter Schaler aus Basel, identifiziert. Die scheinbar anti-utilitaristische Kunstausübung entpuppt sich damit als Auftragswerk; die Abhängigkeitssituation vom geldgebenden Gönner wird verklärt; die bezahlte Leistung des Dichtens geriert sich als Herzensangelegenheit eines vor Wissen platzenden Rhetorikers.

Dass Konrads Selbstverständnis weit darüber hinausgeht, Auftragsdichter zu sein, zeigt eine vergleichende Zusammenschau mit den Prologen, die Konrad seinen anderen Erzähltexten voranstellt. Sie verdeutlichen, dass ein die Einzeltexte übergreifendes poetologisches Programm existiert, mit dem Konrad dichtungstheoretisch seine spezifische Art von Erzählkunst fundieren und propagieren will. Im Exordium des *Trojanerkrieges*, einer umfangreichen Nacherzählung des *Ilias*-Stoffes,[19] nimmt Konrad einerseits Motivmaterial aus dem *Partonopier*-Prolog wieder auf, andererseits aber setzt er bestimmte Gedanken noch fort und überbietet sie.[20] In wesentlichen Passagen thematisiert er dabei unter anderem auch den Schöpfungsaspekt. Einleitend behauptet Konrad wiederum den Seltenheitswert seiner meisterhaften Kunst:[21]

> man siht der meister wênic leben,
> die singen oder sprechen wol (*Troj.* V. 6 f.)

Es gibt nur wenige Könner, die gut reden und singen.

Wortkunst und Musik, von einem gebildeten Dichter praktiziert, sind teuer und fremd geworden. War es allerdings im *Partonopier* erlernbare Kompetenz, die den Erzähler qualifizierte, so tritt im *Trojanerkrieg* an diese Stelle die Idee göttlicher Provenienz:

Lektüren 3, 2., verbesserte Aufl. Berlin 2001, S. 37–46.

[18] Über Gottfried als Vorbild Konrads handelt schon früh Dennis Howard Green, *Konrads ‚Trojanerkrieg' und Gottfrieds ‚Tristan'. Vorstudien zum gotischen Stil in der Dichtung*, Basel 1949; siehe dazu auch Werner Schröder, Zur Kunstanschauung Gottfrieds von Straßburg und Konrads von Würzburg nach dem Zeugnis ihrer Prologe, in: ders., *Über Gottfried von Straßburg*. Kleine Schriften 5, Stuttgart 1994, S. 104–152.

[19] Grundlegende Informationen bietet das Handbuch von Elisabeth Lienert, *Deutsche Antikenromane des Mittelalters*, Grundlagen der Germanistik 39, S. 120–136.

[20] Eine kondensierte Interpretation des Prologes bietet Lienert; sie stellt auch die Ergebnisse der älteren Forschung zusammen, siehe daher dort: Elisabeth Lienert, *Geschichte und Erzählen. Studien zu Konrads von Würzburg ‚Trojanerkrieg'*, Wissensliteratur im Mittelalter 22, Wiesbaden 1996, hier S. 17–29.

[21] Alle Zitate und Versangaben nach der Ausgabe *Konrad von Würzburg, Der Trojanische Krieg*, hg. von Adalbert von Keller, Stuttgart 1858, Nachdruck Amsterdam 1965.

swaz künste man verrihten
hie kan ûf al der erden,
diu mac gelernet werden
von liuten, wan der eine list,
der tihten wol geheizen ist
und iemer ist alsô genant.
diz ist ein êre wîte erkant
und rîlîche ein wirdikeit,
die got besunder hât geleit
ûf einen tihter ûz erwelt. (*Troj.* V. 82–91)

Alle Fähigkeiten, die man auf der Welt anwenden kann, sind von den Menschen erlernbar – außer der einen, die man Dichtkunst nennt und immer so nennen wird. Sie ist eine ruhmreiche Ehre und eine mächtige Würde, die Gott selbst einem außerwählten Dichter hat zuteil werden lassen.

Im Gegensatz zu den üblichen Schulfächern lässt sich die Dichtkunst nicht kognitiv aneignen, sondern es bedarf eines besonderen Talentes, das Gott selbst verschenkt. Dies widerspricht ganz basal dem Anspruch der schreibenden Fächer des Triviums, Grammatik, Rhetorik und Dialektik, wo ja gerade Rede- und Schreibfähigkeit vermittelt werden sollen. Wahre Kunst erfordert in der Auslegung durch Konrad damit eine zusätzliche, über rein technisches Vermögen hinausgehende Dimension, aus welcher sich mutmaßlich auch der Mehrwert dichterischer Kunst entfaltet. In diesem Sinne wird in Konrads Argumentation der von Gott auserwählte Meisterdichter zu einem divinen Sprachrohr, so dass das entstehende Kunstwerk automatisch göttliche Wahrheit enthält und das benutzte sprachlich-musikalische Medium sakralisiert erscheint. Da Konrad es von „götelicher stiure" (*Troj.* V. 309) – von ‚göttlicher Lenkung' – abhängig macht, ob er sein Werk tatsächlich vollenden kann oder nicht, ist es nur konsequent, wenn er dem so geadelten *Trojanerkrieg* die oberste Position in der Literatur überhaupt einräumt:

ich wil ein maere tihten,
daz allen maeren ist ein her (*Troj.* V. 234 f.)

Ich will eine Erzählung dichten, die über allen anderen Geschichten steht.

Die unmittelbare Nähe des Dichters zu Gott für einen Text mit dezidiert heidnischem Inhalt, die postulierte Prädominanz des Werkes über alles bisher Gedichtete sowie die beanspruchte Vorrangstellung der Autorperson selbst sind absolut neu und im Kontext des zeitgenössischen Literaturverständnisses provokativ. Überspitzt formuliert denkt Konrad hier eine christlich dimensionierte Idee des Originalgenies *avant la lettre* an.[22] Er behauptet ein dichterisches Schöpfertum, das sich aus der besonderen Verbindung des Künstlers zu Gott ableitet. Dies macht den Dichter zu einer Art weltlichem Stellvertreter, der das universale Schöpfungswerk Gottes qua Dichtung nachahmt bzw. vielleicht sogar wiederholt.

Dennoch – oder besser: gerade deshalb – drängt sich die Frage auf, worin das Neue liegen soll, das Konrad leistet, wenn er ausgerechnet den im Mittelalter gut bekannten Trojastoff erzählt.[23] Er liefert darauf eine ganz eigene Antwort:

> von Wirzeburc ich Cuonrât
> von welsche in tiutsch getihte
> mit rîmen gerne rihte
> daz alte buoch von Troye.
> schôn als ein vrischiu gloye
> sol ez hie wider blüejen.
> beginnet sich des müejen
> mîn herze in ganzen triuwen,
> daz ich ez welle erniuwen
> mit worten lûter unde glanz,
> ich büeze im sîner brüche schranz:
> den kan ich wol gelîmen
> z'ein ander hie mit rîmen,
> daz er niht fürbaz spaltet. (*Troj.* V. 266–279)

Ich Konrad von Würzburg übertrage aus dem Französischen ins Deutsche und mache gern mit Reimen aus der alten Geschichte von Troja eine wohlgesetzte Dichtung. Schön wie eine frische Lilie soll sie hier wieder erblühen. Beginnt mein Herz in vollem Einsatz mit der Arbeit, diese Geschichte durch klare und schillernde Worte zu erneuern, dann heile ich ihr die Wunde ihrer Brüche: ich

[22] Ob es sich hier um Ansätze einer kunstautonomen Position oder das Ausreizen typischer Prologfunktionen im Rahmen von *attentum* und *benevolentem parare* handelt, wird in der Forschung kontrovers diskutiert, vgl. Lienert (wie Anm. 20), Schröder (wie Anm. 18), Ehlert (wie Anm. 16). Vgl. weiter Schnyder und Brandt: Mireille Schnyder, Eine Poetik des Marienlobs. Der Prolog zur ‚Goldenen Schmiede' Konrads von Würzburg, *Euphorion* 90 (1996), S. 41–61; Rüdiger Brandt, *Konrad von Würzburg*, Darmstadt 1987.

[23] Homer wurde aufgrund des Vorwurfes der Lüge im Mittelalter kaum positiv rezipiert, wohl aber die *Ilias Latina* sowie insbesondere die Trojaberichte der vermeintlichen Augenzeugen und Mitkämpfer Dares (auf trojanischer Seite) und Dictys (auf Seite der Griechen). In die Volkssprache übertragen wurde der Stoff zuerst durch den ‚Franzosen' Benoît de Ste Maure (*Roman de Troie*), ins Deutsche übertrug ihn auf der Grundlage von Benoît Herbort von Fritzlar. Wenn Heinrich von Veldeke – noch vor der Entstehung des Herbortschen *Liet von Troye* – am Beginn seines *Eneasromans* kurz die trojanischen Kriegsereignisse referiert, kann er an Wissensvoraussetzungen seines Publikums anknüpfen. Zur lateinischen Erzähltradition des Trojanischen Krieges siehe Franz Josef Worstbrock, Zur Tradition des Troiastoffes und seiner Gestaltung bei Herbort von Fritzlar, *Zeitschrift für deutsches Altertum* 92 (1963), S. 248–274.

kann sie durch Reime zusammenkitten, damit die Spalten nicht weiter aufbrechen.

Die Schöpfungsleistung liegt nicht im Erfinden von Handlung. Hier reiht sich Konrad mit dem Begriff des „erniuwen" (‚erneuern') explizit in die Tradition des Wiedererzählens ein. Sein Schöpfungsakt besteht in der besonderen Sprache, der Herstellung eines Klanges, der sich ohne Ecken und Kanten anschmiegt und Wohlgefallen erzeugt. Gefallen an seiner Sprachkunst aber findet – neben Gott – vor allem Konrad selbst:

> ob nieman lepte mêr, denn ich,
> doch seite ich unde sünge,
> dur daz mir selben clünge
> mîn rede und mîner stimme schal.
> ich taete alsam diu nahtegal,
> diu mit ir sanges dône
> ir selben dicke schône
> die langen stunde kürzet. [...]
> mîn kunst mir selben sol gezemen:
> wan mir ist sanfte gnuoc dâ mite.(*Troj.* V. 188–195, 210 f.)

Selbst wenn niemand mehr lebte außer mir, würde ich doch sprechen und singen, damit mir selbst meine Worte und der Klang meiner Sangstimme erschallten. Ich täte es wie die Nachtigall, die mit dem Klang ihres Gesanges sich selbst oft auf schöne Weise die langen Stunden verkürzt.

Diese Behauptung spiegelt kaum eine historische Situation wieder. Konrad hat nachweislich genügend Bewunderer seiner Kunst gefunden, die bereitwillig seine Dichtungen finanziert haben. Das an dieser Stelle ganz persönlich akzentuierte Bild der Nachtigall zielt vielmehr auf die poetologische Ebene: Die göttliche Unterstützung verleiht dem Erzähler eine Souveränität, die ihn vom Publikum unabhängig macht und zu einer Schöpfungsleistung motiviert, die sich selbst genügt. Von hier aus ist es nur ein kleiner Schritt zum ersten Buch Mose:[24]

Und Gott sah an alles, was er gemacht hatte, und siehe, es war sehr gut. (1,31)

Bejahung und Liebe der eigenen Schöpfung rücken den Dichter in die Nähe Gottes, ohne blasphemisch zu wirken; denn die literarische Schöpfungskraft rekrutiert sich allererst aus göttlicher Eingebung.

Unter diesen Vorzeichen überrascht es nun nicht mehr, warum Konrad so viel Wert auf die musikalische Komponente von Dichtkunst einerseits und

---

[24] *Die Bibel*, nach der Übersetzung Martin Luthers, mit Apokryphen und Wortkonkordanz, 2. Aufl. Stuttgart 1994.

Süßigkeit des Sprachklanges andererseits legt: Als Auftraggeber für den *Trojanerkrieg* wird im Prolog Dietrich an dem Orte genannt, der in Basel seit 1281 das Amt des Domkantors innehatte. Klerikale Gesangspraxis als Medium, Gott nahe zu sein, ist dem engeren Rezipientenkreis von Konrads Werk damit vertraut, wobei – selbst nach Einführung der Orgel – Vokalmusik in der Wertschätzung prädominiert. Dies leitet sich – so zumindest die Behauptung von Ingo Scherbaum[25] – von einem entschiedenen Abgrenzungswunsch ab, der bis in die Ursprünge des Christentums zurückreicht. Die frühen Christen wollten sich von heidnischer Kultmusik, die mit instrumentaler Begleitung praktiziert wurde, distanzieren und setzten einen reinen Sprachklang dagegen, den sie zur Norm für ein angemessenes Gotteslob erhoben. Die historische Erklärung für solch eine Hochwertung von Gesang wird im Mittelalter nicht mehr unbedingt präsent gewesen sein, wohl aber die Praxis, den musikalischen Wortklang als einen Teil klerikaler Glaubensausübung zu verstehen, der hierarchisch ganz oben rangiert.[26] Wenn Konrad also stets auf „reden unde singen“ (*PM* V. 5) als zwei Komponenten seiner Kunst beharrt, liegt dies vermutlich in der christlichen Wertschätzung des Gesangs begründet und ist der oben angedeuteten Sakralisierungstendenz geschuldet.

Gleiches gilt für die *süeze*. Süßigkeit ist dabei nicht auf den musikalischen Aspekt beschränkt, sondern kann auch das Reden selbst betreffen, und zwar dann, wenn es von einem Heiligen ausgeht. Konrad hat diesen Gedanken literarisch umgesetzt in seiner *Silvester*-Legende, wo er die Predigt des Leutpriesters Silvester entsprechend kommentiert:[27]

> der gnâden hete got in gewert
> daz sîn vil reiniu zunge
> sô süeze predigunge
> zallen zîten brâhte vür
> daz si nâch edels herzen kür
> niht bezzer mohte werden.
> den liuten ûf der erden
> unde gote vor in allen

[25] Ingo Scherbaum, Die Vokalmusik im mittelalterlichen Gottesdienst und Konrads von Würzburg Auffassung vom Ansehen der Dichtkunst im ‚Trojanerkrieg‘ und im Spruch 32,301, *ZfdA* 131 (2002), S. 326–334. Den Forschungsergebnissen von Scherbaum sind die hier skizzierten Überlegungen zum Verhältnis von Literatur und Musik bei Konrad ganz grundsätzlich verpflichtet.

[26] Scherbaum (wie Anm. 25).

[27] Allgemeine Informationen zur *Silvester*-Legende bietet die Einführung von Brandt (wie Anm. 22). Das abgedruckte Zitat folgt der Ausgabe *Konrads von Würzburg ‚Silvester‘*, hg. von Wilhelm Grimm, Göttingen 1841.

> muoste wol gevallen
> diu rede und diu gebaerde sîn. (*Silv.* V. 480–489)

Gott hatte ihm die Gnade zuteil werden lassen, dass seine reine Zunge jederzeit so süße Predigten hervorbrachte, dass sie – auch in der Einschätzung eines *edelen herze* – nicht schöner werden konnten. Den Menschenkindern und vor allem Gott mussten seine Redeweise und sein ganzes Verhalten wohl gefallen.

Von Gesang ist an keiner Stelle die Rede; die Süßigkeit entströmt allein den Worten, die Silvester artikuliert. Wieder werden die *edelen herzen* als urteilende Instanz ins Spiel gebracht. Explizit erwähnt wird allerdings die Ursache für die ergreifende Sprachkompetenz: Es ist die besondere Gnade Gottes, die Silvester zum heiligen Sprachkünstler macht. Wenn es an späterer Stelle der Legendenhandlung zur Disputation mit den jüdischen Widersachern vor Kaiser Konstantin kommt, wird diese Fähigkeit Silvester retten und die Bekehrung Konstantins untermauern.[28]

In der Zusammenschau mit dem *Trojanerkrieg*-Prolog ergibt sich dabei eine frappierende Parallele. So wie Gott dem Heiligen Silvester die besondere Gabe des Sprechens zu den Menschen schenkt, ist er es auch, der einen Dichter als begnadet auserwählt. Dichtendes Sprechen erhält damit aufgrund dieser argumentativen Engführung den Rang heiligen Sprechens. Anhand der einzigartigen Sprachkompetenz, die Gott verschenkt, wird der auserwählte Dichter vor alle anderen Poeten gestellt und in die Position eines Heiligen, der Süßigkeit vermittelt, gerückt. Dies widerspricht nur scheinbar der Maxime des christlichen Denkhorizontes, dass nur einer zur Urschöpfung im Sinne von *inventio* fähig ist: Gottvater selbst. Stellen nämlich die Heiligen immer wieder neu die Allmacht Gottes unter Beweis, sind sie also letztlich Wiedererleber im göttlichen Heilsplan, so bleibt auch der göttlich begnadete Dichter am Ende nur Sprachrohr und Wiedererzähler. Nicht *inventio*, sondern *imitatio* bildet den Schlüssel für diese Denkfigur. Dennoch ist das, was der Dichter nachahmt und erneuert, keinesfalls beliebig; und gerade in diesem Aspekt liegt die Provokation von Konrads erzählerischer Inszenierung. Es ist Gottes Schöpfung selbst, die Konrad mit süßem Schall zu neuem Leben erweckt. Seine Worte und ihr musikalischer Klang sind die Medien, durch welche sich die

[28] Siehe zum Beispiel: „Nû disiu rede ein ende nam,/ dô wart der keiser lobesam/ den werden bâbest rüemende,/ und sînen prîs dâ blüemende/ mit minneclichen worten./ er lobte in allen orten/ sîn antwürte und die rede sîn,/ und tet im hôhe wirde schîn“ (*Silv.* V. 3553–60). – ‚Als er seine Rede schloss, fing der lobenswerte Kaiser an, den edlen Papst zu preisen und sein Lob mit freundlichen Worten auszumalen. Er lobte in jeder Hinsicht seine Antwort und seine Redeweise und ließ ihm große Ehre angedeihen.‘

göttliche Schöpfung dem einzelnen, Dichtung rezipierenden Menschen offenbart. Dahinter versteckt sich eine enorme Aufwertung weltlicher Dichtkunst, und insofern ist Konrad weit mehr als ein traditionell zu denkender Wiedererzähler im Rahmen des mittelalterlichen Literaturverständnisses: Konrad inszeniert sich als Wiederschöpfer, der, von Gott selbst inspiriert, die göttliche Schöpfung durch seine Dichtkunst heiligsüß zum Klingen bringt.

JÜRGEN WIENER

Metamorphose – Mimesis – Material: Biblische und antike Schöpfungsmythen in der Grotta Grande in Florenz

In Winkel eingekeilt fluchten die Fassaden der Grotta Grande (Abb. 1) und der Grotticina di Madama mit der Gartenmauer des großherzoglichen Boboligartens.[1] Mit ihrem abseitigen Eingang an der Gartenperipherie und vor allem mit ihrem Rustico-Dekor suggerieren sie einen Zugang ins Unterirdische. Ihre Position erfüllt die von Francesco di Giorgio Martini im späten 15. Jahrhundert und damit noch vor Beginn der neuzeitlichen Grottenkunst aufgestellte, indes kaum einmal eingelöste Forderung nach einem „chiuso e segreto luogo di muraglie e da verdure ornato."[2] Im Gegenteil – statt an abgeschiedenem und privatem Ort aus Mauerwerk und Grünzeug lagen Grotten häufig in der Hauptachse eines Gartens, dem Gartenportal gegenüber, wenn sie nicht sogar ins Schloss integriert waren und sich zum Garten hin öffneten. Die topische und topologische Randständigkeit der Grotta Grande ist nicht minder bewusst gewählt und bereits Programm einer selbstbezüglichen Aufgabe, die in ihrer marginalisierten Raumdisposition auf Abseitiges in Raum und Zeit verweist. Sie repräsentiert emblematisch eine Zivilisationshöhe, mit der programmatische Herrschaftsrepräsentation im öffentlichen Raum normalerweise nicht operiert.

Auch in der Höhe an die Nachbargebäude angepasst, argumentiert die Fassade nicht mit einer traditionellen Säulenordnungsrhetorik. Man könnte den Bau für eine Kapelle halten, stäche nicht der obere Teil irritierend ins Auge. Über der noch von Giorgio Vasari begonnenen, klar akzentuierten und festgefügten Architektur aus Sandstein und Buntmarmor ist die durch scharfen Lichteinfall in ihrer Wirkung gesteigerte Oberfläche der oberen, von

[1] Zur Bau- und Ausstattungsgeschichte der Grotta Grande vgl. Litta Maria Medri, La grotta del Buontalenti, in: dies., *Il giardino di Boboli*, Cinisell Balsamo 2003, S. 96 f.

[2] Die den Garten betreffenden Partien bei Francesco di Giorgio Martini sind abgedruckt in: Margherita Azzi Visentini, *Arte dei giardini, Scritti teorici e pratici dal XIV al XIX secolo*, Mailand 1999, Bd. 1 S. 81–88, hier S. 84.

Bernardo Buontalenti vollendeten Partien – impressionistisch anmutend – zerlegt. Bei dem zottelig gesäumten farbigen Teppich scheinen sich die architektonischen und bildlichen Strukturen um das zentrale Motiv des von Tugend-Personifikationen flankierten Mediciwappens aufzulösen. In einem landläufigen Sinn werden diese Phänomene an dem sinnlich wie intellektuell gleichermaßen überragenden Ensemble neuzeitlicher Grottenkunst als manieristisch klassifiziert. Trotz der offensichtlichen Deformierungen legitimiert diesen Stilbegriff weniger das Stilklischee von einer in Krisenzeit ungewiss gewordenen Form, sondern die Tatsache, dass das System Kunst und seine Produktion zum selbstreflexiven Thema von Kunst erhoben werden. Dies schließt in einem unmittelbaren und wörtlichen Sinn den Rekurs auf den sprachlichen Ursprung des Stilbegriffs, die *maniera* Michelangelos, ein.

Die eigenwillige Gestalt der Fassade ist der bescheidene Auftakt dessen, was Buontalenti innen einerseits bis zur visuellen Verwirrung, bis zum Chaos steigert, was andererseits aber doch auch aufgeklärt wird – einschließlich der rationalen Komponente, die dieser Begriff enthält (Abb. 2, 3, 4). Indem sich der Betrachter einsieht, konkretisiert sich im Akt anhaltender Betrachtung aus dem scheinbar amorphen Gebilde Erkennbares und Benennbares. Mithin wird der Betrachterakt selbst zu einem (nach)schöpferischen bei einem Thema, das von Schöpfung handelt. Übliche Wahrnehmungsmuster umkehrend, stellt sich zunächst nicht unbedingt oder zumindest nicht an allen Partien ein kohärentes Gesamtbild ein, aus denen die Einzelheiten als sinnvolle Untereinheiten je und je hervortreten, sondern aus den im Betrachten einzeln sich konkretisierenden Details spinnt sich allmählich ein Netz sinnvoller Decodierungen, das sich in seiner Logik auch auf die Fresken und die Architektur dieses Ensembles erstreckt.

Was man an den Wänden zuerst – und bei Nahsicht noch gesteigert – sieht (Abb. 5), ist nicht Form, sondern Material, Dreck, im Herabhängen erstarrter Schlamm. Die sich anbietende Assoziation ‚Tropfsteinhöhle' beruht auf dem faktischen Einsatz von Stalaktiten neben Petrifizierungen, Schwämmen, aber auch Korallen und Muscheln, sowie gefärbtem Gips, gebrannter Erde oder Glas. Es sind dies Materialien der Elemente Erde und Wasser, die teilweise durch die Elemente Luft und Feuer gehärtet sind. Sie nehmen entweder wie im Fall der Schwämme, Muscheln und Korallen bereits im Naturzustand Zwischenstadien zwischen amorpher und einer durch natürliche Prozesse generierten Gestaltung ein, sind also Elaborate einer schöpferischen Natur, die wie im Fall der Versteinerung umgekehrt den Rückfall ins Amorphe unterbricht und gestaltetes Leben als Abdruck der Geschichte bewahrt; oder sie beruhen wie Erde, Gips oder Glas auf amorphen Naturzuständen, die durch schöpferische Umwandlung durch Menschen in einen geringfügig höheren Zustand des Gestalteten überführt werden. Es werden aber auch tatsächliche Kunstwerke eingesetzt, als wären auch sie Effekte naturierender Prozesse, und derart natürliche und künstlerische Schaffensprozesse emulativ aufeinanderbezogen. In ihrer Symbiose kann dabei der Grad an Gestaltkonkretisierung gelegentlich sogar geringer sein als bei den durch die Natur erzeugten Ausgangsprodukten, weshalb manche Ausschnitte mehr an Werke der informellen Kunst mit ihrer besonderen Affinität zum Chthonischen denken lassen als an die ästhetischen Normen der Renaissance, wie sie in der Mimesis und in dem schönen, mannigfaltig bewegten Körper gegeben sind, wie sie Vincenzo de' Rossis Statuengruppe von Theseus und Helena im Durchblick zum folgenden Raum verkörpert.

Auf der rechten Wand bilden sich in der Wahrnehmung zunächst vage rhythmische Vertikalstrukturen, teilweise farblich akzentuiert, bevor sich im Zentrum eine halb liegend, halb sitzend aufgerichtete Figur, mit dem linken Arm auf eine Vase gestützt, deutlicher abzeichnet (Abb. 6). Wir sehen, dass die rechte Hand ein Bündel hält, und werden den Kopf als bärtig beschreiben. Dann sehen wir eine stehende Figur, die den linken Arm zu ihm ausstreckt. Möglicherweise hält sie ein Gefäß, aber vielleicht ist das, was wir sehen, weder Arm noch Vase. Aufgrund glatterer Partien bemerken wir rechts davon eine kniende Figur. Links des Liegenden sind wir hingegen weniger sicher, ob die Vertikalstrukturen Figuren bezeichnen (Abb. 5). Dass die glatteren roten Partien zu Figuren gehören, erschließt sich trotz ihrer farblichen Kontrastierung weniger als bei glatten grauen Leibrundungen. Erst ihre zurückfallenden Köpfe, die wir plötzlich an ihnen entdecken, lassen Körper rekonstruieren, deren Haltung freilich nicht leicht rationalisierbar ist und sich am besten bei frontalem Standpunkt erschließt (Abb. 7).

Wir sehen eine nackte Frau mit einem Inkarnat aus Terracottamosaik. Insbesondere die vortretenden Rundungen wie Schultern, Brüste, Hüfte und Knie sind mit Schwämmen überzogen. Ist sie eine Tote mit bereits verwesendem Leichnam nach einer Schlammflut? Auf dieser Ebene ist zunächst nur ein vage beschreibendes Benennen möglich, aber noch keine Bestimmung der Seinsform, geschweige denn der disparat anmutenden figuralen Narration. Denn der rechte Nachbar der Rotmosaizierten ist als lebend gemeinte Figur sogar noch stärker verkrustet. Ikonographisches Grundwissen reicht, um ihn als Flussgott zu identifizieren, wie Haltung, Gefäß, gekränztes Haupt und Schilfbündel belegen. Der Bildtypus wiederum hilft, die Dinge zu benennen und vermutlich auch die liegenden Frauen als Nymphen. Mit der Verkrustung, durch die er mit der Landschaft verschmolzen respektive in ihr gefangen erscheint, aber wird das zum Flussgott gehörende Zeichen (Element Wasser) in der dargestellten Materialität des Signifikanten scheinbar konterkariert – auch wenn einst Wasser an diesen Figuren herabfloss. Zugleich sehen wir, dass sich die schlammigen Gestaltungsmittel auch auf die pflanzliche und tierische Natur wie Berge, Büsche, Bäume, Bäche und auf Hunde, Schafe und Ziegen ergießen. Sie überschreiben partiell die mimetischen Signifikanten in einer nivellierenden Materialität, die derart neue Zeichen erzeugt, die an einer ursprünglichen (womöglich auch zukünftigen) und ebenso elementaren wie entropisch amalgamierenden Einheit von Mensch, Kreatur und Natur teilhaben.

Obwohl nicht minder verschlammt, konkretisieren sich die Figuren sehr viel leichter zu einer kohärenten und auch inhaltlich benennbaren Gesamtszene, die bildintern durch rahmenbildende Bäume eingefasst wird. Dazwischen erkennen wir Hirten samt Schafen und Schäferhund sowie zwei sich unterhaltende Frauen, von denen die eine anscheinend Wasser geholt hat, während die andere den Schafen zu füttern gibt. Rechts sitzt auf einen Felssitz ein Hirte mit Schalmei, mithin das Idyll bukolischer Naturharmonie (Abb. 8). Menschen, Tiere, belebte und unbelebte Natur bilden ein ungleich stärker rationalisiertes mimetisches Monumentalrelief, das stufenlos in die farbig freskierte Hintergrundlandschaft übergeht, deren Bäume und Felsbögen wiederum auf die besser bestimmbare Szenerie im Relief reagiert. An dieser Wand werden die mimetischen Qualitäten von natürlich vorgeformten Materialien gezielt eingesetzt. Die Schwämme neben dem roten oder weißen Mosaikinkarnat sind nicht Ausdruck mutierender Körper, sondern bezeichnen Haare oder Fell. Die Bekleidung erinnert an ein verklebtes, ausgefranstes Fellwams. Beim Hund ist das Halsband farblich abgesetzt. Sein Schwanz besteht aus einem Stück Schwamm und sein Kopf aus einem Stalaktiten. Es wurden hier gezielt die möglichen mimetischen Qualitäten der von der Natur vorgeformten Materialien eingesetzt und damit die schöpferische Natur als Koautorin gewonnen.

Offensichtlich korrelieren in diesem Ensemble unterschiedliche Seinsformen mit unterschiedlichen Formen der Konkretisierung. Es scheint, dass an der Südwand eher – um einen absurden Begriff der Lebensmittelindustrie mit Sinn auszustatten – naturidentischere Naturgottheiten in einer stärker kontrastierenden Landschaft erscheinen, während an der Nordwand Menschen in Harmonie mit der Natur ein landschaftlich unterstütztes Idyll bilden, das man als arkadisch im Vergil'schen Sinn beschreiben kann.[3] An der Stirnwand schließlich scheint auch formal ein Übergang stattzufinden. Ihnen allen ist gemeinsam, dass sie das, was sie darstellen, immer nur durch ein an Schlamm, Dreck und Ähnliches erinnerndes Material darstellen, das sich um alles Seiende hüllt.

Selbst wenn nach und nach Figuren, Tiere, Pflanzen und Gegenstände in ihrem metamorphen Zwischenstatus erkannt werden, schon weil Sehen anthropologisch gar nicht anders kann, als im Amorphen Gestaltetes zu entdecken, wie es die Kunsttheorie der Renaissance mehrfach anhand von Wolken und Mauern thematisiert hat, wird sich nicht überall ein semantischer Bezug einstellen. Die Sicherheit, alles identifizieren zu können, wird der Betrachter nie gewinnen. Eher wird er paranoid mehr sehen als gegeben ist. Aber es kann auch sein, dass das, was als Schlamm wahrgenommen wird, nicht nur Schlamm bezeichnet, sondern auch Schlamm ist. Dass also Signifikat und Signifikant identisch sind und damit in der Identität von Nachahmung und Nachgeahmten die größtmögliche Form von Mimesis besteht.

Die Unsicherheit des Sehens als Bedingung von Sinnrekonstruktion resultiert nicht zuletzt daraus, dass hier wie bei keinem zweiten Werk der frühen Neuzeit die Gattungen Skulptur, Malerei und Architektur zu einer gattungsentgrenzten Einheit gebracht sind. Auf die Grotte träfe der für die Kunstgeschichte eher problematische Begriff ‚Gesamtkunstwerk' zu, und zwar in einer Seh-, Tast-, Geruchs- und Hörsinn stimulierenden Weise, die weit über jedes Werk Gianlorenzo Berninis hinaus reicht, dem die Erfindung des neuzeitlichen Gesamtkunstwerks als eines typisch barocken Phänomens zugeschrieben wird. Dafür prägte Berninis Zeitgenosse Filippo Baldinucci den Begriff des *bel composto.*

---

3 Arkadien definiert sich in den meistgelesenen Quellen wie Theokrit und Vergil nicht durch naturgenießende Heiterkeit, sondern eher durch Unwirtlichkeit. Dennoch werden die zeitliche Bestimmung ‚Goldenes Zeitalter' und die räumliche Bestimmung ‚Arkadien' fast synonym oder als einander ergänzend gebraucht. In Wahrheit hat das eine mit dem anderen zunächst kaum etwas zu tun bzw. steht in einem exkludierenden Bedingungsverhältnis. Das Goldene Zeitalter ist ein Zeitalter vor der Kultur, sein Verlust zwingt die Menschen zu Kulturprozessen. Arkadien ist ein Raum, in dem Kultur Arbeit an der Verbesserung der menschlichen Bedingungen angesichts einer natürlichen Bösartigkeit der Natur ist.

Ob das, was hier die drei Gattungen zusammenfügen, auch schön zu nennen wäre, kann hier offen bleiben. Dass aber in diesem Ensemble die drei Gattungen ineinander übergehen, ist evident. Basis dafür ist der partielle Verzicht auf eine ordnungsstiftende Funktion von Kunst. Allein schon darin ist das damalige Kunstsystem angesprochen, da das (Selbst)Verständnis von Architektur sich wesentlich über *ordo*-Vorstellungen der Säulenordnungslehre entfaltet. Primär geht der Ordnungsverzicht zu Lasten der Architektur, die hier nicht als die vermeintliche Mutter der Künste auftritt. Sie wird vielmehr in dieser historischen Genealogie der Künste explizit in Frage gestellt. Die Kunst dieses Raums wird jedenfalls von der Skulptur aus entwickelt, sowohl in Richtung der Architektur wie in Richtung der Malerei. Die neuzeitliche Ordnungslehre hat das scheinbar oder tatsächlich Naturierende und die dahinter stehenden Prozesse vom Amorphen zum Gestalteten dennoch in ihr System zu integrieren versucht, indem sie eine Architektur unterhalb der Würde der Säulenordnung als einen *ordine rustico* bezeichnet, welcher eine Ordnung sei, die wie eine Nicht-Ordnung aussehe, „un ordine, che pare disordine", wie Vasari sagt, oder ein „certo ordine disordinato", so Annibale Caro.[4] Als Rustico wird im folgenden auch solche Dekoration bezeichnet.

Die Schlüsselposition nehmen die vier gewundenen athletischen Eckfiguren in ihren Rustico-Nischen ein. Die Originale der 1909 durch mittelmäßige Gipsabgüsse ersetzten Statuen waren keine geringeren als die unvollendeten sogenannten *Sklaven* oder *prigioni* von Michelangelos Grabmal für Julius II.[5] Weil die Nischen selbst wenig durchgestaltet sind, kaschieren sie, dass

[4] Giorgio Vasari, *Le vite de più eccellenti pittori scultori ed architettori ...*, hg. von Gaetano Milanesi, Florenz 1906, Bd. 1 S. 142; zu Annibale Caro vgl. Elisabeth B. MacDougall *Fons Sapientiae. Renaissance*, Washington 1978, S.109 ff., und Azzi Visentini (wie Anm. 2), S. 230 ff. Dem *ordine rustico*, der in das Ordo-System integriert wird, wird eine innere Logik zugestanden und, damit zusammengehörig, eine gewisse Normierung des Repertoires, das hier in erster Linie über die Verwendung bestimmter Materialien definiert ist (dadurch unterscheidet es sich vom üblichen Ordo-Begriff, der übermateriell ist) sowie über einen betont freien Umgang mit den Ordnung setzenden Gliederungselementen in diesen Materialien. Vasari nennt in seiner *Introduzione* zur Architektur, Kapitel 5, mehrere Arten von Grotten, die dadurch bestimmt seien, dass sie gegenüber der Antike „componimenti di opera toscana" hinzufügen (vgl. Anm. 17; hier scheint im doppelten Sinn die toskanische gegenwärtige Herkunft dieser Ideen gemeint wie auch die Erinnerung an die einfachste Säulenordnung der Antike). Sebastiano Serlio nennt in seinem Architekturtraktat die Verwendung von Rustico eine „opera di natura" – aus natürlichem Gestein, aus Muscheln und Austern – und sagt, dass sie noch unterhalb der toskanischen liege, die für Grotten üblich sei. Bezeichnenderweise ist Vasaris *vivaio* im Boboligarten mit toskanischen Säulen geschmückt, während Serlio den Rustico-Charakter stärker betont.

[5] Joachim Poeschke, *Michelangelo und seine Zeit*, München 1992, S. 95 f. und 104 ff.; Claudia

die Figuren nur zur Hälfte ausgearbeitet sind. Zugleich sorgen die Nischen für das Ineinander der Gattungen, weil sie Raumecken und Gewölbeansatz überspielen zugunsten der Illusion einer Grotte, die als allseitig offenes Zwischending aus Höhle und Schlucht erscheint. Sie gewährt Ausblicke in eine Felslandschaft, und öffnet sich, von einer Pergola überspannt, nach oben in einen Himmel. Faktisch ein Gewölberaum, wird er allseitig illusionistisch ins scheinbar Unendliche entgrenzt, weil die durch Ecken bestimmten Grenzen zwischen den Wänden und Gewölben durch die Felsgrottenimitation verdeckt werden und die plastischen Teile der Dekoration in eine farbliche angeglichen gemalte Felslandschaft übergehen. Der architektonische Raum tritt hinter einem dreidimensionalen Landschaftsbild zurück, das den Betrachter hinein nimmt in ein Idyll aus graubrauner mythischer Vorzeit.

Das Idyll ist bezeichnet durch das friedliche Nebeneinander der gemalten Tierwelt in einer fruchtbaren Landschaft (Abb. 9), die durch Artenvielfalt ausgezeichnet ist: wir zählen 15 Säugetierarten, verschiedene Reptilien und Insekten sowie 30 exotische und einheimische Vogelarten.[6] Fische gab es lebend in einem Aquarium im Gewölbeloch und in den Bassins, die das an der Wand herab rinnende Wasser auffingen. Diese auf enzyklopädische Fülle zielende Vielfalt ruft, wenn auch nicht in illustrierender Weise, verschiedene antike wie jüdisch-christliche Überlieferungen zum friedlichen Beisammensein von Tieren in Erinnerung.[7] Allen voran der Schöpfungsbericht der Bibel sowie Jesaias Vision des Friedenreiches, das gleichsam eine Rückkehr zu den mythischen Anfängen ist. Dass dazwischen wiederholt ältere und jüngere Satyrn und Hirten oder Satyrn als Hirten zu finden sind, teilweise als Musi-

---

Echinger-Maurach, *Studien zu Michelangelos Juliusgrabmal*, 2 Bde., Hildesheim u. a. 1991; dies., *Michelangelos Grabmal für Papst Julius II.*, München 2009. Die Kopien heben sich farblich in ihrem stumpfen gipsernen Schmutzigweiß von der übrigen Dekoration ab, während die seit 1585 hier stehenden beigefarbenem Marmororiginale Ausgangspunkt für die farbliche wie für die inhaltliche Gesamtkonzeption waren.

6 Anna Altobelli u. a., Gli animali dipinti della Grotta del Buontalenti in Boboli: un tentativo di identificazione, in: Isabella Lapi Ballerini und Litta Maria Medri (Hgg.), *Artifici d'acque e giardini: la cultura delle grotte e dei ninfei in Italia e in Europa*, Florenz 1999, S. 255–260. Zu sehen sind Leopard, Puma, Luchs, Bär, Ziegen, Affen, Gazelle, Hirsch, Eichhörnchen, Schafe, Kühe sowie verschiedene Reptilien, Insekten und über 30 verschiedene Vogelarten unter den 59 exotischen und einheimischen Vögeln wie Papageien, Eulen, Wiedehopf, Tauben, Schwalben, Stieglitze, Reiher, Raben, Kraniche. Fische waren als lebendige Tiere im Okulus und vermutlich auch in den Bassins vor den Reliefs vorhanden – der Raum war zugleich eine große Wandbrunnenanlage mit ganz anderen, zweifellos lebendigeren Oberflächeneffekten als heute.

7 Gen 1, 20–3; Jes, 11, 6.7; Vergil *Eclogae* VIII, 1–4, und 27 f; *Georgica* IV, 507–510; Ovid *Metamorphoses* 15, 96 ff.

ker wie bei den reliefplastischen Hirten darunter, widerspricht dem nicht – im Gegenteil. Sowohl in der Bibel wie in der antiken bukolischen Literatur gehören zur friedlichen Welt die Hirten. „Ihr Gesang schlug zaubernd in Bann den lauschenden Luchs", heißt es etwa bei Vergil und bei Jesaia: „Dann wohnt der Wolf beim Lamm, der Panther liegt beim Böcklein. Kalb und Löwe weiden zusammen, ein kleiner Knabe kann sie hüten. Kalb und Bär weiden miteinander, und ihre Jungen liegen beieinander; und der Löwe wird wie der Ochse Stroh fressen."

Die Vorstellung von *creatio* schlechthin als Erschaffung von Welt ist in der jüdisch-christlichen Tradition an die Idee eines Gartens gebunden, der die perfekte natürlich-göttliche Ordnung verkörperte. Er ist bevölkert vom ersten Menschenpaar, dem höchstrangigen Produkt am Schluss dessen, was der Schöpfer als gut ansah, bevor sich der Mensch von der Schöpfung emanzipierte und darüber gleichermaßen sündhaft wie selbst schöpferisch wurde. Irdisches Paradies ist nicht zufällig die geläufigste topische Bezeichnung für herrschaftliche Gärten. Im ebenfalls vorkulturellen Zustand des Goldenen Zeitalters der antiken Mythologie herrschen nicht minder paradiesische Zustände. Eintracht und Frieden garantierte das Gemeineigentum an der *natura naturans*, die reichlich die materiellen Grundbedürfnisse befriedigte. Aneignung von Werkzeug und Besitz bedingten kulturelle Entwicklung ebenso wie moralischen Verfall. Die Parallele zwischen Bibel und Mythos gilt auch für den Neuanfang, nachdem die göttliche Macht die sündhafte Menschheit bis auf wenige Gottesfürchtige durch eine Flut ausgelöscht hatte. In der Genesis überlebt Noah mit seiner Familie. In der Mythologie blieben Deucalion und Pyrrha verschont, als der große Regen kam. Als das Wasser wieder wich, fanden sie sich am Berg Parnass wieder, der als Berg Apolls, der Musen und des Orpheus den physischen *und* den kulturellen Neubeginn markiert.

Seit 1591 – die Grotte war noch nicht vollendet – ist der Deucalionmythos als Thema der Grotte überliefert, weswegen diese von Heikamp vorgeschlagene Deutung widerspruchslos akzeptiert wird, ja die Grotte seither sogar als Deucalion+Pyrrha-Grotta bezeichnet wird.[8] Die Forschung nahm dies so

[8] Francesco Bocchi, *Le Bellezze della città di Firenze*, Florenz 1591, S. 7 (Ausgabe 1670, S. 70) erwähnt bereits den Mythos von Deucalion und Pyrrha. Bocchi ist jedoch kein sicherer Gewährsmann, denn er nennt de' Rossis Gruppe in der Grotte auch falsch; vgl. Rodolfo Galleni, Per una ipotesi interpretativa del gruppo scultureo di Vincenzo de' Rossi nella Grotta Grande di Boboli, in: Cristina Acidini Luchinat/Elvira Garbero Zorzi (Hgg.), *Boboli 90*, Florenz 1991, S. 47–56; Detlef Heikamp, La Grotta Grande nel giardino di Boboli, *Antichità viva* 4 (1965), S. 27–43; Karl Möseneder, Werke Michelangelos als Movens ikonographischer Erfindung, in:

hin, obwohl es mehr Fragen offen ließ als klärte. Stattdessen wurde Unklarheit noch positiv als Stilkriterium des Manierismus mit seiner Tendenz zu enigmatischen Bildkonzepten gewendet. Folglich wurden Begriffe einer vorreflexiven Wirkästhetik wie magisch, hermetisch, verzaubert, märchenhaft, mysteriös, gespenstisch, phantastisch eingesetzt, mit denen ein deskriptiv-analytisches Vokabular zugunsten eines suggestiven Jargons des Unsagbaren suspendiert wird.

Weil mit solchen Anmutungsbegriffen des Wundersamen und Irrationalen Wissenschaft und Geschichtlichkeit schon vorab eliminiert werden, wird die Diskrepanz zwischen Deskription und Wissenschaftlichkeit durch die These alchemistischer Geheimlehren und okkulter Initiationsriten, über die naturgemäß nichts Genaueres auszusagen ist, rationalisiert. Wenn dahinter der Großherzog Francesco selbst steht, der damit seine Exklusivität auch auf weltanschauliche Ebene überträgt,[9] scheint *en passant* auch noch eine herrschaftspolitische Aktualisierung geleistet, die für viele als der Gipfel der Interpretation gilt.[10] Hofgelehrte erarbeiteten im Auftrag des großherzoglichen Oberokkultisten ein komplexes Programm, das Künstler umsetzten. Ein solches auf die Dichotomie von Idee und Materie beruhendes mimetisches Verhältnis von Macht und Kunst geht an der Realität jedes Kunstwerks von Rang vorbei – erst recht, wenn ein im Medium der Grotte materiell entfalteter Schöpfungsdiskurs zu Poiesis und Autopoiesis das je schöpferische Vermögen von Kunst und von Natur (und damit von Gott) verhandelt. In der Frühen

Kunstgeschichte – aber wie?, hg. von der Fachschaft Kunstgeschichte München, Berlin 1989, S. 141–187, hier S. 148 ff. Im Übrigen wäre die Deutung ein zu begründendes *pars pro toto*, denn Bocchi bezog sich dabei nur auf Michelangelos *prigioni*. Als weitere Quelle vgl. Filippo Baldinucci, *Notizie dei professori del disegno da Cimabue in qua...* , hg. von F. Ranalli, Florenz 1845–1847, Bd. 2 S. 512–516, (s. auch Bd. 3 S. 102).

9 Zusammengefaßt ist dies bei Medri (wie Anm. 1), S. 77–80: z. B. „passione per indagare i segreti delle pietre e dei metalli [...] mania enciclopedica" oder: „aspetti magici e prodigiosi della conoscenza". Das ist im Grunde widersprüchlich, denn die Systematik einer enzyklopädischen Ordnung setzt den Glauben an die rationale Bestimmung der Erscheinungen, nicht das exklusive magische Geheimwissen voraus. Die Grotta Grande ist keine Steinesammlung gleich einem Mineralien- und Raritätenkabinett und intendiert auch kein naturwissenschaftliches Ordnungssystem.

10 Tatsächlich genügt für den Herrschaftsbezug das von Tugenden flankierte Wappen. Ansonsten ist die Grotte Teil einer Imagekampagne, die einen Herrscher durch die Intelligenz seiner Hofkunst auszeichnet, und sich dabei gegenüber der Antike emulativ eingesetzter rhetorischer Mittel der Überraschung und des Erstaunens bedient. Im engeren Sinn geht es auf mehreren Ebenen um ein der Antike abgelesenes Repräsentationsgebahren. Aus der antiken Literatur wußte man, dass die Staatsmänner ihr *otium* in Villen(gärten) verbrachten und dort ein Leben philosophischer Gelehrsamkeit pflegten. Es ist gerade dieses intellektuelle Niveau, das zum Begründungsrepertoire für Herrschaft zählt.

Neuzeit war das Capriccio mit seinen Bizarrerien, geistreichen Inventionen, seiner Lizenz zur Verweigerung von *ordo*, seiner spielerischen Kombinatorik des Unvereinbaren und seinen niederen bis obszönen Themen ein genuines Feld künstlerischer Freiheit. Seinen Ursprung hat das Capriccio in der Groteske, die ihren Namen von der Grotte ableitet.[11]

Die Deutungen konzentrierten sich auf den Deucalionmythos und auf eine Materialikonographie, die sich teilweise derselben Vorlage bedient, Ovids Metamorphosen, die von wundersamen und schöpferischen Verwandlungen von Körpern, Substanzen und Zuständen berichten.[12] Zu Deucalion und Pyrrha lesen wir dort:

> „O könnte ich doch durch meines Vaters Künste die Völker neu erschaffen und dem geformten Lehm Leben einhauchen! Nunmehr steht auf uns beiden allein der Sterblichen Stamm [...] wir bleiben als Zeugnis von Menschen." Sprach es und sie weinten. Zur himmlischen Gottheit zu flehen, schien ihnen gut und Rat bei den heiligen Losen zu flehen [...] Ihr Schritt ward gelenkt zum Tempel der hohen Göttin, wo schnöde der First von schmutzigem Moos überwuchert [...] [Die Göttin ließ sich rühren und gab ein Orakel:] „Von dem Tempel geht, verhüllt euer Haupt und löst der Gewande Umgürtung, werft dann hinter euch der Großen Mutter Gebeine." [...] Die Steine begannen ihre Härte und ihre Starre abzulegen, allmählich weich zu werden und, einmal weich geworden, Gestalt anzunehmen. Sobald sie dann gewachsen sind und ihnen eine sanftere Natur zuteil geworden ist, läßt sich die Andeutung einer Menschengestalt erkennen – freilich noch nicht offenkundig, sondern wie ein eben in Arbeit genommener Marmorblock, nicht ganz ausgeführt, unfertigen Bildwerken sehr ähnlich. Was an jedem Stein feucht und erdig war, kam den Muskeln zugute; was fest ist und sich nicht biegen läßt, verwandelt sich in Knochen; das Geäder aber blieb Geäder.[13]

Die Forschung, die sich im Lichte dieser Sätze mit dem Material, nicht aber mit der Materialität zu befassen begann, klärte seine chemische Zusammensetzung und bestimmte die Klassifizierung der dargestellten Flora und Fau-

[11] Der gemeinsame Ursprung wird vor allem bei Giovanni da Udine deutlich, der ein Grotten- und ein Groteskenkünstler war und das eine aus dem andern entwickelte. Grundlegend zum Capriccio: Roland Kanz, *Die Kunst des Capriccio: kreativer Eigensinn in Renaissance und Barock*, München u. a. 2002.

[12] Detlef Heikamp, L'architecture de la métamorphose, *L'Œil* 114 (1964), S. 2–9; Galletti (wie Anm. 8), S. 233: „poema figurato sulla genesi e sulla metamorfosi delle cose." Dem Thema widmete sich zuletzt vor allem die französische Forschung: *Les éléments et les métamorphoses de la nature: imaginaire et symbolique des arts dans la culture européenne du XVIe au XVIIIe siècle*, Bordeaux 2004; Anne-Marie Brenot/Bernard Cottret (Hgg.), *Le jardin: figures et métamorphoses*, Dijon 2005.

[13] Ovid, *Metamorphoses* I.363–410. Mit den Künsten des Vaters sind die Künste des Prometheus gemeint.

na.[14] Positivistische Konkretheit ist, selbst wenn sie sich an Plinius, Ovid, Vitruv und Vergil historisch rückversichert, noch keine ikonographische Bestimmung. Angemessenes Verstehen setzt voraus, was ausgespart wurde: die Anschaulichkeit des Dargestellten. Sie hätte Hirten samt Herde zu erklären, warum sie Musik spielen, warum nackte Männer und Frauen in der Landschaft liegen. Sie begnügte sich jedoch, historisch legitimiert, mit der Transformation von Erde zu Mensch im Deucalionmythos. Tatsächlich liegen viel mehr Texte zugrunde, die allein indes auch nicht ausreichen.

Der Garten wird als Modell für Welt selbst zum Thema und zum Diskursgegenstand in seinen gartenskulpturalen Medien, die – und nicht literarische Topoi – zum wichtigsten Instrument seiner Sinneinschreibung werden. Erst wenn die Bilder der Grotte als selbstbewusste kreative Texte über ihre Oberfläche und Materialität gelesen werden, beginnen die Texte von Ovid, Plinius, Vergil, Porphyrius etc. ihr inspiratives Potential zu entfalten. Für den Paragone zwischen der Kreativität von Natur und Kunst, zwischen dem naturphilosophischen Diskurs einer *natura naturans* und dem ästhetischen Diskurs der Naturnachahmung, sowie für die bis zur Ununterscheidbarkeit reichende Konvergenz eines *naturale artifizio* und einer *artifiziosa natura*, so Claudio Tolomei 1543,[15] benutzt die Grotte Texte und ihre imaginären Bilder genauso produktiv wie Materialien und reale Bilder. Dabei schließt die Zurückweisung des Illustrativen den scheinbaren Widerspruch ein, dass Grotten in der Renaissance Rekonstruktionsleistungen waren, denn Rekonstruktionen waren mit Notwendigkeit kreative Rekonstruktionen, weil die Überlieferung unzulänglich war und sie mit wahrscheinlichen Plausibilitäten operieren mussten.[16] So ging nahtlos die Reproduktion in die Produktion über.[17]

---

[14] Altobelli (wie Anm. 6); Louis Pierelli, La Camera dei Prigioni nella Grotta Grande: modi e materiali della decorazione, in: *Boboli 90* (wie Anm. 9), S. 57–66; Pilar Costogliola u. a., Grotta del Buontalenti: composizione chimica e mineralogica delle tessere vetrose e delle malte di supporto dei mosaici interni, in: Lapi Ballerini/Medri (wie Anm. 6), S. 247–254; generell zum Thema: Cristina Acidini Luchinat, Per un catalogo dei materiali delle grotte artificiali nell Firenze del Cinquecento, in: Giuseppe Morganti, (Hg.), *Gli Orti Farnesiani sul Palatino*, Rom 1990, S. 537–559.

[15] Claudio Tolomei, La Fontana del giardino Belluomo a Roma (1563), in: MacDougall (wie Anm. 4), S. 12 ff., und Azzi-Visentini (wie Anm. 2), S. 242 ff.

[16] Zum Diskurs des Wahrscheinlichen in der Frühen Neuzeit: Wiebke Windorf, *Sakrale Historienmalerei in St. Peter in Rom: Faktizität und Fiktionalität in der Altarbildausstattung unter Papst Urban VIII. (1623–1644)*, Regensburg 2006.

[17] Vgl. Vasari (wie Anm. 4), in der Vita des Giovanni da Udine: „imitò in tutto e per tutto il tempio di Nettunno (stanza poco avanti stata trovata fra l'antiche ruine di Palazzo Maggiore, adorna tutta di cose naturali marine)", um den nur literarischen überlieferten Grotten antiker

Auf einer motivischen Ebene leistet der Deucalionmythos für die Grotta Grande wenig, am ehesten noch der vermooste Giebel. Freilich ist die Grotte kein Tempel, und da es in ihr einst echtes Moos gab, war man auf mimetischen Ersatz nicht angewiesen. Dass die mit verkrusteter Erde überzogenen Figuren aus der weichenden Sintflut auftauchen, ist ausgeschlossen, denn niemand ist hier tot dargestellt. Vielmehr wurde behauptet, dass sie die aus den hingeworfenen Steinen neu entstandenen Figuren nach der Deukalischen Sintflut seien. Doch weder sind Deucalion und Pyrrha dargestellt (geschweige denn als Steinewerfer), noch stellen die Figuren Übergänge vom Steinblock zur Gestalt dar. Naturgottheiten entstanden im Mythos ohnehin nicht auf diese Weise. Die Tiere schließlich spielen bei Ovid in diesem Zusammenhang keine Rolle. Erklärt wäre auch nicht, warum die durch die Steine der Mutter Erde kreierten neuen Menschen als angezogene Hirten mit Schalmei oder Wasserkrug erscheinen. Zwischen Schöpfung und Darstellungszeit gibt es im Bild eine Distanz. Wenn das Referenzmaterial eher Lehm als Marmor ist, so ist damit nicht der prometheische Schöpfungsvorgang gemeint (den Deucalion anders als sein Vater eben nicht beherrschte), bei dem Menschen aus feuchtem Lehm geformt wurden.

Nichts an diesen Figuren ahmt Marmor nach, wie mit Blick auf die Marmorsklaven Michelangelos unmittelbar einsichtig ist. Nur auf die Sklaven träfe die mythische Transformation vom Stein zur Statue zum Menschen zu. Sie war zwar nicht der genuine Sinn der schwer deutbaren Figuren. Dennoch läge sie nahe, wären nicht gerade die unbehauenen Partien versteckt. So sehr einerseits sowohl diese Ovid-Passage als auch der damit umgekehrt korrelierende des Perseus-Mythos im V. Buch, wo Menschen zu Statuen erstarren,[18] von zentraler – wenn auch bislang kaum gewürdigter – Bedeutung sind für

Villen nahezukommen und sie zugleich zu übertreffen („anzi superò di gran lunga l'artifizio di quella stanza antica“). Die Grotte ist ein frühneuzeitliches Phänomen, das wie der Garten, zu dem sie gehört, oder die Oper und bestimmte Formen des Schauspiels oder literarischer Gattungen (die im Übrigen eng mit dem heteropen Kunstort Garten verbunden sind) den Versuch darstellt, eine im wesentlichen literarisch imaginierte Welt der Antike wiedererstehen zu lassen. Indem, wie schon Vasari sagte, die Modernen dies taten, gingen sie über die Alten hinaus (*Introduzione*: „Sì come le fontane che nei loro palazzi, giardini et altri luoghi fecero gl'antichi furono di diverse maniere [...], così parimente sono di diverse sorti quelle che hanno fatto e 'l fanno tuttavia i moderni, i quali, variandole sempre, hanno alle invenzioni degli antichi aggiunto componimenti di opera toscana.“ Schon aus einer historischen Perspektive eines relativistischen Antikekonzepts – lange vor der *Querelle des anciens et des modernes* – werden nachantike Inventionen und ihre Weiterentwicklungen von Vasari als Phänomene der *aemulatio* gegenüber der antiken Kunst begriffen.

[18] Ovid *Metamorphoses* V, 198–209.

eine generelle Perspektive auf den Skulpturengarten als einen Ort, im dem die Erschaffung der Welt memoriert wird, so wenig ist andererseits diese Ovid-Passage in der Grotta Grande unmittelbar abgebildet. Mit ihr kann der Garten als Weltmodell beschrieben werden, mit ihr wird der Skulptur der historische Vorrang vor den anderen Gattungen eingeräumt, indem Kunst in Gestalt des Mimesiskonzepts das unvollendete Schöpfungsprojekt vollendet und in ihr das Versprechen auf eine potentielle Verlebendigung aufscheint. Diese leistet der Besucher der Grotte selbst, weil er als lebendig gewordenes Steinbild die offene Leerstelle füllt und damit die Vollendung des deucalischen Projekts repräsentiert. Doch auch ohne Textmimesis ist Ovids Sintflutgeschichte gedanklich präsent. Schlamm an Häusern, Menschen, Tieren und Pflanzen ist ein suggestives Bild elementarer Naturkräfte, das Verlust oder Neubeginn morphologischer Konkretheit evoziert.

Dem Deucalionmythos geht der Bericht zum Zustand nach der Sintflut voran: „Nach langer Zeit zeigen die Wälder ihre bloßgelegten Wipfel und tragen noch Reste von Schlamm auf dem Laub.“[19] Der Satz ist bestens auf die Baumreliefs anwendbar. Auf die verschlammten Figuren träfen eher die Sätze im Anschluss an den Deucalionmythos zu:

> Die übrigen Lebewesen in ihrer Vielgestaltigkeit brachte die Erde von selbst hervor, nachdem alte Feuchtigkeit vom Feuer der Sonne durchwärmt, Schlamm und nasse Sümpfe von der Hitze schwanger geworden und die fruchtbaren Samen der Wesen, im lebenskräftigen Boden genährt, wie im Mutterschoß gewachsen waren und mit der Zeit ein bestimmtes Aussehen bekommen hatten. So ist es, wenn der siebenarmige Nil die überschwemmten Äcker verlassen und seine Strömung ins alte Flußbett zurückgelenkt hat und der frische Schlamm vom ätherischen Gestirn erhitzt ist: Dann finden die Bauern beim Umhacken der Schollen sehr viele Lebewesen, darunter manche, noch kaum angedeutet, im Augenblick nach der Entstehung, manche unvollendet und ohne die artgemäßen Glieder; und in ein und demselben Körper lebt oft die eine Hälfte, während die andere noch ungeformte Erde ist.“[20]

Damit wären zwei Phasen und zwei Effekte schlammiger Gestaltung präsent. Als dritte Bildzeit kommt die arkadische Normalität musizierender Hirten im Beisein von Naturgottheiten hinzu. Solchem Collagieren literarischer Bilder liegt weniger ein finales als vielmehr assoziatives Denken zugrunde, das sein Themenfeld mal enger, mal weiter einkreist, und sich dabei gelegentlich auch mal vom Objekt selbst führen lässt. Und das Themenfeld formuliert Ovid

[19] Ovid *Metamorphoses* I, 346 f.

[20] Ovid *Metamorphoses* I, 416–429.

unmittelbar an die nach Prometheus zum zweiten Mal aus Erde geschaffenen Lebewesen unmissverständlich:

> Denn sobald sich Feuchtigkeit und Wärme im rechten Verhältnis gemischt haben, vollzieht sich Empfängnis, und ausgehend von diesen beiden entsteht alles. Und obwohl Feuer dem Wasser feind ist, bringt feuchte Hitze alle Dinge hervor, und zwieträchtige Eintracht ist für Zeugung angemessen.[21]

Wie auch immer der Dreck an die Figuren kam – was wir sehen, erscheint als Wirken von Feuer, Erde, Wasser und Luft. Oder stellt sich als Element selbst dar im Wasser, das von den Wänden floss, im Licht der feurigen Sonne,[22] oder kombiniert im getrockneten Schlamm, im gesinterten Wasser, in der gebrannten Erde. Die Alles erzeugenden Elemente sind das Leitmotiv der Metamorphosen – explizit gerade im ersten und letzten Buch: anfangs göttlich-mythisch und zum Schluss menschlich-naturwissenschaftlich – und deswegen ideal, um im Garten und über Gartenskulptur die wandelbare Medialität des Seienden zu thematisieren. Als Natur ist ein Garten Teil der Kunst, wie umgekehrt die Kunst Wirken und Wirkungen der Natur zeigt.[23] Gärten sind als Bild und als Teil der Welt naturgemäß besser als andere Orte der Kunst geeignet, von dieser Thematik zu handeln. Wichtigstes Medium dieses Diskurses ist die Gartenplastik, weil sich ihr metamorphotisches Potential zu ihren beiden Polen hin entfaltet, dem Ort und der Aufgabe, die als ikonographische Gelegenheit sich ihre Beschriftungsmodelle suchten und in Ovids Metamorphosen besser als in jedem anderen Text fanden.

Kein zweiter klassisch antiker Text machte humanistische Vorlieben und christliches Weltverständnis so kompatibel wie Ovids Schöpfungsbericht.[24] Es liegt vermutlich am langen Schatten eines säkularen Renaissance-Begriffs, dass bislang die christliche Perspektive nicht in die Überlegungen zur Grotta Grande einbezogen wurde, obwohl die Erschaffung des Menschen und sein

---

[21] Ovid *Metamorphoses* I, 430–433; vgl. auch I, 82 f.; Vergil *Eclogae* 6, 31–42.

[22] Philippe Morel, *Les grottes manièristes en Italie au XVIe siècle: théatre et alchimie de la nature*, Paris 1998, S. 56, deutet den Okulus der Grotta Grande als Sonne. Das trifft sicherlich zu. Gleichzeitig war hier ein Aquarium eingesetzt, so dass Sonne gefiltert durch Wasser die Weltlandschaft der Grotte erhellte. Die für Ovid grundlegenden elementaren Gegensätze sind so unmittelbar zu einem lebenden Bild geworden.

[23] Vgl. Karl Möseneder, *Montorsoli. Die Brunnen*, Mittenwald 1979. Dieser in diesem Zusammenhang paradigmatische Forschungsansatz, der über den Begriff der Konkretisierung Form und Inhalt, Material und Idee konsequent in ein wechselseitiges Bedingungsverhältnis setzt, wurde in der italienischen und französischen Forschung zur Gartenskulptur nicht rezipiert.

[24] In der Möglichkeit einer *interpretatio christiana* gründet die Beliebtheit der Ovidschen Metamorphosen bereits im Mittelalter, offensichtlich in dem bebilderten *Ovide moralisé*; vgl. Cornelis de Boer (Hg.), *Ovide Moralisé*, 5 Bde. Amsterdam 1915–1938.

Lebensort mit einem Garten verbunden sind.[25] *Creatio* bedeutet bei Ovid wie in der Genesis ein Teilen, Ordnen und Schmücken.[26] Die Genesis beginnt mit der Scheidung der Elemente; es folgen, ihnen zugeordnet, die Tiere des Wassers, der Luft und der Erde. Schließlich kam der Mensch:

> Da formte Gott, der Herr, den Menschen aus der Lehmerde und blies in sein Gesicht den Atem des Lebens. So wurde der Mensch zu einem lebendigen Wesen. Dann legte Gott, der Herr, den Lustgarten des Paradieses an und setzte dorthin den Menschen, den er geformt hatte.[27]

Dieses ist in seiner Pflanzen- und Tierwelt ebenfalls aus dem feuchten Boden von Gott geformt worden. In Gott selbst als dem ersten Bildhauer-Baumeister ist die Schöpfungsmetaphorik im Mimesiskonzept begründet.

Der biblische Schöpfungsbericht geht über in die Aneignung der Schöpfung. Menschen werden zu Schöpfern, indem sie die göttlich kreierte Natur verwandeln. Der Mensch gewinnt Macht über die Erde, indem er allen Dingen einen Namen gibt (hier klingt die Bibel wie Foucault),[28] und indem er die Erde bearbeitet, aus der er selbst gemacht ist, und Tiere domestiziert.[29] Dem entsprechen die berühmten Worte Ovids: „materiam superabat opus".[30] „Das Werk übertrifft die Materie" ist eine grundsätzliche und appellative Aussage im Verhältnis von Natur, Materie und Kunst. Für die Bibel wie für Ovid und Vergil gilt: Kultur ist von Gewalt begleitete Arbeit an der Verbesserung der Lebensbedingungen angesichts der natürlichen Bösartigkeit der Natur nach Ende des vorkulturellen Paradieses bzw. Goldenen Zeitalters.[31]

---

[25] Dass an der Fassade der Grotta Grande Apoll und Ceres stehen, aber als Adam und Eva gemeißelt wurden (und als solche identifizierbar waren), mag Zufall sein, doch steckt darin eine innere Logik, die diejenigen, die um die Geschichte des Werks wußten, als subtil-ironisches *concetto* lesen konnten.

[26] Gn. 1; Ovid *Metamorphoses* 1, 33.

[27] Gn 2, 7.

[28] Gn. 1, 28; 2, 19–20. In einer christlichen Schöpfungsperspektive wären die dargestellten Figuren (Flussgötter, Nymphen) als die Aneignung von Welt durch Sprache zu lesen. Sie symbolisierten damit das kulturanthropologische Grundphänomen der Genesis, dass Menschen den Dingen einen Namen geben und über die verbale Ordnung der Dinge Macht erzeugen und ausüben. Erst die Ordnung macht die Welt zur Welt: „les mots et les choses" beginnen mit Notwendigkeit mit der Schöpfung, dort wo der Logos die entscheidende kreative Größe und der Ursprung allen Seins ist.

[29] Gn. 3, 23; 4,4.

[30] Ovid *Metamorphoses* 2, 5.

[31] Ovid *Metamorphoses* 1, 89–112 und 15, 96 ff.; Vergil *Georgica* I, 133–175. Erster Fortschritt war die von Ceres gelehrte Fähigkeit, den Pflug zu gebrauchen, davor war der Mensch Jäger und Sammler. Nicht nur hierin zeigt sich, wie sehr der scheinbar naturwissenschaftliche Zugriff auf die Wirklichkeit durch historistische Evolutionstheorien im antiken und biblischen Mythos wurzelt.

Diese sehr allgemein gehaltenen Aussagen konkretisieren sich zu einem Schöpfungsdiskurs, der in der Gestaltaufgabe Grotte geführt wird. Und das heißt zunächst einmal die Materialien der Grotte zu befragen, wie sie die für Humanisten normativen antiken Autoren überliefern, weil diese Texte den Weg für weitere sich kreuzende und vernetzende Spurengänge zum kreativen Prozess der Verbildlichung des Kreativen bahnen. Vor allem bei Ovid, aber auch in der Naturgeschichte des Plinius oder in den *Bucolica* und *Georgica* Vergils liegen zahlreiche Stellen zu Höhlen und Grotten vor – und zwar weit über die üblicherweise herangezogenen hinaus –, welche die neuzeitliche Vorstellung dieser künstlerischen Aufgabe bestimmt haben. Allein in den Metamorphosen zählen wir über 40 Stellen mit *antrum*, *spelunca* oder *specus*. Hingegen gibt es kaum Hinweise, dass der berühmteste antike Text zu einer Höhle, Platons Höhlengleichnis sowie der materie- und leibfeindliche neoplatonische Gedanke einer Seele, die in ihren Körper eingekerkert ist, eine Rolle in der Rezeption gespielt hätten.[32]

Vermittler und wegweisende Autorität war einmal mehr Leon Battista Alberti, der die Aufgabe Grotte für die Neuzeit propagierte, noch bevor es neuzeitliche Gärten oder gar Gartengrotten gab, und dabei vor allem die Villengärten seines literarischen Vorbildes Cicero im Sinne hatte,[33] aber für die Rezepte eher Ovid, Plinius und andere konsultieren musste:

> Grotten und Höhlen pflegten die Alten absichtlich mit einer rauhen Kruste zu überziehen, welcher kleine Klumpen aus Bimsstein oder aus dem Schaume des tiburtinischen Steines beigemengt werden, den Ovid den lebendigen Bimsstein nennt. Ich habe auch gesehen, daß man grünes Wachs verwendete, um den moosigen Flaum der Grotte nachzubilden. Besonders gefiel mir das, was ich in einer Höhle sah; dort hatte man an der Stelle, wo das Quellwasser hervorbrach,

[32] Einen ikonologistischen Ansatz in der Interpretation von Grotten verfolgt etwa Naomi Miller, Domain of Illusion: The Grotto in France, in: Elisabeth B. MacDougall (wie Anm. 4), S. 175–206; dies., *Heavenly caves. Reflections on the garden grotto*, Boston/London/Sydney 1982. 1518 wurde *De antro nympharum* des Neoplatonikers Porphyrios von Tyros publiziert. Der in der Tradition platonischer Leibfeindlichkeit stehende Text benutzt die Höhle als Metapher für Welt und deren Erkenntnis: vgl. Patrizia Castelli, L'antro delle ninfe, in: Lapi Ballerini/Medri (wie Anm. 6), S. 153–161, v. a. S. 159. Für das frühneuzeitliche Grottenverständnis ist ungleich wichtiger, dass die Grotte als Symbol für Welt zugleich Symbol der Hyle ist, also der ungeformten Materie, die, obwohl tendenziell negativ bewertet, zugleich das kreative Potential zur Ordnung in der Natur in sich trägt. Möglicherweise spielt das rote Inkarnat der Nymphen auf Porphyrius an, bei dem die Nymphen purpurfarbene Tücher weben, die das Fleisch der Lebewesen symbolisieren. Von einer unmittelbaren Umsetzung des Textes kann jedoch keine Rede sein.

[33] Vgl. folgende Stellen bei Cicero: *De oratore* II 9,10; *Ad Atticum* I 6,2, I 8,2; I 9,2 und 10, 3; *Ad familiares* VII 23, 1, *Ad Atticum* I 13, 16,7; *De legibus* II 3,7.

> aus allerlei Muscheln und Schnecken des Meeres, die teils verkehrt, teils nach oben lagen, in den verschiedensten Farben auf wirklich gefällige Weise eine Schale gebildet.[34]

Was er wirklich sah, sei dahin gestellt, aber er entnahm der widersprüchlichen Literatur[35] die Materialien Bimsstein, den von ihm so genannten Schaum aus Travertin, sowie Schalentiere.[36] Bims, das meistgenannte Material, um Grotten den Schein des natürlich Erzeugten zu geben, ist ein poröses vulkanischen Eruptivgestein, eigentlich nur eine besonders leichte Variante des Vulkantuffs, von dem Ovid den *lebendigen Bimsstein* absetzt. Ihn wiederum bezieht Alberti auf den Schaumstein aus Tivoli, vermutlich ein stark poröser Travertin. Überliefert sind aber auch Meeresschwämme. Möglicherweise sind sie identisch mit dem, was Theophrast den Bimsstein aus Meerschaum nennt. Der Begriff *saxus vivus* begegnet zudem für Tropfsteine und Versteinerungen. All diese Materialien setzen Formprozesse der Natur voraus.

Nicht nur deswegen erklärt sich, warum in den künstlichen Grotten über ihre formale und ikonographische Ausgestaltung der Vergleich zwischen der Kreativität der Natur und der Kreativität der Kunst verhandelt wurde. Er setzt den ungewöhnlichen Gedanken Albertis voraus, dass die Natur „nur selten etwas hervorbringe, das absolut und in allen Teilen vollkommen ist."[37] Bei Plinius lesen wir, dass aus Bimsstein poröse Steine seien „die in den Gebäuden herabhängen, die museia genannt werden, um auf kunstvolle Weise

[34] Leon Battista Alberti *De re aedificatoria* 9, 4; zitiert nach der Ausgabe *Zehn Bücher über die Baukunst*, Darmstadt 1975, S. 486. Interessanterweise wird hier auch das Pflanzenmaterial mimetisch erzeugt. Dies unterscheidet sich von der späteren Praxis, für die er vermutlich keine antiken Quellen hatte.

[35] Vgl. Morel (wie Anm. 22), S. 6–21.

[36] Ovid *Metamorphoses* 2, 157–162 („pumice vivo et levibus tofis"); 8, 562–564 („pumice multicavo nec levibus tophis"; „murice conchae"); 10, 691–694 („speluncae similis, nativo pumice tectus"); vgl. Vergil *Georgica* 4, 44 („pumicibus cavis"); Ovid *Fasti* 2, 315 („antra subit tofis laqueata et pumice vivo"); 4, 495–496 („specus structura pumicis asper"); 5, 661–662 („et subiit vivo rorantia saxo antra"); Plinius *Naturalis historia* 36, 143 („Spongitae lapides inveniuntur in spongeis et sunt marini"), 154 („Non praetermittenda est et pumicum natura. appellantur quidem ita erosa saxa in aedificiis, quae musaea vocant, dependentia ad imaginem specus arte reddendam"), 155 („probatio in candore minimoque pondere et ut quam maxime spongiosi aridique sint"); Vitruv 2, 6. 2–3 („spongia sive pumex Pompeianus"); Theophrast *De lapidibus*, hg. und übersetzt von D.E. Eichholz, Oxford 1965 („For pumice in general is held by some to be produced through a process of combustion, except for the kind that is formed of seafoam.").

[37] Alberti (wie Anm. 34), S. 293. Diesen Gedanken, den er konkretisiert („Wie wenige unter den Athenern ... werden schöne Jünglinge!"), ist im Keim schon in seinem frühen Skulpturtraktat angedacht, indem er den perfekten, idealen Körper, den die Natur selbst nicht hervorzubringen in der Lage sei, als eine ideale Synthese vieler schöner Körper verstand.

das Aussehen einer Höhle zu geben [ad imaginem specus arte reddendam]."[38] In den beliebten Metamorphosen des Apuleius finden wir: „Um den Eingang der Grotte ziehen sich verwebte Ranken mit Früchten und meisterlich gearbeiteten Weintrauben, in denen die Kunst so mit der Natur gewetteifert, dass sie der Wahrheit gleich sind [quas ars aemula naturae veritati similes explicuit]."[39] Ovid wiederum sagt über eine natürliche Grotte: „Die Natur hatte in freier Schöpferlaune ein Kunstwerk vorgetäuscht [simulaverat artem ingenio natura suo], denn aus lebendem Bimsstein und leichtem Tuff hatte sie einen gewachsenen Bogen gespannt. Rechts plätscherte ein Quell, dessen seichtes Wasser durchsichtig ist. Ein grasbewachsenes Ufer umsäumt sein breites Becken."[40]

Diese beliebigen Metaphern aus dem unerschöpflichen Repertoire der Mimesistopik wurden konkret, als es galt, Grotten zu rekonstruieren. Die Ovid-Stelle ist dabei ein wichtiger Sonderfall, da hier nicht die Kunst die Natur nachahmt, sondern die Natur als Schöpfung der Kunst erscheint. Wie war dies möglich, wo doch das Resultat wiederum so aussieht, als würde die Kunst die Natur nachahmen? Offensichtlich hatte sich durch die in Grotten praktizierte Annäherung der Kunst an die Natur die Perspektive vertauscht: der Normalfall war längst die künstliche Grotte und die natürliche die Ausnahme, insbesondere wenn sie wie die verbesserte Natur der künstlichen Grotte aussehen sollte. Die Grotte als Konvergenzphänomen war möglich, weil es einen gemeinsamen Nenner im Material gab, das gleichzeitig ein natürliches und ein geformtes ‚lebendiges' Material war: *saxus* oder *pumex vivus*, oder die Schalen von Muscheln und Schnecken.

Entscheidend ist, dass die Dimension des Lebendigen nicht allein die Erinnerung an längst vollzogene naturierende Prozesse in sich trägt, sondern anhält. Zur lebenden Grotte gehören Wasser und Pflanzen. In Apuleius' grüner Grotte mit ihren mannigfaltigen Blättern und Früchten ist es nur ein literarisch gemaltes Bild:

> eine Grotte, allenthalben mit Moos, Kräutern und Blättern, Stauden, Reben und blühenden Gesträuchern, wiewohl auch nur von Stein, verwachsen [...]. Um den Eingang der Grotte ziehen sich verwebte Ranken mit Früchten und meisterlich gearbeiteten Weintrauben [...] Hauchte der mostreiche Herbst die Farbe der Reife über sie, man würde lüstern die Hände nach ihren Beeren ausstrecken. Und neigt man über die Quelle sich hin, welche unter den Füßen der Göttin ent-

[38] Plinius *Naturalis historia* 36, 154.

[39] Apuleius *Metamorphoses* 2, 4, 7.

[40] Ovid *Metamorphoses* 3, 155–162.

> springt und rieselnd sich weiterergießt, so glaubt man, es fehle dieser so wenig als den herniederhangenen Reben mit ihren Trauben bei den übrigen Merkmalen der Wahrheit auch nicht einmal die Bewegung.[41]

Solche Mimesistopik beschwört die Fiktion des, wie es Javier Marias nennt, „Als ob", „den einzig erträglichen oder halbwegs erträglichen Ort."[42] In der Grotta Grande entspricht dem der üppige und hier auch farbige Freskenschmuck mit dem paradiesischen Eindruck unvergänglicher Fülle. Aber anders als im Topos bewegt sich diese Welt doch nicht. Für Bewegung in Grotten sorgt Wasser, das unabdingbar zur Grottentopik gehört.[43] Wasser steigert nicht nur visuell und akustisch die Illusion des Lebendigen und mehrt Farb- und Glanznuancen. Es arbeitet vielmehr als Koautor am Werk weiter und gibt ihm, das Werk der Bildhauer unaufhörlich überschreibend, realiter zunehmend Leben, denn es hinterlässt Spuren (Abb. 10). Es verhilft den Materialien aus zweiter Hand zur Reanimation, macht den Tropfstein wieder zum *saxus vivus* und fügt ortsauthentische organische wie anorganische Materialien aus erster Hand hinzu. Konzeptionell von Beginn an vorgesehen, machen neue Pflanzen und Tiere, die sich im Feuchtbiotop einfinden, das Werk immer natürlicher und immer künstlicher.

Selbst der Verzicht auf Wasser zur Schonung der Oberfläche schadet. Teile bröseln oder brechen ab, Pflanzen vertrocknen, Tiere verschwinden. Das Originalitätsproblem ist naturgemäß unlösbar. Jedweder Umgang ist fortgesetzte Zerstörung und Vollendung des Werks (Abb. 12),[44] das die auf steten

---

41 Apuleius *Metamorphoses* 2, 4; vgl. Vergil *Eclogae* 5, 6–7 (und 19). Wichtig für die Gartenskulptur ist an dem vierten Kapitel bei Apuleius auch, dass es sich nicht um eine Grotte eines Naturidylls handelt, sondern um eine künstliche Grotte in einem Grottensaal, in dem sich auch die Statuen von Diana, ihren Hunden und dem sich verwandelnden Aktäon befinden.

42 Javier Marias, *Das Leben der Gespenster*, Berlin 2001, S. 17, 74, 76, 88.

43 U. a.: Ovid *Metamorphoses* 3, 161–162: „Rechts plätscherte ein Quell, dessen seichtes Wasser durchsichtig ist. Ein grasbewachsenes Ufer umsäumt sein breites Becken." Ovid *Fasti* 2, 315: „ein geschwätziges Bächlein bildete vorn die Schwelle." Ovid *Metamorphoses* 14, 514–515: „Dort sieht er eine Höhle, dichter Wald umwölkt sie, und kleine Tropfen rieseln darin zu Boden." Ovid *Fasti* 5, 661–662: „und [der Flußgott Tiber] tauchte in die triefende Grotte aus lebendigem Stein"; (vgl. auch Ovid *Metamorphoses* 1, 583: „Tief unten in seiner Höhle versteckt, vermehrt er sein Wasser durch Tränen und trauert – der Ärmste! – um seine Tochter Io, als hätte er sie verloren."). Ovid *Metamorphoses* 8, 563: „Der Boden war feucht von weichem Moos". Zur Topik des Wasser gehören meist auch die als angenehm empfundenen Wassergeräusche; vgl. Anm. 68.

44 Pierelli (wie Anm. 14) plädiert für eine Restaurierung, die das ursprüngliche Gleichgewicht zwischen den festen und den flüssigen und lebendigen Teilen herstellt, also fließendes Wasser einsetzt, wofür man sich freilich nicht entschied. Plausibel ist daran lediglich, dass es niemals ein ursprüngliches Gleichgewicht gab, sondern nur eine anfängliche Konstellation, die man immer wieder aufs Neue künstlich herstellen müsste, weil sie sich mit jedem Tag wieder von

Wandel gegründete Schöpfung inszeniert. Naturnachahmung in diesem Sinn geht weit über übliche Mimesiskonzepte hinaus. Sie ist wie das Leben selbst, weil sie Leben ist.[45] Und letztlich entspricht dies dem Grundgedanken der Ovidschen Schöpfungslehre, die er Pythagoras in den Mund legt:

> „Keine Dauer hat auch, was wir Elemente nennen. [...] Kein Ding behält seine eigene Erscheinung, und die ewig schöpferische Natur lässt eine neue Gestalt aus der andern hervorgehen [...] Geboren werden heißt beginnen, etwas anderes zu sein als vorher, und sterben heißt, aufhören, dasselbe zu sein. [...] Nichts [...] dauert lange in derselben Gestalt fort."[46]

Diesem allgemeinen Bekenntnis zum stetigen Wandel folgt unmittelbar ein Satz, der abermals auf die Aufgabe Grotte gemünzt scheint und der auf Albertis Forderung, Grotten mit Muscheln auszukleiden, sowie auf die Theorie des 16. Jahrhunderts zur konkretisierenden Transformation von Wasser in Stein und von Stein in Kunst großen Einfluss hatte:[47]

> „Was als festestes Land vorzeiten gewesen, das hab' als Meer ich gesehen, gesehen, dass Land aus Wasser entstanden. Weit entfernt von der See sind Meeresmuscheln gelegen, hoch in den Bergen ward ein alter Anker gefunden."[48]

Zur belebten Natur kam eine metaphorische Dimension, die ihrerseits die Opposition und Koinzidenz von Natur und Kunst umfasst. Die Antike bevölkerte die Natur als Zeichen ihrer Lebensfülle mit Flussgöttern und Nymphen, die häufig in Grotten zuhause sind.[49] Viele antike wie neuzeitliche Grotten heißen daher Nymphäum. Da auch die Musen Nymphen waren, war ein anderes antikes Wort für Grotte Museion,[50] aus dem sich das Museum ableitet. Kunst ist in der Grotte in Gestalt musizierender Hirten präsent. Wiederholt erzählt die antike Bukolik vom Sängerwettkampf zwischen Hirten bzw. Satyrn und

---

Neuem von jedwedem *status quo* verschiebt.

[45] Es ist bezeichnend für die anhaltenden Kopfgeburten (um im Zeugungsjargon solcher Perspektive zu bleiben) kunstliterarischer Begriffsfixierung jenseits anschaulicher Aisthesis, dass Phänomene, in denen das Lebendige konstituierend ist für das Artefakt (ein in diesem Kontext zahllos begegnender Begriff ist *vivus*) bis hin zu lebenden Artefakten, nicht ins Kalkül gezogen werden durch Ulrich Pfisterer/Anja Zimmermann (Hgg.), *Animationen, Transgressionen: das Kunstwerk als Lebewesen*, Berlin 2005.

[46] Ovid *Metamorphoses* 15, 238, 252–259.

[47] Vgl. Möseneder (wie Anm. 23), S. 37.

[48] Ovid *Metamorphoses* 15, 262–265.

[49] Ovid *Metamorphoses* 1, 575–576; 1, 583; 2, 269; 3, 14; 3, 157–162 (sowie 177); 3, 313; 4, 289; 5, 266; 8, 562–564 und 890–897; 11, 251; 14, 516. Grotte: das ist auch der Ort, an dem Nymphen Schutz und Sicherheit gewähren, etwa gegenüber den jungen Jupiter, Bacchus, Hermaphrodit; vgl. Vergil *Georgica* IV, 152; Cicero *Ad Atticum* I 13, 16.

[50] Z. B. Plinius *Naturalis historia* 36, 154; Varro *De agricultura* 3, 9; Horaz *Carmina* 3, 4, 37–40.

Musen.[51] Auch sie hausten jeweils in Höhlen. Als Musiker und dichtende Sänger, die die Schöpfung besingen und nachahmen, wurden sie zu archetypischen Vertretern von Kunst.[52] Am deutlichsten in Vergils 6. Ekloge:

> Auf denn, ihr Musen! Es sahen Mnayslus und Chromis, zwei Burschen, wie der Silen, vom Schlaf überwältigt, lag in der Grotte, aufgeschwollen vom gestrigen Wein, wie immer die Adern. Neben ihm gleich, vom Kopf geglitten, lagen die Kränze, hing in der Hand der bauchige Krug mit vergriffenem Henkel.[53]

Es ist verlockend, diese Stelle auf den liegenden Flussgott der Grotta Grande zu beziehen, auch wenn er kein Silen ist. Trotz des unappetitlichen Äußeren ist Vergils Silen ein dem Orpheus ebenbürtiger Sänger. Der Kunstrang ist dabei inhaltlich bestimmt. Denn der Silen besingt die Erschaffung der Welt, das Wirken der Elemente und die zweite Erschaffung des Menschen durch Deucalion und Pyrrha.[54] So schließt sich in der topischen Paradoxfigur des hässlichen Künstlers, der schöne Kunst schafft, der Kreis von der Schöpfung über die Sintflut zu den kreativen Hirten und Satyrn, die in ihrer Kunst die Schöpfungserzählung schöpferisch nachahmen.

Aus ikonologischer Sicht wären wir mit dem humanistischen Grottenpanorama durch. In der Summe liefert es keine kohärente Erzählung, sondern wäre eine literarisches *pasticcio*, das nur möglich war, weil es einen materiellen Textkörper mit einer doppelten materiellen Vorgeschichte gibt: einerseits die junge Aufgabe der Grotte und andererseits die Sklaven Michelangelos, die längst schon in einer Grottenperspektive rezipiert worden waren.[55] Meine These ist, dass Ovids Schöpfungsbericht weniger eine gute Gelegenheit

---

[51] Vergil *Eclogae* 6 und 7. Bei Vergil war ebenfalls nachzulesen, dass Arkadiens Hirten wie auch der ihnen zugeordnete Gott und Flötenspieler Pan und seine gelegentlich ebenfalls musizierende Gefolgschaft der Satyrn auch in Höhlen hausen konnten – eine strenge Grenzziehung zwischen der mythisch-bukolischen Welt der Hirten und dem Bacchusgefolge und der Welt Pans und des Priapus gibt es dabei nicht. Vergil *Eclogae* 1, 75: Höhle als Ort der Ziegen und Hirten; Ovid *Metamorphoses* 11, 146–147; 13, 763 und 821; 14, 514; Vitruv 5, 8. Beim *drama satyricum* sah man eine Höhle mit dort wohnenden Satyrn: „satyricae vero ornantur arboribus, speluncis, montibus reliquisque agrestibus rebus in topeodi speciem deformati", „Die satyrische Dekoration wird mit Bäumen, Grotten, Bergen und anderen Gegenständen ausgeschmückt, wie man sie in der Landschaft antrifft, nach Art eines gemalten Landschaftsbildes" [so die Übersetzung in der Ausgabe von Fensterbusch, Darmstadt 1964]. In der Venezianer Ausgabe von 1511, der Straßburger von 1550 und in der Amsterdamer von 1649 aber heißt es: „in topiarii operis speciem deformatis".

[52] Hirten sind diejenigen, die in ihrem Tun dem Ursprung am nächsten sind. Das gilt auch für die Genesis, wo Abel ein Hirte ist, und wo im Friedensreich bei Jesaias die Rückkehr zu friedlichen Zeiten gleich einem Goldenen Zeitalter impliziert ist.

[53] Vergil *Eclogae* 6, 13–17.

[54] Vergil *Eclogae* 6, 31–42.

[55] Möseneder (wie Anm. 8).

war, die Bobolisklaven sinnvoll unterzubringen, sondern dass sie der Kern der Konzeption sind. Sie leisteten, wie es Karl Möseneder nennt, die Konkretisierung von transgressiver Form und Inhalt innerhalb einer ikonographischen Gelegenheit.

Nicht minder wichtig als die antiken Texte war die jüngere Geschichte der Grotte. Für das Residenzschloss des französischen Königs entwarf Primaticcio eine in mehrfacher Hinsicht wegweisende Grotte. Die Architektur ging in ihrem Rustico-Charakter selbst über Giulio Romanos Palazzo del Te in Mantua hinaus,[56] an dem Primaticcio vor seinem Weggang nach Fontainebleau mitgearbeitet hatte, indem die grobe Bearbeitung der rohen Steinquader noch sehr viel mehr einen Übergangsstatus zwischen Ordnung und Höhle, zwischen Zerfall und Entstehen markiert.[57] Innen wäre generell die Verbindung von Grottenwerk, Landschaftsfresken sowie die in die Grottierung eingebundene Tierskulptur aus naturiertem Material zu nennen (Abb. 13, 14).

Für die kaum zu erkennenden, aus den Quadern gebildeten Pfeilerfiguren wurde der Deucalionmythos, obwohl anschaulich sogar näher liegend, bislang nicht in Anschlag gebracht (Abb. 15). Vielmehr wurden sie als symbolische Form für das leibfeindliche Konzept einer in ihren Körper gefangenen Seele gelesen – eine epigonale Adaption der unhaltbaren neoplatonischen Deutung des *non-finito* der Bobolisklaven.[58] Michelangelos offizieller Biograph Condivi deutet sie hingegen als Personifikationen der Künste. Mit einem Kunstkontext ist auch in Fontainebleau zu rechnen, wo Michelangelos Vorbilder als Grottenfiguren rezipiert wurden. Angespielt wird auch auf Giulio Romanos Mantuaner Gigantensturz, der als einstürzende Grotte inszeniert wird, sowie auf einige antike Statuen, darunter der Laokoon sowie

[56] Der Einfluß von Mantua auf die Grotte des Pins wurde immer schon gesehen; so auch Flaminia Bardati, La Grotte des Pins a Fontainebleau, in: Lapi Ballerini/Medri (wie Anm. 6), S. 39–47, S. 43, Die großflächige Verkleidung von Grotten mit Muscheln und ähnlichem, wie sie im Palazzo del Te anzutreffen ist, geht wiederum auf Raffaels Villa Madama zurück: „sì belli e bene accommodati quegl'animali, conchiglie et altre infinite cose somiglianti" (Vasari, wie Anm. 4, Vita des Giovanni da Udine).

[57] Noch weiter geht der Stich von Antonio Fantuzzi von 1545, der möglicherweise eine unausgeführte Planungsidee Primaticcios wiedergibt. Hier sind die Pfeilerbossen bereits mit Pflanzen überwachsen. Vgl. dazu auch Jacques Derrida, *Die Wahrheit in der Malerei*, Wien 1992, S. 81. Zu den Konsequenzen der von Derrida behandelten Problematik der Entgrenzung des Bildes für die Gartenskulptur vgl. Jürgen Wiener, Natur als Skulpturenrahmen, Skulptur als Naturrahmen, Rahmen als Naturskulptur: Rahmenphänomene in der Gartenplastik und das Labyrinth von Versailles, in: Hans Körner/Karl Möseneder (Hgg.), *Rahmen – Zwischen Innen und Außen. Beiträge zur Theorie und Geschichte*, Berlin 2010, S. 131–168.

[58] Vgl. Anm. 32.

der Hängende Marsyas. Damit kommt eine andere Antikenrekonstruktion ins Spiel, wie sie insbesondere in den Renaissancegärten Roms gepflegt wurde, wo antike Plastik die literarisch überlieferten Gärten der Antike aufleben lassen sollte. Mit diesen Antikengärten beginnt das neuzeitliche Museum.

Beides, das Museum des Antikengartens und das Museum als Nymphäum, verband sich bei der berühmten Cleopatragrotte im vatikanischen Garten. Für die Gartenkunst war sie von überragender Bedeutung, weil mit ihr der Typus des Nischennymphäums und der neuzeitliche Rustico-Dekor kreiert wurden.[59] Erstmals wurde eine hochrangige antike Statue als Kunstwerk *all' antica* rekontextualisiert,[60] indem sie als Relief in eine nahsichtige Landschaft eingebettet wurde (Abb. 16). Über einen pseudoklassischen Vers, der an einigen Exemplaren dieses Typus' wie z. B. in der Vigna Colocci angebracht war,[61] wurde der Betrachter ins Kunstwerk geholt und sein Betrachten zum unausgesprochenen sexuellen Begehren,[62] zumal nach der Cleopatra nur noch nackte Nymphen erscheinen, in deren Filiation auch die roten Mosaiknymphen der Grotta Grande stehen. Ein *missing link* auf dem Weg dorthin ist die Grotte des Kardinal Pio da Carpi, die bereits um eine – mit einem Vergilvers versehene – Hirtenfigur erweitert wurde.[63]

---

[59] Schon im Zusammenhang mit dem Garten des Giovanni Gaddi, über den Annibale Caro einen Brief schreibt (vgl. Anm. 4), wird die Vorbildlichkeit der Nischennymphäen des Belvedere („come quelli di Belvedere") überliefert (der Begriff stammt von Frank Joseph Alvarez, *The Renaissance Nymphaeum. Its origins and develpoment in Rome and Vicinity*, [Phil Diss. New York 1981] Ann Arbor 1982, S. 110). Das Vorbild wird in Rom schnell aufgegriffen: Gärten der Villa Madama, des Giovanni Gaddi, Hans Goritz, der Boccabelli, des Blosio Palladio, Agabito Bellhuomo, Vigna Colocci und Vigna Pio da Carpi.

[60] Vom konkreten Aussehen antiker Brunnenanlagen war wenig bekannt: MacDougall 1978 (wie Anm. 4), S. 94. Man kannte eine Grotte bei Neapel (Villa Leucopetrea). Unter S. Prisca hatte man einen liegenden Okeanos in einer Rustico-Grotte entdeckt. Und der Tiber und der Nil vom Kapitol waren damals noch in den ruinösen Konstantinsthermen, wo sie leicht als Grottenfiguren wahrgenommen werden konnten; vgl. Alvarez (wie Anm. 59), S. 119, der auch das Material in seinem Kapitel III zusammengefasst hat. Was von antiken Höhlen bekannt war, nennt Claudia Conforti, Il sonno, il sacro, il tempo. Indagine fra grotte e spelonche nella cultura manierista, in: Morganti (wie Anm. 14), S. 523–536, hier S. 528.

[61] Otto Kurz, Huius Nympha Loci: a pseudo-classical inscription and a drawing by Dürer, *Journal of the Warburg and Courtauld Institutes* 16 (1953), S. 171–177; Terry Comito, Beauty Bare: Speaking Waters and Fountains in Renaissance Literature, in: MacDougall 1978 (wie Anm. 4), S. 15–58.

[62] Als eindeutig sexualisiertes Phänomen erscheint es bei Ovid *Fasti* 6, 116 und 121 (Grotte, die eine Nymphe ihren Verehrern als Ort der Liebe verheißt) und 319–344 (wo sich Priapus der schlafenden Vesta nähert, die er für eine Nymphe hält); Horaz *Carmina* 1, 5, 1–4 und 2, 1, 37–40. Auf diese Texte nehmen ein Stich in der *Hypnerotomachia Poliphili* und im Umfeld Raffaels entstandene Stiche Bezug.

[63] Vergil *Georgica* 2, 467: „et secura quies et nescia fallere vita" („sorglose Ruhe und Leben in

Vasari zufolge entwarf Michelangelo die Cleopatranische. Diese Zuschreibung ist historisch wenig plausibel,[64] obwohl er für die Rekontextualisierung des männlichen Pendants, des Arno, verantwortlich war. Gleichwohl konnte im Lichte Vasaris die Integration der Sklaven in die Grotte als Referenz auf den Erfinder dieses Grottentypus gelesen werden. Über die narrative Einbindung antiker Skulptur in eine dreidimensionale Landschaft hinaus waren die sogenannten lebendigen Steine und das tatsächlich lebende Material der Pflanzen wichtig, deren Wachstum durch das als Quelle inszenierte Brunnenwasser begünstigt wird.

Der erste Bau, für den schriftlich überliefert ist, dass Pflanzen bewusst zur Gestaltung von Grotten eingesetzt wurden, ist die von Raffael entworfene Villa Madama, deren Grotesken und Grottierungsarbeiten sein Schüler Giovanni da Udine schuf.[65] Bald danach wurden für die nicht mehr vorhandene Grotte des Giovanni Gaddi eigens Löcher in die Grottendekoration eingefügt, um Grünzeug zu pflanzen.[66] Das in der Grotta Grande an den Wänden herabrinnende, gleichsam aus Quellen entspringende Wasser sorgt dabei nicht nur dafür, dass die Pflanzen nicht vertrocknen und die Fische schwimmen können,[67] sondern es ist auch für den integrierten Betrachter ein Teil der Verlebendigung, indem es den Hörsinn in angenehmer Weise stimuliert[68] – Caro

redlicher Einfalt"). Diese Stelle ist im Vergiltext mit einer Grotte und anderen idyllischen Motiven kombiniert.

64 Vasari (wie Anm. 4), *Vita des Daniele da Volterra*: „la Cleopatra, figura divina e stata fatta da' Greci, si accommodasse in quel luogo, ne fu dato, per mezzo del Buonarroto, cura a Daniello, con ordine che in detto luogo facesse di stucchi una grotta, dentro la quale fusse la detta Cleopatra collocata."

65 Vasari (wie Anm. 4), *Vita des Giovanni da Udine*: „facevano ghirlanda intorno fila di capelvenere [Frauenhaarfarn] et altre erbe artifiziosamente quivi accommodate."

66 Annibale Caro (wie Anm. 4): „buchi da piantarvi de l'erbe" und konkretisiert dies mit „capilvenere, scolopendie, musco ed altri sorti d'erbe acquaiole." Davon weiß die antike Literatur ebenso wenig wie von der nun aufkommenden Fülle an verwendeten Materialien. Ebd.: „pescetti, coralletti, scoglietti"; „per le buche granchioini, madreperle, chiocciolette". Am ausführlichsten dann Vasari (wie Anm. 4) in seiner *Introduzione* zur Architektur, Kapitel 5, wo er ebenfalls von der Verwendung von Pflanzen spricht.

67 Das ganze ist eine komplizierte Brunnenanlage, deren Wasser sich unten in einem Kanal hinter der durchgehenden Sitzbank befindet und sich zu den Ecken hin vor den Michelangelosklaven zu einem Viertelkreis verbreitert gleich einem kleinen Teich nach einem Bachlauf, dessen Lebendigkeit durch den Boden des Kanals mit verschiedenfarbigen Majoliken in Wellenform verstärkt wird. Sitze in Grotten: davon wußte der humanistisch gebildete Literaturkenner durch Vergil *Aeneis* 1, 164.

68 Dafür gibt es zahlreiche Belege. Vgl. Kurz (wie Anm. 61), außer z. B. Vasari (wie Anm. 4), *Introduzione* zur Architektur, Kap. 5: „fa dolcezza nell'udire e bellezza nel vedere", oder Caro (wie Anm. 4): „un soave romore", „con piccolo mormorio dolcemente cadere", „la musica di quelle acque".

sprach von „la musica di quelle acque" – und so den Eindruck einer natürlichen Umgebung steigert, in der wiederum das Spielen von Musik dargestellt wird. Zugleich werden dem Wasser mimetische Qualitäten zugeschrieben, wenn es als die Tränen der Verliebten beschrieben wird: „come lacrime d'innamorati".[69]

Bartolomeo Ammannati, der in den Florentiner Rechnungsbüchern als hauptverantwortlich Beteiligter der Grotta Grande geführt wird, hatte 30 Jahre zuvor für die Villa Giulia in Rom eine sehr anders geartete Grottenanlage entworfen. Gleichwohl ist neben dem großen Einsatz von Pflanzen hervorzuheben, dass nun eine fernsichtige Landschaft mit ganzen Bäumen die Flussgötter hinterfängt. Auch die materielle Einheit von Figur und Landschaft ist neu. Einen wichtigen Schritt weiter ging die Fontana Papacqua in Soriano, wo Figur und Landschaft direkt aus dem anstehenden Felsen gehauen wurden. Sie hatten die materielle Einheit mit der zugleich natürlichen und künstlichen Grotte von Anfang an. Diese Grotte kommt der Florentiner auch ikonographisch nahe, da neben lagernden Naturgottheiten auch Satyrn, ein Hirte mit Schalmei und eine Amphorenträgerin vorkommen. Deutlich geringer aber ist trotz der natürlichen Pflanzen die Darstellung des Konkretisierungsprozesses. In der materiellen Einheit fehlt noch die formale Einheit zwischen Figur und Landschaft, wie sie im Nymphäum der von Palladio entworfenen Villa Barbaro ansatzweise realisiert ist. Personifikationen dieser Art nehmen den Begriff Verkörperung wörtlich. Man soll ihnen die Natur, die sie verkörpern, auch ansehen.[70] Sie streben mehr Deckung zwischen Signifikat und Signifikant an. Dies gilt auch für die zwischen 1570 und 1600 entstandenen Grotten, die die Bezeichung *del diluvio* oder *della pioggia* haben, und wo bereits die Konnotation Sintflut impliziert ist.[71]

---

[69] Tolomei (wie Anm. 15).

[70] Dass die liegenden Frauen der Grotta Grande nicht im Verwesen begriffen sind, sondern niedere Naturgottheiten verkörpern, erschließt sich nur über deren Darstellungsgeschichte. Texte helfen hier wenig. Ihre Verschlammung zeigt sie in ihrer besonderen Bedeutung. Sie sind Personifikationen, die das, was sie darstellen (Berge, Büsche, Bäume, Bäche), formal repräsentieren. Die von ihnen verkörperte Natur soll in ihnen anschaulich sein. Sie problematisieren so die in der ersten Cinquecento-Hälfte entwickelte Emblematik zu einem Zeitpunkt, als sie in eine Phase systematischer lexikalischer Codierung eintritt (1593 erschien erstmals Cesare Ripas *Iconologia*). Sie problematisieren so die Versuche einer textlichen Semantisierung, als man an einem Punkt verschärfter Opposition von Form und Inhalt stand. In dieser Perspektive steht die Grotta Grande bereits am Übergang zum Barock.

[71] Der Name „Grotta di Diluvio" für die Grotte in Bagnaia ist erst nach 1600 überliefert. Die „Grotta della Pioggia" in Caprarola ist unsicher datiert, sicher erst um 1600 entstand die „Fontana della Pioggia" des Quirinalgartens. Sie ist sicher ein Sintflutbrunnen, denn der von

Noch wichtiger als Rom und Fontainebleau war die Florentiner Grottentradition. Niccolò Tribolos Tiergrotte in Castello war die erste begehbare, deren Wände komplett mit rohem Rusticowerk überzogen waren (Abb. 17). Unter den Deutungen dieses Buntmarmorzoos, dessen faunistische Fülle es als einzige mit der Grotta Grande aufnehmen kann, ist allein die biblische der Erschaffung der Tiere plausibel, insbesondere, seitdem Giambologna die Federtiere hinzufügte und so die Zuordnung zu den Elementen Erde, Wasser und Luft abrundete. In der Grotticina di Madama griff Tribolo die Wandgliederung von Castello auf, wandelte aber die Ikonographie bukolisch ab (Abb. 18). Neu ist die Bereicherung des Rustico-Dekor um Bäume und erstmals ist nun auch der Außenbau mit Stalaktiten und Schwämmen überzogen, die sich jedoch noch den architektonischen Strukturen unterordnen.[72]

Tribolo zog auch als erster aus Michelangelos Sklaven eine inhaltliche Konsequenz. Sie inspirierten ihn zu Inventionen, die den Zustand des *non-finito* rationalisieren, indem er sie semantisch zu Ortspersonifikationen konkretisierte. Die Personifikation der ‚Fiesole' in einem Nischennymphäum in Castello deutet den unbearbeiteten Teil der Sklaven als Grottenwerk um. Die Grotta Grande radikalisiert diese Lesart. Hier gerieten nun auch die ikonographisch unbestimmten Statuen, die der formale Ausgangspunkt der Versteinerungsassoziation waren, in den Sog dieser Deutung und werden einer Konkretisierung unterworfen. Sie werden nun als Natur-Allegorien eingesetzt, die sich in oder aus Natur verwandeln, weil sie formal bestens in das chthonische und metamorphotische Ambiente einer Grotte passen.

Schon in Pratolino hatte Bernardo Buontalenti in Kooperation mit Giambologna das *missing link* zwischen Castello und Boboligarten formuliert, wo unter den Grotten mit vollständigem Rustico-Dekor (insbesondere die Grotta del Cupido) auch eine mit Herde und musizierendem Hirten war. Sie befand sich in einem Innenraum der Kolossalfigur des Apennin, die ein Gemeinschaftswerk von Giambologna und Buontalenti und die extremste Konsequenz einer durch Michelangelo motivierten Ortspersonifikation ist. Er personifiziert nicht nur das Mittelgebirge, zu dem Pratolino gehört, sondern ist

---

Apoll am Parnass getötete Pythondrache versteckt sich hinter dem Wasservorhang in der Höhle. Der Begriff wird aber auch für eine Grotte verwendet, die Buontalenti bald nach 1570 in Pratolino einrichtete. Hier bezieht sich der Begriff vermutlich nur auf die großen Mengen an Spritzwasser. Es ist aber gut denkbar, dass ein solcher zunächst nur metaphorisch gebrauchter Begriff seine semantisch reale Umsetzung forcierte.

[72] Ein die Strukturteile infizierender Rustico-Dekor scheint mit der Grotte des Bernardo Vecchietti (Villa Riposo bei Grassina) eingesetzt zu haben.

selbst ein Felsenberg. Wie kurz danach die Naturgottheiten im Boboligarten verkörpert er die Natur, die er als Personifikation darstellt. Die Invention besteht in einer Gestalt, die im Kontur einem Berg entspricht und sich auf einem Fels erhebt, als würde sie sich, die ganz aus Erde zu sein scheint, aus der Erde heraus verleiblichen und zugleich matt in sie zurücksinken, denn der Apennin ist ein alter Mann, der scheinbar schon seit ewigen Zeiten da ist und mit der Zeit zunehmend mit dem Personifizierten identisch wird. Er steuert, linguistisch gesprochen, auf eine Einheit von Signifikat und Signifikant zu. Als Figur – gemeint als Statue wie als Person – ist er bereits wieder im Versteinern begriffen und bietet zugleich Pflanzen einen Ort zu wachsen. Diese Figur ist – konzeptionell wie formal – die unmittelbare und die wichtigste Voraussetzung für die Grotta Grande, wo das Spiel der Konvergenz von Signifikat und Signifikant ins Unheimliche, Capriccio-Hafte und Groteske weiter getrieben wurde.[73]

Der Apennin war die wichtigste Voraussetzung der Grotta Grande. Mit ihm kehren wir zu Ovid zurück, und zwar zur Beschreibung des Atlas: „Groß, wie er war, wurde Atlas zum Berg: Bart und Haare wachsen sich zu Wäldern aus, Schultern und Arme bilden Bergjoche; was vorher das Haupt war, ist jetzt der Gipfel; die Knochen werden zu Stein."[74] Die Umkehrung des Deucalionmythos, von der Figur zum Stein, verweist nicht minder auf das Element Erde, allerdings als nachgeschaltete Metamorphose, denn Berge gehen aus dem Wasser hervor.[75] Anders als in der Antike, in der eher die Vorstellung von den lebendigen Steinen begegnet, drehten sich die zeitgenössischen Überlegungen zur Begründung des Rustico-Dekors in den Grotten um die Petrifizierung von Wasser, die in letzter Konsequenz zur mimetischen Petrifizierung von Natur in der Skulptur führt und dadurch elementar zur Begründung der Anfänge von Kunst beiträgt.[76] Wesentlicher Bestandteil ist das tropfende Wasser in Grotten, denn dieses führt kontinuierlich weiter, was einst die Bildung der verwendeten Naturmaterialien bewirkt hatte. Zunächst kryptisch anmutende Begriffe wie *acqua petrificata*, *acqua congelata* oder *colatura*

[73] Die Lesart, die auf das Groteske bzw. das Capriccio zielt, bestätigt ein römischer Brunnen. 1596/97 gab es Zahlungen für einen Zwergenbrunnen: MacDougall 1978 (wie Anm. 4), S. 105 sowie Quellenanhang S. 112 f.: „la fontana dove sone li nani"; „nanni fatti di sassetti rossi et verde et parte di tartari". Hier wird ganz offensichtlich schon auf die Grotta Grande reagiert.

[74] Ovid *Metamorphoses* 4, 657–662.

[75] Siehe Anm. 48.

[76] Möseneder (wie Anm. 23), S. 37, 42, hat gezeigt, dass genau dies das eigentliche Thema von Montorsolis Tritonenbrunnen in Genua ist: vom Wasser zum Stein zur Kunst und wieder zurück.

d'acqua, pietre formate dall'Acqua verweisen auf die Genese des Elementes Erde aus dem Element Wasser. Die Grotte ist der logische Ort, dies ins Bild zu setzen.[77]

Wenn die Prozesse der Natur durch den Menschen weiter geführt werden, entsteht, was der Humanist Jacopo Bonfadio *terza natura* nannte.[78] Die dritte Natur meint die Ununterscheidbarkeit von Natur und Kunst, weil längst schon das eine nicht ohne das andere existiert, weil sich Menschen die Natur angeeignet haben.[79] Und dies bedeutet auch, dass, wenn die Regelsysteme des Menschen – und es ist dies zunächst der Fleiß der Landleute, wie Bonfadio sagt – in der Natur einmal gegriffen haben, die Natur auch nach den Regeln der Kunst funktioniert: „la natura incorporata con arte è fatta artefice, e connaturale de l'arte." Die Grotten aber, und mehr als jede andere die Grotta Grande, handeln genau darüber. Sie stellen dar, was mit den Grotten geschieht, wenn man sie ihrem autopoietischen Wirken überlässt. Davon spricht kein Text: die Grotten tun so, als wären sie so erst in einer langen Geschichte entstanden; sie simulieren also Geschichtlichkeit, die sie dann in der Realität einzuholen versuchen, wenn ihnen die Denkmalpfleger nicht dazwischen kommen. Sie stellen ihre zukünftige Geschichte dar, die zugleich auf die Geschichte ihrer Ursprünge zurückverweist.

Die doppelte Bedeutung der Naturnachahmung ist hier verbildlicht: Kunst ist die Fähigkeit der äußeren Wiedergabe des in der Welt Vorhandenen, und die Fähigkeit, im Kunstwerk das Schöpferische des Schöpfers nachzuahmen. Dieser gemeinsame Nenner wird zum eigentlichen Bildthema der Grotta Grande, das sich selbstreferentiell und selbstreflexiv zur Aufgabe verhält und zugleich eine dreifache *aemulatio* enthält.

1) Die *aemulatio* von Kunst und Natur in ihren schöpferischen und mimetischen Anteilen. Die Kunst demonstriert ihre Macht über die Natur, weil sie

[77] Francesco Monicelli, Tartari, gromme, fromboli e fritte nelle grotte di villa, in: ders., *Scultura in villa nella Terraferma Veneta, nelle Terre dei Gonzaga e nella Marca Anconetana*, San Giovanni Lupatoto 2004, S. 180–213.

[78] Jacopo Bonfadio, Il paessagio del Garda 1541, in: Azzi Visentini (wie Anm. 2), S. 136–139, hier S. 239. Bonfadio war in Rom befreundet mit Annibale Caro und Kardinal Pio da Carpi, die theoretisch oder praktisch mit Grotten befasst waren. Allerdings bezieht sich das Wort von der *terza natura* nicht auf die Grotten, sondern auf die Kulturlandschaft im Allgemeinen. Für die Grotte ist dabei aber maßgeblich, dass „la industria de' paesai ha fatto tanto, che la natura incorporata con l'arte è fatta artefice, e connaturale de l'arte, e d'amendue è fatta una terza natura, a cui non saperei dar nome."

[79] Die Evolution von Natur und Mensch ist hier auch in der Architektur angezeigt, da es nun bereits zu regelmäßigen Bildungen in Form von Lauben kommt. Ebenso ist es mit den Arbeiten im Gebirge.

Werden und Vergehen den Anschein von Dauer zu geben vermag. Indes wird das Thema um so anschaulicher, je mehr die Bobolisklaven von ihrem Ambiente infiziert und selbst mit Moosen und Flechten überzogen oder zu Tropfsteinen werden. Das paradoxale Verhältnis von Dauer und Vorläufigkeit in produktiven Prozessen ist unauflösbar. 2) Die *aemulatio* von Text- und Bildkunst. Das permanent produktive Kunstwerk entwirft von der Schöpfung im Medium Grotte ein Bild, wie es die darauf beziehbaren Texte nicht leisteten, weil in der Grotte Darstellung und Dargestelltes konvergieren. Darin sind ein Autonomiediskurs und eine Absage an eine bloß bebildernde Programmkunst enthalten. Inhalt ist hierbei ein Effekt der Form und der ikonographischen Gelegenheit. 3) Die *aemulatio* der Gattungen. Die Grotte ist in ihrem *ordine disordinato* eine Absage an den Paragonestreit, also den damaligen Rangvergleich der Kunstgattungen, denn die Grotta Grande funktioniert nur im Zusammenwirken von Skulptur, Malerei und Architektur. Die wichtigste ist darunter die Skulptur, die meist am schlechtesten wegkam. Das naturierte Material hält die Gattungstrias zusammen, weil es alle drei Gattungen als im Entstehen begriffen ausweist. Das war nur möglich, weil das Material sich selbst und etwas von ihm Unterschiedenes repräsentiert.

Dieser ins Grundsätzliche des Poetischen zielende Diskurs ist zugleich ein Diskurs über den exemplarischen Künstler Michelangelo, und die Grotta Grande eines der Medien, mit denen der *divino* als Florentiner Künstler inszeniert wird.[80] Mit dem nur ihm zugestandenen Adjektiv *divino* wurde ihm wie keinem zweiten die Fähigkeit zugebilligt, sich mit dem Schöpfer zu messen. Und wie kein anderer vor oder nach ihm steht er für die Einheit der drei Gattungen, die aber der Skulptur als der ursprünglichsten den Vorrang einräumt. Und wie kein anderer zuvor distanzierte er sich von den beiden wichtigsten normativen Ordnungssystemen: zur Mimesis (in der objektivierten Form der Zentralperspektive und in der Forderung nach einem eindeutigen Text-Bild-Bezug) und zur Säulenordnungslehre. Die Bobolisklaven wurden nicht gewählt, weil sie damit endlich einer sinnvollen Verwendung zugeführt waren. Sie, die schon länger als Personifikation der Künste galten, ohne eindeutiges

[80] Diese Inszenierung als Selbstthematisierung des Kunstsystems Garten erfolgte zu einem Zeitpunkt, als es einerseits eine ziemliche Wegstrecke seit der beginnenden Neuerfindung des antiken Gartens hinter sich hatte – und daher eine Summe der Möglichkeiten des Cinquecento zieht – und es andererseits im Begriff ist, zu einer *conditio sine qua non* einer anspruchsvollen Herrschaftsrepräsentation im öffentlichen Raum zu werden. Und es passiert in einem Augenblick, als man wohl auch in Florenz ahnt, dass der absolute Führungsanspruch in Sachen Kunst nicht mehr haltbar ist.

Bildzeichen zu sein, waren vielmehr der Kern, um den herum die Grotte im Lichte Michelangelos ihren komplexen naturphilosophischen Bilddiskurs zu den korrelierenden Themenfeldern Kunst und Kreativität, Künstlichkeit und Natürlichkeit entfaltet.[81] In ihrer formalen Metamorphose zwischen homogenem Stein und Figur ist unmittelbar anschaulich, was Michelangelo selbst über die Bildhauerei sagte: Die Figur sei, wie er letztlich im Rekurs auf Leon Battista Alberti *De statua* ausführt, bereits im Steinblock vorhanden und man müsse sie nur herausholen. Ob Versinken im Schlamm oder Hervorgehen aus dem Schlamm, ob Verwandlung von Stein in Menschen oder Versteinerung der Menschen: Immer ist die Gattung Skulptur unmittelbarer an das Mimesispostulat von Kunst geknüpft als Malerei oder Architektur; und in der konkreten Form ersetzen die Bobolisklaven ja auch die tragenden, genuin ordnenden Teile der Architektur, wie sie in den Säulen gegeben sind.

Mimesis in der Grotta Grande ist keine Mimesis im landläufigen Sinn. Hier werden vielmehr imaginäre und reale Bilder ineinander projiziert, die alle um dasselbe Bedeutungsfeld zirkulieren. Man könnte sie wie das Material des petrifizierten Wassers als Sedimente beschreiben, die so ineinander geschichtet sind, dass ein mimetischer Bezug von Kunst auf die Texte gar nicht entstehen kann.[82] Es ist ein assoziatives Vorgehen, kein programmatisches und gerade deswegen gedanklich so produktiv im Betrachter, dem keine affirmativen Belehrungen gemacht werden. Die Grotte hat daher auch kein Thema, sondern nur ein Metathema. Weit entfernt von Okkultismus ist die Grotte eine historische und systematische Selbstbefragung des heteropen Kunstorts Garten als eines Bildes von Welt. Hier ist nichts geheim. Alles liegt an der dreckigen Oberfläche von Poiesis und Autopoiesis.

[81] Tatsächlich handelt Bocchi (wie Anm. 8) in erster Linie von Michelangelo, und nicht von der Grotte.

[82] So zuletzt Hervé Brunon, Du Songe de Poliphile à la Grande Grotte de Boboli: la dualité dramatique du paysage, *Polia* 2 (2004), S. 7–26.

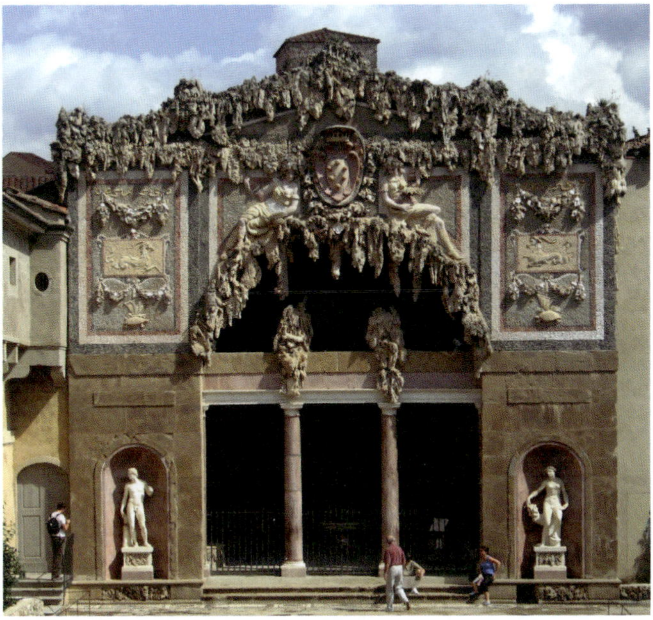

Abb. 1: Florenz, Boboligarten Grotta Grande, Fassade von Giorgio Vasari und Bernardo Buontalenti

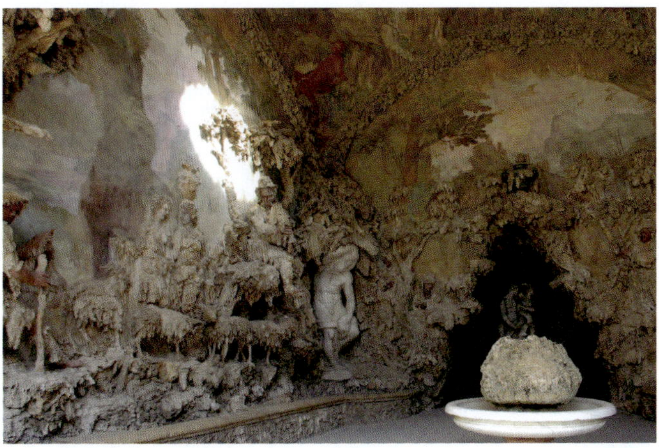

Abb. 2: Grotta Grande, Erster Raum, Entwurf von Bernardo Buontalenti, Ausführung durch Bernardo Poccetti (Fresken) und Piero di Tommaso Mati (Reliefs)

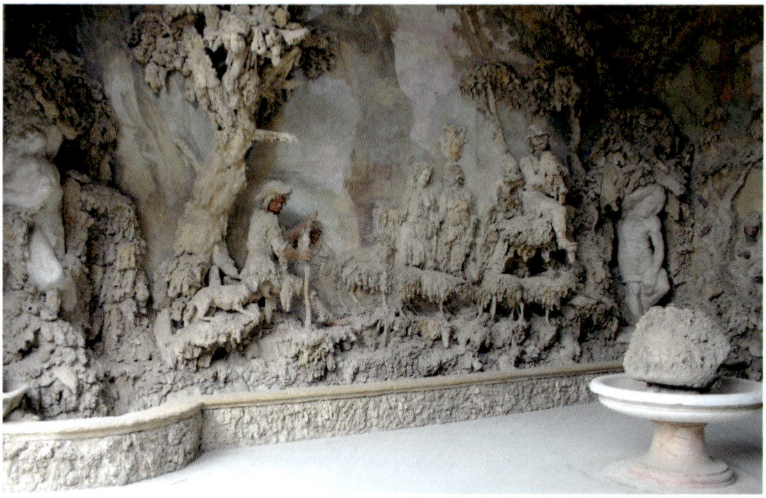

Abb. 3: Grotta Grande, Erster Raum, Entwurf von Bernardo Buontalenti, Ausführung durch Bernardo Poccetti (Fresken) und Piero di Tommaso Mati (Reliefs)

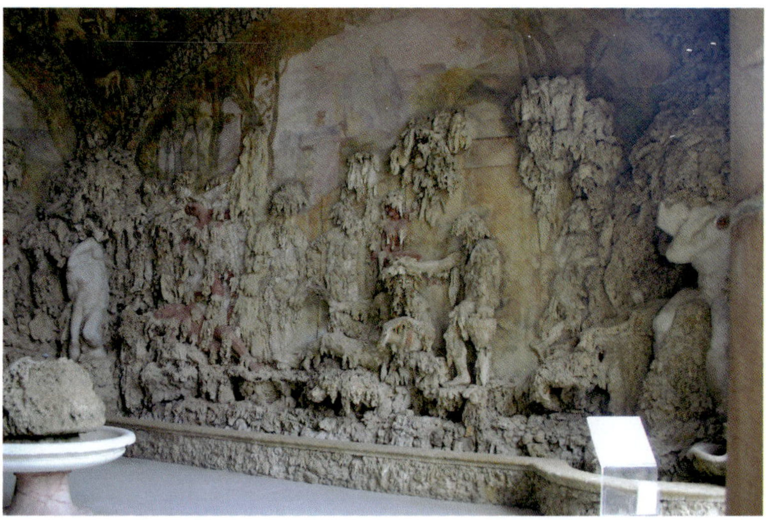

Abb. 4: Grotta Grande, Erster Raum, Entwurf von Bernardo Buontalenti, Ausführung durch Bernardo Poccetti (Fresken) und Piero di Tommaso Mati (Reliefs)

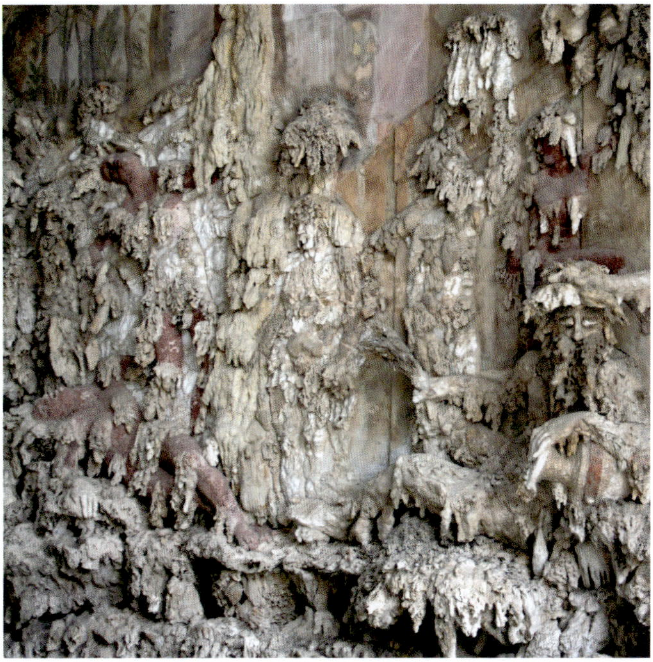

Abb. 5: Grotta Grande, Reliefs von Piero di Tommaso Mati

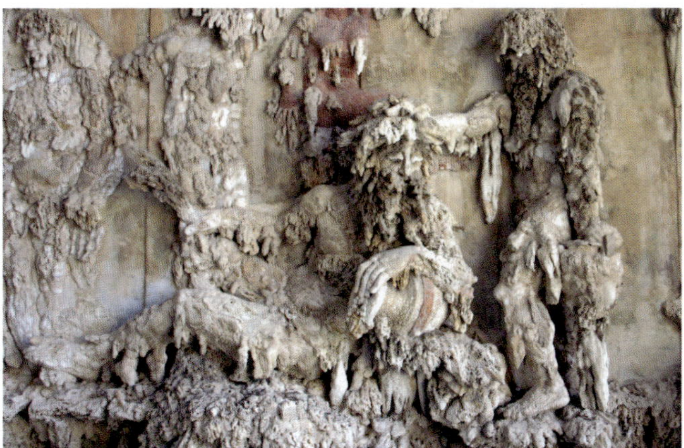

Abb. 6: Grotta Grande, Reliefs von Piero di Tommaso Mati

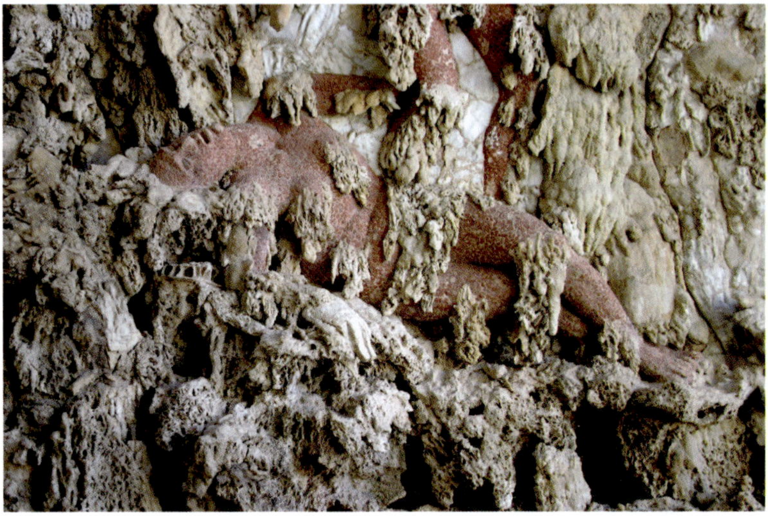

Abb. 7: Grotta Grande, Reliefs von Piero di Tommaso Mati

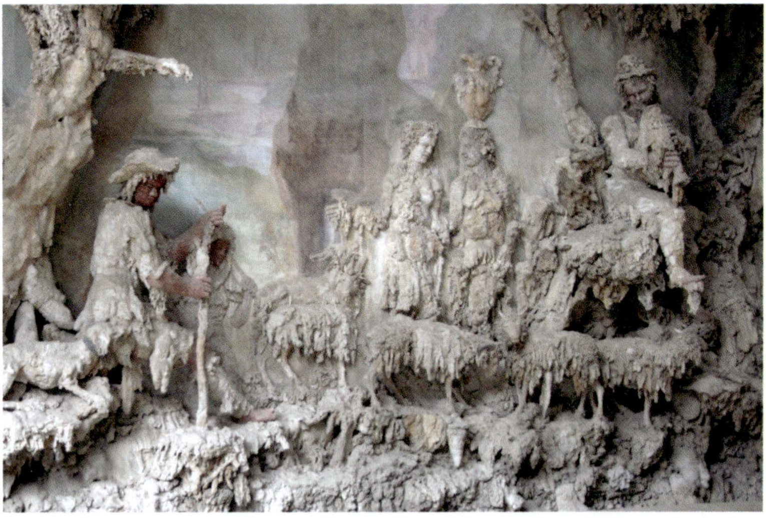

Abb. 8: Grotta Grande, Reliefs von Piero di Tommaso Mati

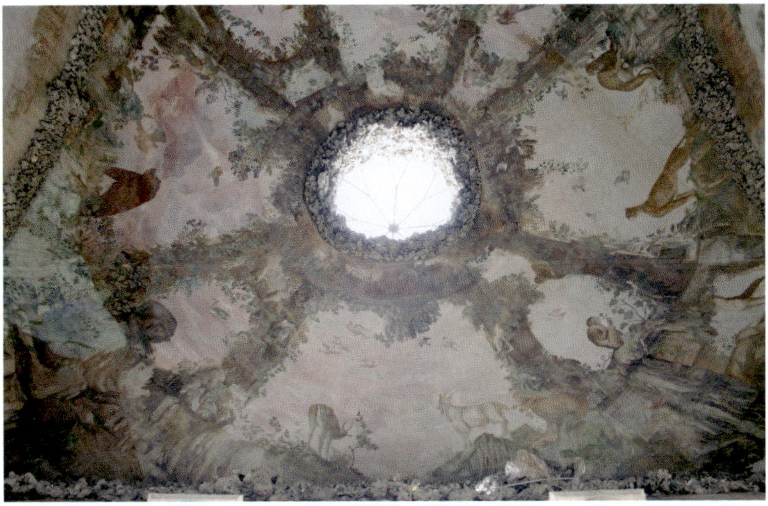

Abb. 9: Grotta Grande, Decke mit den Fresken von Bernardo Poccetti

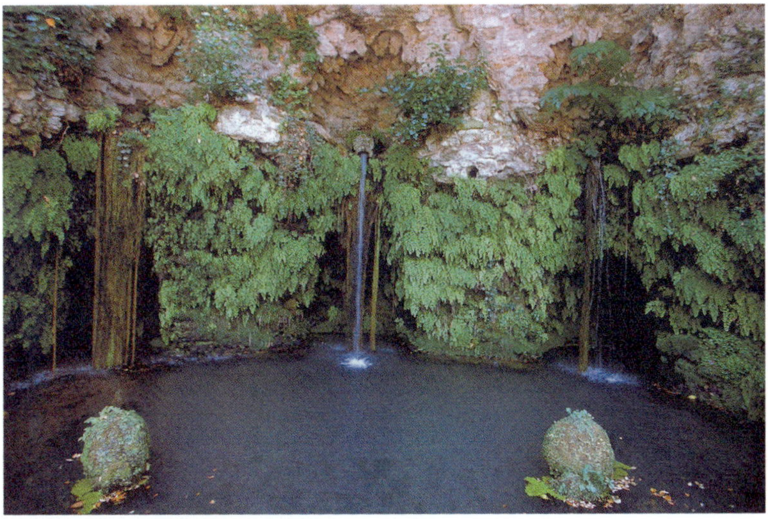

Abb. 10: Bagnaia, Villa Lante, Grotta del Diluvio

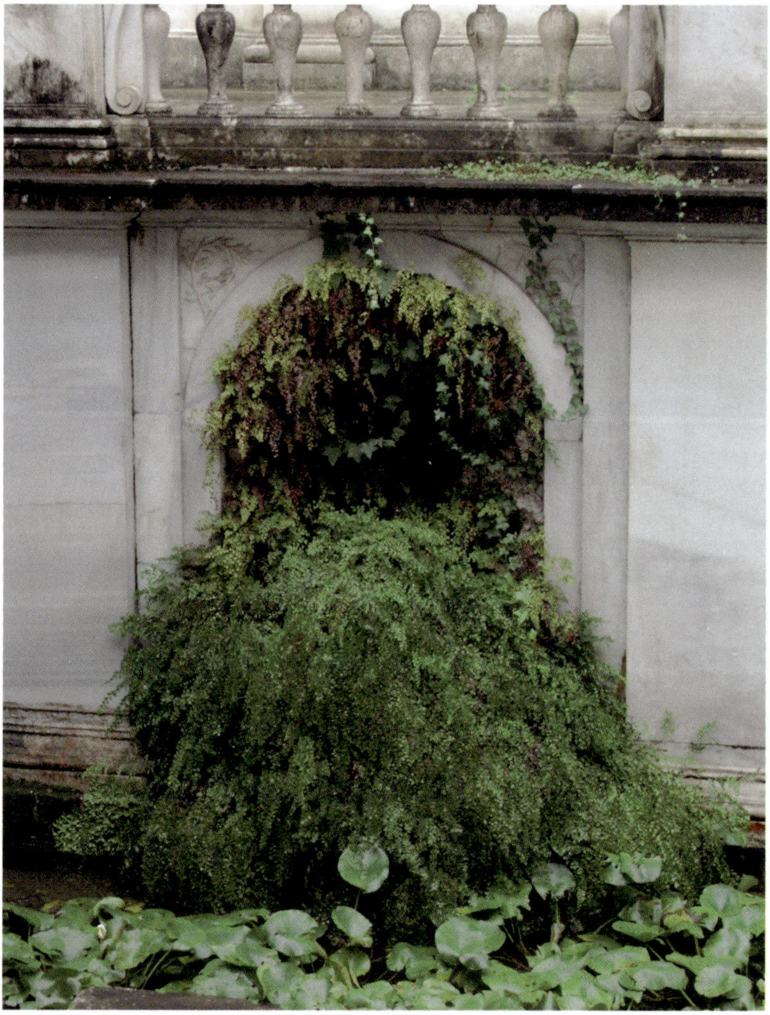

Abb. 11: Rom, Villa Giulia von Bartolomeo Ammannati, Grottennische

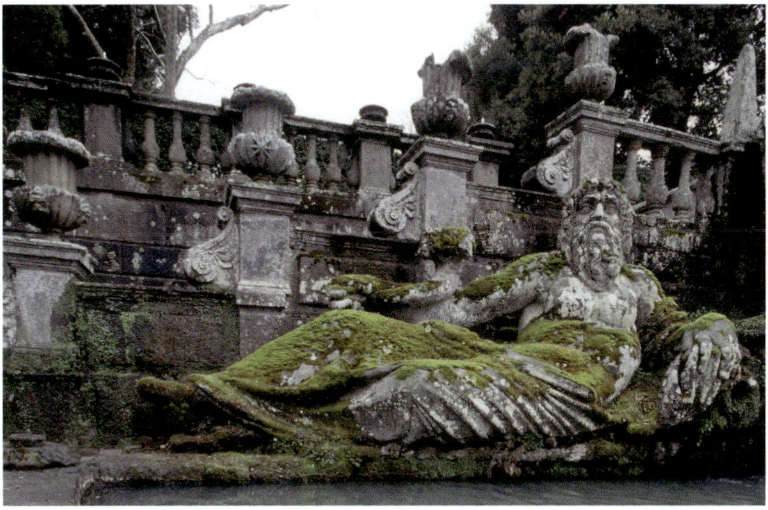

Abb. 12: Bagnaia, Villa Lante, Flußgott an der Kaskade

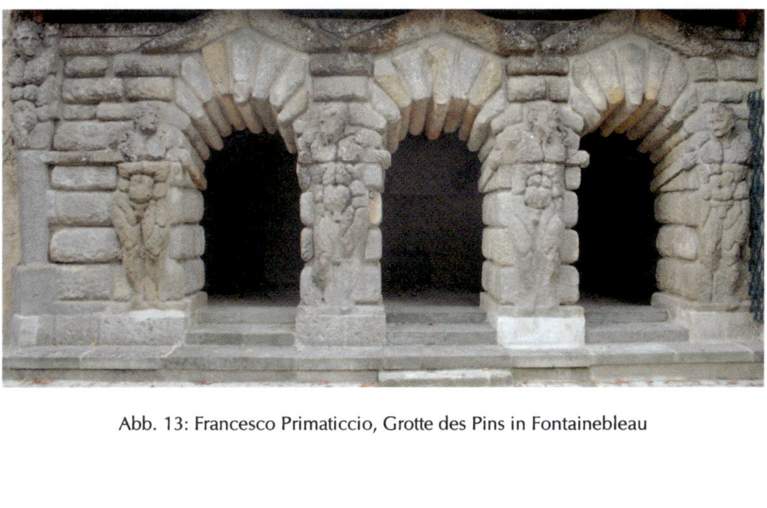

Abb. 13: Francesco Primaticcio, Grotte des Pins in Fontainebleau

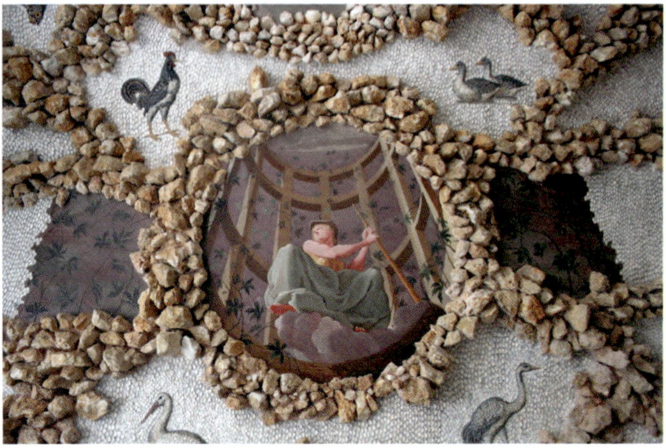

Abb. 14: Francesco Primaticcio, Deckenfresko der Grotte des Pins in Fontainebleau

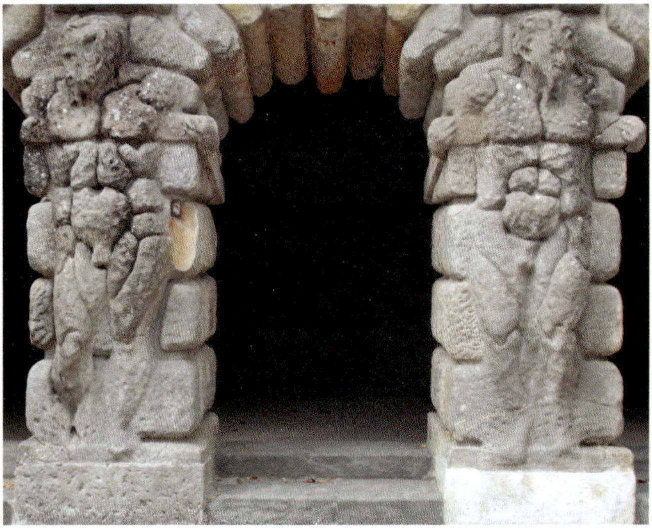

Abb. 15: Francesco Primaticcio, Pfeiler der Grotte des Pins in Fontainebleau

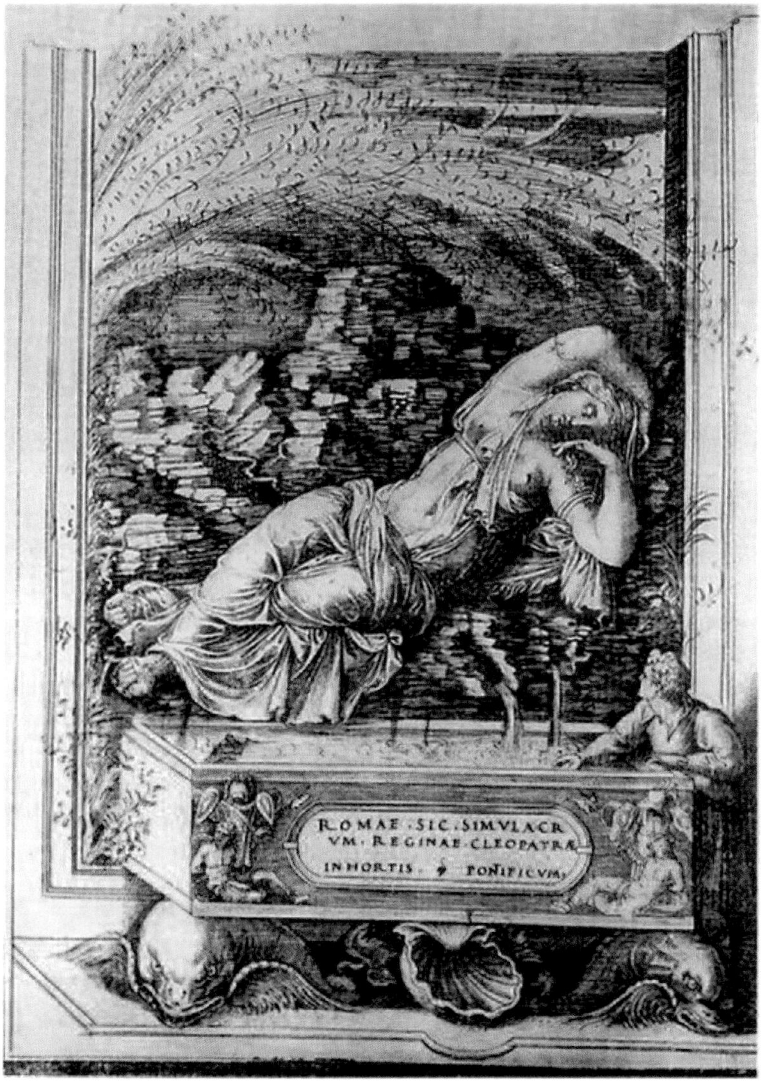

Abb. 16: Francisco de Holanda, Stich nach dem Brunnen der Cleopatra im Cortile delle statue des Vatikan

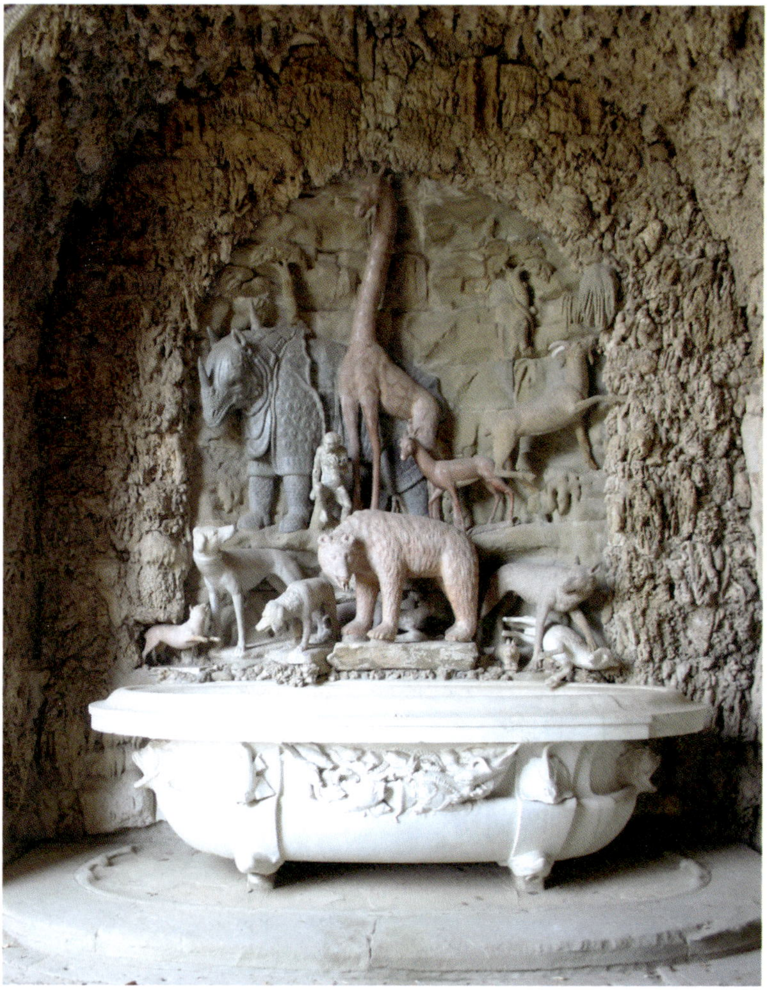

Abb. 17: Niccolò Tribolo, Tiergrotte Villa Medicea in Castello

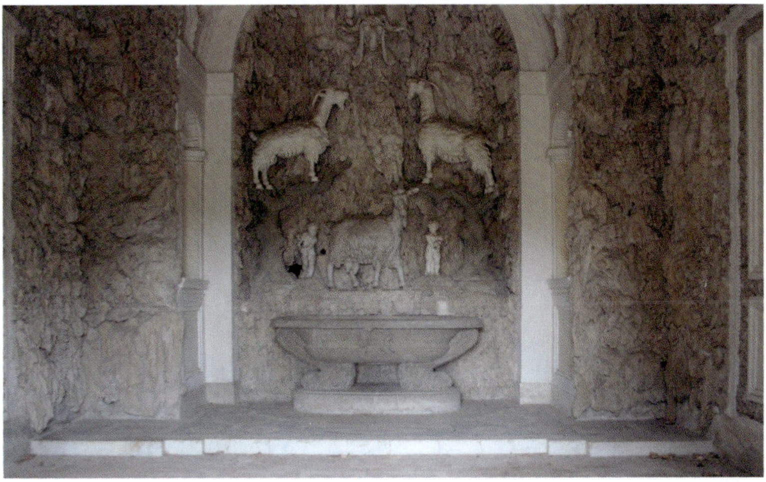

Abb. 18: Niccolò Tribolo (Entwurf), Grotticina di Madama im Boboligarten in Florenz

Abbildungsnachweise

Archiv des Verfassers, 1–9, 11–15, 17, 18
Mediathek des Instituts für Kunstgeschichte der Heinrich-Heine-Universität: 10, 16

Hans Körner

Die ‚Träume' der Kunst und die Erschaffung der unwirklichen Dinge. Ornamentale ‚Kunst-Stoffe' und Ornament-Figuren

Löffel und Monstren

1450 verfasste der Brixener Bischof Nicolaus Cusanus den Dialog *Idiota de mente* (Der Laie über den Geist), der 1488 im Druck erschien.[1] In der Rahmenhandlung des Dialogs stattet der Philosoph in Begleitung des Rhetors dem Laien einen Besuch ab. Er findet ihn bei einer Tätigkeit, die ihn in Erstaunen setzt. Der für seine Klugheit bekannte Laie schnitzt einen hölzernen Löffel. Weshalb er sich nicht zu schade sei, so geringe Dinge wie einen Löffel zu fertigen, darüber belehrt der Laie den Philosophen so:

Das Löffelschnitzen sei keineswegs eine mindere Tätigkeit, sondern rühre an das Höchste, was Menschen zu tun in der Lage seien. Maler und Bildhauer schüfen ein Spiegel-Bild der sichtbaren Wirklichkeit. Die sichtbare Wirklichkeit sei aber selbst wieder eine abgeleitete. Der wahre Künstler sei somit nicht derjenige, der die gewordene Natur verdoppelt, sondern derjenige, der mit seiner Nachahmungskraft auf die göttliche Schöpferkraft selbst, also auf die „unendliche Kunst (als) das Urbild aller Künste" sich beziehe.[2]

> Der Löffel hat außer der Idee unseres Geistes kein Urbild. Ein Bildhauer oder Maler entnimmt seine Urbilder den Dingen, die nachzubilden er bemüht ist. Ich hingegen, der ich aus Holzstücken Löffel und aus Ton Schüsseln und Töpfe mache, tue das nicht. Denn bei dieser Tätigkeit bilde ich nicht die Gestalt irgend eines natürlichen Dinges nach. Formen von Löffeln, Schüsseln und Töpfen werden allein durch menschliche Kunst zur Vollendung gebracht. Demzufolge ist meine Kunst vollkommener als diejenige, welche geschaffene Figuren nachahmt; darin ist sie der unendlichen Kunst ähnlicher.[3]

---

1 Das folgende wiederholt leicht verändert eine Passage aus Körner 1995, S. 123.

2 „Sicque necesse erit infinitam artem omnium artium exemplar esse principium, medium, finem, metrum, mensuram, veritatem, praecisionem et perfectionem." Nikolaus von Kues *Idiota de mente* 1967 S. 490–493.

3 „Coclear extra mentis nostrae ideam aliud non habet exemplar. Nam etsi statuarius aut pictor trahat exemplaria a rebus, quas figurare satagit, non tamen ego, qui ex lignis coclearia et scutellas et ollas ex luto educo. Tales enim formae cocleares, scutellares et ollares sola humana

Was der Kusaner zur Sprache brachte, ist zunächst eine aktualisierte Fassung der platonischen Ideenlehre, und sie mündet in eine Theorie der Erkenntnis und der Begriffsbildung. Die Löffelherstellung hat in diesem Zusammenhang symbolischen Charakter. Aber es ist die Akzentuierung dieses *Symbols*, die für die neuzeitliche Vorstellung vom künstlerischen Schöpfungsakt von Belang ist. Anders als Platon in seiner Kritik an den nachahmenden Künsten gelangte Nicolaus Cusanus zu einer Apologie des Artefaktes und damit zu einer neuen Definition der menschlichen Kreativität. Mit der Schöpfung künstlicher Dinge werde der Mensch „zum zweiten Gott". Diese Folgerung zog Nicolaus Cusanus im Dialog *De Beryllo*: Hermes Trismegistos „habe gesagt, der Mensch sei ein zweiter Gott. Denn so wie Gott der Schöpfer der wirklich seienden und der natürlichen Formen ist, ist der Mensch der Schöpfer der Verstandesdinge und der künstlichen Formen (creator … formarum artificialium)".[4]

Federico Zuccari stand seit 1593 der römischen Academia di San Luca vor. Sein kunsttheoretisches Hauptwerk, die *Idea de' pittori, scultori, et architetti* von 1607, betont die Nähe des künstlerischen Ingeniums zum Schöpfergott.[5] Indem Gott den Menschen nach seinem Bilde geschaffen habe, habe er

> ihm auch die Fähigkeit verliehen, in sich selbst eine innere intellektuelle Vorstellung zu bilden, auf daß er mit ihrer Hilfe alle Geschöpfe erkennen und in sich selbst eine neue Welt zu formen vermöge, und auf daß er kraft dieser inneren Vorstellung, es gleichsam Gott nachtuend und mit der Natur wetteifernd, unendliche künstlerische, aber der Natur ähnliche Dinge hervorbringen […] könne.[6]

Die Umsetzung des inneren Bildes (*disegno interno*) in das ausgeführte Werk (*disegno esterno*) kann Zuccari zufolge auf drei Arten erfolgen. Die erste ist die Nachahmung des von Gott Geschaffenen; die zweite Art ist die Erfindung

arte perficiuntur. Unde ars mea est magis perfectoria quam imitatoria figurarum creatarum, et in hoc infinitae arti similior." Nikolaus von Kues *Idiota de mente* 1967 S. 492 f. Vgl. Pochat 1986, S. 221.

4 „Quarta adverte Hermetem Trismegistum dicere hominem esse secundum Deum. Nam sicut Deus est creator entium realium et naturalium formarum, ita homo rationalium entium et formarum artificialium." Nikolaus von Kues *De beryllo* 1967 S. 9. Vgl. Pochat 1986, S. 220.

5 Zu Zuccaris Theorie der künstlerischen Erfindung v. a. Kanz 2002, S. 182 ff.

6 „Iddio […] avendo per la sua bontà, e per mostrare in picciolo ritratto l'eccellenza dell'arte sua divina, creato l'uomo ad imagine e similitudine sua, […] volle anco darli facoltà di formare in se medesimo un Disegno interno intellettivo, acciocchè col mezzo di questo conosce tutte le creature e formasse in se stesso un nuovo Mondo […]; ed inoltre acciocchè con questo Disegno, quasi imitando Dio ed emulando la Natura, potesse produrre infinite cose artificiali simili alle naturali […]." Zitiert nach Erwin Panofsky, *Idea. Ein Beitrag zur Begriffsgeschichte der älteren Kunsttheorie*, Leipzig/Berlin 1924, S. 108.

von Historien und Poesien, wobei der Künstler sich vom Prinzip der „Wahrscheinlichkeit" leiten lässt. Als dritte Spezies des *disegno esterno* führte Zuccari in diesem Kapitel seines Traktats „diejenige (an), die all das darstellt, was der menschliche Geist, die Phantasie und das Capriccio welcher Kunst auch immer erfinden kann."[7] Auf sich selbst bezogen und abgekehrt von der Außenwelt erschaffe der Künstler hier Unwirkliches, Phantastisches.

Obgleich Zuccari diesen Hervorbringungen einer frei schweifenden, vom Regelwerk entpflichteten Kunst nicht die Vollkommenheit attestierte, die die Naturnachahmung und die Erfindung von Historien und Poesien erreichen könne, und auch wenn er solche kapriziösen Erfindungen vom Sakral-Raum ferngehalten wissen sollte, legte Zuccari doch eindringlich dar, dass sie (im dekorativen Rahmen) nicht nur zulässig, sondern notwendig seien, denn in den regellosen, naturfernen Werken der Kunst sprächen sich „der menschliche Geist, die Phantasie und das Capriccio" am reinsten aus.

Man darf die Aufwertung der Erschaffung künstlicher Dinge bei Nicolaus Cusanus mit Zuccaris Plädoyer für die künstlerische Schöpfung phantastischer, imaginärer Dinge nicht zu eng zusammenführen. Die Dialoge des Kusaners sind keine kunsttheoretischen Traktate, und Löffel und Töpferware haben nichts Bizarres und Phantastisches an sich. Zudem betonte Zuccari die Teilhabe des Künstlers am „göttlichen Funken" gerade bezüglich der der Naturnachahmung verpflichteten künstlerischen Schöpfungen. Doch trotz aller Unterschiedlichkeit was Kontext, Intention und Adressatenkreis anbelangt, kommen die „künstlichen Formen", die Nicolaus Cusanus einer „vollkommeneren" Kunst zuschrieb, und die phantastischen Erfindungen, in denen sich Federico Zuccaris „Disegno esterno artificiale fantastico" manifestiert, doch darin überein, dass jeweils die Abkehr vom Naturvorbild mit einem höheren Begriff von Kreativität (Nicolaus Cusanus) oder mit einem gesteigerten Grad an individueller Kreativität (Federico Zuccari) verknüpft wird.

Die „Grillen" (*ghiribizzi*), an die Federico Zuccari bei der Definition des Aufgabenfeldes einer aus sich selbst unter Absehen vom Wirklichen und Wahrscheinlichen wirkenden künstlerischen Phantasie dachte, waren wohl in erster Linie Ornamentgrotesken. Sein frühverstorbener Bruder Taddeo hatte mit den Groteskenmalereien des Palazzo Farnese in Caprarola sein Hauptwerk hinterlassen, Dekorationsarbeiten, an denen der junge Federico beteiligt war (Abb. 1). An solchen Malereien schieden sich im 16. Jh. die Geister.

---

[7] „Questa terza specie è quella, che rappresenta tutto quello, che la mente humana, la fantasia, & il capriccio di qual si voglia arte può inuentare." Zuccari 1607, S. 17.

Daniele Barbaro bezeichnete die Ornamentgrotesken als Ausgeburten von Träumen, als „sogni della pittura“.[8] Damit die „monströsen Dinge“ von der Phantasie erzeugt werden können, müssen „unsere Sinne durch den Traum verschlossen werden“.[9] Das so begründete negative Urteil Barbaros deckt sich mit dem Urteil des antiken Architekturtheoretikers Vitruv, dessen *Zehn Bücher über Architektur* Barbaro 1556 in einer ersten und 1567 in einer zweiten Auflage ediert und kommentiert hatte.

Vitruv müssen Beispiele des sogenannten „Dritten Stils“ der römischen Wandmalerei vor Augen gestanden haben (Abb. 2, 3), als er klagte, dass man statt dem eigentlichen Geschäft der Malerei, der „Nachbildung von wirklichen Dingen“ sich zu widmen, „lieber Ungeheuerlichkeiten“ male.

> An Stelle von Säulen setzt man kannelierte Rohrstengel, an Stelle von Dachgiebeln *appagineculi* (geriefelte Häklein[10]) mit gekräuselten Blättern und Voluten, ferner Lampenständer (*candelabra*), die die Gebilde kleiner Tempel tragen, über deren Giebel sich zarte Blumen aus Wurzeln mit Voluten erheben, auf denen sinnlos kleine Figuren sitzen, ferner Pflanzenstengel mit Halbfiguren, von denen die einen Menschen-, andere Tierköpfe haben. So etwas aber gibt es nicht, kann es nicht geben, hat es nicht gegeben. Wie kann nämlich ein Rohr, ein Dach oder ein Lampenständer den Schmuck eines Giebels oder ein so zarter und biegsamer Stengel ein darauf sitzendes Figürchen tragen, oder wie können aus Wurzeln und Stengeln bald Blumen, bald Halbfiguren hervorsprießen?[11]

Die Regeln der Naturnachahmung werden in solchen Dekorationen konterkariert, der Anspruch auf Bildhaftigkeit blieb gleichwohl erhalten. Daraus, nicht allein aus der Heterogenität der Bestandteile der monströsen Bildungen, resultieren Spannungen, groteske Spannungen.[12] In dieser Spannung richtete sich die frühneuzeitliche Ornamentgroteske von ihren Anfängen bis zu ihrem Ende in der zweiten Hälfte des 18. Jh. ein.

---

8 Daniele Barbaro, zitiert nach Barocchi; *Vitruvio* 1977, Bd. III, S. 2634.

9 „[...] cose mostruose e tali, quali ci rappresenta la fantasia, quandi i nostri sentimenti sono chiusi dal sonno.“ Daniele Barbaro, zitiert nach Barocchi; *Vitruvio* 1977, Bd. III, S. 2635.

10 Übers. nach Chastel 1997, S. 33.

11 „Nam pinguntur tectoriis monstra potius quam ex rebus finitis imagines certae: pro columnis enim struuntur calami striati, pro fastigiis appagineculi cum crispis foliis et volutis, item candelabra aedicularum sustinentia figuras, supra fastigia eorum surgentes ex radicibus cum volutis teneri flores habentes in se sine ratione sedentia sigilla, non minus coliculi dimidiata habentes sigilla alia humanis, alia bestiarum capitibus. Haec autem nec sunt nec fieri possunt nec fuerunt. Quemadmodum enim potest calamus vere sustinere tectum aut candelabrum ornamenta fastigii, seu coliculus tam tenuis et mollis sustinere sedens sigillum, aut de radicibus et coliculis ex parte flores dimidiataque sigilla procreari?.“ Vitruv 1976, S. 332–335

12 Zur grotesken Spannung vgl. v. a. Bauer 1962, Piel 1962.

Die zitierte Passage aus den *Zehn Bücher über Architektur* war in der frühen Neuzeit allgemein bekannt, ebenso der Spott des Horaz über die Laune des Malers, der ein Menschenhaupt auf den Nacken eines Pferdes setze oder eine schöne Frau male, die „zuunterst [...] als hässlicher grauer Fisch" endigt. Horaz stellte diese Abwertung des grotesken Dekorationssystems seiner Poetik voran, um mit diesem Beispiel die Literaten davor zu warnen, „wie ein Kranker im Fiebertraum unwirkliche Einzelglieder" zu reihen.[13]

Es ist, wie eine Anspielung im Architekturtraktat Albertis nahe legt, mehr als wahrscheinlich, dass Reste antik-römischer Dekorationsmalereien schon vor dem späten 15. Jh. bekannt waren.[14] Doch erst als um 1480 unter den Ruinen der Trajansthermen der Palast Neros, das sogenannte Goldene Haus, gefunden wurde, Räumlichkeiten, die man, weil sie schon unter Trajan mit Bauschutt angefüllt und als Fundamente für die Thermen genutzt wurden, als „Grotten" bezeichnete, erst als allmählich die Decken- und Wandekorationen dieser vermeintlichen Grotten sichtbar wurden, die man dem unterirdischen Fundort gemäß als „Grotesken" bezeichnete, erst dann hatten die „Ungeheuerlichkeiten" und die Fieberträume in den Schriften des Vitruv und des Horaz eine veritablle anschauliche Entsprechung gefunden (Abb. 4, 5).

Vitruvs Kritik und der Spott des Horaz blieben im kunstliterarischen Diskurs der Neuzeit präsent, doch andererseits kam die von beiden antiken Autoritäten angeprangerte Unwirklichkeit der Verbindung von heterogenen Teilen zu Mischwesen und die Unwirklichkeit der Verknüpfung der Teile zum Ganzen dieses Dekorationssystems auch wieder einem frühneuzeitlichen Künstlerbegriff entgegen, dem die freischweifende Phantasie nicht Gefährdung der Ordnung, sondern ein genuin schöpferisches Vermögen war. Die „Träume" der Kunst konnten eben auch als Ausweis einer vollständig unabhängigen Kreativität gefeiert werden, einer Kreativität, die losgelöst von der Verpflichtung zur Naturnachahmung befähigt ist, Dinge hervorzubringen, „die keine Wirklichkeit außerhalb des Geistes" haben (Gregorio Comanini, 1591).[15] Der Kunst selbst gefällt diese „Weise, viele Dinge in einem Wort zu sagen", erfahren wir in Antonfrancesco Donis Traktat über den *Disegno* von 1549, in dem Kunst und Natur in einen Dialog eintreten. Und die Natura muss sich von ihrer Gesprächspartnerin, der Kunst, den Lobpreis dieser „tausend Bizarreri-

[13] „Humano capiti cervicem pictor equinam / iungere si velit [...] undique conlatis membris, ut turpiter atrum / desinat in piscem mulier formosa superne [...]." Horaz 1985, S. 538 f.

[14] Dacos 1969, S. 4.

[15] „[...] cose che non hanno l'essere fuor della menta". Gregorio Comanini, zitiert nach Maiorino 1991, S. 43. Vgl. Kanz 2002, S. 212; Körner 2010, S. 49.

en und andere(r) Konfusionen, die keinerlei Ding sind", dieser „Phantasien, Luftschlösser und Träume" anhören.[16]

Ob positiv wie bei Doni oder negativ konnotiert wie bei Barbaro und seinen antiken Gewährsmännern – es waren monströse Geschöpfe, die die Träume der Kunst gebaren. Die Kunst in Donis Dialog beantwortet schließlich die Frage der Natura nach dem Namen der grotesken Erfindungen: „(W)eißt du nicht, wie man sie nennt? Chimären."[17] Die Gleichsetzung des Grotesken mit dem Monströsen wird auch in der Autobiographie des Benvenuto Cellini (1568) ausdrücklich gemacht: Solche Dekorationen unter die Erde geratener Gebäude würden von den Unkundigen fälschlicherweise „Grottesken" genannt.[18] Cellini schlug vor, statt von Grotesken von Monstren zu sprechen: „Denn wie die Alten sich vergnügten, Monstra zusammenzusetzen, indem sie die Gestalten der Ziege, Kühe und Stuten verbanden, so sollten auch diese Verbindungen verschiedener Pflanzen und Blätterarten Monstra und nicht Grottesken genannt werden."[19]

Die Erfindung von ‚Kunst-Stoffen'

Von Monströsem als dem Korrelat der ungebundenen künstlerischen Kreativität sei auch im weiteren Fortgang dieses Beitrags die Rede, doch im Zentrum steht ein Modus des Grotesken, der weiterreichend oder wenn man will: fundamentaler ist, als die von Doni und Cellini mit dem grotesken Dekorationssystem gleich gesetzten Mischwesen. Wenn Grotesken hervorzubringen bedeutet, neue Dinge zu erschaffen, fantastische Dinge, Dinge, die, um noch einmal den Gelehrten Comanini zu zitieren, „keine Wirklichkeit außerhalb des Geistes" haben, ist dann nicht auch der Versuch der Mühe wert, eine nichtwirkliche Substanz zu erfinden, also nicht allein künstliche Dinge zu erschaffen, sondern zudem noch den künstlichen Stoff einer künstlichen Welt. Die neuzeitliche Ornamentgeschichte wird in der Tat (bis zum Ausgang des Rokoko) immer auch die Geschichte der Schöpfung phantastischer Materialqualitäten sein.

[16] „Et questo modo di dire tante cose in una parola mi piace [...] mille bizarrerie, & altretanti confusioni nel capo, che non sono cosa alcuna, come dicon costoro fantasie, castelli in aria, & sogni". Doni 1970, zitiert nach Kanz 2002, S. 94.

[17] „[...] non fai tu come le si dicono Chimere in mal hora." Doni, 1970. Zitiert nach Kanz 2002, S. 94.

[18] Chastel 1997, S. 13 f.

[19] Zitiert nach Chastel 1997, S. 44 f.

Rosso Fiorentino und Francesco Primaticcio waren von Franz I. nach Frankreich berufen worden, um das zur königlichen Residenz umgebaute Jagdschloss im Wald von Fontainebleau auszustatten. Spätestens 1534[20] nahm Rosso Fiorentino die Ausstattung der Galerie Franz I. in Angriff. In der Dekoration der Wände der Galerie kommt Rollwerk erstmals in monumentaler Form zum Einsatz (Abb. 6, 7). Dieses bereits um 1600 so bezeichnete Rollwerk-Ornament[21] ist der erste neuzeitliche Ornamentstil, der weitgehend unabhängig von antiken Voraussetzungen entwickelt wurde. Rollwerk ist zugleich der erste Ornamentstil, der sich vorzüglich als Erfindung neuer „Substanzen" manifestiert. Charakteristikum von Rollwerk sind eben nicht allein gewisse Formungen oder Verformungen – Einrollungen, Einschnitte, Durchdringungen usw. –, sondern auch eine fiktive Stofflichkeit, die bestimmte Materialeigenschaften – Ledernes, Steinernes, Blechernes, Hölzernes usw. – suggerieren kann, die in dieser Suggestion aber immer schon ausdrücklich macht, dass diese diversen Materialqualitäten jeweils nur momentane Anmutungen des Betrachters und flüchtige Metamorphosen eines künstlichen Stoffes sind. Phantastische ‚Kunst-Stoffe, werden geschaffen, ‚Kunst-Stoffe', die auf Materialien der Wirklichkeit anspielen, diese Anspielung aber immer wieder unterlaufen. Auf diesen ‚Kunst-Stoff' lassen sich die großen Stuckfiguren der Galerie Franz I. ebenso ein wie die nackten Frauen des Zimmers der Herzogin von Etampes. Sie werden von ihm eingesperrt, spielen mit und gegen ihn.[22]

Rollwerkornament in Verbindung mit der ebenfalls in Fontainebleau geleisteten Aufwertung des Rand- oder Rahmenbereichs ermöglichte in neuer Weise die Interaktion mit dem materiellen Ornamentträger – der Wand, dem Gefäß, der Rüstung usw.. In seiner eigentümlichen bestimmt unbestimmten Materialität konnte das Rollwerk als ‚Kunst-Stoff' die Realität des Ornamentträgers in die eigene fiktive Materialität einfließen lassen und vice versa.

Um das Gesagte nicht im Abstrakten zu belassen, sei als eine in diesem Kontext mögliche Frage die nach der Materialität der Holzvertäfelungen gestellt, die die Wand unterhalb von Rosso Fiorentinos Stuck- und Gemäldedekoration verkleiden (Abb. 8). Francesco Scibec da Carpi zeichnet für dieses Holzvertäfelung verantwortlich; überliefert ist das Datum 1539. Das Rollwerk ist hier hölzern, und es ist in anderer Weise und in gesteigertem Maße höl-

[20] Einen möglichen früheren Beginn der Ausstattungsarbeiten erwägt Pressouyre 1972.

[21] Gabriel Krammer *Schweiff Buchlein* 1612.

[22] Dazu ausführlicher Körner, 2008 passim.

zern als beispielsweise die Figuren eines hölzernen Bildreliefs. Deshalb, weil Ornamente weniger zielgerichtet auf die Wirklichkeit verweisen können, als Bilder dies können, weil Ornamente immer rückbezüglich bleiben, das bleiben, was sie sind: Schnörkel auf einem Blatt Papier oder wie hier, Rollwerkformen auf und in Holz. Trotzdem bleibt die fingierte Materialität von Scibec da Carpis Rollwerkmotiven grundsätzlich der fingierten Materialität von Rossos Stuckrollwerk verwandt. Man wird auch das als eine groteske Spannung bezeichnen dürfen, wobei hier das faktische Material des Ornaments – Holz, Stuck, Keramik, Silber, Papier – mit der fingierten Materialität des ‚Kunst-Stoffs' im Spannungszustand sich befindet. Dass dabei das konkrete Material eines ornamentierten Gegenstandes, bei Scibec da Scarpi das Holz, in seiner Erscheinungsweise (seiner Materialität) seinerseits vom ‚Kunst-Stoff' infiziert wird, führt zu komplexen ästhetischen Konstellationen, für die die Kunstgeschichte noch kein zureichendes phänomenologisches Rüstzeug ausgebildet hat.

Die Geschichte des neuzeitlichen Ornaments muss also immer auch eine Geschichte der Evolution und der Erfindung von Materialqualitäten oder Materialanmutungen, kurz: von Materialitäten sein, und das wiederum schließt die Aufgabe ein, die komplexen Phänomene zu beschreiben, die sich ergeben, wenn in ausgeführten Dekorationen die Materialität des Kunststoffs einem konkreten Material begegnet.

Ornamentfiguren aus dem ‚Kunst-Stoff' des Schotenwerks

Ein Ornamentstil des frühen 17. Jh. ist im Corpus der ornamentalen Vorlageblätter nur mit ca. 40 Einzelblättern oder Folgen vertreten.[23] Geographisch konzentriert sich der Ornamentstil auf Paris. Von Interesse im Rahmen dieses Beitrags ist dieser Ornamentstil vor allem deshalb, weil wir hier das Phänomen beobachten können, dass aus dem ‚Kunst-Stoff' des neuzeitlichen Ornaments ‚Kunst-Stoff-Figuren' geformt werden können, Monstren auch sie, doch Monstren, deren Monströsität nicht der grotesken Vermischung von Heterogenem verdankt ist, sondern der Erschaffung aus einer homogenen artifiziellen Substanz.[24]

---

[23] Fuhring/Bimbenet-Privat 2002, S. 10.

[24] Voraussetzungen liegen bereits in der spätgotischen Druckgraphik. Zu nennen wäre ein Blatt mit dem Lanzenstechen zweier wilder Männer des Hausbuchmeisters, das sowohl in der Druckgraphik als auch in der Buchmalerei paraphrasiert wurde. Die Reiter tragen phantastische Kostüme, die Pferde phantastische Satteldecken, die jeweils aus dem ‚Stoff' des charakteristischen spätgotischen Blattwerks gebildet sind. Vgl. *Ornemanistes* 1987, S. 13, 47. Ent-

Dieser Ornamentstil bleibt in Vielem seinem Vorgänger, dem so genannten Schweifwerk verwandt, weist signifikante Unterschiede aber vor allem hinsichtlich der fingierten Materialität des ornamentalen ‚Kunst-Stoffs' auf. Zu den frühesten Beispielen gehört eine Stichfolge des aus Straßburg stammenden Goldschmieds Wendel Dietterlin d. J.[25] (Abb. 9). Sie ist 1614 in Lyon unter dem Titel *Bouquet d'orfèvrerie* (Strauss aus Goldschmiedewerk) erschienen. Diejenigen, die ornamentale Vorlagenblätter in diesem Stil schufen, waren im übrigen, soweit man es überprüfen kann, allesamt Goldschmiede, und auf Gegenstände der Goldschmiedekunst beschränkt sich im wesentlichen auch die materielle Konkretisierung solcher Ornamentformen. Auffällig ist, dass sich in den oder auf den Blattformen häufig kleine Kugeln reihen. So wie diese Kügelchen an manchen Stellen angebracht sind, erinnern sie an Erbsen in einer Schote. Man spricht bei diesem Ornamentstil, der in der Goldschmiedekunst ab ca. 1600, im Ornamentstich ab ca. 1610 seine Rolle spielt, dementsprechend vom Schotenwerk. Im Französischen ist der Begriff *Cosse de pois* (Erbsenschoten) bereits in einem Inventar aus dem Jahr 1641 nachgewiesen,[26] was vermuten lässt, dass in diesem Fall der ornamentgeschichtliche Terminus eine historische Basis hat.

Bestandteile von Wendel Dietterlins Strauss werden wir in keinem botanischen Handbuch finden. Unmöglich ist die botanische Bestimmung, unmöglich ist aber auch die Materialität dieser Pflanzen. Die Materialität ist eine ganz und gar künstliche, eben, wie wiederholt gesagt, ein ‚Kunst-Stoff'. Und dieser ‚Kunst-Stoff' ist in seiner Wirklichkeit nicht festgelegt; er kann sich verwandeln. Wie leicht das ‚Material' des so genannten Schotenwerks beispielsweise von der pseudo-pflanzlichen Wirklichkeit in Pseudo-Organisches umschlagen kann, zeigt ein Ornamentstich des Nicasius Rousseel von 1623 (Abb. 10). Die kraftvoll gezogenen Schweifen entlassen an ihren Endungen vor allem im linken unteren Blattviertel Pflanzliches aus sich, was den Kugelreihen den Anschein von Erbsen belässt. Doch auch ein Drachen- und ein Satyrkopf erwachsen den Ranken. Die prominenteste Figur des Blattes ist eine geflügelte nackte Frau, deren Kopf als bizarrer Bestandteil der Frisur ein Zweig mit kugeligen Gebilden schmückt und deren Unterkörper – abgetrennt durch einen Rollwerkgürtel bzw. eine Rollwerkfessel – sich in einen aus ei-

scheidend schließlich das *Neuw Grotesken Buch* Christoph Jamnitzers (1610), das Figuren und den ‚Kunst-Stoff' Ornament in spektakulärerer Weise zu veritablen Monstren verbindet.

[25] Irmscher 2005, S. 103.

[26] Irmscher 2005, S. 102.

ner Kugelreihe bestehenden Schwanz fortsetzt, Kugeln, die jetzt nicht mehr an Erbsen erinnern, sondern an Knorpeln eines phantastischen Leibes. Die Ranke, mit der die Hüftklammer dieser Gestalt verbunden ist, schwingt in weitem Bogen nach unten und mündet in den bereits genannten Drachenkopf. Auch diesen Kopf bereitet eine Reihe von vier Kugeln vor, auch sie Andeutungen von Organischem, hier eines Reptilienkörpers.

Dank der Verwandlungsfähigkeit des ‚Kunst-Stoff'-Ornaments konnten im Ornamentstich sogar Geschichten erzählt werden. Es entstanden erzählende Bilder, organisiert nach den Bild-Möglichkeiten, die die Groteske geschaffen hatte. Notwendig musste es dabei zu hybriden Bildern kommen, zu monströsen Bilder, wobei das Monströse sich zuerst und zunächst auf die Vermischung von Ornament und Bild bezieht.

Auf einem Blatt Le Mersiers kommt ein Ornamentstrauß aus dem Maul eines Drachen, der sich am Ufer eines Gewässers und in der Nähe einer Ruine niedergelassen hat (Abb. 11). Soll man das Schotenwerkornament als vom Drachen ausgespieen sehen? In Hinblick auf den bildhaften Charakter des Blattes ja. Doch das Schotenwerk ist in erster Linie ein Ornament und als Ornament selbstbezüglich. Das straußförmige Ornament und der Drache in der Landschaft, allgemeiner: Ornament und Bild geraten in eine nicht auflösbare Spannung zueinander. Diese Spannung ist anders inszeniert als in den antiken und antikisierenden Grotesken, aber letztlich ist es immer noch die charakteristische groteske Spannung. Diese Spannung, die hier wie der surreale Einbruch eines Anderen, Fremden in die Bildwirklichkeit vom Betrachter erfahren wird, verleiht diesem Blatt und zahlreichen anderen Blättern dieses Ornamentstils seinen zwiespältigen Charakter, eben damit aber auch seinen spezifischen Reiz und seinen Witz.

Ein Blatt aus einer Blattfolge Jean Toutins von 1619 hat die Funktion einer Vorlage für die Dekoration des Stichblattes eines Schwertes (Abb. 12). Doch diese Vorlage wird bildhaft zu einem Holzbalken umdefiniert, den zwei Handwerker gerade zersägen. Eine absurde und witzige Verbindung von Nicht-Zusammengehörigem, so witzig und absurd, dass man sich gar nicht erst wundert, dass rechts oben auch noch ein Insekt heranfliegt. Wie groß ist dieses Tier? Vergleichen wir es mit den beiden Handwerkern, müsste es sich um ein gigantisches handeln, und wir müssten uns fragen, weshalb die beiden Männer angesichts des nahenden Ungeheuers so seelenruhig weiterarbeiten können. Bringen wir hingegen das Insekt mit der Realitätsebene des Schotenwerkornaments zusammen, dann schrumpft es sofort wieder auf die Normalgröße eines solchen Insekts zusammen, eben weil die Selbstbezüglichkeit des Ornaments, das so groß erscheint, wie es auf dem Blatt ist, auf das Tier zurückschlägt. Dieses Insekt ist im übrigen eine Grille; dass dies nicht zufällig so ist, wird später deutlicher werden.[27]

Es ist nicht leicht zu sagen, was wir auf diesem kleinen Blatt überhaupt sehen. Seiner Funktion als Vorlagenstich entsprechend wird uns der reich gemusterte Handschutz zwischen Griff und Klinge eines Schwertes vor Augen gestellt. Diese kunsthandwerkliche Vorlage wird bildlich in die Erzählung vom Zersägen eines Balkens eingebunden, also in einen Balken verwandelt. Schotenwerk ziert nach der bildlichen Verwandlung einen Balken, was höchst irreal wirkt, oder, was noch irrealer erscheint, der Balken ist ein Geschöpf aus dem ‚Kunst-Stoff' des Schotenwerks. Dass letztere Sichtweise eine mögliche ist, bestätigen die nachfolgenden Beispiele.

Eine Ornamentstichfolge, für die Heinrich van den Bruckh 1626 als Erfinder und Zeichner firmierte, verbindet wie viele Ornamentstiche des Schotenwerk-Stils Figuren mit einem strauß-förmigen Schoten-Ornament. In Blatt 6 verfügt das Ornament auch über die Figuren (Abb. 13). Van den Bruckh variierte in den seitlich einer Vase tanzenden Figuren die „Tanzenden Hanswurste" aus Jacques Callots *Capricci* (Abb. 14),[28] baute sie aber aus einer veränderten ‚Substanz' auf. Der ‚Kunst-Stoff' des Schotenwerk-Ornaments verkörpert sich.

Von Blatt 6 dieser Ornamentstichfolge Heinrich van den Bruckhs ließ sich der Erfinder einer Serie von sechs Ornamentstichen anregen, die 1628 in Augsburg erschien.[29] Nur die ersten drei Buchstaben des Namens und jeweils die beiden ersten Buchstaben seiner zwei Vornamen: Ph. Ia. Har... sind auf dem Titelblatt angegeben. Auf einem der Blätter schreitet ein Mann weit aus, wendet sich aber in einer graziösen Körper- und Kopfwendung zurück (Abb. 15). Mit den Händen greift er an eine lange und dünne Lanze, oder fasst einen dann allerdings überlängten Wanderstab; der Stab oder die Lanze stößt am Boden dicht neben einer phantastischen Blume auf. Wie die Tanzenden des Heinrich van den Bruckh besteht auch diese Figur, von ihrem Kopf abgesehen, aus Motiven des Schotenwerk-Ornaments. Blätter formen Unterschenkel, Oberschenkel, Rücken und Arme, und die für das Schotenwerk charak-

[27] Den Hinweis verdanke ich einem Diskussionsbeitrag im Anschluss an einen Vortrag zum Thema dieses Beitrags am Institut für Kunstgeschichte der Universität Stuttgart (2009).

[28] Warncke 1979, Bd. II S. 112.

[29] Hämmerle 1931. Zur Abhängigkeit dieser Stichfolge von Heinrich van den Bruckh: Warncke 1979, Bd. II S. 113 f.

teristischen kleinen Kugeln verwandeln sich zu Knöpfen des Wamses, bzw. sie markieren Arm- und Beingelenke. In der bizarren Blume zwischen den Beinen des Ausschreitenden bezeichnen die Kügelchen dagegen wieder Vegetabilisches.

In weiteren Blättern dieser von Custodis in Augsburg gestochenen Blattfolge schreiten beispielsweise eine Ornamentfrau, die sich zu einem Ornamentvogel umblickt (Abb. 16), oder ein Ornamentmann, der, wie der Dreizack mutmaßen lässt, vielleicht ein in die Ornamentwelt versetzter Neptun ist, dessen Herrschaft über das Element Wasser wenig respektvoll durch das Attribut der Gießkanne ausgedrückt wird (Abb. 17).

Ornamentfiguren aus dem ‚Kunst-Stoff' des Akanthuswerks

Die Gegenreformation hatte in Italien die antikisierende Ornamentgroteske entweder abgelehnt oder zumindest den Bereich, innerhalb dessen die Anwendung des Groteskenornaments noch schicklich war, stark eingeengt. Diese Krise der antikisierenden Groteske beförderte den Wiederaufstieg von Girlande und Akanthus für die Innenraumdekoration. Selbst sehr reiche Stuckdekorationen konnten sich in Italien schon seit dem frühen 17. Jh. auf diese beiden Motive beschränken. Mit Verspätung begann das Akanthusornament, das in der italienischen Kunst nie aufgehört hatte eine Rolle zu spielen, auch ab ca. 1680 nördlich der Alpen den Ornamentstich, die architektonischen Dekorationen und das gesamte Kunsthandwerk zu beherrschen. Akanthus, genauer: ein akanthisierendes Blatt- und Blattrankenornament, wird zum neuen ubiquitären ‚Kunst-Stoff'.

Um 1690 erschienen erstmals die *Neu ersonnene(n) Gold-Schmieds Grillen* des Wolfgang Hieronymus von Bömmel.[30] Bömmel formte in dieser und einer zweiten Folge aus diesem ‚Kunst-Stoff' Figuren und kleine Erzählungen. Ein Reiter mit Säbel wird von zwei Fußsoldaten angegriffen; der eine hat den Säbel gezückt, während sein Begleiter bereits aus der Flinte einen Schuss auf den Reiter abgibt (Abb. 18). Körper und Kleidung der Krieger und des Pferdes sind aus Akanthusranken auf schwarzem Grund gebildet. Aus dieser Substanz bestehen auch ein löwenähnliches Tier, ein Hund, der einen Ziegenbock verfolgt, oder zwei kämpfende Stiere (Abb. 19, 20, 21). Den letztgenannten Tieren sieht ein Schäfer zu, der in aller Ruhe sein Geschäft

[30] Zu Bömmels Stichfolgen Berliner/Egger 1981, Bd. I, S. 89; Hanebutt-Benz 1983, S. 111 f.; *Ornemanistes* 1987, S. 47; Völkel 2001, S. 30 f.; Fuhring 2004, Bd. II, S. 220 f.

verrichtet und dabei eine Pfeife raucht. Nicht nur der Schäfer ist gleich seinen kämpfenden Tieren eine Akanthusfigur; es sind auch Ornamente, die als Rauch aus seiner Pfeife und seinem Mund aufsteigen, und das Resultat seiner momentanen Beschäftigung fällt als Akanthusblatt auf die Erde.

Solche Ornamentfiguren in Ornamentgeschichten haben Voraussetzungen und historische Entsprechungen in der Tradition des *Figurengedichts*,[31] einer text- und bildgeschichtlichen Tradition, für die als erstes Beispiel eine Seite aus dem *Lob des Heiligen Kreuzes* des Hrabanus Maurus in einer Handschrift des späteren 11. Jh. zu nennen ist (Abb. 22), als zweites (aus der um 830 miniierten Handschrift der *Himmelserscheinungen* des Aratos) das Blatt mit Perseus, dessen Körper, wie die der übrigen von Aratos beschriebenen „Himmelserscheinungen", aus dem ‚Fleisch' des Textes ist (Abb. 23).[32]

Zeitlich und anschaulich näher kommen wir den Bömmelschen Ornamentfiguren mit einem kalligraphischen Blatt, das oben, gerahmt von dekorativen Schnörkeln, Putten sowie eine Hirschjagd und unten, jetzt mit Schreibschnörkeln als Bodenzone, ein Degenduell zeigt (Abb. 24). Die Schreibschnörkel, die Rahmen und Standfläche ausbilden, fügen sich auch zu den Körpern und den Gewändern der Putten, der Tiere, der Fechtenden. Im Unterschied zu den genannnten mittelalterlichen Figurengedichten ergeben die Schriftzüge dieser Graphik, wie auf vielen Kalligraphien des 17. Jh., keinen Text, es sind Schnörkel, und Schnörkel sind das Ornament der Schrift. Peter Fuhring wies auf Ähnlichkeiten zwischen Darstellungen auf diesem Blatt und den Erfindungen Bömmels hin, Ähnlichkeiten, die vielleicht dem Verleger und Stecher Antonis de Winter verdankt sind, der eine Folge Bömmels in Amsterdam neu publizierte und der vielleicht auch die gezeigte Kalligraphie verantwortete.[33] Gemeinsam sind Bömmels Vorlagenblättern für Goldschmiede und der kalligraphischen Vorlage, dass sie das Ornament verkörperlichen, bzw., was auf das Gleiche hinausläuft, dass sie Körper ornamentalisieren.

Material und Materialität – Handwerk und Erfindung

Ergebnis der Verkörperung des Ornament bzw. der Ornamentwerdung des Körpers sind jeweils sich als solche darstellenden Artefakte. Unwirkliche Dinge aus einer unwirklichen Substanz. Es sind Schöpfungen der selbstbezogenen Phantasie, es sind bizarre ‚Grillen'. So, als *Neu ersonnene Gold-*

[31] Zum Gattungsbegriff des Figurengedichts Adler/Ernst 1987, S. 9.

[32] Dazu v. a. Ernst 1991, S. 222 ff., 583 ff.

[33] Fuhring 2004, Bd. II, S. 297 f.

Schmieds Grillen, werden die Darstellungen auf dem Titelblatt der Stichfolge Bömmels auch angekündigt (Abb. 25). Der Begriff ‚Grillen', der in der zweiten Hälfte des 16. Jh. für groteske Bildungen üblich wird, bezeichnet bereits in der Antike eine Gattung der Malerei, die Plinius zufolge der Maler Antiphilus mit dem Porträt des Gryllos, eines Mannes „von lächerlichem Aussehen" begründet habe.[34] Quintilian brachte diese Gattung der Malerei mit dem Begriff der *facilitas* zusammen.[35] Ihre Leichtigkeit und Unbeschwertheit setzen solche Erfindungen dem Regelwerk der hohen Kunst und ihrem Sinnbedarf entgegen. Unbedeutend sind solche ‚Grillen', unbedeutend sowohl was ihren semantischen Anspruch als auch was ihren Rang innerhalb der Hierarchie der Künste anbelangt. Doch – wie Zuccari 1607 dargelegt hat – die niedrige Gattung der „Bizarrerien, Capricci, Erfindungen, Phantasien und Grillen [*ghiribizzi*]"[36] ist zugleich diejenige, in denen die künstlerische Kreativität sich am freiesten aussprechen kann, in denen die künstlerische Schöpfung am unabhängigsten bleibt.

Der Leichtigkeit und Freiheit der ‚Grillen' auf der Objektseite entspricht die Leichtigkeit auf Seiten des Produzenten. Famulus, den Plinius der Ältere als den Schöpfer der Dekorationsmalereien im Goldenen Haus Neros überlieferte, „malte nur wenige Stunden am Tag, auch dies nur mit Feierlichkeit, weil er stets, sogar bei seinen Staffeleien, eine Toga trug."[37] So malt man nicht, wenn einem die künstlerische Produktion Mühe bereitet. Eben diesen Eindruck von handwerklicher Bemühtheit wollte Famulus mit seinem Habitus auf keinen Fall aufkommen lassen. Har…, der Schöpfer der Schotenwerkfiguren, stellt seine Erfindungen unter das Motto, das er als Inschrift dem Titelblatt mitgab (Abb. 26): „Più tosto sprezato che fato". Die *sprezzatura*, ein Begriff, den man mit Nachlässigkeit, Unbekümmertheit, Leichtigkeit übersetzen kann, ist Baldassare Castigliones *Buch über den Hofmann* von 1528 zufolge, die Eigenschaft des vollkommenen Hofmannes, die Quelle seiner Anmut. Man müsse, so Castiglione, „eine gewisse Nachlässigkeit [*sprezzatura*] zur Schau tragen, die die angewandte Mühe verbirgt und alles, was man tut und spricht, als ohne die geringste Kunst und gleichsam absichtslos hervorgebracht scheinen lässt […] Daher kann man sagen, dort sei die wahre

[34] „[…] deridiculi habitus […]". Plinius XXXV 1977, S. 86 f. Zur Begriffsgeschichte von ‚Grille' und den Synonymen: Irmscher 1996, S. 490.

[35] Irmscher 1996, S. 490.

[36] Zuccaro 1607, S. 225. Vgl. Kanz 2002, S. 185.

[37] „[…] paucis diei horis pingebat, id quoque cum gravitate, quod semper togatus […]" Plinius XXXV, 1978, S. 88 f.

Kunst, wo man die Kunst nicht sieht."[38] Mit dieser *sprezzatura* kokettierte Har...: „Più tosto sprezato che fato". Viel eher eine nachlässige, leichte, unbekümmerte Arbeit als eine mit Mühe gemachte führt er dem Käufer seiner Stichfolge vor Augen.

Eigentümlich kollidiert diese Distanzierung vom Hand-Werk scheinbar mit der Funktion solcher Ornamentstiche. Sie dienten als Vorlagen für ausführende Künstler, im Falle der Schotenwerk-Ornamentstiche und der Ornamentstiche Bömmels konkret als Vorlagen für Goldschmiede. Der Distanz zu dem (auch dem eigenen) materiellen Produktionsprozess entspricht der Bildanspruch vieler solcher Blätter, der gerade im Schotenwerkornament immer auch zu kleinen Erzählungen in der Ornamentwelt und bisweilen, wie bei Van den Bruckh, Har... und Bömmel zur Schilderung von Ornamentfiguren in ihrer Ornamentwelt führte. Distanz zur materiellen Produktion hielt das ornamentale Vorlagenblatt bereits insofern, als es gewöhnlich nicht auf eine getreue und vollständige Umsetzung in ausgeführte Dekoration oder ausgeführtes Kunsthandwerk angelegt war; mit ihm gingen die Ausführenden deshalb so um, dass sie, wenn sie sich nicht überhaupt nur allgemeine Anregungen holten, dann entweder nur Teile kopierten oder Motive übernahmen und neu kombinierten. Es gibt kein schlichtes Vorbild-Abbild-Verhältnis zwischen ornamentalem Vorlagenblatt und ausgeführtem Kunsthandwerk. Dies schließlich auch deshalb, weil der Anspruch solcher Vorlagenblätter gemeinhin höher war als der von reiner Gebrauchsgraphik. Es waren schließlich, worauf viele Titel solcher Stichfolgen stolz hinweisen, Inventionen: Anders als heute, wo man den Begriff der Erfindung eher dem naturwissenschaftlich-technischen Bereich zuweist, war in der frühen Neuzeit der Begriff der ‚Invention' ein zentraler kunsttheoretischer Begriff und eine zentrale künstlerische Qualität, die Qualität, die dem Künstler den Status eines veritablen Schöpfers sichert.

Eingedenk der Differenz, die die Erfindung solcher ‚Grillen' zum ausgeführten dekorativen Gegenstand einhält, muss es zuerst verwundern, dass Bömmel seine ‚Grillen' mit Abbildungen von Werkzeugen des Goldschmiedegewerbes ergänzte. Auf dem Titelblatt der von Weigel in Nürnberg verlegten Ausgabe raucht ein Akanthushase eine Pfeife (Abb. 25), aus der Akanthus-Rauch aufsteigt. Auf dem Rücken trägt der Ornamenthase einen Korb, angefüllt mit Feile, Blasebalg und anderen Werkzeugen. Zwei der Teile sind gerade

[38] Zitiert nach Tatarkiewicz 1987, Bd. III, S. 142.

dabei, aus dem Korb auf die Standfläche zu fallen, die bereits mit Werkzeugen übersät ist. Blatt f dieser Edition enthält dann, säuberlich angeordnet, die Werkzeuge, die der Goldschmied benötigt (Abb. 27). Diese Verbindung von grotesken Ornamentvorlagen und der Illustration des Handwerkszeugs ist ebenso ungewöhnlich wie signifikant. In dieser eigentümlichen und eigenwilligen Kombination steigern sich ‚Grillen' und Handwerk wechselseitig, und sie interferieren. Der ‚Kunst-Stoff', aus dem die ‚Grillen' sind, materialisiert sich; der materiellen Produktion auf der anderen Seite wächst der Zauber des Imaginären zu. Im Witz wird etwas von der Würde des Dinges, des Artefakts spürbar, die dem hölzernen Löffel im Dialog des Nicolaus Cusanus eigen ist, und über die sich der „Schöpfer [...] der künstlichen Formen [creator ... formarum artificialium]" als gottähnlich ausweist.

Diese Würde des Dinges und vice versa die Dinglichkeit des Imaginären konnte zumindest retrospektiv auch beunruhigen: Sigmar Polke, den das historische Ornament mehr beeindruckte und mehr beunruhigte als jeden anderen zeitgenössischen Künstler, importierte Har...s ausschreitenden Mann mit Lanze oder Wanderstab (Abb. 15) in eines seiner allerdings nun fast 3 qm großen Bilder (Abb. 28).[39] Das bringt uns noch nicht zu einem abschließenden Ergebnis, aber es gibt zu denken.

Literaturverzeichnis

Adler, Jeremy und Ulrich Ernst. *Text als Figur. Visuelle Poesie von der Antike bis zur Moderne.* Katalog der Ausstellung Wolfenbüttel, Herzog August Bibliothek 1987/1988. Wolfenbüttel 1987.

Bauer, Hermann. *Rocaille. Zur Herkunft und zum Wesen eines Ornament-Motivs.* Neue Münchner Beiträge zur Kunstgeschichte 4. Berlin 1962.

Chastel, André. *La grotesque.* Paris 1988.

Dacos, Nicole. *La découverte de la Domus aurea et la formation des grotesques à la Renaissance.* London / Leiden 1969.

Ernst, Ulrich. *Carmen figuratum. Geschichte des Figurengedichts von den antiken Ursprüngen bis zum Ausgang des Mittelalters.* Köln / Weimar / Wien 1991.

Fuhring, Peter und Michèle Bimbenet-Privat. Le style „Cosses de pois". L'orfèvrerie et la gravure à Paris sous Louis XIII, *Gazette des Beaux-Arts,* CXXXIX, 144e année (2002), S. 1–224.

[39] Fuhring/Bimbenet-Privat 2002, S. 94.

Fuhring, Peter. *Ornament Prints in the Rijksmuseum: The Seventeenth Century*, Bd. II. Studies in Prints and Printmaking 5:2. Amsterdam 2004.

Hämmerle, Albert. Ein Goldschmiedebüchlein vom Jahre 1628, in: *Das schwäbische Museum. Zeitschrift für Kultur, Kunst und Geschichte Schwabens*, Augsburg 1931, S. 195–197.

Horaz. *Sämtliche Werke: Lateinisch und deutsch.* Teil I nach Kayser, Nordenflycht u. Burger hg. von Hans Färber ; Teil II übers. u. zusammen mit Hans Färber bearbeitet von Wilhelm Schöne. München / Zürich 1985.

Irmscher, Günter. Modern oder altfränckisch? Zur „Nachgotik" bei Hans Vredeman de Vries und Christoph Jamnitzer, *Barockberichte* 13 (1996), S. 475–494.

Irmscher, Günter. *Ornament in Europa 1450–2000. Eine Einführung.* Köln 2005.

Kanz, Roland. Capriccio und Grotteske, in: Ekkehard Mai und Joachim Rees (Hg.), *Kunstform Capriccio. Von der Groteske zur Spieltheorie der Moderne*, Kunstwissenschaftliche Bibliothek 6, Köln 1998, S. 13–32.

Kanz, Roland. *Die Kunst des Capriccio. Kreativer Eigensinn in Renaissance und Barock.* München / Berlin 2002.

Körner, Hans. Die Kunst des Löffelschnitzens. Albrecht Dürers Holzschnitte und die Thematisierung von Material und Technik in der Kunst des 15. und frühen 16. Jahrhunderts, in: *Der deutsche Holzschnitt der Reformationszeit aus dem Besitz des Schloßmuseums / Museen der Stadt Gotha*, Katalog der Ausstellung Tokio, Museum für Westliche Kunst, Tokio 1995, S. 106–114.

Körner, Hans. Randfiguren der Kunst. Figur und ornamentaler „Kunst-Stoff" in Rahmendekorationen des 16. Jahrhunderts, in: ders. und Karl Möseneder (Hgg.), *Format und Rahmen. Vom Mittelalter bis zur Neuzeit*, Berlin 2008, S. 69–94.

Körner, Hans. Rahmen und Verschlingen, in: ders. und Karl Möseneder (Hgg.), Rahmen – Zwischen Innen und Außen. Beiträge zur Theorie und Geschichte, Berlin 2010, S. 41–62.

Krammer, Gabriel. *Schweiff Buchlein.* Mancherley Schweiff, Lavbwerck, Rollwerck, Perspectif, vnd sonderliche gezierden zu vieler hand arbeit auff dis vorgehende Architecturbuch gerichtet [...]. Köln 1612.

Maiorino, Giancarlo. *The Portrait of Eccentricity. Arcimboldo and the Mannerist Grotesque.* Philadelphia / London 1991.

Nikolaus von Kues. De beryllo. Der Beryll, in: ders., *Philosophisch-Theologische Schriften*, hg. u. eingel. von Leo Gabriel, dt. Übers. von Dietlinde u. Wilhelm Dupré, Bd. III, Wien 1967.

Nikolaus von Kues. Idiota de mente. Der Laie über den Geist, in: ders., *Philosophisch-Theologische Schriften*, hg. u. eingel. von Leo Gabriel, dt. Übers. von Dietlinde u. Wilhelm Dupré, Bd. III, Wien 1967.

Ornemanistes du XVe au XVIIe siècle. Gravures et dessins. XIVe Exposition de la Collection Edmond de Rothschild, Katalog der Ausstellung Paris, Musée du Louvre. Paris 1987.

Panofsky, Erwin. *Idea. Ein Beitrag zur Begriffsgeschichte der älteren Kunsttheorie.* Leipzig / Berlin 1924.

Piel, Friedrich. *Die Ornament-Grotteske in der italienischen Renaissance. Zu ihrer kategorialen Struktur und Entstehung.* Neue Münchner Beiträge zur Kunstgeschichte 3. Berlin 1962.

Plinius, Secundus d. Ä. *Naturalis historiae libri XXXVII. / Naturkunde. Lateinisch-Deutsch.* Buch XXXV: Farben, Malerei, Plastik, hg. u. übers. von Roderich König in Zusammenarbeit mit Gerhard Winkler (1977). München 1978.

Pochat, Götz. *Geschichte der Ästhetik und Kunsttheorie. Von der Antike bis zum 19. Jahrhundert.* Köln 1986.

Pressouyre, Sylvia. La galerie François Ier au château de Fontainebleau: les restaurations; les stucs, les fresques; chronologie des travaux, *Revue de l'art* 16/17 (1972), S. 25–44.

Tatarkiewicz, Wladiyslaw. *Geschichte der Ästhetik, 3. Bd. : Die Ästhetik der Neuzeit von Petrarca bis Vico.* Basel / Stuttgart 1987.

Vitruv, Marcus Pollio. *Vitruvii de architectura libri decem / Zehn Bücher über Architektur.* Übersetzung mit Anmerkungen von Curt Fensterbusch (1964). Darmstadt 1976.

Vitruvio, Marcus Pollio und Daniele Barbaro. De ratione pingendi in aedificiis (1556) (1567, 2. Aufl.), in: Paola Barocchi (Hg.), *Scritti d'arte del Cinquecento*, Bd. 3, Mailand / Neapel 1977, S. 2629–2638.

Warncke, Carsten-Peter. *Die ornamentale Groteske in Deutschland 1500–1650, Bd. 2: Gesamtkatalog.* Quellen und Schriften zur bildenden Kunst 6. Berlin 1979.

Zuccaro, Federico. L'Idea de' Pittori e Architetti. Libro secondo, in: *Scritti d'arte di Federico Zuccari*, hg. v. Detlef Heikamp, Fonti per lo studio della storia dell'arte inedite o rare I), Turin 1607, repr. Rom 1961, S. 213–312.

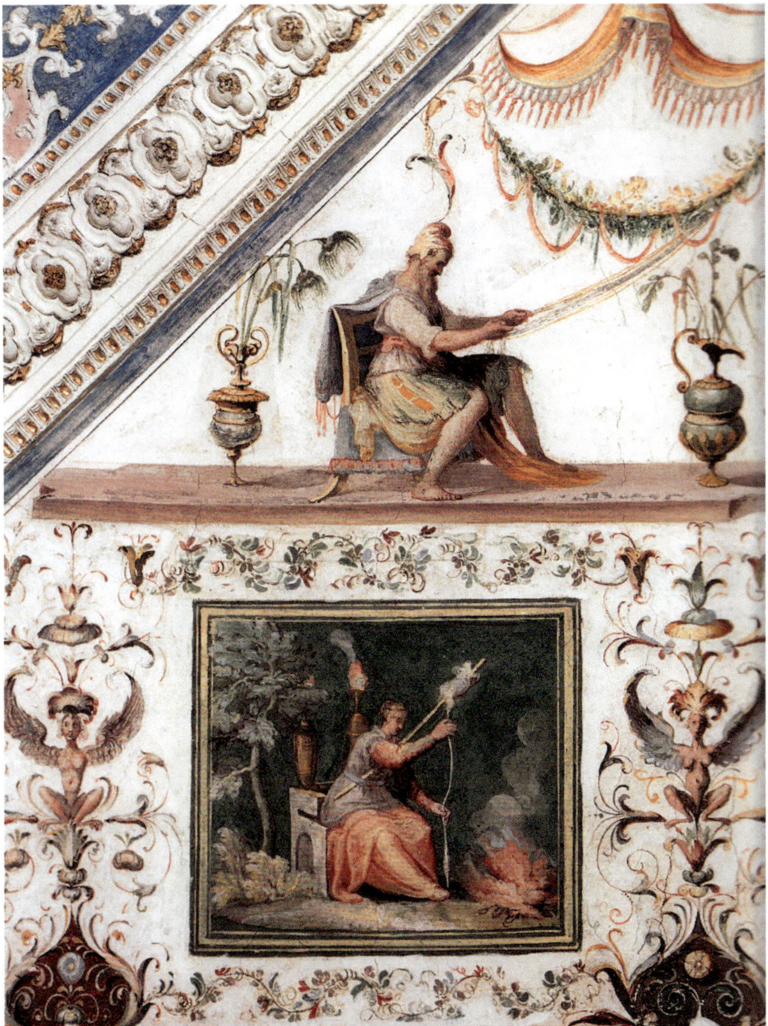

Abb. 1: Zuccari, Taddeo, Caprarola, Palazzo Farnese, Groteskendekoration in der Sala di Lanifici, 1560-1569.

Abb. 2: New York, Metropolitan Museum, aus: Boscotrease, Villa des Agrippa Postumus, Wandmalerei, um 10 v. Chr., 3. Stil.

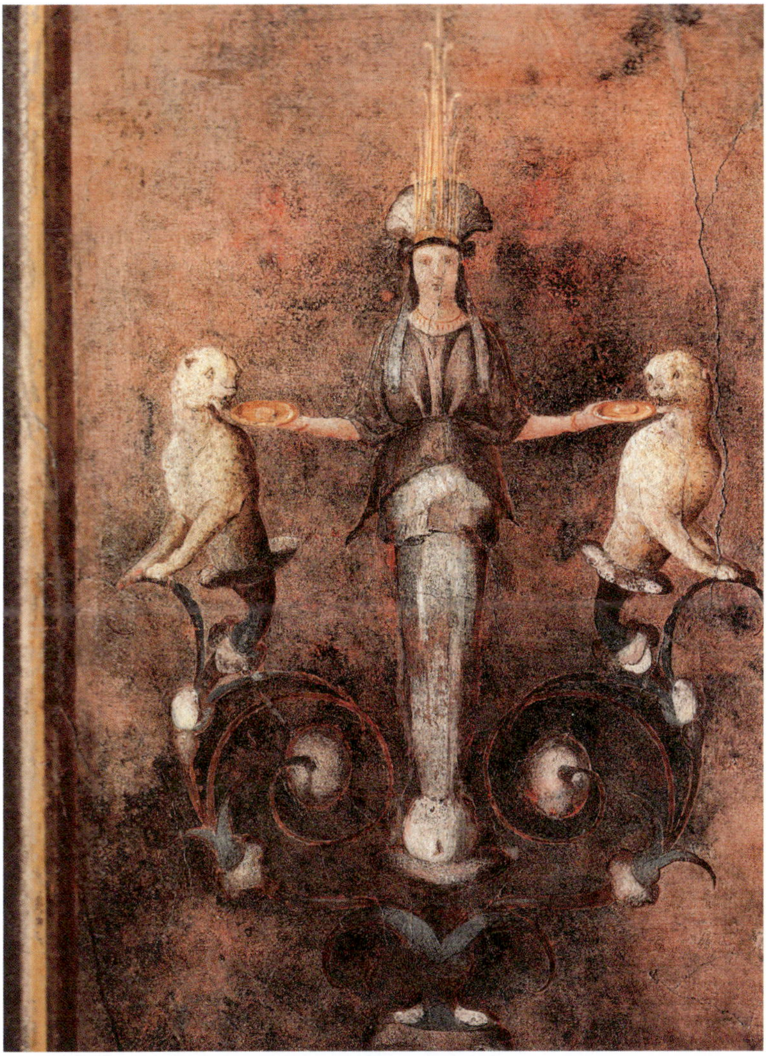

Abb. 3: Rom, Museo Nazionale Romano, aus: Rom, Villa Farnesina, Cubiculum B, Rückwand des Alkovens (Detail), letztes Viertel 1. Jh. v. Chr.

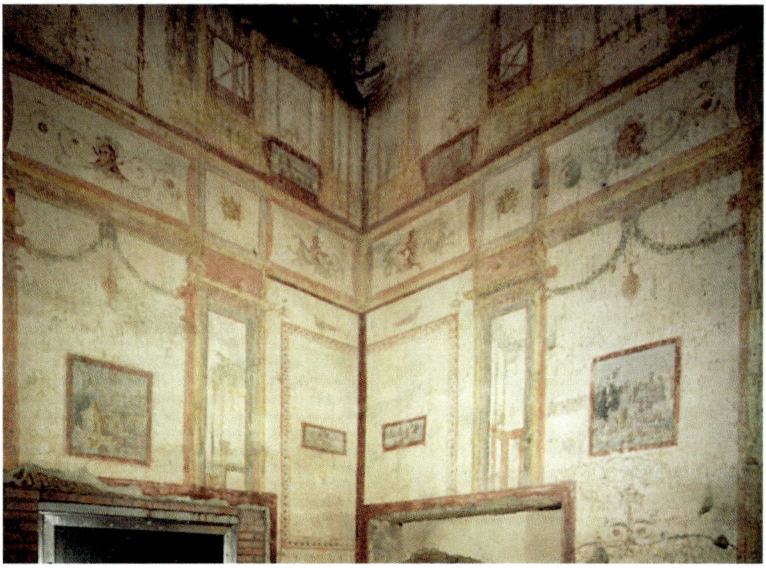

Abb. 4: Rom, Domus Aurea Neronis, Raum 78, um 64-68.

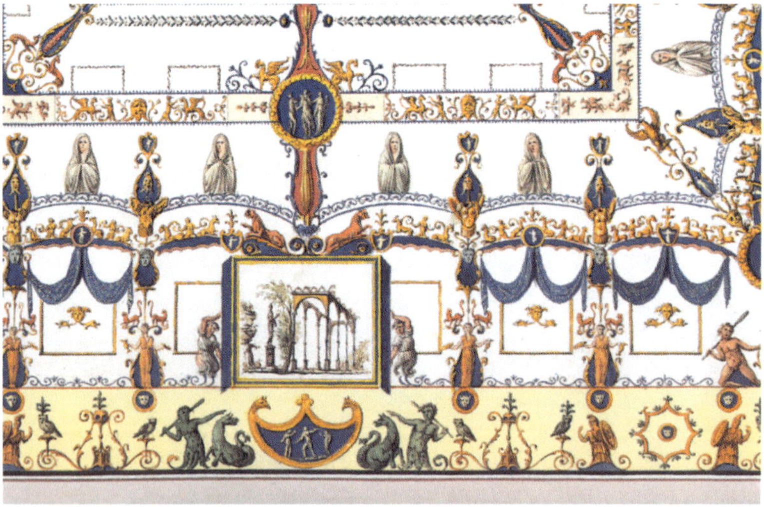

Abb. 5: Rom, Domus Aurea, 64 ff., Volta delle civette (Detail), kolorierter Stich von Ludovico Mirri, nach 1774, Paris, Musée du Louvre.

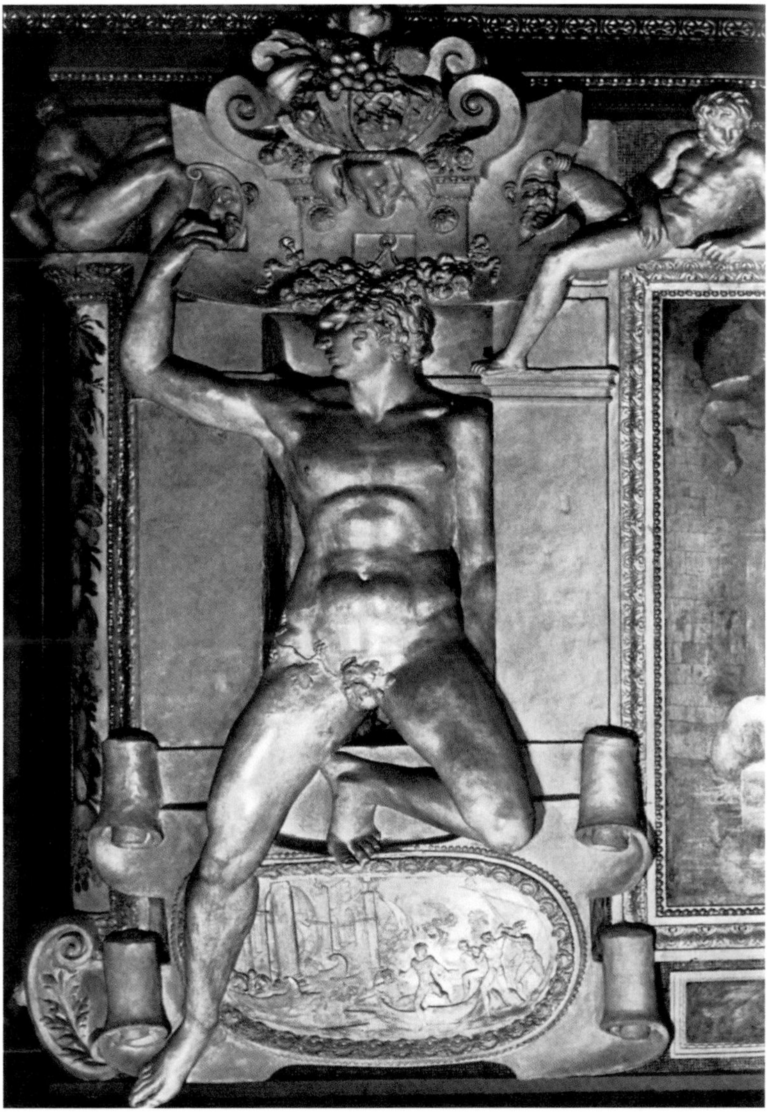

Abb. 6: Rosso Fiorentino, Fontainebleau, Schloss, Galerie Franz I., Travée I an der Nordwand, (Detail), 1534 ff.

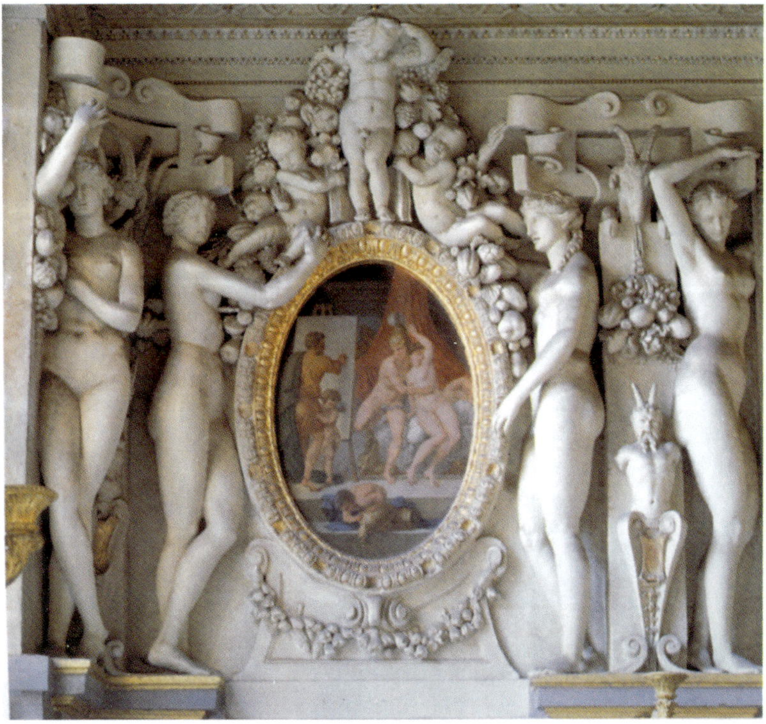

Abb. 7: Primaticcio, Francesco, Fontainebleau, Schloss, Chambre de la Duchesse d'Etampes (Detail), 1541 ff.

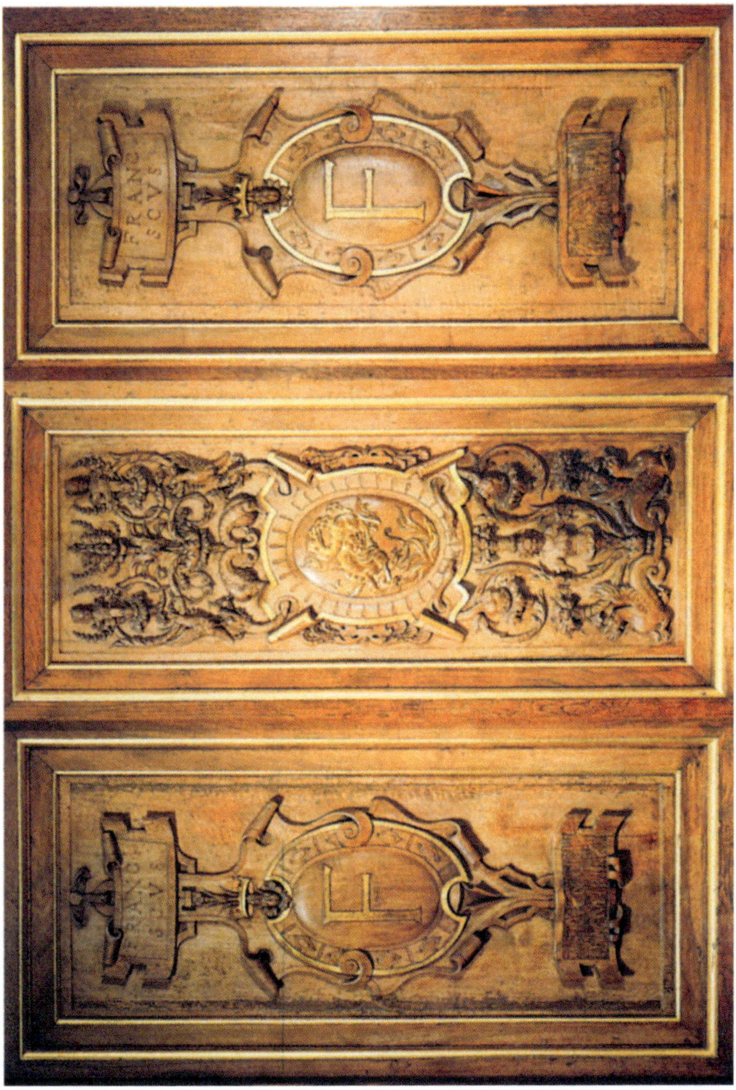

Abb. 8: Scibec da Carpi, Francesco, Fontainebleau, Schloss, Galerie Franz I. (Holzvertäfelung), 1539.

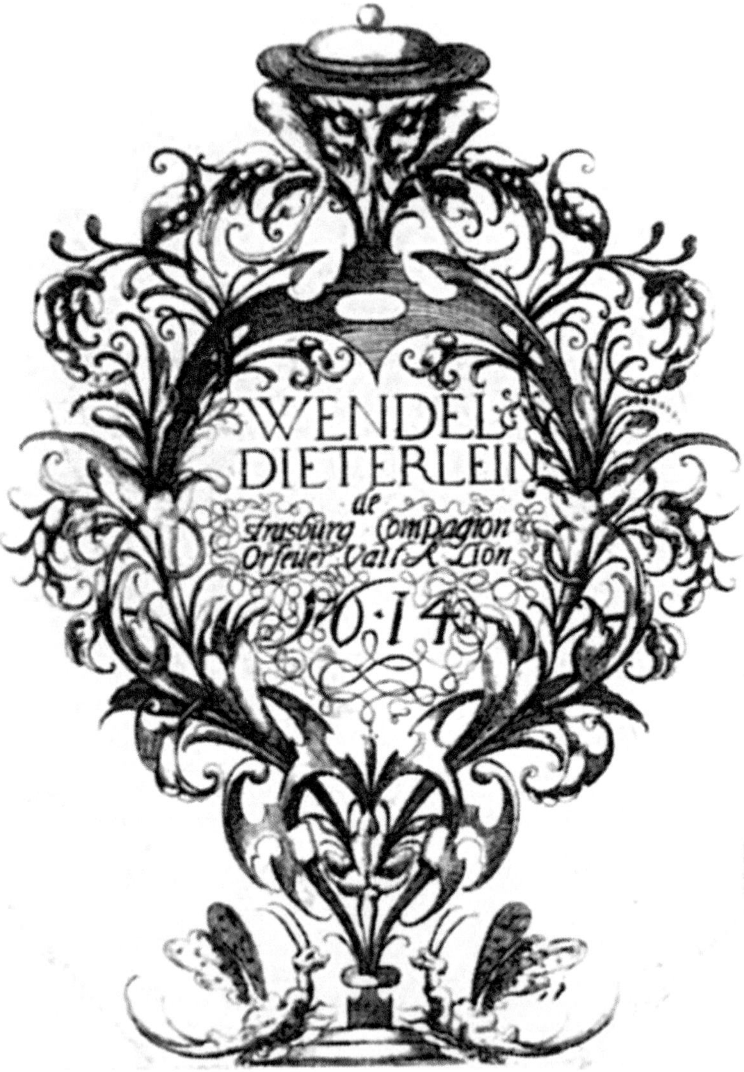

Abb. 9: Dietterlin, Wendel d. J., Bouquet d'orfèvrerie en forme de cartouche, 1614, Titelblatt.

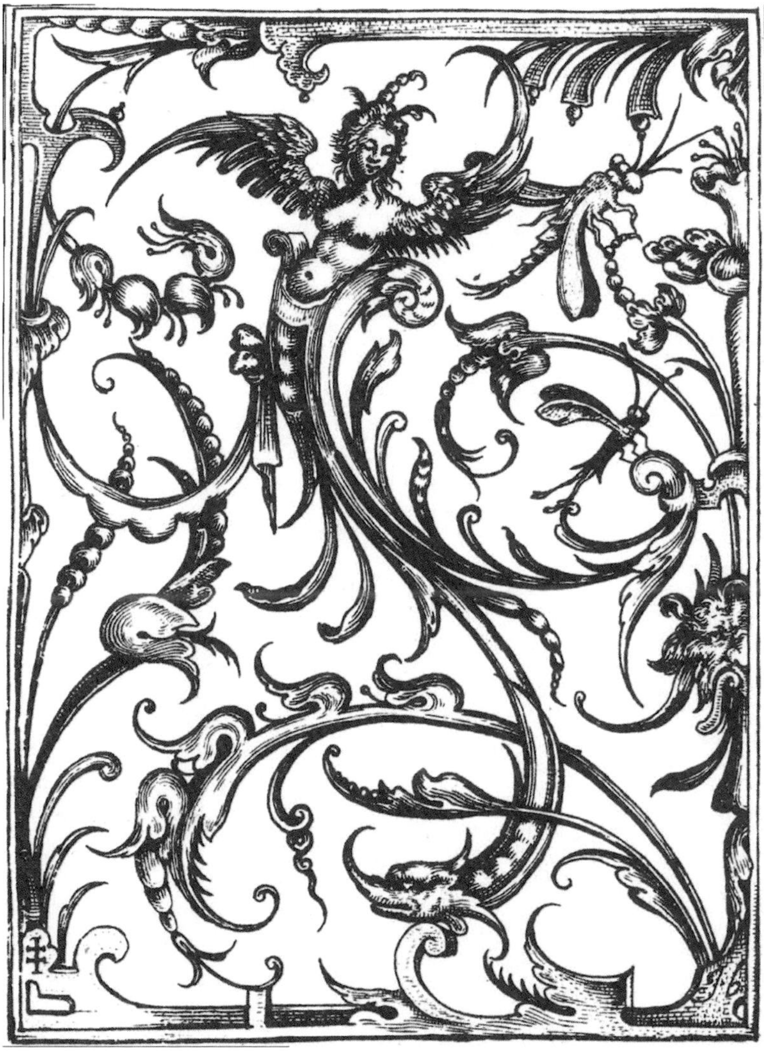

Abb. 10: Rousseel, Nicasius, Ornamentgroteske, 1623.

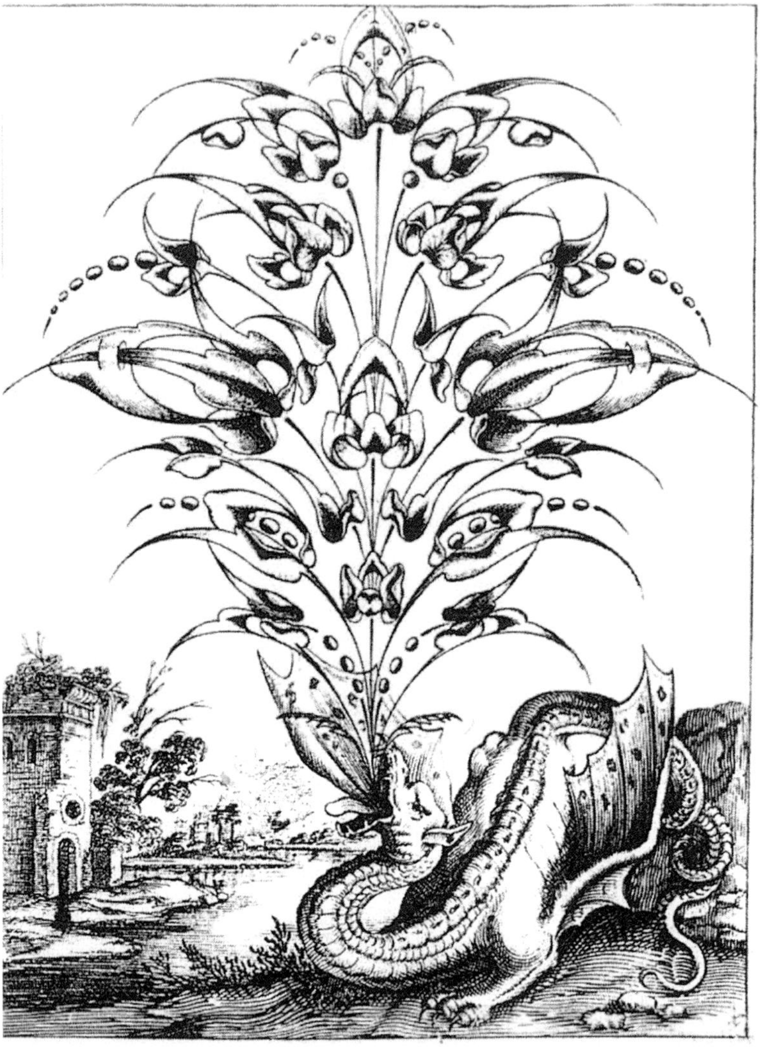

Abb. 11: Le Mersier, B., Ornamentgroteske, 1626.

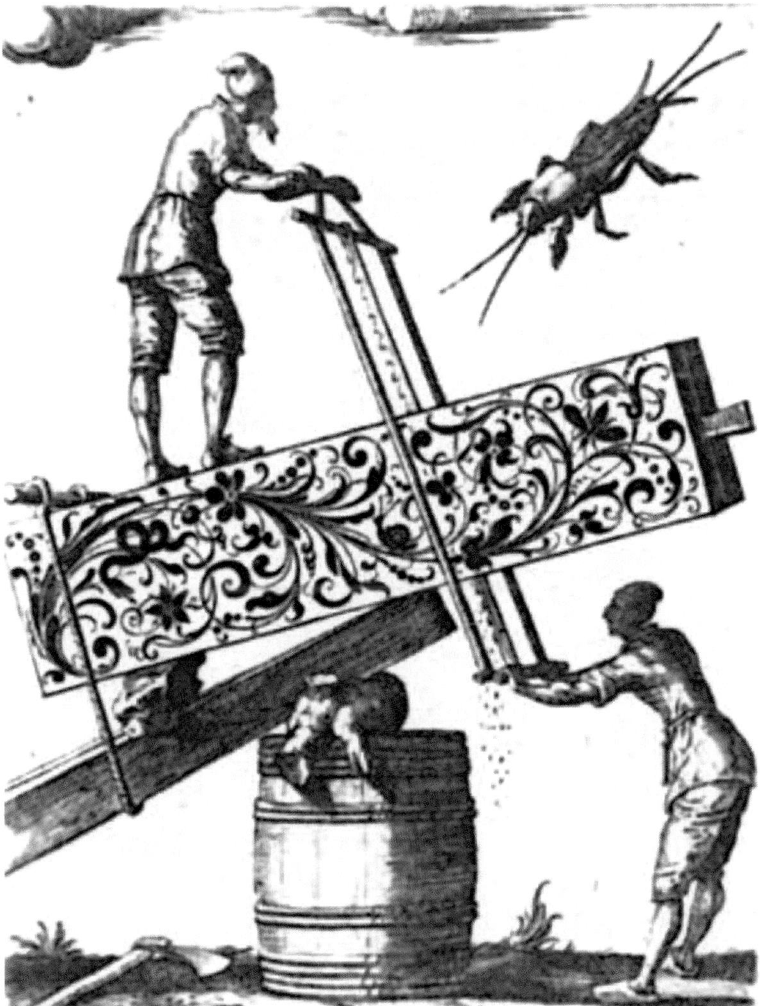

Abb. 12: Toutin, Jean, Vorlagenstich für das Stichblatt eines Schwertes, Stich, 1619.

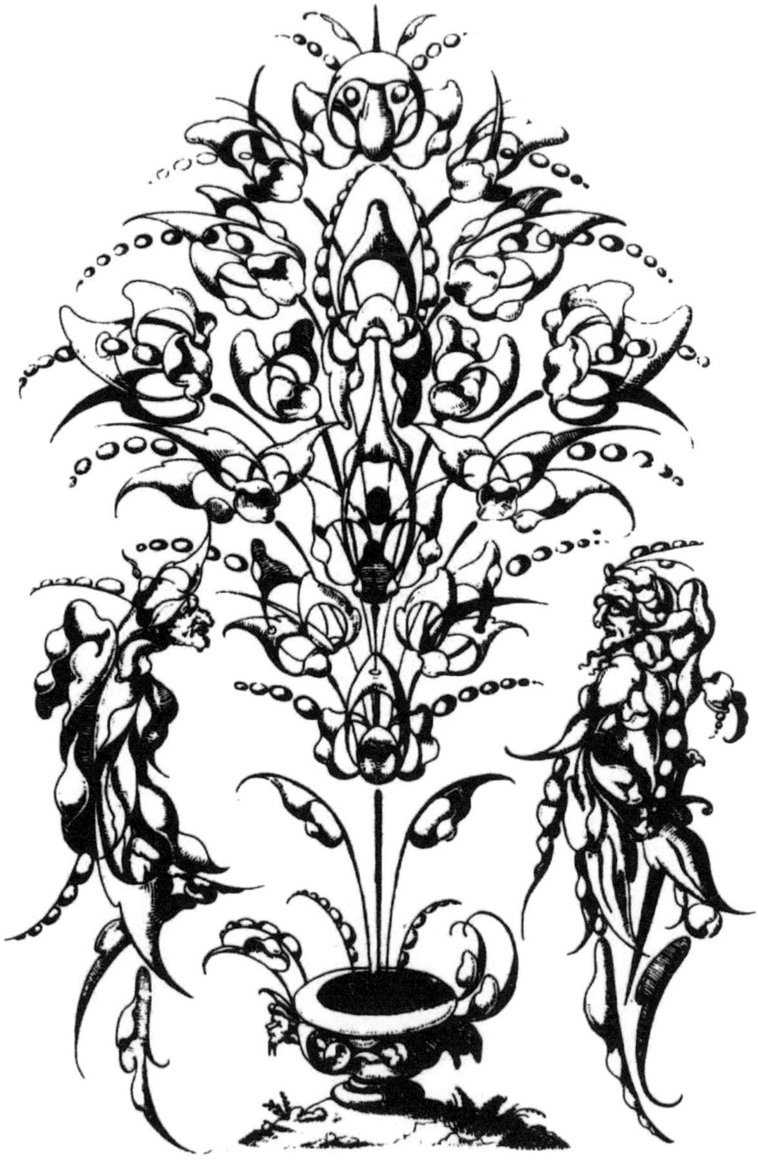

Abb. 13: Bruckh, Heinrich von den (Stecher: Vitus Reichart), Ornamentstich, 1626, Blatt 6.

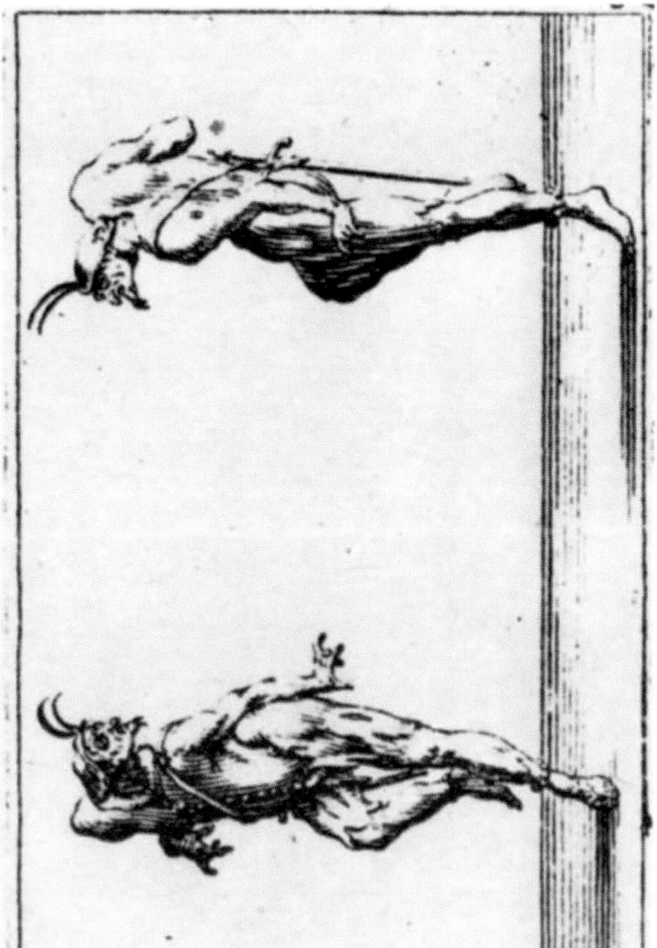

Abb. 14: Callot, Jacques, Tanzende Hanswurste, aus: Capricci di varie figure, zuerst 1617.

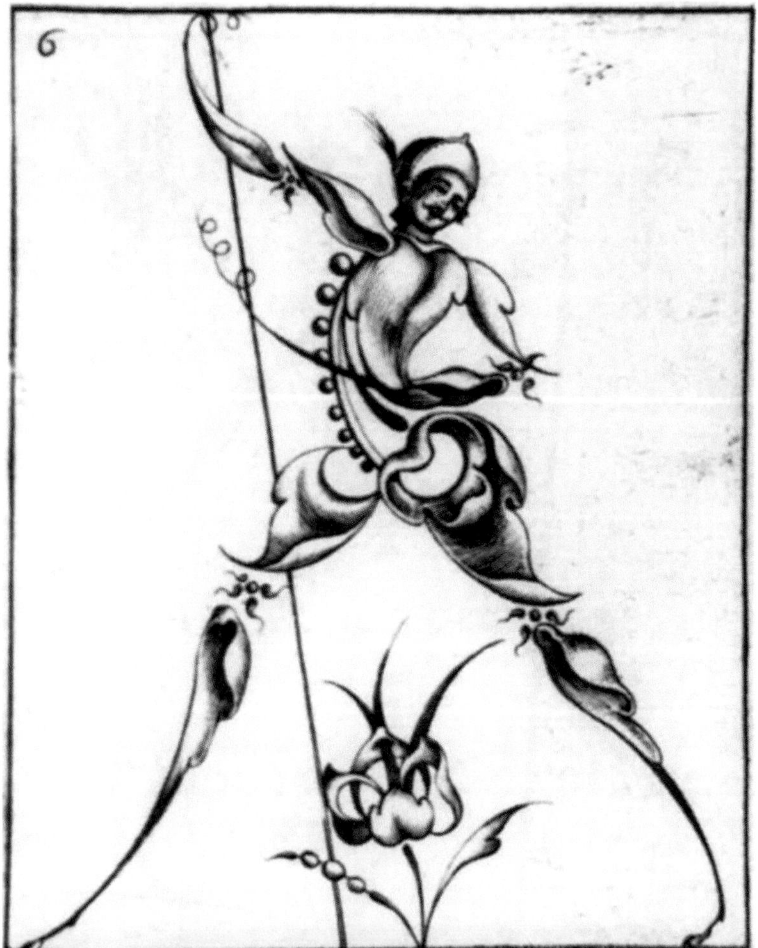

Abb. 15: Har. . . , Ph. la., (Stecher: Jacques Custos (Custodis), Ornamentgroteske, 1628, Blatt 6.

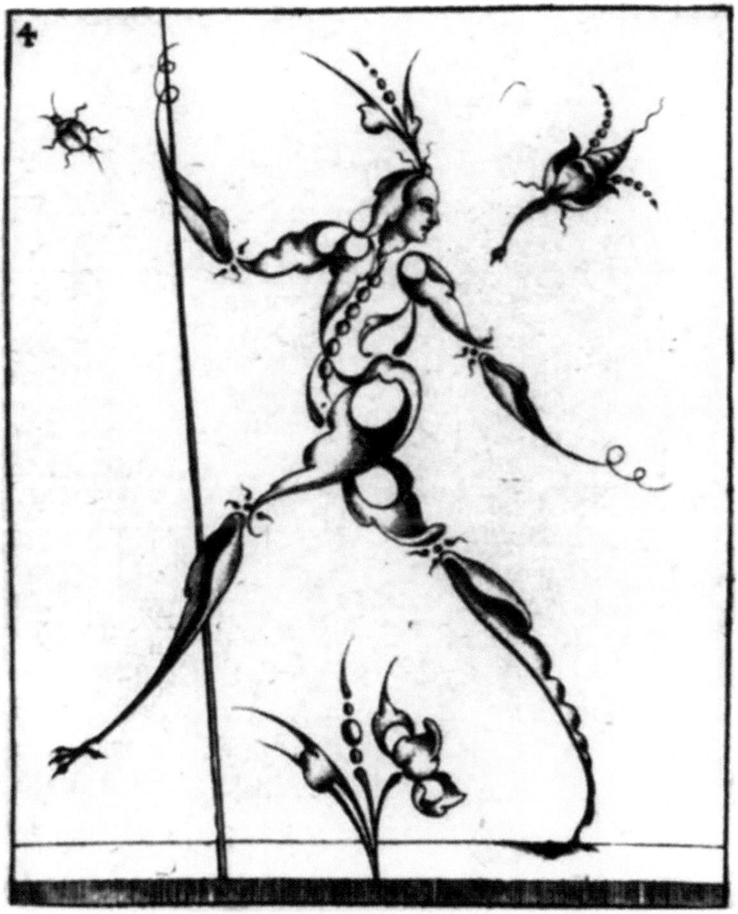

Abb. 16: Har..., Ph. Ia., (Stecher: Jacques Custos (Custodis), Ornamentgroteske, 1628, Blatt 2.

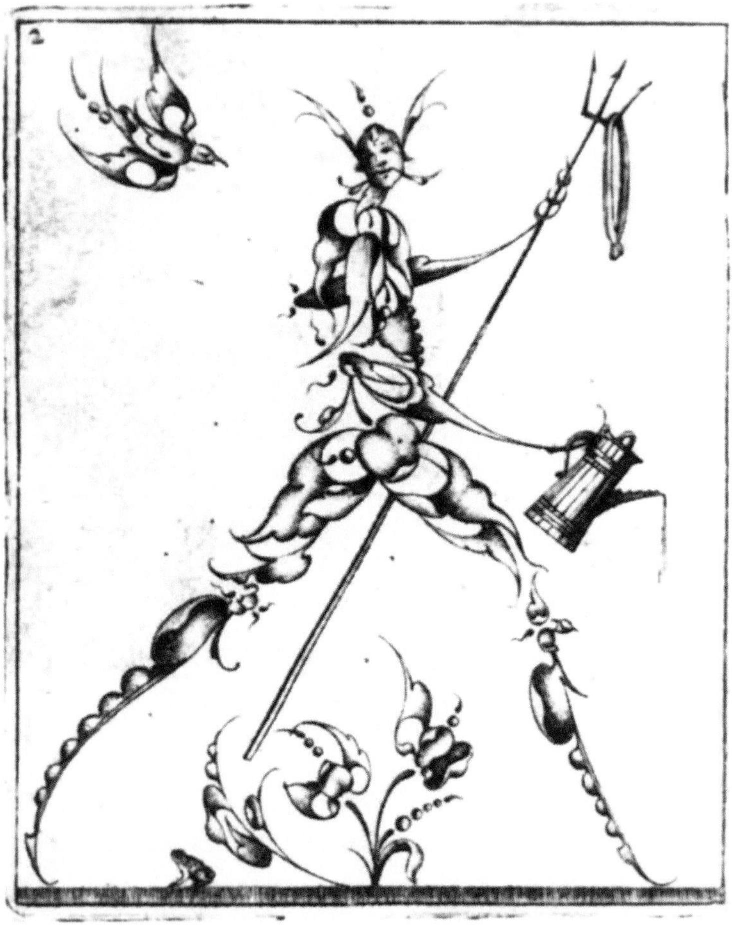

Abb. 17: Har. . . , Ph. Ia., (Stecher: Jacques Custos (Custodis), Ornamentgroteske, 1628, Blatt 4.

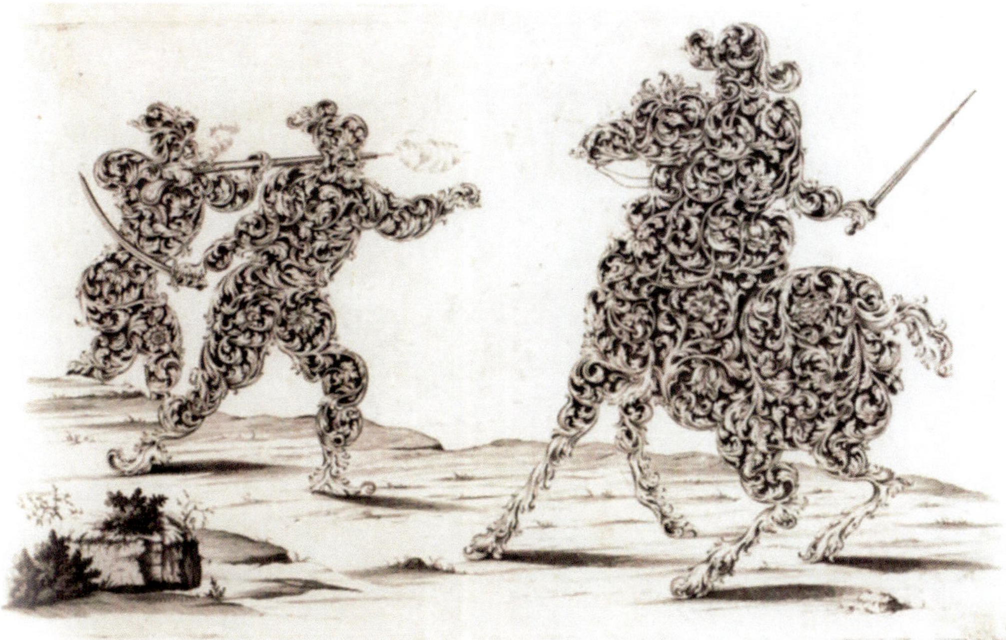

Abb. 18: Bömmel, Wolfgang Hieronymus, Neu ersonnene Gold-Schmieds Grillen Anderer Theil (Reiter m. schießendem Fußvolk), o. J. erstm. vor 1695.

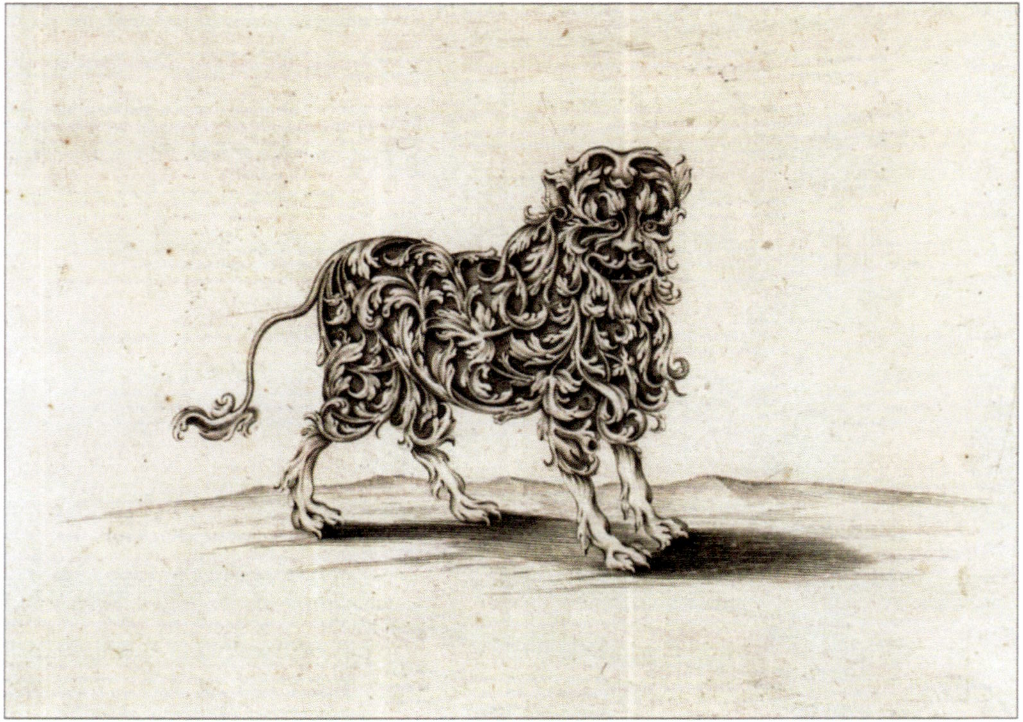

Abb. 19: Bömmel, Wolfgang Hieronymus, Neu ersonnene Gold-Schmieds Grillen Anderer Theil, (Löwe). o. J. erstm. um 1695,

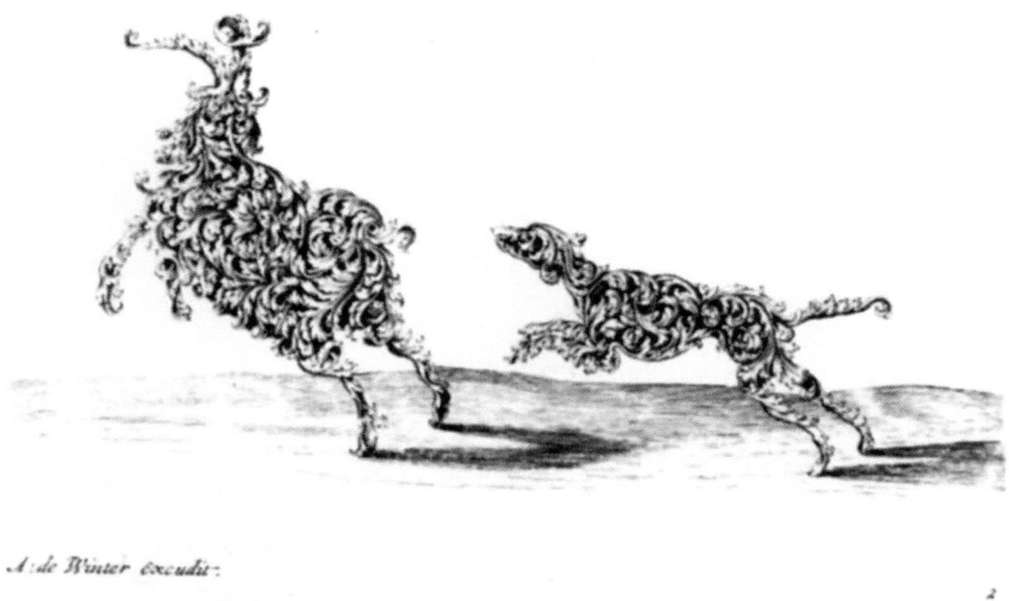

Abb. 20: Bömmel, Wolfgang Hieronymus, Neu ersonnene Gold-Schmieds Grillen, Blatt 2 (von Hund verfolgter Ziegenbock), um 1700.

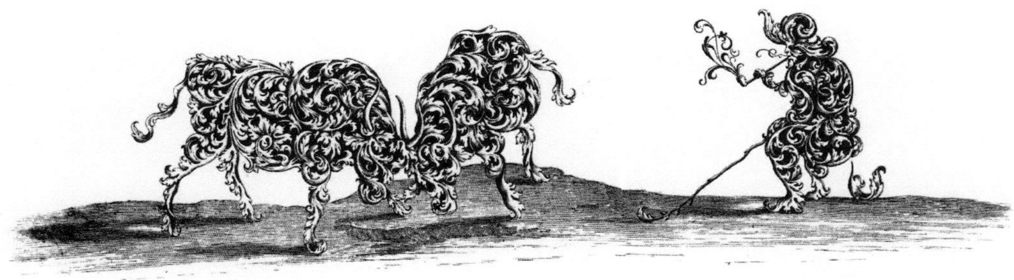

Abb. 21: Bömmel, Wolfgang Hieronymus, Neu ersonnene Gold-Schmieds Grillen (Detail) (Schäfer mit Rindern), um 1700.

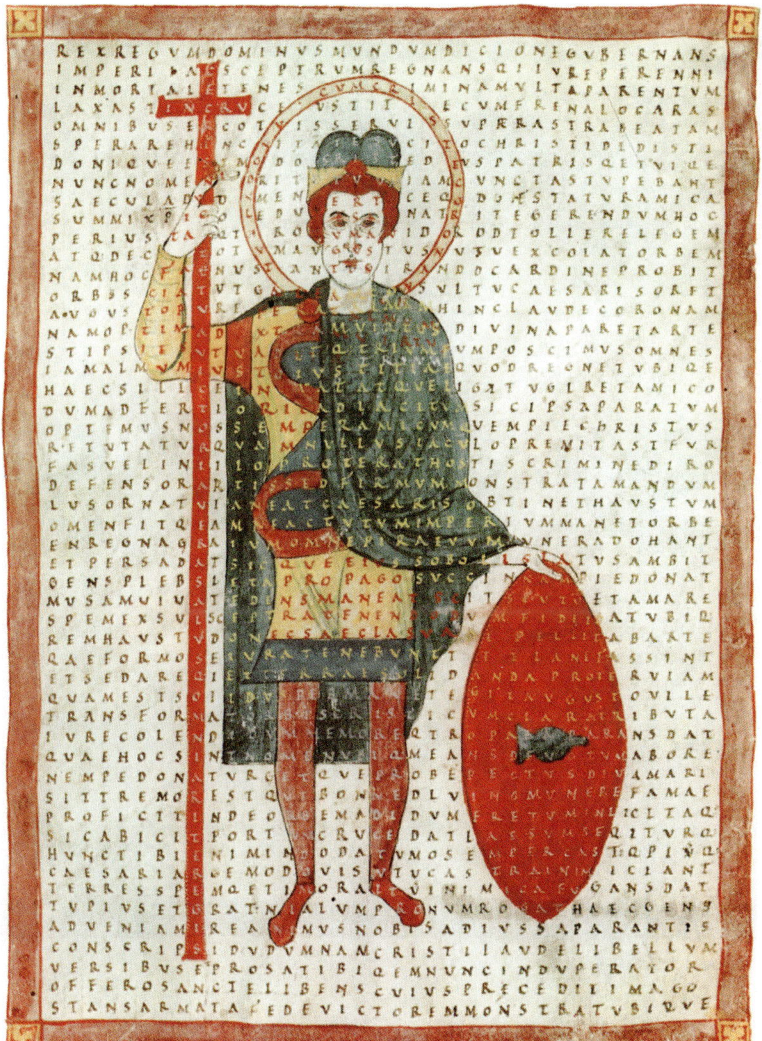

Abb. 22: Maurus, Hrabanus, De laudibus sanctis crucis, fol. 3v (Kaiser Ludwig der Fromme), Zweite Hälfte 11. Jh., Wien, Österreichische Nationalbibliothek.

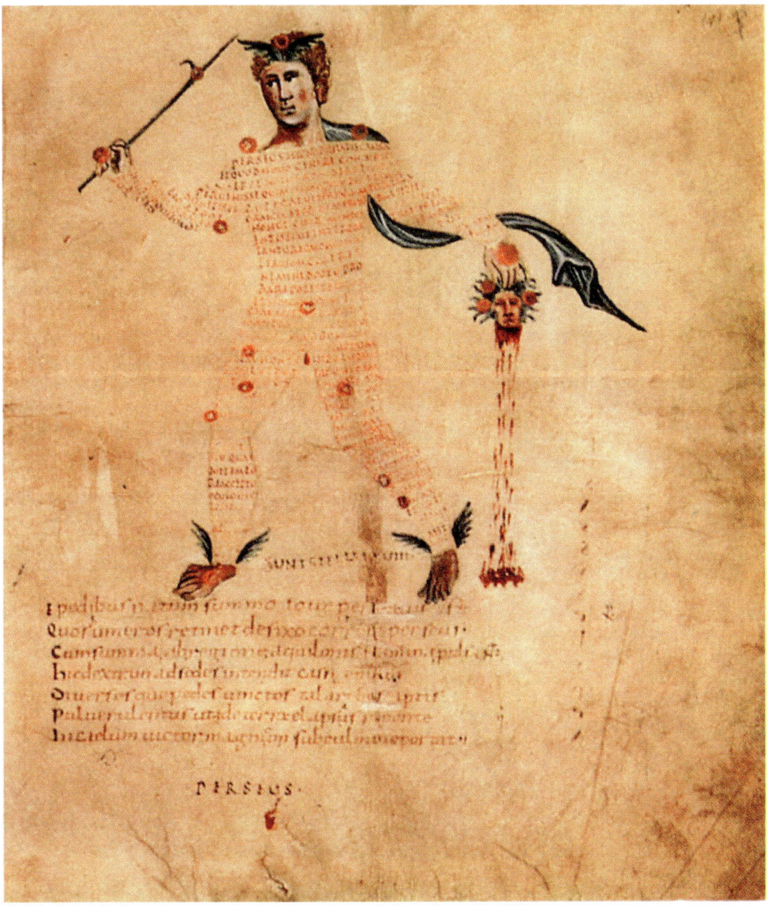

Abb. 23: Aratos, Himmelserscheinungen, Cod. Harl., 647, fol. 4r, um 830, London, British Library.

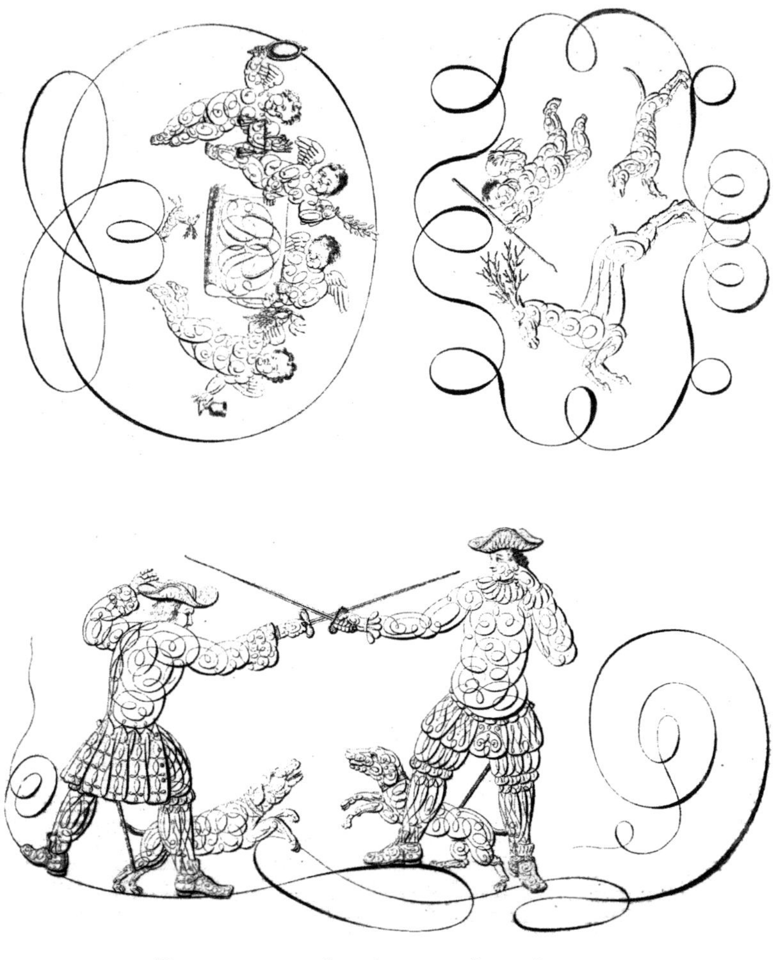

Abb. 24: Anonym, Kalligraphie, Amsterdam, Rijksmuseum.

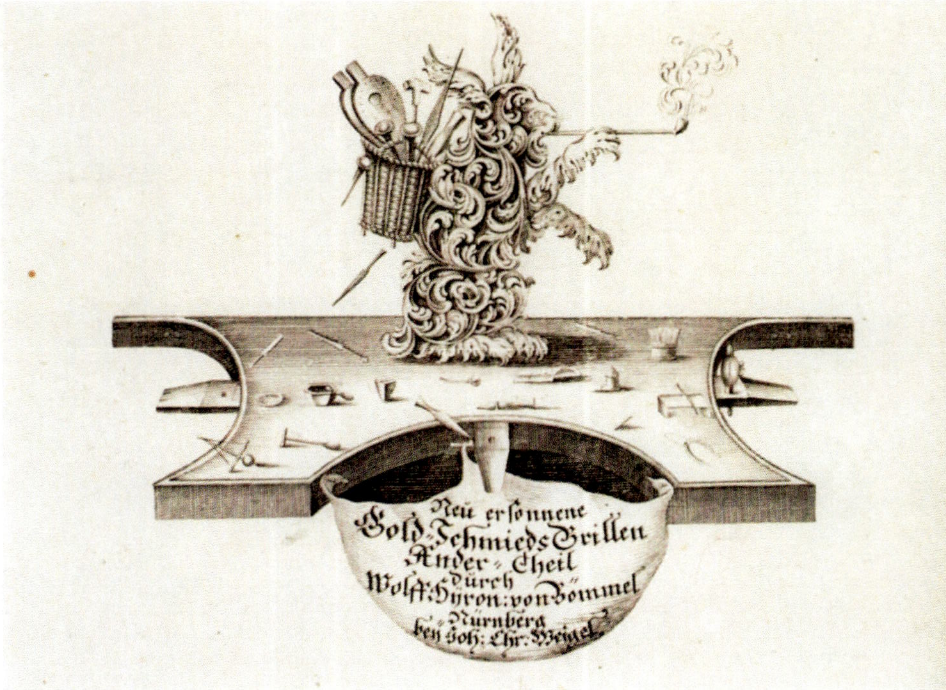

Abb. 25: Bömmel, Wolfgang Hieronymus, Neu ersonnene Gold-Schmieds Grillen Anderer Theil (Titelblatt), o. J. erstm. vor 1695.

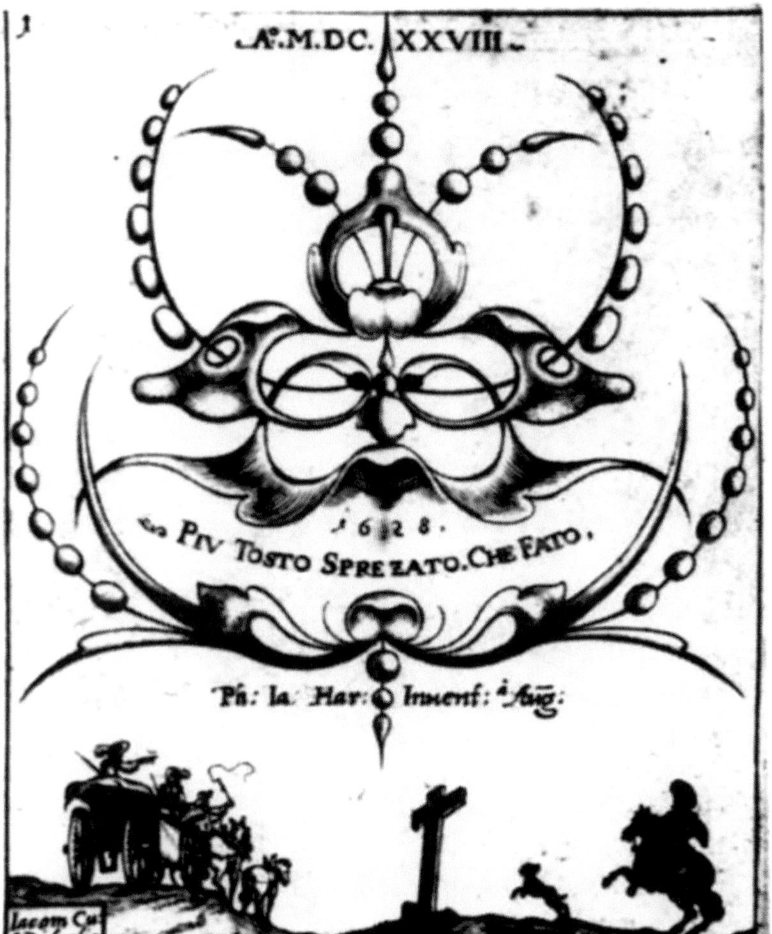

Abb. 26: Har. . ., Ph. Ia., (Stecher: Jacques Custos (Custodis), Titelblatt, 1628.

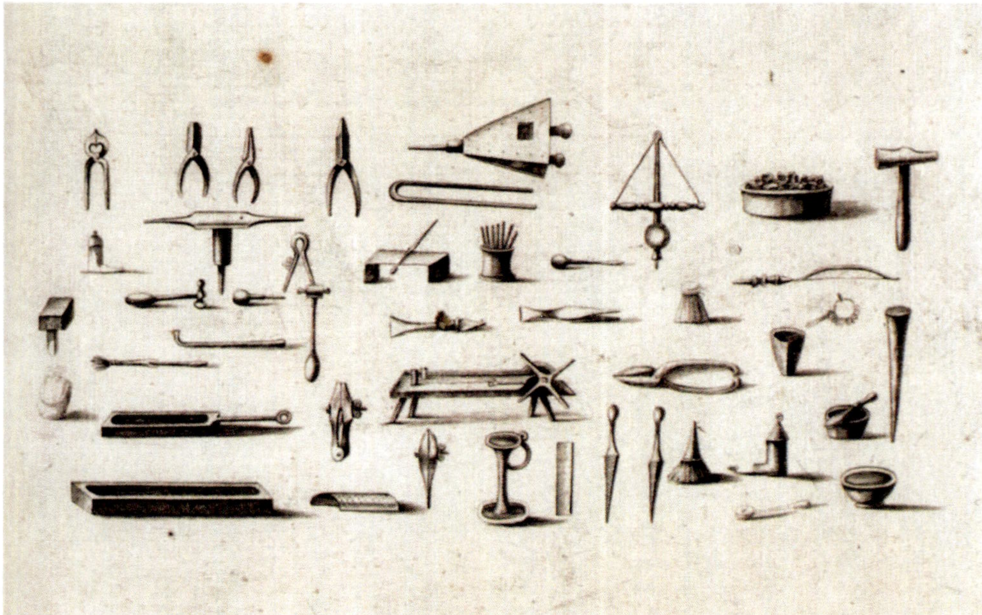

Abb. 27: Bömmel, Wolfgang Hieronymus, Neu ersonnene Gold-Schmieds Grillen Anderer Theil (Goldschmiedewerkzeug), o. J. erstm. vor 1695.

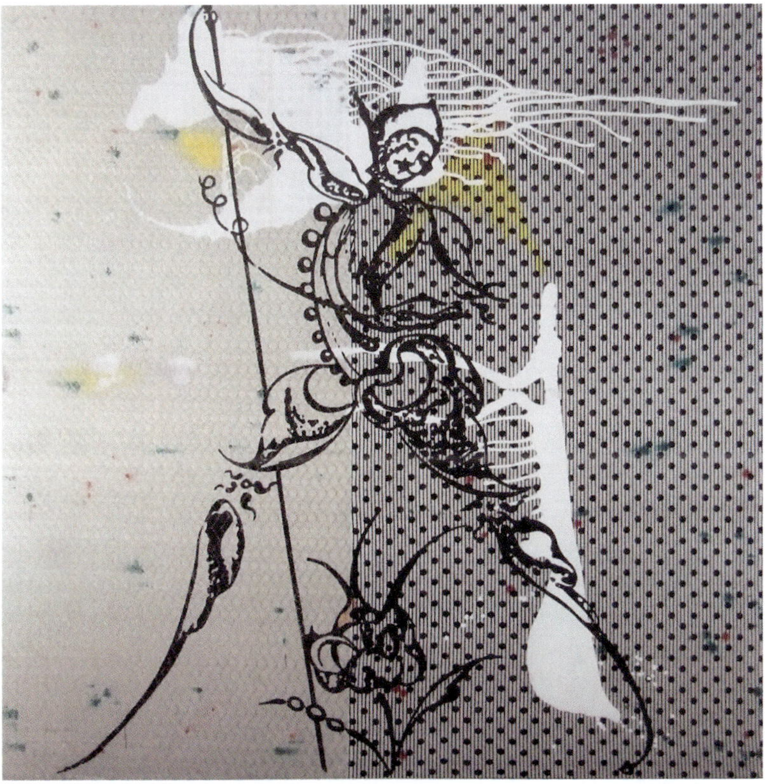

Abb. 28: Polke, Sigmar, Gärtner, 1992, Sammlung Raschdorf, Düsseldorf

Abbildungsnachweise

Abb. 2, 4, 10, 28: Archiv des Autors

Abb. 1, 3: Zamperini, Alessandra, Les grotesques, Paris 2007, 163, 18.

Abb. 5: Pinot de Villechenon, Marie-Noëlle, Domus aurea, La decorazione pittorica del palazzo neroniano nell'album delle „Terme di Tito" conservato al Louvre, Mailand 1998, Taf. 7.

Abb. 6: Kauffmann, Georg, Die Kunst des 16. Jahrhunderts (= Propyläen Kunstgeschichte Bd. 8), Berlin 1970, Taf. 232.

Abb. 7: Ceysson, Bernard / Bresc-Bautier, Geneviève / Fagiolo dell'Arco, Maurizio / Souchal, François, Skulptur. Von der Renaissance bis zur Gegenwart. 15. bis 20. Jahrhundert, Köln 1999, 110.

Abb. 8: Gruber, Alain (Hg.) L'art décoratif en Europe. Renaissance et manièrisme, Paris 1993, 389.

Abb. 9, 12, 15, 16, 17, 26: Fuhring, Peter / Bimbenet-Privat, Michele, Le style „Cosses de pois". L'orfèvrerie et la gravure à Paris sous Louis XIII, in: Gazette des Beaux-Arts, t. CXXXIX, 144e année, 2002, 89, 179, 175, 171, 173, 170.

Abb. 11: Irmscher, Günter, Ornament in Europa 1450-2000. Eine Einführung, Köln 2005, 103.

Abb. 13: Warncke, Carsten-Peter, Die ornamentale Groteske in Deutschland 1500 – 1650. Bd. 2: Gesamtkatalog , Berlin 1979, Abb. Nr. 1242.

Abb. 14: Schröder, Thomas, Jacques Callot. Das gesamte Werk. 2, Druckgraphik, Herrsching o. J., 1012.

Abb. 18, 19, 25, 27: Völkel, Michaela, Kunst für das Gewerbe, Katalog der Ausstellung, Hamburg, Museum für Kunst und Gewerbe 2001, Hamburg 2001, 31, 2, 30, 31.

Abb. 20: Hanebutt-Benz, Eva-Maria, Ornament und Entwurf. Ornamentstiche und Vorzeichnungen für das Kunsthandwerk vom 16. bis zum 19. Jahrhundert aus der Linel Sammlung für Buch und Schriftkunst, Katalog der Ausstellung, Frankfurt, Museum für Kunsthandwerk 1983, Frankfurt 1983, 111.

Abb. 21: Berliner, Rudolf / Egger, Gerhart, Ornamentale Vorlageblätter des 15. bis 19. Jahrhunderts. Bd. 3, Nr. 1077.

Abb. 22, 23: Adler, Jeremy / Ernst, Ulrich, Text als Figur. Visuelle Poesie von der Antike bis zur Moderne, Katalog der Ausstellung, Wolfenbüttel, Herzog August Bibliothek 1987/1988, Wolfenbüttel 1987, 13, 18.

Abb. 24: Fuhring, Peter, Ornament Prints in the Rijksmuseum II. The Seventeenth Century, Bd. 2, Amsterdam 2004, 298.

Roger Lüdeke

„Melting apparent surfaces away, and displaying the infinite which was hid". Poetische Schöpfung und politische Institution in William Blakes *America*

Drucke wie das folgende Blatt aus dem 1793 entstandenen *America. A Prophecy* (Abb. 1) verdanken sich der von Blake eigens erfundenen Technik des *Relief Printing*, einem Hochdruckverfahren, das in Deutsch unter dem Namen *Strichätzung* firmiert. Hierzu schreibt Blake die Textpassagen mit einer Feder seitenverkehrt, von rechts nach links auf eine Kupferplatte; die Bildelemente werden mit einem feinen Pinsel aufgetragen. Als Schreib-, Mal- und Zeichenmittel dient ein säureresistenter Decklack, der bei Radierungen gewöhnlich für die Stufenätzung verwendet wurde (vgl. Dörrbecker 2005:46). Nach vollendeter Zeichen- und Schreibarbeit wird die Platte einer verdünnten Nitratsäurelösung ausgesetzt. Die mit der Lackfarbe aufgetragenen Partien sind vor der Säure geschützt und bilden das ‚reliefierte' Hochdruckklischee, dem Blakes ‚relief printing' seinen Namen verdankt. Abschließend werden die Drucke koloriert.

In einer bekannten Passage aus *The Marriage of Heaven and Hell* (1794) fasst Blake die von ihm entwickelte Technik der Strichätzung in die für ihn entscheidenden poetologischen Programmatik:

> The ancient tradition that the world will be consumed in fire at the end of six thousand years is true, as I have heard from Hell. // For the cherub with his flaming sword is hereby commanded to leave his guard at the tree of life, and when he does, the whole creation will be consumed, and appear infinite. and holy whereas it now appears finite & corrupt. // This will come to pass by an improvement of sensual enjoyment. // But first the notion that man has a body distinct from his soul, is to be expunged; this I shall do, by printing in the infernal method, by corrosives, which in Hell are salutary and medicinal, melting apparent surfaces away, and displaying the infinite which was hid. // If the doors of perception were cleansed every thing would appear to man as it

is: infinite. // For man has closed himself up, till he sees all things thro' narrow chinks of his cavern. (Erdman, 39).[1]

Apokalyptischer Duktus und Referenzen auf die alttestamentarische Genesis verbinden sich hier mit einem Angriff gegen Blakes Intimfeind, John Locke, und dessen *Essay on Human Understanding* (1690). Die entsprechende Referenzpassage in Lockes Essay könnte so lauten:

> Let us then suppose the mind to be, as we say, white paper, void of all characters, without any ideas: – How comes it to be furnished? [...] To this I answer, in one word, from EXPERIENCE. (Locke, *Essay Concerning Human Understanding*, 2.1.2)

Lockes Annahme vom menschlichen Geist als einer *tabula rasa* wird von Blakes Technopoetik erweitert um die Vorstellung einer räumlichen Tiefendimension, die unter den Bedingungen der gängigen Sinneswahrnehmung eben gerade unverfügbar bleibt. Lockes zeitlich strukturierter Wahrnehmungs- und Erkenntnisprozess eines „train of Ideas" wird in einer kosmologisch-göttlich gehaltenen Raumordnung stillgestellt – in der räumlichen Tiefendimension eines „infinite which was hid".

Damit, so wird zu zeigen sein, entwirft Blake in seiner Illuminations- und Schreibkunst ein Schöpfungsmodell, das sich in einem deutlichen Spannungsverhältnis zu den Initial- und Chronologiken der Neuzeit befindet. Die These ist, dass Blakes poetische und bildliche Praxis den Zusammenfall von Anfang und Ende, von *eternitas* und *tempus*, von Transzendenz und Immanenz zu imaginieren erlaubt und sich dabei einem Wirklichkeitsmodell annähert, das sich mit Elena Esposito als ‚divinatorisch' beschreiben lässt (wobei dieser Begriff deutliche Nähe aufweist etwa zu Cassirers Begriff des ‚mythischen Denkens' oder zu Eric Voegelins Konzept eines ‚kosmologischen Wahrheitsstils'). Die Relevanz einer divinatorischen Poetik als besonderes Konzept von Schöpfung zeigt sich am Einsatz, um den Blakes frühe *Prophecies* spielen. Dies lässt sich am Beispiel von Blakes *America* verdeutlichen, das ähnlich wie *Europe. A Prophecy* (1794) oder *The [First] Book of Urizen* (1794) Fragen der politischen Neuordnung verhandelt und in dieser Hinsicht den näheren Gegenstand meiner folgenden Überlegungen bilden soll.

America handelt dem Titel entsprechend von der Entscheidungsschlacht im amerikanischen Unabhängigkeitskampf; der darin etwa an prominenter

[1] Alle Zitate aus Blakes Werken folgen der Ausgabe von Blake 1988/2001, hg. von David Erdmann; hier und im folgenden zitiert als Erdmann.

Stelle gesetzte „Song of Liberty" wurde von der Forschung nicht zufällig immer wieder als Paraphrase der amerikanischen *Declaration of Independence* gelesen (Erdman 1969, 24 f.). So wie die für seine Zeit zentralen Theorien politischer Souveränität, als Autoren seien hier nur Edmund Burke oder Thomas Paine genannt, schreibt Blake in *America* Gründungserzählungen, Genealogien gesellschaftlicher und staatlicher Ordnung. In mythopoetischer Überformung erzählt er von den Ursprüngen politischer Macht, von den Anfängen der bestehenden juristischen, staatlichen und religiösen Organisationsformen. In seiner mittleren Schaffensphase beansprucht Blake, die bestehenden Herrschaftsverhältnisse in sozialen Institutionen wie Kirche, Ehe, Schule, Militär zu rekonstruieren: „the Churches: Hospitals: Castles: Palaces/ [that] Like nets & gins & traps [...] catch the joys of Eternity/ And all the rest a desart; /Till like a dream Eternity was obliterated & erased." (Erdman, 67)

Dabei reagiert Blakes *America* auf die Grenzen und Bedingungen politischer Selbstbegründung und Selbstsetzungen, die sich im ausgehenden 18. Jahrhundert nicht mehr vorrangig im Rahmen einer politischen Theologie außerweltlicher Transzendenz, sondern innerhalb weltimmanenter Begründungsstrukturen zu verankern beginnen. Die spezifischen Legitimationsprobleme, die dabei entstehen, sind in zeitgenössischen Philosophien des Politischen umfangreich diskutiert und von Autoren wie Jacques Derrida, Jacques Rancière oder Giorgio Agamben wesentlich auch als Anfangsproblem formuliert. Derrida zufolge etwa vergewissern sich Politiken über Ursprung und Geltung der von ihnen entwickelten Ordnungsmodelle mittels der Leitunterscheidung zwischen Recht und Willkür, zwischen Recht und Gewalt. Allerdings, so Derrida, lässt sich diese politische Leitdifferenz zwischen Recht und Willkür auf den gesellschaftsstiftenden Akt dieser Entgegensetzung selbst nicht anwenden. Das heißt, und darin zeigt sich der Problemhorizont des Politischen als Problem der Schöpfung: die Rechtmäßigkeit des verfassungsstiftenden Akts erhält ihre Begründung und Legitimation immer nur nachträglich, aufgrund des dadurch allererst instituierten Rechtskorpus – kurz: Rechtssetzung und Rechtssatzung setzen einander wechselseitig voraus. Diese Anfangsparadoxie findet sich am klarsten formuliert in Derridas Lektüre von Benjamins *Kritik der Gewalt*:

> Weil sie sich definitionsgemäß auf nichts anderes stützen können als auf sich selbst, sind der Ursprung der Autorität, die (Be)gründung oder der Grund, die Setzung des Gesetzes in sich selbst eine grund-lose Gewalt(tat). Das bedeutet nicht, dass sie an sich ungerecht sind (im Sinne von ›unrechtmäßig‹). Im grün-

> denden Augenblick, in dem Augenblick, der ihr eigener Augenblick ist, sind sie weder recht- noch unrechtmäßig. (Derrida 1990/ 1991, 29)

In Blakes Werk lassen sich nun zwei Ausprägungen unterscheiden, mit denen er auf diese Ausgangsparadoxie politischer (Neu-)Gestaltung ästhetisch reagiert. Zum einen die paradoxiesteigernde Variante, die durch anfangsmarkierte und insgesamt stark temporalisierte Erzählmodelle gekennzeichnet ist und hierbei immer wieder die ‚Unbeobachtbarkeit der Beobachtung des Anfangs' in den Vordergrund spielt, um so die spezifischen Selbstwidersprüche sich selbst unverfügbarer Politiken hervorzutreiben. Beispiele für diesen Typus fänden sich in *Europe. A Prophecy*, das die Französische Revolution zum Gegenstand macht, oder in Blakes *The [First] Book of Urizen*, das als Konter-Diskurs zur biblischen Genesis gelesen werden kann.

Im Unterschied hierzu ist *America* in Blakes Oeuvre repräsentativ für die paradoxievermeidende Variante. Im Rahmen einer dominant atemporal strukturierten Erzählordnung zielt der von *America* vertretene Typus auf die mediale und sprachliche Vergegenwärtigung des Unbeobachtbaren, nicht auf Unbeobachtbarkeit von Beobachtung, sondern auf Beobachtbarkeit von Unbeobachtbarem, auf eine Wahrnehmungsform außerhalb oder vor aller Unterscheidung, eine Wahrnehmungsform, die in letzter Instanz noch auf die ›Ununterscheidbarkeit zwischen Unterschiedensein und Nichtunterschiedensein‹ zielt.

Diese letzte Formulierung greift auf Niklas Luhmanns Beschreibung des Religiösen zurück, woraus sich folgern ließe, dass Blakes Schöpfungs-Poetik in ihrer paradoxievermeidenden Ausprägung auf die Restitution politischer Selbstbegründung entsprechend dem Ordnungsmodell *politischer Religionen* zielt (Maier 2003, 217 f.).[2]

America nimmt die politische und geographische Kluft zwischen England und Amerika zum Ausgangspunkt. Auf der einen Seite steht der zu „Albions fiery Prince" ins Archaische überhöhte George III., auf der anderen Seite die amerikanischen Freiheitskämpfer: „Washington, Franklin, Paine & Warren, Gates, Hancock & Green" (Erdman, 52)

Blake schildert hier nichts weniger als die realpolitische Re-Institution gesellschaftlicher Macht im Rahmen der amerikanischen Unabhängigkeitskämpfe, einen „illegal change in the conditions of legality", wie Paul Schrecker das einmal genannt hat. Ungeachtet dieses realhistorischen Bezugs aber

---

[2] Vgl. neben Schmitt 1922/2004 und Voegelin 1938/1993 auch Assmann 1992/2006.

werden die Möglichkeitsbedingung einer solchen politischen Re-Instituierung in einem transzendenten Ordnungsmodell verankert. Vom Bereich des Phänomenalen gleichsam verdeckt und unsichtbar ist dieser transzendente Ordnungsraum jederzeit präsent und poetisch aktualisierbar. Dementsprechend ist die Sujetbewegung in *America* mit einer konsequenten Verdopplung des realpolitischen Geschehens durch eine von göttlichen Existenzen bevölkerte Seinsordnung verbunden: nicht zuletzt treten hier mit Orc und Urizen erstmals wichtige Gestalten aus Blakes mythopoetischem Universum auf, die dann auch in den späteren Prophezeiungen eine zentrale Rolle spielen werden.

Die Überblendung von referentialisierbaren historischen Ereignissen (Auflehnung des amerikanischen Volks) und verborgener Weltordnung (Zerstörung von Urizens Gesetz) erzeugt in *America* ein für divinatorische oder mythische Wirklichkeitsmodelle typisches „gedoppeltes Objektverhältnis" (Luhmann 1997/I, 238). Imaginäres, Geträumtes, visionär Erfahrenes oder Phantasiertes einerseits und ‚Reales' andererseits sind Teil einer Welt, „wobei imaginär durchaus nicht im Sinne von falsch verstanden werden darf. Denn was hier fehlt, ist die deutliche Scheidung zwischen zwei unterschiedlichen Welten. Das Imaginäre wird zu der einzigen Welt gerechnet, auf die man sich beziehen kann", so die Formulierung von Elena Esposito in ihrer 2002 erschienen Studie zum *Sozialen Vergessen* (62). Diese Form der „Realitätsverdopplung", so Esposito weiter, bildet

> eine Weise der Unterscheidung von Realität und Imagination, die an die sichtbaren Gegenstände gebunden bleibt; wobei diese aber gleichzeitig Träger unsichtbarer Bedeutungen sind. Die Leitunterscheidung der damit einhergehenden Semantik ist die von Oberfläche und Tiefe. Zwei Dimensionen der realen und konkreten Welt, die gleichzeitig auch die Unterscheidung von bekannt und unbekannt, vertraut und unvertraut, schließlich von sichtbar und unsichtbar übernehmen. Das Imaginäre entspricht hier auf diffuse Weise dem Unbekannten: eine verborgene Ebene der bekannten Gegenstände selbst, mit denen man es auf der konkreten Ebene zu tun hat. (Esposito 2002, 62)

Die semantische Leitunterscheidung von Oberfläche und Tiefe verwirklicht sich in *America* nicht zuletzt darin, wie Blake hier mit der räumlichen Zwischenposition des Atlantiks arbeitet:

> Solemn heave the Atlantic waves between the gloomy nations,/ Swelling, belching from its deeps red clouds & raging Fires!/ Albion is sick. America faints! enrag'd the Zenith grew./ As human blood shooting its veins all round the orbed heaven/ Red rose the clouds from the Atlantic in vast wheels of blood/ And in the red clouds rose a Wonder o'er the Atlantic sea. (Erdman, 53)

Offensichtlich besteht hier keine Differenz von immanent/transzendent, „es gibt hier keine scharfe Grenze, die, räumlich, die Welt in ein ›Diesseits‹ und ein ›Jenseits‹, in eine lediglich ›empirische‹ und eine ›transzendente‹ Sphäre teilt" (Cassirer 1923/1954, 95). Beide Aspekte ruhen im Rahmen eines gedoppelten Objektverhältnisses in ununterschiedener Weise – im Sinne eines göttlichen „In-etwas-Seins" (Luhmann 1997/I, 232) – in den Ereignissen und Handlungen, Dingen und Phänomenen, Wahrnehmungen und Zeichen selbst. Die Einheit dieser Weltordnung, so Esposito, „ist ein Mysterium, nicht eine Paradoxie" (Esposito 2002, 67). Das trifft auch in anderer Hinsicht für Blakes Weltmodellierung in *America* zu: In synkretistischer Überblendung der platonischen Atlantis-Sage (Kritias) und Herodots Geschichte vom Brautraub des Ariston erzählt Blake, wie die realhistorische Differenz zwischen den beiden verfeindeten Staaten durch die Vorstellung eines in den Tiefen des Atlantik verborgenenen Plateaus aufgelöst und dadurch und darin auf kosmischer Ebene stillgestellt wird:

> On those vast shady hills between America & Albions shore;/ Now barr'd out by the Atlantic sea: call'd Atlantean hills:/ Because from their bright summits you may pass to the Golden world/ An ancient palace, archetype of mighty Emperies,/ Rears its immortal pinnacles, built in the forest of God/ By Ariston the king of beauty for his stolen bride. (Erdman, 55)

America erzählt also streng genommen nicht von Neuem, Anderen und nie Dagewesenem. Stattdessen inszeniert es die poetisch vermittelte „Erinnerung an das Vertrautsein mit dem Unvertrauten" und provoziert so das, was Luhmann in ähnlichem Zusammenhang eine „wiederholende Erneuerung des Erstaunens" genannt hat (Luhmann 1997/II, 648). Das politische Einheits- und das visionäre Heilsversprechen, beides scheint in *America* ja noch ungeschieden, wird nicht von der Zukunft bereitgehalten, sondern bricht gleichsam aus einer simultanen Parallelwelt des Kosmischen ins Aktuelle ein. Es vollzieht sich im außerzeitlichen Raum eines natürlichen Mysteriums, dessen Wahrnehmung eine besondere Form der Tiefenschau jenseits der bloß sinnlichen Wahrnehmung erfordert. Dementsprechend ergeben sich äquivalente Betrachtungen auch hinsichtlich der narrativen und sodann auch hinsichtlich der bildlichen Vermittlungsebene.

Zu Beginn der *Prophecy* erscheint den Amerikanern am Ufer Englands „Albion's wrathful Prince" (Erdman, 52), gemeint ist Georg III., in Drachengestalt, rote Meteore entflammend, mit glühenden Augen. Darauf folgt die bereits zitierte Atlantis-Passage; der gesamt Passus lautet wie folgt:

> The strong voice ceas'd; for a terrible blast swept over the heaving sea;/ The eastern cloud rent; on his cliffs stood Albions wrathful Prince/ A dragon form clashing his scales at midnight he arose,/ And flam'd red meteors round the land of Albion beneath[.]/ His voice, his locks, his awful shoulders, and his glowing eyes// Appear to the Americans upon the cloudy night. Solemn heave the Atlantic waves between the gloomy nations,/ Swelling, belching from its deeps red clouds & raging Fires!/ Albion is sick. America faints! enrag'd the Zenith grew./ As human blood shooting its veins all round the orbed heaven/ Red rose the clouds from the Atlantic in vast wheels of blood/ And in the red clouds rose a Wonder o'er the Atlantic sea;/ Intense! naked! a Human fire fierce glowing, as the wedge/ Of iron heated in the furnace; his terrible limbs were fire/ With myriads of cloudy terrors banners dark & towers/ Surrounded; heat but not light went thro' the murky atmosphere// The King of England looking westward trembles at the vision (Erdman, 52 f.).

Der Vers, der die Wahrnehmung des englischen Königs durch die Amerikaner beschreibt – „Appear to the Americans upon the cloudy night" – bildet nicht nur einen Strophensprung, sondern auch einen Seitenwechsel. Im *contre-rejet* stehen die „eyes" des englischen Königs, im *rejet* das eben diese Erscheinung bezeichnende Verb: „His voice, his locks, his awful shoulders, and his glowing *eyes// Appear* to the Americans upon the cloudy night" (Erdman, 52 f., meine Hervorh.). Diese deutliche Trennung von Wahrnehmung und Wahrgenommenem markiert auch syntagmatisch die neue Perspektivierung des Geschehens durch die Amerikaner.

Im Anschluss hieran, syntaktisch und handlungslogisch jedoch zunächst nicht als getrenntes Geschehen erkennbar, wird eine weitere Erscheinung geschildert, das bereits erwähnte „Wonder o'er the Atlantic sea", das sich nachträglich als Emanation des Revolutionsgottes Orc enthüllt. Diese zweite Erscheinung des „Wonder of Orc" ist wiederum nur dem englischen Machthaber sichtbar, dies erfährt der Leser jedoch erst im Anschluss an die ausführliche Schilderung dieser Erscheinung: „The King of England looking westward trembles at the vision".

Dies ist ein Beispiel dafür, wie sich die vom Text inszenierte divinatorische Weltordnung auch auf der Ebene der narrativen Vermittlung manifestiert. Denn offensichtlich wird die syntagmatisch markierte Doppelperspektivierung durch Amerikaner einerseits und englischen König andererseits von der semantischen Struktur nachdrücklich überspielt. Gegensätzliche Ereignisse, hegemoniale Drohgebärde und Manifestation des revolutionären Aufbegehrens sind vom Leser nachträglich zwar als zwei verschiedene und perspektivisch getrennte Phänomene zu rekonstruieren. Die sprachliche Machart des

Textes suggeriert dagegen, dass sie lediglich ununterscheidbare Manifestationsformen einer allgegenwärtigen und gleichsam tiefer gelegenen Weltordnung darstellen: Die Schlüssellexeme, die die Erscheinung des englischen Machthabers kennzeichnen – Wasser, Wolken und Feuer – werden in der doppelt so umfangreichen Strophe, in der sich die Erscheinung Orcs ankündigt, aufgegriffen und in radikaler Weise vervielfältigt. Die „flam'd red meteors", die „glowing eyes", spiegeln sich in den „red clouds & raging Fires" der folgenden Strophe. Die gegenläufig zur 7-hebigen Betonungsstruktur des 14-Silbers gesetzten Betonungen markieren dies auch metrisch. Daraufhin wird das Schlüsselelement des Feuers in einer isotopischen Kaskade von identischen oder semantisch äquivalenten Lexemen fortgeführt („red", „glowing", „blood", „fire", „heated", „heat", „furnace"), und auch sie erscheinen zumeist an metrisch markierten Positionen des Textes: im *rejet* („Red rose the clouds") oder in Abweichung vom erwartbaren Betonungsschema („Human fire fierce glowing"). Gleiches gilt für das Schlüsselement der Wolken und des Wassers: der zweimaligen Nennung von „cloud" bzw. „cloudy" entsprechen vier – zählt man „heaven" dazu: fünf – äquivalente Lexeme in der Anschlussstrophe; der einmaligen Erwähnung von „sea" schließlich ‚antworten' drei äquivalente Lexeme in der Folgestrophe, ebenfalls häufig an metrischen Schlüsselpositionen.

Neben der durch Partizipialeinschübe, Inversion, Hyperbaton und Ellipse ohnehin stark verunklarten syntaktisch-logischen Struktur wird durch solche semantische Entdifferenzierung von zwei unterschiedlichen Geschehensabläufen auch auf dieser Strukturebene die verborgene Einheit jenseits der sinnlichen und diskursiven Differenzwahrnehmung evoziert. Aktion des Machthabers und revolutionäre Re-Aktion erscheinen damit als gleichwertige und quasi simultane Aspekte ein und desselben kosmischen Gesamtgeschehens.

Auf der Ebene des erzählerischen *discours* bilden solche Verfahren also das Komplement zum „gedoppelten Gegenstandsverhältnis" eines divinatorischen Weltmodells. Auch hier erfordert die Wahrnehmung der Einheit des phänomenal voneinander Unterschiedenen eine Art divinatorische Schau, die sich auf der Fläche des schriftlichen Textes weniger zeitlich als vielmehr räumlich realisiert und von dort in eine unverfügbar anmutende tiefere Weltordnung vordringt. Dort zeigen sich verborgene Identitäten und Korrespondenzen, die einer zeitabhängig linearen Rezeption notwendig entgehen. Ähnliches lässt sich nun auch auf der Ebene der bildlichen Vermittlung beobachten (Abb. 1 u. 2).

Nach einer örtlichen Situierung beginnt die *Prophecy* mit einer Kampfrede Washingtons (Abb. 1). Der zweite Textblock, der diese Rede enthält, ist durch prägnante Bildelemente eingerahmt. Oberhalb des entsprechenden Textabschnitts findet sich eine horizontal schwebende männliche Figur, die mit voller Kraft in eine Trompete zu blasen scheint. Aus deren Öffnung entweicht ein Feuerstrahl, dessen Flammen sich über den linken Seitenrand hinweg erstrecken. Eine Horizontale von züngelnden Ausläufern findet sich auch unterhalb des erwähnten Textabschnitts, womit das Ende von Washingtons Ansprache graphisch markiert wird. Eine Assoziation dieser bildlichen Darstellungen mit der in der Eingangsstrophe genannten englischen Machtsphäre ist möglich und naheliegend, heißt es dort doch: „The Guardian Prince of Albion burns in his nightly tent,/ Sullen fires across the Atlantic glow to America's shore" (Erdman, 52). Ähnliches gilt auch für den nach der Rede Washingtons einsetzenden „terrible blast [that] swept over the heaving sea" (Erdman, 52), mit dem die furchterregende Gestalt von George III. schließlich in Erscheinung tritt; die Verbindung des Feuers mit dem englischen Machthaber könnte zusätzlich dadurch gestützt werden, dass die Mitglieder der Figurengruppe unten links furchtsam auf die oberhalb gelegenen Flammen der Feuertrompete schauen und insofern als Repräsentanten der amerikanischen Bevölkerung zu lesen wären. Genauso aber wäre es möglich, den Trompeter als apokalyptische Verkörperung Washingtons zu identifizieren, der gegen den Usurpator zum Aufbruch bläst. Auch könnte hier schon ein bildlicher Hinweis auf das unmittelbar folgende Auftreten des Revolutionsgeists Orc enthalten sein, von dem das nächste Blatt berichtet. Dafür spricht, dass Orc, sowohl im Verlauf von *America* als auch werkübergreifend, immer wieder das Farbattribut *rot* zugeschrieben und wiederholt seine Nähe zum Feuer erwähnt wird. Schon zu Beginn von America ist von „red Orc" (Erdman, 51), später von den „fires of Orc" (Erdman, 55) die Rede. Am Ende von *Europe* entladen sich die „flames of Orc" (Erdman, 64 u. 65) und sein „red light" (Erdman, 66) in einem revolutionären Kataklysmus. Darüberhinaus verweist der Name auf seine luziferischen Qualitäten, und diese weisen ihn als Sohn der Feuerhölle aus.

Auf dem folgenden Blatt findet sich, direkt unter der Zeile, die den Auftritt des englischen Königs ankündigt, die Abbildung eines geflügelten Drachens, eines *wyvern* (Abb. 2). Dies kann nun tatsächlich als bildliche Entsprechung zur „dragon form clashing his scales at midnight" (Erdman, 52) gelten, von der zuvor in der Beschreibung des kolonialen Machthabers die Rede war. Zugleich aber dient dieses Bildelement auch hier der typographischen Unter-

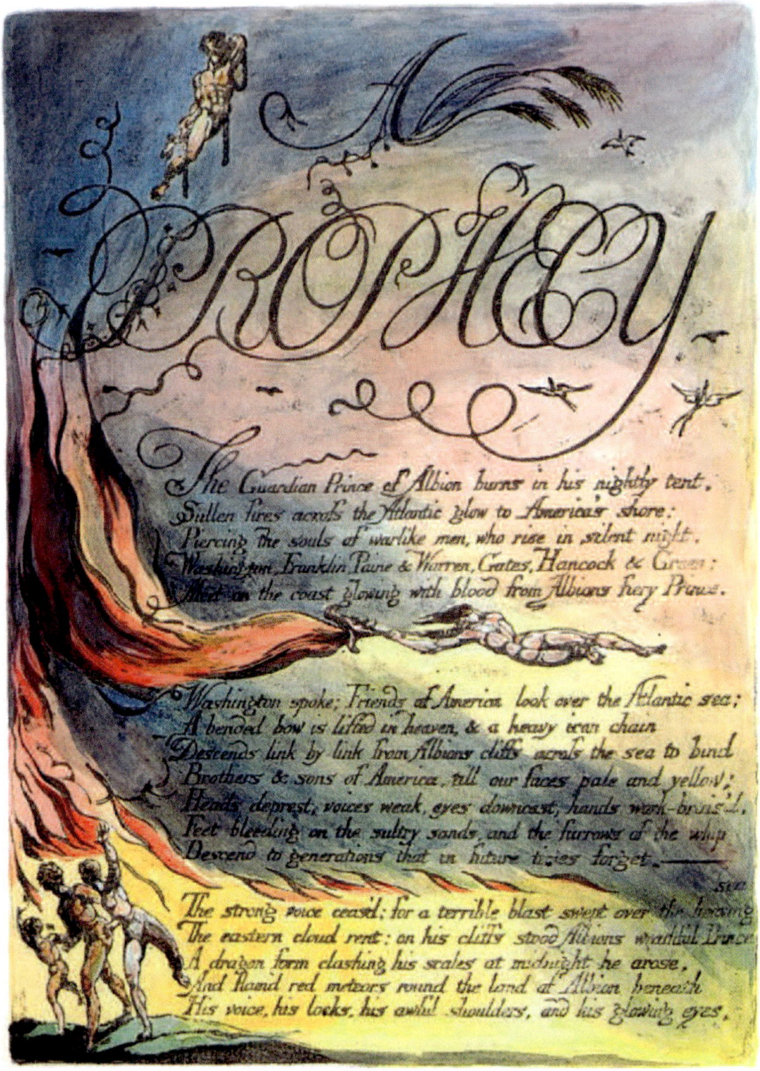
A PROPHECY
The Guardian Prince of Albion burns in his nightly tent,
Sullen fires across the Atlantic glow to America's shore:
Piercing the souls of warlike men, who rise in silent night,
Washington, Franklin, Paine & Warren, Gates, Hancock & Green;
Meet on the coast glowing with blood from Albions fiery Prince.
Washington spoke; Friends of America look over the Atlantic sea;
A bended bow is lifted in heaven, & a heavy iron chain
Descends link by link from Albions cliffs across the sea to bind
Brothers & sons of America, till our faces pale and yellow;
Heads deprest, voices weak, eyes downcast, hands work-bruis'd,
Feet bleeding on the sultry sands, and the furrows of the whip
Descend to generations that in future times forget.——
The strong voice ceas'd; for a terrible blast swept over the heaving sea
The eastern cloud rent; on his cliffs stood Albions wrathful Prince
A dragon form clashing his scales at midnight he arose,
And flam'd red meteors round the land of Albion beneath
His voice, his locks, his awful shoulders, and his glowing eyes,

Abbildung 1

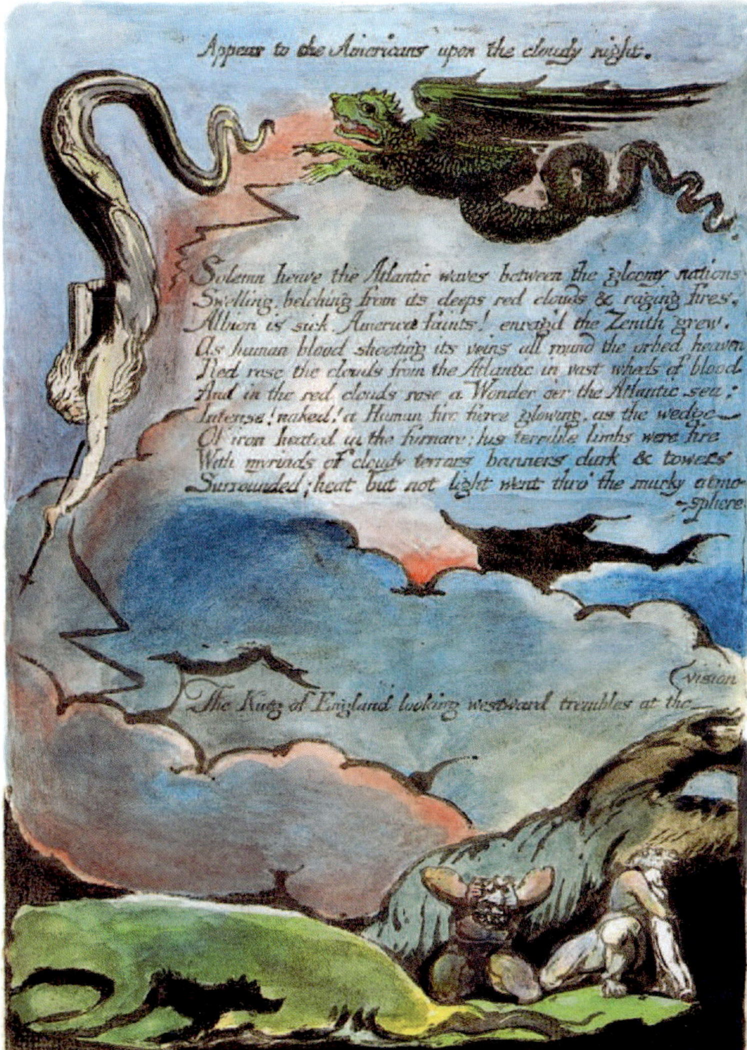

Appear to the Americans upon the cloudy night.
Solemn heave the Atlantic waves between the gloomy nations
Swelling, belching from its deeps red clouds & raging fires;
Albion is sick. America faints! enrag'd the Zenith grew.
As human blood shooting its veins all round the orbed heaven
Red rose the clouds from the Atlantic in vast wheels of blood
And in the red clouds rose a Wonder o'er the Atlantic sea;
Intense! naked! a Human fire fierce glowing, as the wedge
Of iron heated in the furnace; his terrible limbs were fire
With myriads of cloudy terrors banners dark & towers
Surrounded; heat but not light went thro' the murky atmo-
-sphere
The King of England looking westward trembles at the vision

Abbildung 2

scheidung der anschließenden Textpassage, die dem überraschenden Auftritt der Feuergestalt Orcs aus den Tiefen des Atlantiks gewidmet ist. Auch der Hintergrund der Seite mit seinen Blitzen und Wolkentürmen illustriert einerseits zentrale Inhaltsmomente des Texts, die „clouds" und „fires" (Erdman, 53), und evoziert so auf bildlicher Ebene die „murky atmosphere" (Erdman, 53), von der auch im Text die Rede ist. Und auch hier markieren die entsprechenden Bildpartien zentrale syntagmatische Einschnitte: Zwischen der Schilderung der Erscheinung Orcs über dem Atlantik und deren perspektivischer Beobachtung durch den englischen König etwa klafft ein schwarzes Wolkenloch.

Angesichts ihrer semantischen Überschüssigkeit scheint es sinnvoll, solche Bildzusammenhänge als graphisches Komplement zur Technik einer divinatorischen Verräumlichung zu begreifen, die bereits auf der Textebene beobachtet werden konnte. Nicht zufällig bildet der gesamte Hintergrund der zuletzt behandelten Seite ein komplexes System aus gezackten und geschwungenen Linien, deren Fügung den Blick des Betrachters von der Drachengestalt zu einem abwärts stürzenden Mann lenkt, um schließlich mittels einer gezackten Linie in die Wolkenformation des unteren Teils der Seite zu münden; rechts daneben ist eine aus drei Personen bestehende Figurengruppe zu sehen, die gebannt nach oben auf die Schreckenserscheinung der „dragon form" zu starren scheint (Erdman, 52). Einerseits legt das kompositorische System dieser Linien einen dynamisch-zeitlichen Zusammenhang nahe, der mit der narrativ-logischen Struktur der geschilderten Revolutionshandlung korrespondieren könnte: der Drache als Verkörperung George III. würde sich dementsprechend in den stürzenden Mann verwandeln und so den Fall des englischen Königs verdeutlichen (Erdman 1974/1992, 142). Die ebenso mögliche Auffassung des Drachens als Basilisk und Königsmörder (Raine 1969/I, 117) bringt diese Lesart jedoch wieder ins Wanken. Nun nämlich wäre der Drache als Verkörperung von Orc zu verstehen, der den König in Gestalt eines stürzenden Greises in die Flucht schlägt.

In der Art eines großen Piktogramms verweigern sich die Bildelemente in *America* also beständig einer einheitlichen Kontextualisierung. Folglich kann bei *America* nicht von einer Illustration des Textes in dem Sinne gesprochen werden, dass die sprachlichen Inhalte durch die bildliche Darstellung verdoppelt oder verdeutlicht werden. Vielmehr ist die Koppelung von Text und Bild äußerst lose und in keinem Fall zwingend, insofern beide Darstellungsebenen zunächst nur über ganz allgemeine und entsprechend vieldeutige semantische Merkmale aufeinander bezogen sind. Umgekehrt aber wird das semantische Potential der Bildelemente dadurch gesteigert, dass die einzelnen Bildelemente auf andere Bildelemente verweisen oder aber den Textverlauf zu gliedern scheinen. Diese syntagmatische Überdeterminiertheit legt es nahe, dieser *Zeige-, Gliederungs- und Verweisfunktion* der Bilder auch im Gesamtzusammenhang von *America* etwas weiter nachzuspüren.

Das zwölfte Blatt zeigt in der unteren Seitenhälfte eine kauernde Figur, die mit ausgebreiteten Armen in ein Flammenmeer greift (Abb. 3). Der Text in der oberen Seitenhälfte bietet zunächst das Ende einer Rede des „Angel of Albion", der auf Seiten der Engländer steht und in Reaktion auf das Freiheitsversprechen des Revolutionsgottes Orc in viermaligem Aufruf den Widerstand der Bündnistreuen gegen die Unabhängigkeitskämpfer beschwört – „Sound! sound! my loud war-trumpets & alarm my thirteen Angels" (Erdman, 54 f.): die „thirteen Angels" bezeichnen die 13 amerikanischen Staaten. Daraufhin wird von der allumfassenden Vereinigung durch die Wiederkehr des sagenhaften Atlantis berichtet, die oben bereits zitiert wurde. Hier trennt eine Reihe von züngelnden Flammen, die sich aus dem unteren Seitenteil fortsetzen, die beiden Textpartien. Aber auch hier besteht keine strikte Koppelung zwischen Bild und Text im Sinne einer einfachen illustrativen Funktion. Auffallend ist vielmehr die Schlussformel in der Rede des konter-revolutionären Engels – „Thus wept the Angel voice & as he wept the terrible blasts/ Of trumpets, blew a loud alarm across the Atlantic deep" (Erdman, 55). Sie scheint semantisch wieder zurück zu verweisen auf die Eingangsszene von *America*, wo, wie gesehen, George III. mit einem „terrible blast [...] over the heaving sea" in Erscheinung tritt (Erdman, 52). Zugleich aber ruft dieser sprachliche Rückverweis explizit auch das zentrale Bildelement der Eingangspassage in Erinnerung: die womöglich apokalyptisch konnotierte Feuertrompete, die die Rede Washingtons dort graphisch begrenzt. Im Bildzusammenhang des vorliegenden Blattes 12 ist die Figur des Flammenmeers nun aber kaum mehr schlüssig auf Albions Engel oder gar auf den englischen Machthaber zu beziehen, vielmehr ist sie dem Revolutionsgeist Orc, also dem entscheidenden Widersacher der englischen Kolonialmacht, zugeordnet.

Dafür spricht, dass Orc, wie erwähnt sowohl im Verlauf von *America* als auch werkübergreifend das Farbattribut *rot* zugeschrieben und wiederholt seine Nähe zum Feuer bezeugt wird. Hierin erschöpft sich das Verweissystem dieser Seite jedoch noch nicht. Zwei Seiten zuvor wird die zentrale Kampfrede Orcs wiedergegeben, oberhalb des Textes findet sich eine auf Wolken thro-

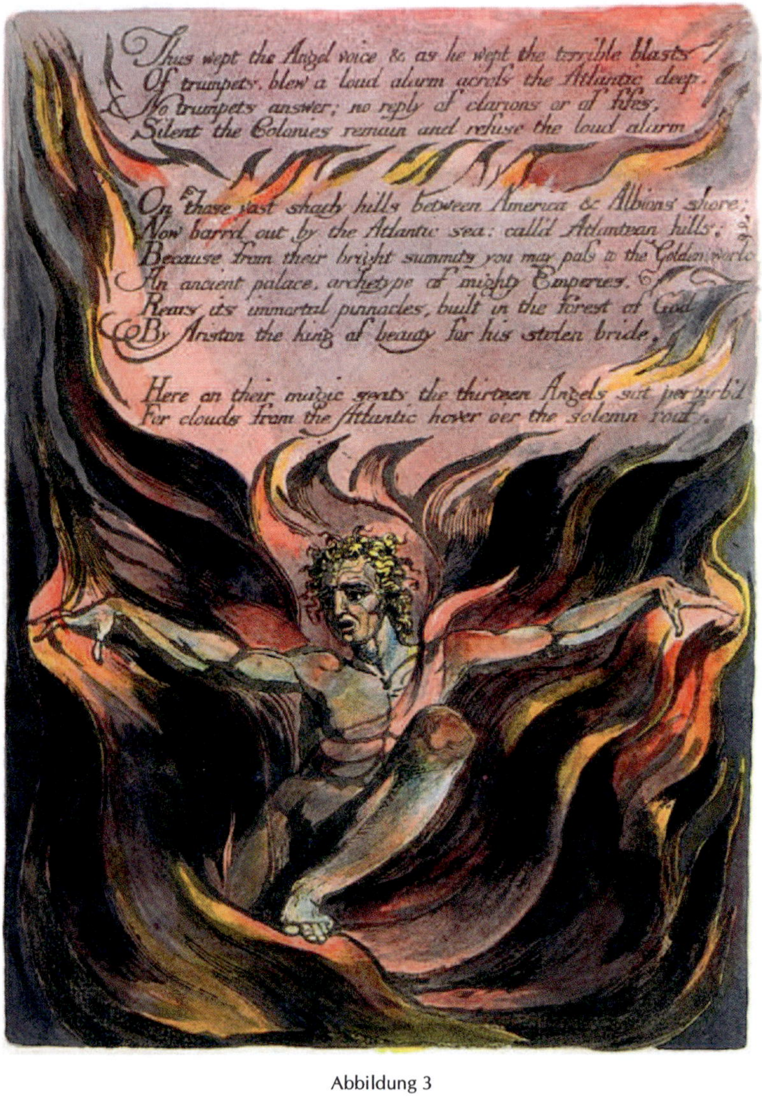
Thus wept the Angel voice & as he wept the terrible blasts
Of trumpets, blew a loud alarm acrofs the Atlantic deep.
No trumpets answer; no reply of clarions or of fifes,
Silent the Colonies remain and refuse the loud alarm
On those vast shady hills between America & Albions shore;
Now barrd out by the Atlantic sea: call'd Atlantean hills;
Because from their bright summits you may pafs to the Golden world
An ancient palace, archetype of mighty Emperies.
Rears its immortal pinnacles, built in the forest of God
By Ariston the king of beauty for his stolen bride,
Here on their magic seats the thirteen Angels sat perturb'd
For clouds from the Atlantic hover oer the solemn roof.

Abbildung 3

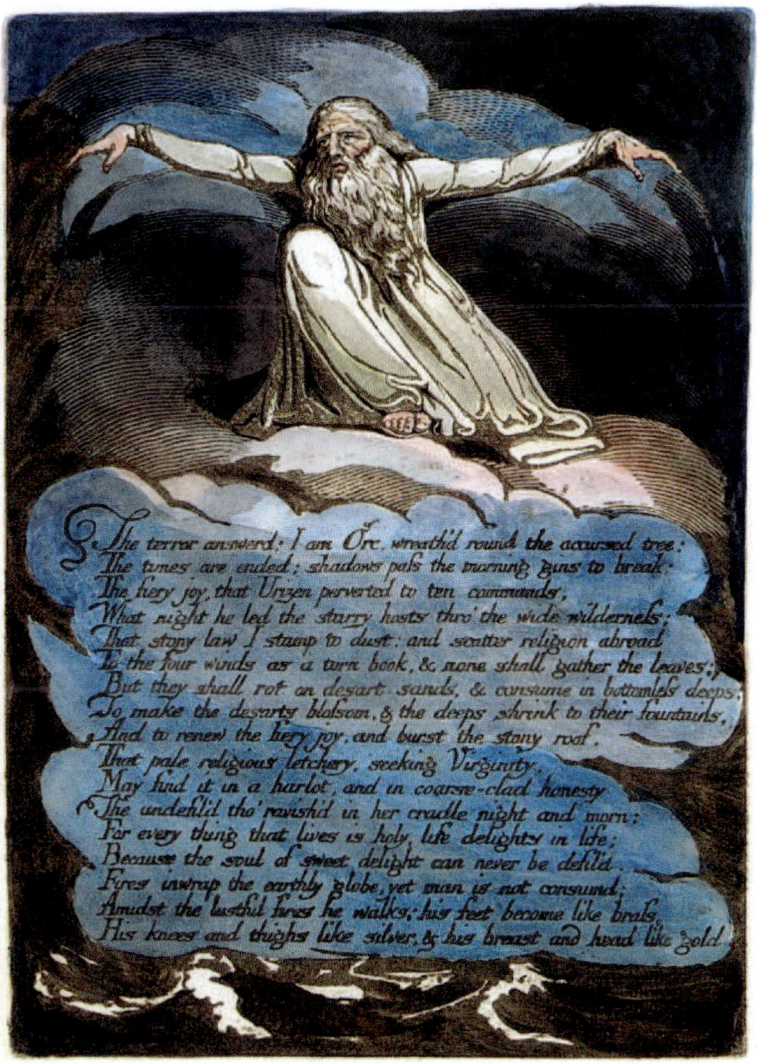
The terror answerd: I am Orc, wreath'd round the accursed tree:
The times are ended; shadows pass the morning gins to break:
The fiery joy, that Urizen perverted to ten commands,
What night he led the starry hosts thro' the wide wilderness;
That stony law I stamp to dust: and scatter religion abroad
To the four winds as a torn book, & none shall gather the leaves;
But they shall rot on desart sands, & consume in bottomless deeps;
To make the desarts blossom, & the deeps shrink to their fountains,
And to renew the fiery joy, and burst the stony roof.
That pale religious letchery, seeking Virginity,
May find it in a harlot, and in coarse-clad honesty
The undefil'd tho' ravish'd in her cradle night and morn:
For every thing that lives is holy, life delights in life;
Because the soul of sweet delight can never be defil'd.
Fires inwrap the earthly globe, yet man is not consumd;
Amidst the lustful fires he walks: his feet become like brass,
His knees and thighs like silver, & his breast and head like gold.

Abbildung 4

nende Gestalt mit weit ausgebreiteten Händen (Abb. 4). Die Komplementarität dieser Darstellung zum späteren Blatt beruht zum einen darauf, dass die hier gezeigte Figur mit nahezu identischer Geste und aus vergleichbarer Körperhaltung eine mächtige Wolkenformation umgreift, das Wolkenmeer erscheint somit als graphisches Äquivalent zum Flammenmeer der späteren Seite. Auch hier ist ein Fuß der Figur sichtbar, allerdings nicht mehr der linke, sondern der rechte, wobei die kauernde Position ein thronendes Verharren nahelegt, während die Position Orcs auf dem späteren Blatt wie auch ihre Beinhaltung eine Aufwärtsbewegung suggeriert.

Daraus, dass in der dazugehörigen Rede Orcs das „stony law" (Erdman, 54) von Urizen erwähnt wird, aber auch weil sich in anderen Werken – etwa auf der Titelseite des *Book of Urizen* – ähnliche Abbildungen des Urizen finden, erklärt sich, dass die bärtige und langhaarige Gestalt mit Blakes prototypischem Gesetzgeber identifiziert werden kann. Dieser Lesart zufolge erschiene hier also der zentrale Widersacher Orcs im Bild, um dem Leser den Anlass für Orcs revolutionäre Auflehnung bildlich ins Gedächtnis zu rufen: die Auflehnung gegen die „Laws of peace, of love, of unity:/ Of pity, compassion, forgiveness./ [...] One command, one joy, one desire,/ One curse, one weight, one measure/ One King, one God, one Law" (Erdman, 72), von der in Blakes *Urizen* die Rede ist und für die Urizen exemplarisch einsteht.

Aber auch hier eröffnet die syntagmatische Verknüpfung dieses Bildes mit der späteren Darstellung von Orc im Flammenmeer einen interpretatorischen Freiraum, der solche eindeutigen Zuordnungen unsicher macht. Liest man den Bärtigen auf seinem Wolkenthron entsprechend der ikonographischen Tradition als gottväterliche Figur (vgl. Mellor 1974, 140 ff.), dann erscheint die Flammenfigur gegen diese Folie betracht als satanischer Gegenspieler zum Repräsentanten des göttlichen Gesetzes, der „durch seine Erhebung [hat] wollen sein ganzes Revier anzünden, dass alles hätte sollen also brennen", wie es bei dem von Blake hochgeschätzten und intensiv rezipierten Jakob Böhme heißt (1612/1992). Im Sinne der von Blake angestrebten „marriage of heaven and hell" wird es hier also möglich, die traditionelle Deutung des himmlischen Ursprungsgeschehens poetisch zu revidieren: Die göttliche „Almighty Power", die den aufbegehrenden Engel in Miltons *Paradise Lost* ins unendliche Verderben stößt, wird hier nun plötzlich als Inbegriff eines irdischen Willkürherrschers lesbar, dessen „stony Law" sich auf historisch exemplarische Weise in der Fremdbestimmung des amerikanischen Volkes erfüllt. Der satanische Gegenspieler dagegen, der „Hurld headlong flaming from th' Ethereal Skie/ With hideous ruine and combustion down/ To bottomless perdition, there to dwell/ In Adamantine Chains and penal Fire“ (Milton 21674/1993, 9 [I/45–48]), wird zum Inbegriff politischer Befreiung erhoben.

Aber auch diese umkehrende Deutung würde zu kurz greifen. Im Rahmen seiner vielfältigen Wechselbeziehungen erscheint das zentrale Bild- und Textmotiv des Feuers wie gesehen sowohl mit der Schilderung der usurpatorischen Interessen des englischen Königs als auch mit der revolutionären Gegendynamik des aufrührerischen Orc verknüpft. Beide scheinen vielmehr zugleich Wirkung und Ursache, Ursprung und Effekt füreinander zu sein und verweisen in dieser Unbestimmtheit erneut auf die Gesetzmäßigkeiten eines verborgenen, eben kosmischen Gesamtzusammenhangs. Auch die Text-Bild- und die Bild-Bild-Beziehungen ermöglichen eine divinatorische Rezeptionshaltung: Jenseits des phänomenal voneinander Differenzierten werden über das Verweissystem von Bild- und Textzeichen verborgene Identitäten und Korrespondenzen suggeriert, deren Inhalte einer empirischen Sinneswahrnehmung notwendig entgehen. Dieser tiefere Zusammenhalt ist angemessen weniger im Sinne chronologischer Kausalitäten als vielmehr im Rahmen einer kosmologisch geprägten Topologie zeitloser Affinitäten zu erfahren.

Ausgehend von dieser Rekonstruktion lässt sich nun auch Position beziehen zu einer in der Forschung immer wieder diskutierten *cause de guerre*, die die politische Intention von Blakes früher *Prophecy* betrifft: die Frage nämlich, inwieweit Blake in *America* mit den amerikanischen Bestrebungen politischer Neuschöpfung sympathisiert oder sich dazu tendenziell eher skeptisch und reserviert verhält. Aus den Text- und Bild-Analysen sollte deutlich geworden sein, dass diese Frage von vornherein falsch gestellt ist. Tatsächlich nämlich kann Blake sich in *America* einer solchen politischen Stellungnahme in dem Maße entziehen, als er die Frage nach der politischen Rechtmäßigkeit der amerikanischen Freiheitsansprüche im divinatorisch-mythischen Wirklichkeitsmodus *politischer Religionen* beantwortet – und damit nachdrücklich suspendiert. Die Frage nach dem Unterschied zwischen legitimen Machtansprüchen und illegitimer Willkürherrschaft im irdisch-temporalen Geltungsbereich wird höchst wirksam für hinfällig erklärt. Evoziert wird vielmehr die numinose Gegenwart einer kosmischen Fundamentalordnung, in der realhistorisch referenzierbare Aktionen und Reaktionen trotz ihrer vermeintlichen Gegensätzlichkeit ununterscheidbare Bestandteile eines weitaus grundlegenderen Gesamtsinns bilden, der in seinen Ausmaßen nicht nur die Differenz zwischen Irdischem und Überirdischem übersteigt, sondern auch die Unterscheidung zwischen Abschluss und Neuschöpfung politischer Institutionen nivelliert.

Literaturverzeichnis

Assmann, Jan (1992/2006). *Politische Theologie zwischen Ägypten und Israel.* München.

Blake, William (1988/2001), *The Complete Poetry and Prose.* Hg. von David Erdman. New York et al.

Böhme, Jakob (1612/1992), *Aurora oder Morgenröte im Aufgang.* Hg. von Gerhard Wehr. Frankfurt / Leipzig.

Cassirer, Ernst (1923/1954). *Philosophie der symbolischen Formen, Zweiter Teil: Das mythische Denken.* Oxford.

Derrida, Jacques (1990/1991). *Gesetzeskraft. Der ›mystische Grund der Autorität‹.* Übers. von Alexander García Düttmann. Frankfurt.

Dörrbecker, D.W. (2005). Schriftbilder und Bildzeichen. William Blakes Experimente, *Paragrana, Internationale Zeitschrift für Historische Anthropologie,* Beiheft 1, S. 41–70.

Erdman, David V. (1969). *Blake: Prophet against Empire. A Poet's Interpretation of the History of his Own Times.* Revised Edition. Princeton.

Erdman, David. V. (1974/1992). *The Illuminated Blake. William Blake's Complete Illuminated Works with a Plate-by-Plate Commentary.* New York.

Esposito, Elena (2002). *Soziales Vergessen – Formen und Medien des Gedächtnisses und der Gesellschaft.* Frankfurt.

Locke, John (1690/1997). *An Essay Concerning Human Understanding.* Hg. von Roger Woolhouse. London.

Luhmann, Niklas (1997). *Die Gesellschaft der Gesellschaft.* 2 Bde. Frankfurt.

Luhmann, Niklas (2000). *Die Religion der Gesellschaft.* Frankfurt.

Maier, Hans (Hg., 2003). *Totalitarismus und Politische Religionen. Konzepte des Diktaturvergleichs. Band III: Deutungsgeschichte und Theorie.* Paderborn u.a.

Mellor, Anne K. (1974). *Blake's Human Form Divine.* Berkeley.

Milton, John (^{2}1674/1993). *Paradise Lost.* Hg. von Scott Elledge. New York / London.

Raine, Kathleen (1969). *Blake and Tradition.* 2 Bde. Princeton.

Schmitt, Carl (1922/2004). *Politische Theologie 1. Vier Kapitel zur Lehre der Souveränität.* Berlin.

Schrecker, Paul (1967). Revolution as a Problem in the Philosophy of History, in: Carl J. Friedrich (Hg.), *Revolution.* Yearbook of the American Society of Political and Legal Philosophy, Nomos VIII. New York.

Voegelin, Eric (1938/1993), *Die politischen Religionen.* Hg. von Peter J. Opitz. München.

also bis nachher. Hoffentlich seid ihr dann wieder in den richtigen Körpern, wir drücken euch ganz fest die Daumen.«

Er bewegt sich fröstelnd von uns weg, doch Aaron hält ihn auf.

»Warte!«, sagt er. »Ich will noch sehen, wie das Ei-Boot startet. Startet.«

»Und wir brauchen noch die Jacke!«, sagt Lilly.

»Okay, na gut«, stöhnt Gustav. »Dann gucken wir uns eben noch an, wie dieses Ding startet, und ich erfriere solang.«

Er zieht die Jacke aus und gibt sie Lilly.

»Seid ihr dann startklar?«, fragt Steven.

»Ja, kann losgehen«, antworte ich und winke Aaron und Gustav zum Abschied. »Bis später, Jungs!«

Steven öffnet die Klappe für uns und wir krabbeln ins Innere des Eis. Oh, viel Platz ist hier aber echt nicht, das wird ganz schön eng.

»Könntest du bitte deinen Ellenbogen aus meinem Auge nehmen?«, knurrt Lilly hinter mir.

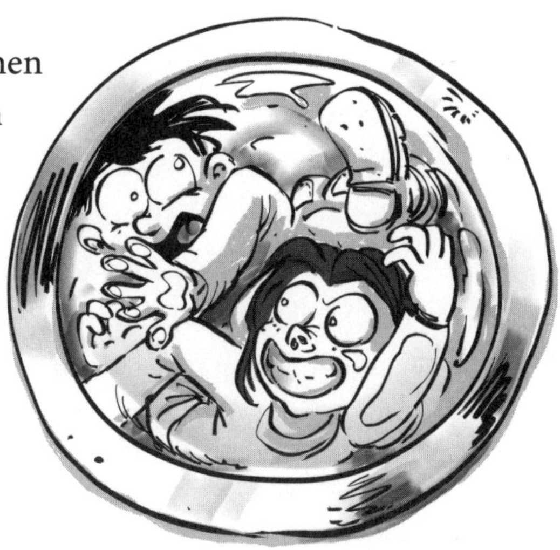

»Wenn du damit aufhörst, dein Knie in meinen Rücken zu bohren, gern«, knurre ich zurück.

»Ich sehe, dieser Körpertausch ist nicht gerade gut für eure Laune«, sagt Steven, während er sich an uns vorbei ins Cockpit quetscht.

»Hör bloß auf«, brummt Lilly. »Das ist eine einzige Katastrophe. *Luzie* ist eine einzige Katastrophe.«

»Selber Katastrophe«, brumme ich zurück.

»Na, dann hoffen wir mal, dass der Chef euch zwei Katastrophen helfen kann«, sagt Steven grinsend. »Seid ihr bereit?«

Wir nicken beide grimmig.

Steven drückt auf einen Knopf, der Bohrer setzt sich mit einem Höllenlärm in Bewegung.

»Tut mir leid!«, ruft Steven uns zu. »Am Geräuschpegel muss ich auch noch arbeiten! Haltet euch die Ohren zu, so gut es geht!«

Das Ei-Boot neigt sich nach vorne und bohrt sich ruckelnd in den Boden. Alles wird dunkel um uns herum, nur vorne im Cockpit blinken ein paar kleine Lichter. Es geht abwärts.

Nach ungefähr zwanzig Minuten, in denen wir heftig durchgerüttelt werden, kommen wir unten an und klettern aus dem Ei-Boot.

»War schön!«, sagt Cornibus und hüpft aufgeregt auf der Stelle. »Noch mal!«

»Nein, danke«, stöhnt Lilly. »Mir graut es jetzt schon vor der Rückfahrt.«

»Ja«, sagt Steven. »An den Stabilisatoren muss ich auch noch arbeiten, der Komfort lässt sehr zu wünschen übrig. Ich mache mich gleich mal dran, vielleicht wird die Rückfahrt schon angenehmer. Ihr wisst, wie ihr zu eurem Vater kommt? Er ist wahrscheinlich in seinem Büro.«

»Wo sind wir denn hier?«, frage ich. »Das sieht nach Level 99 aus.«

»98«, antwortet Steven. »Auf 99 war nicht genug Platz, da ist eine neue Abteilung eingezogen. Der Fahrstuhl ist dahinten rechts. Kommt einfach zurück, wenn ihr fertig seid, dann bringe ich euch wieder hoch.«

»Alles klar, dann bis später«, sage ich und wir laufen los in Richtung Fahrstuhl.

Zehn Minuten später betreten wir das Büro meines Vaters.

»Da seid ihr ja endlich«, brummt er. »Habt ihr mir die Jacke mitgebracht?«

»Ja«, sagt Lilly und reicht sie ihm. »Ich freue mich auch, dich zu sehen.«

»Schön für dich«, brummt er weiter. »Ich kann mich gerade über gar nichts freuen. Diese Kälte macht mich ganz verrückt, aber ich finde einfach nicht heraus, woher sie kommt. Friert ihr nicht?«

Lilly und ich gucken uns an und zucken mit den Schultern.

»Nö«, sage ich. »Fühlt sich an wie immer.«

»Das kannst du doch gar nicht wissen, Lilly«, erwidert mein Vater und schlüpft in die Jacke. »Du warst doch erst einmal hier unten.«

»Nein, ich bin Luzie«, sage ich.

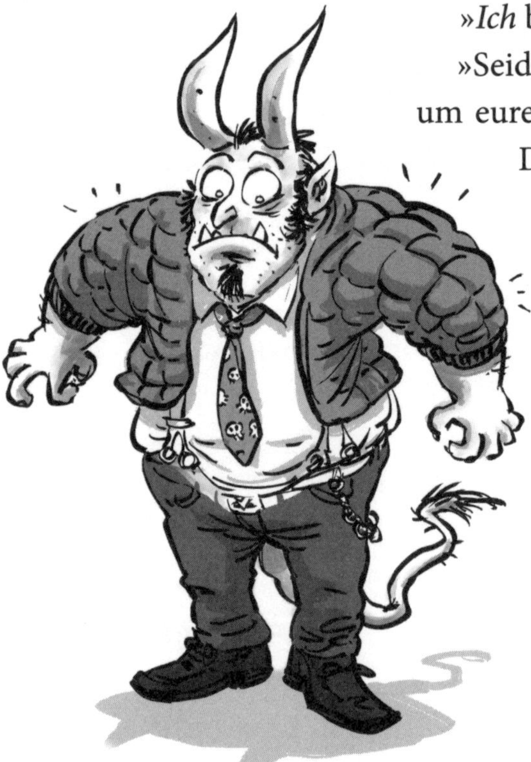

»*Ich* bin Lilly«, sagt Lilly.

»Seid ihr extra runtergekommen, um euren alten Vater zu veräppeln? Dann hättet ihr wenigstens eine passende Jacke mitbringen können, diese hier ist viel zu klein.«

Lilly und ich fangen an zu kichern – mein Vater sieht in der zu engen Jacke aus wie ein aufgeregter Pinguin.

»Wir veräppeln dich nicht«, erkläre ich. »Es gab einen Körpertausch. Das ist ganz plötzlich und von selbst passiert. Wir haben versucht, es rückgängig zu machen, aber das funktioniert nicht.«

»Ja«, stimmt Lilly mir zu. »Und dann ist da auch noch dieser komische Countdown, der seitdem schon zweimal aufgetaucht ist. Wir vermuten, dass das etwas miteinander zu tun hat.«

»Ein spontaner Körpertausch und ein Countdown? Was ist denn bei euch da oben los?«

»Wir hatten gehofft, dass du uns das vielleicht sagen kannst«, antworte ich.

»Vor allem hatten wir gehofft, dass du den Tausch rückgängig machen kannst«, sagt Lilly. »Ich muss unbedingt in meinen Körper zurück, Luzie baut nämlich nur Mist, solang er da drinsteckt.«

»Mach ich gar nicht«, erwidere ich brummend.

»Machst du wohl«, knurrt Lilly zurück.

»Sehr schön«, sagt Papa grinsend. »Ihr entwickelt euch langsam zu echten Teufels-Geschwistern. Meine Brüder und ich haben uns ständig gestritten, so muss das sein.«

Echt? Das finde ich überhaupt nicht. Ich streite mich nicht gern mit Lilly. Ich finde es viel schöner, wenn wir uns vertragen. Und ich hoffe sehr, dass das passiert, sobald wir wieder in unseren eigenen Körpern sind.

»Was euer Problem betrifft«, fährt mein Vater fort. »Das ist kein Problem. So einen kleinen Körpertausch mache ich im Schlaf rückgängig.«

»Super!«, sage ich begeistert. »Geht das auch, wenn du wach bist? Jetzt gleich, zum Beispiel? Wir müssten möglichst schnell wieder hoch.«

»Von mir aus«, brummt mein Vater und schnippt einmal mit den Fingern. »Erledigt. Macht die Tür zu, wenn ihr geht. Es ist kalt genug hier drin.«

Lilly und ich gucken uns an. Vor meinen Augen verschwimmt nichts und ich habe nicht das Gefühl, mich in Millionen kleine Teile aufzulösen. Bei ihr scheint auch nichts passiert zu sein.

»Äh, was meinst du mit erledigt?«, frage ich meinen Vater. »Passiert da noch was? Müssen wir auf irgendwas warten?«

»Es hat nicht geklappt?«, fragt er verwundert. »Seltsam. Solche mickrigen Dämonensprüche aufzulösen, ist eigentlich eine meiner leichtesten Übungen.«

Er schnippt noch mal mit den Fingern. Und noch mal.

»Also, bei mir passiert nichts«, stellt Lilly fest.

»Bei mir auch nicht«, sage ich.

»Verdammt, das liegt bestimmt auch an dieser verfluchten Kälte, die bringt mich ganz durcheinander«, knurrt mein Vater. »Aber kein Problem, dann machen wir das eben anders. Stellt euch mit den Gesichtern zueinander auf.«

Wir folgen seinem Befehl.

»Näher«, sagt er.

Wir rücken dicht aneinander heran.

»Wenn wir uns gleich küssen sollen, kotze ich«, knurrt Lilly.

»Wie kommst du denn auf so einen Blödsinn?«, sagt mein Vater. »Wir sind hier in der Hölle, hier wird nicht geküsst. Macht die Augen zu. Alle beide.«

Wir schließen unsere Augen. Im nächsten Moment spüre ich, wie mein Kopf an den Haaren kurz nach hinten gezogen wird und dann mit voller Wucht gegen Lillys Schädel kracht. Zum Glück haben wir hier unten keine Schmerzen – oben hätte das mit Sicherheit sehr, sehr wehgetan.

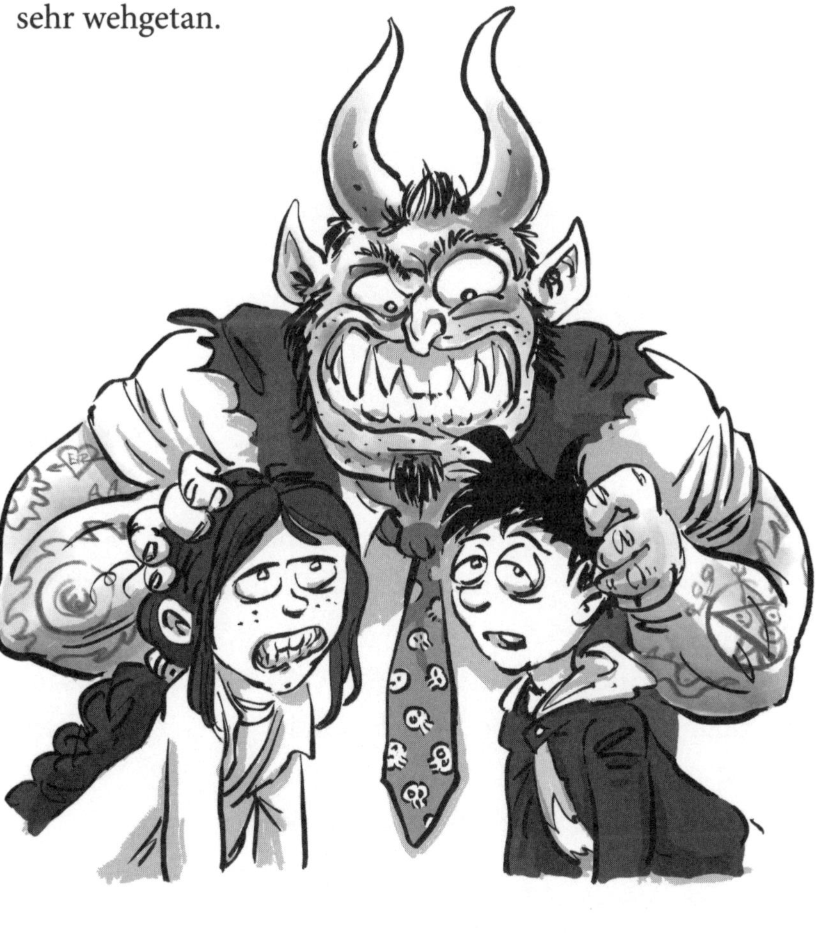

Mein Vater fängt an, laut zu lachen.

»Hey, spinnst du?«, beschwert sich Lilly. »Was soll denn das?«

»Das ist seine Art von Humor«, sage ich seufzend. »Ich hätte es eigentlich ahnen müssen, als er gesagt hat, wir sollen die Augen zumachen. Da bin ich als Kind immer wieder drauf reingefallen.«

»Ha, ha!«, grölt mein Vater. »Voll erwischt! Ihr hättet eure Gesichter sehen sollen!«

»Ja, ja, sehr witzig«, stöhne ich. »Könnten wir dann bitte wieder zu unserem Körpertausch-Problem kommen? Das ist echt wichtig, Papa.«

»Tut mir leid, aber wenn meine Finger nicht funktionieren, kann ich euch leider auch nicht helfen«, sagt er. »Wie gesagt, muss an der Kälte liegen.«

»Na super«, seufzt Lilly. »Und was sollen wir jetzt machen?«

»Keine Ahnung«, sagt mein Vater. »Darauf warten, dass es genauso plötzlich vorbeigeht, wie es gekommen ist? Wann ist das denn eigentlich genau passiert?«

»Gestern Nachmittag«, antworte ich. »Wieso? Ist das wichtig?«

»Na ja, normalerweise muss so ein Körpertausch innerhalb von zwei Tagen rückgängig gemacht werden, sonst ...«

Er kratzt sich verlegen am Hinterkopf.

»Was sonst?«, hakt Lilly nach.

»Lasst es mich so sagen: Ihr werdet immer meine Kinder bleiben, egal in welchen Körpern ihr steckt.«

»Der Countdown!«, ruft Lilly. »Das kommt genau hin mit den zwei Tagen!«

»Oh nein«, stöhne ich. »Das bedeutet, wenn der Countdown abgelaufen ist …«

»… bleibt ihr für immer in den Körpern, in denen ihr euch zu diesem Zeitpunkt befindet«, vervollständigt mein Vater den Satz.

»Und du kannst wirklich nichts dagegen tun?«, frage ich verzweifelt.

»Offenbar nicht«, antwortet mein Vater und schnippt noch einmal mit den Fingern – nichts passiert. »Falls sich an diesem Zustand etwas ändert, komme ich natürlich sofort zu euch hoch.«

»Aber das … das geht doch nicht«, stammelt Lilly verzweifelt. »Wir können doch nicht für immer … Ich meine, ich bin doch ein Mädchen … Und Luzie ist ein Junge … Das funktioniert doch nicht.«

»Ach ja, dieses ewige Thema«, seufzt mein Vater. »Eine der vielen Fehlkonstruktionen eures Opas. Niemand weiß, was er sich dabei ursprünglich gedacht hat, am wenigstens er selbst. Er hat mal selbst zu mir gesagt, dass er das heute anders machen würde. Eigentlich sollten alle gleich sein, das wäre viel einfacher. Und vor allen Dingen gerechter. Aber mach dir keine Sorgen. Egal, in welchem Körper du steckst, du wirst immer Lilly bleiben, und das ist alles, was zählt.«

»Aber ich will nicht in diesem Körper bleiben«, sagt Lilly.

»Wieso?«, frage ich. »Was passt dir denn an meinem Körper nicht? Der ist doch absolut in Ordnung.«

»Ach, ich weiß nicht. Er ist eben anders und nicht meiner. Das ist irgendwie so, als hätte man einen kratzigen Pulli an, der nicht passt. Außerdem riecht er komisch.«

»Gar nicht«, erwidere ich. »Der riecht ganz normal. *Deiner* riecht komisch.«

»Stimmt. Aber erst, seit du ihn hast.«

»Seitdem riecht er *besser*.«

»Das glaubst aber nur du. Vollidiot.«

»Selber Vollidiot.«

»Doppelt und dreifacher Vollidiot.

»Ich bezweifle zwar stark, dass sich der Körpertausch dadurch rückgängig machen lässt, aber streitet ruhig weiter«, sagt mein Vater grinsend. »Das erinnert mich an meine Kindheit.«

»Schön für dich«, knurrt Lilly. »Aber was sollen wir denn jetzt machen?«

»Da das oben passiert ist, würde ich vorschlagen, ihr geht erst mal wieder hoch«, antwortet mein Vater. »Vielleicht tut sich ja noch irgendwas, bevor der Countdown abläuft.«

»Und was machen wir solang?«, will ich wissen.

»Was weiß ich! Das, was ihr sonst auch macht. In die Schule gehen, mit Aaron und Gustav spielen, euch streiten, irgendwas.«

»Schlotzolade essen«, sagt Cornibus. »Und Cornibus kraulen.«

»Ja, zum Beispiel«, stimmt mein Vater zu. »Oder noch besser: Ihr besorgt mir eine Jacke, die passt. In Schwarz, wenn's geht. Oder doch besser rot? Hm, schwierig. Schwarz oder rot? Was meint ihr?«

»Wenn du sonst keine Probleme hast«, seufzt Lilly. »Komm, Luzie, wir gehen. Irgendwie hatte ich mir mehr Hilfe von meinem Vater erhofft.«

»Vergiss es«, sage ich. »Den Teufel interessiert in erster Linie immer nur der Teufel selbst. Aber keine Sorge, daran gewöhnst du dich schnell. Tschüs, Papa.«

Wir drehen uns um und verlassen sein Büro.

»Ihr habt leicht reden!«, ruft er uns hinterher. »Wisst ihr, um was ich mich hier unten alles kümmern muss? Ihr habt doch gar keine Ahnung davon, was es heißt, so viel Verantwortung zu tragen! Und es gibt wahrlich bedrohlichere Probleme als euren lächerlichen Körpertausch! Falls ihr es noch nicht mitgekriegt habt: DIE HÖLLE FRIERT ZU!«

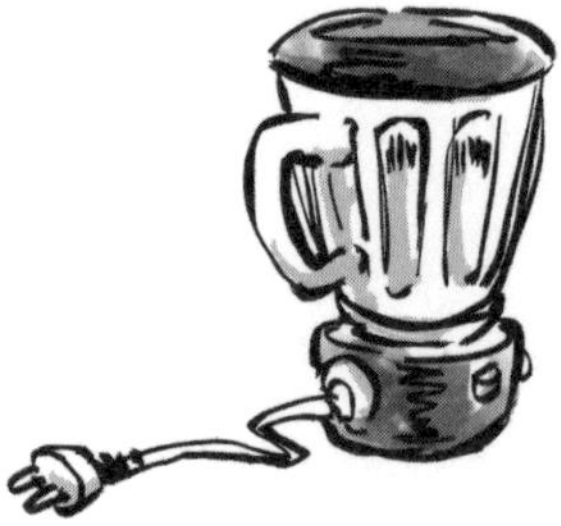

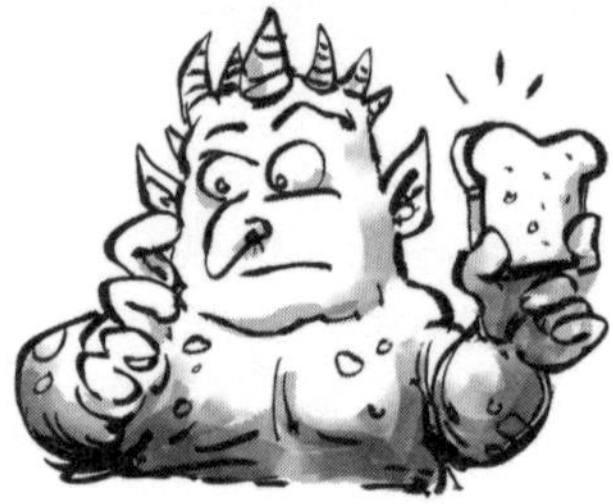

Ein Toaster?

»Ist echt blöd, dass eurer Vater euch nicht helfen konnte«, sagt Gustav.

»Oder nicht *wollte*«, knurrt Lilly. »Viel Mühe hat er sich nicht gerade gegeben. Es schien ihm völlig egal zu sein, wer in welchem Körper steckt.«

»Wenigstens durftet ihr mit dem Ei-Boot fahren«, seufzt Aaron sehnsüchtig. »Das war bestimmt sehr aufregend. Aufregend.«

»Glaub mir, da hast du nichts verpasst«, versuche ich ihn aufzumuntern. »Mir tut jetzt noch alles weh von der Rückfahrt.«

Aber echt. Je weiter wir nach oben kamen, desto mehr Schmerzen hat uns das Geruckel bereitet – ich spüre quasi immer noch Lillys Knie in meinem Rücken. Und Lilly hat sogar fast gekotzt, als wir endlich aussteigen konnten.

Jetzt sitzen wir in meinem Zimmer auf dem Boden im Kreis und beratschlagen, was wir tun könnten, um diesen verflixten Körpertausch doch noch irgendwie rückgängig zu machen – eingefallen ist uns bisher null Komma null nichts.

»In Filmen muss man ja immer irgendwas machen, bevor so ein Countdown abläuft«, sagt Gustav nachdenklich. »Eine Bombe entschärfen oder einen Koffer mit Geld übergeben oder irgendwelche Rätsel lösen. Vielleicht müsst ihr ja auch irgendwas machen?«

»Ja, aber was denn?«, fragt Lilly. »Wir haben doch keine Ahnung, wer dafür verantwortlich ist. Da kam ja kein Erpresserbrief mit Anweisungen oder so was Ähnliches. Glaub mir, ich würde *alles* tun, um wieder in meinem eigenen Körper sein zu können. Jetzt muss ich allerdings erst mal aufs Klo, um etwas aus *diesem* Körper zu entfernen. Die Fahrt mit diesem Ei-Boot hängt mir noch nach.«

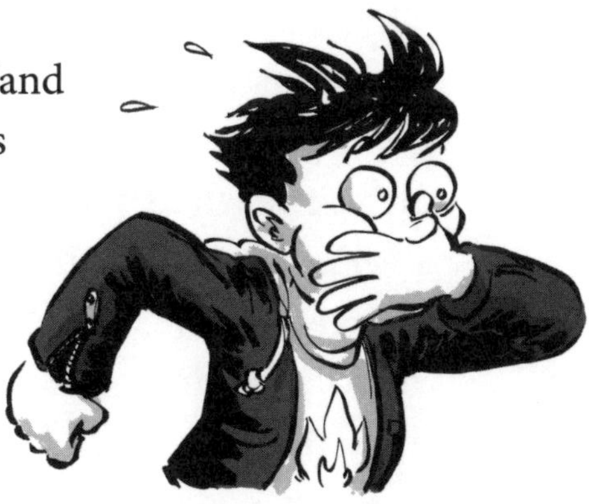

Sie springt auf, hält sich die Hand vor den Mund und rennt aus dem Zimmer.

»Oje, die Arme«, sagt Gustav.

»Wieso?«, brumme ich. »Ist doch *mein* Körper, der da kotzen muss.«

»Die Stimmung zwischen euch ist unten aber offenbar auch nicht besser geworden, was?«, bemerkt Gustav. »Wieso streitet ihr euch eigentlich die ganze Zeit?«

»Das musst du Lilly fragen«, erwidere ich. »Keine Ahnung, was mit ihr los ist. *Ich* gehe jedenfalls nicht wegen jeder Kleinigkeit in die Luft.«

»Na ja«, sagt Aaron. »Das waren nicht unbedingt Kleinigkeiten, die da schiefgelaufen sind. Du hast Lilly damit schon sehr geschadet. Ich kann verstehen, dass sie sauer ist. Sauer ist.«

»Ja, aber das war doch keine Absicht«, erwidere ich. »Ich wollte ihr nur helfen, das muss sie doch wissen.«

»Du hast ihr aber leider nicht geholfen«, sagt Gustav. »Du hast es noch schlimmer gemacht.«

»Wieso denn *ich*?«, will ich wissen. »*Ich* habe diese Fotos doch nicht gemacht und verbreitet. Wenn, dann muss sie auf diese Chiara sauer sein. Und wieso ist das überhaupt so wichtig? Das stimmt doch alles nicht, was Chiara da behauptet. Das sind alles nur Lügen. Wir wissen das und Lilly weiß das auch. Wieso ignoriert sie es nicht einfach und lacht drüber?«

»Könntest du einfach darüber lachen, wenn Lilly morgen mit den schrecklichen Klamotten und der Idioten-Frisur in den Unterricht geht? Unterricht geht?«, fragt Aaron.

»Aber das ist doch was ganz anderes«, erwidere ich. »Da geht es ja nicht darum, dass sie Lügen über mich verbreitet. Damit will sie mich ja nur absichtlich lächerlich machen, weil das total bescheuert aussieht.«

»So wie du auf den Fotos von Chiara?«, sagt Gustav.

Hrmpf. Wenn man es so betrachtet, hat er leider recht.

»Ja, aber das war doch keine Absicht«, wehre ich mich. »Das ist doch nur passiert, weil diese Chiara mich reingelegt hat.«

»Was ihr sehr leichtgefallen ist«, sagt Aaron. »Weil du einfach nicht weißt, wie manche Sachen hier oben laufen. Du bist einfach zu gutgläubig. Gutgläubig.«

»Genau«, stimme ich ihm zu. »Aber dafür kann ich ja nichts. Das muss Lilly doch wissen. Ich würde ihr nie absichtlich schaden.«

»Vielleicht musst du ihr genau das mal in aller Ruhe sagen«, schlägt Gustav vor.

»In aller Ruhe?«, erwidere ich. »Wie denn? Sie geht doch immer gleich an die Decke und schreit mich …«

»ICH RASTE AUS!«, unterbricht mich Lillys Stimme von draußen.

Im nächsten Augenblick fliegt die Tür auf und kracht donnernd gegen die Wand. Lilly stapft auf mich zu.

»DU VERDAMMTER VOLLTROTTEL!«, brüllt sie. HAST DU NICHT GESAGT, DA KOMMEN KEINE FOTOS MEHR?«

»Äh … ja …«, stammle ich verwirrt. »Chiara hat sonst keine Bilder von mir gemacht.«

»UND WAS IST DANN BITTE SCHÖN **DAS** HIER?«, schreit sie und streckt mir ihr Handy entgegen.

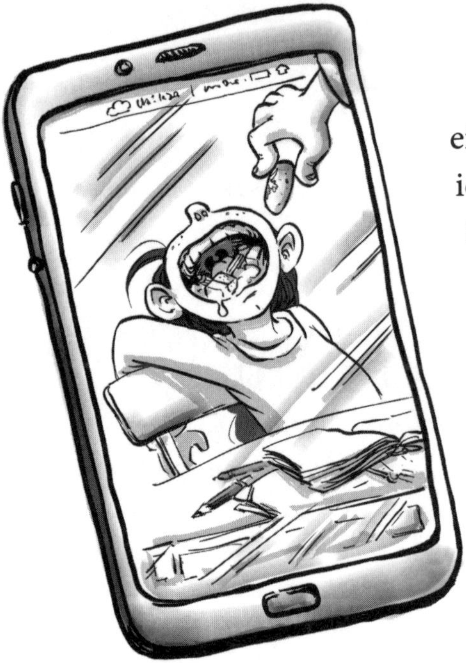

Auf dem Handy ist wieder mal ein Foto zu sehen. Oh. Das bin ja ich, wie ich im Unterricht schlafe. Aus meinem Mund läuft Sabber und jemand schiebt mir gerade den Radiergummi zwischen die Lippen. Unter dem Foto steht: Auch eine Laus braucht mal 'ne Paus'!

»KANNST DU MIR MAL VERRATEN, WIE DAS PASSIERT IST?«

»Äh … Na ja … Ich war eben müde. Das war nach dem Mittagessen, da werde ich meistens mü…«

»DAS MEINE ICH NICHT!«, würgt Lilly mich ab. »ICH WILL WISSEN, WIESO ES DAVON EIN FOTO GIBT! CHIARA IST DOCH GAR NICHT IN MEINER KLASSE! WER HAT DANN DAS FOTO GEMACHT?«

»Äh … Woher soll *ich* das wissen? Ich habe geschlafen, wie du ja siehst.«

»ALLERDINGS, DAS SEHE ICH! NUR LEIDER SIEHT MAN AUF DEM BILD MAL WIEDER NICHT **DICH**, SONDERN **MICH**! HAST DU DENN NICHT GEMERKT, DASS DIR DA JEMAND LAUTER ZEUG IN DEN MUND STECKT?«

»Nö«, sage ich. »Ich schlafe immer ziemlich fest. Papa hat mir unten sogar mal einen kompletten Toaster in den Mund gestopft, das hab ich auch nicht gemerkt.«

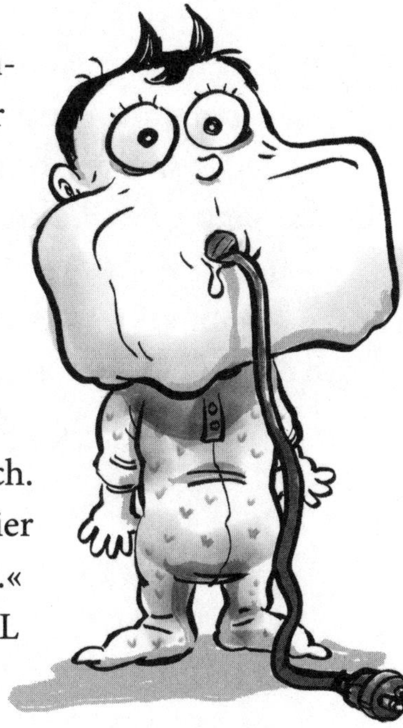

»In deinen Mund passt ein Toaster?«, fragt Gustav verwundert.

»Ja, aber nur unten«, antworte ich. »Ich hab's hier oben rein aus Neugier auch mal probiert, ging aber nicht.«

»ICH KANN DIR GERN MAL EINEN TOASTER AN DEN KOPF WERFEN, DAS GEHT GANZ SICHER! UND VIELLEICHT HILFT DAS JA SOGAR GEGEN DEINE GRENZENLOSE DUMMHEIT!«

»ICH BIN NICHT DUMM!«, schreie ich zurück. »ICH BIN NUR GUTGLÄUBIG!«

»DAS MACHT ES AUCH NICHT BESSER!«

»Leute, das bringt doch nichts, sich gegenseitig anzuschreien«, sagt Aaron. »Um mal wieder sachlich zu werden: Wenn Chiara das Foto nicht geschossen, aber trotzdem verbreitet hat, muss es ihr jemand gegeben haben. Fällt dir jemand aus deiner Klasse ein, der dafür infrage kommt? Frage kommt?«

»Das kann eigentlich nur Josefine sein«, knurrt Lilly. »Die rennt die ganze Zeit schon hinter Chiara her und versucht, sich bei ihr einzuschleimen. Jede Wette, sie hat das Foto gemacht und an Chiara geschickt. Diese dämliche Ziege.«

»Dann sei gefälligst sauer auf *die*«, brumme ich. »Ich hab schließlich nur geschlafen, unschuldiger kann man ja wohl nicht sein. Mich musst du also nicht anschreien.«

»ICH BIN SAUER, AUF WEN ICH WILL!«, zetert Lilly wieder los. »UND ICH SCHREIE AUCH AN, WEN ICH WILL! DU BIST NICHT GERADE UNBETEILIGT AN DEM GANZEN SCHLAMASSEL! ALSO SCHREIE ICH DICH AN! UND ZWAR SO LANG …«

»Hilfe!«, unterbricht sie Cornibus' Stimme. »Schlotzolade spinnt!«

Unsere Köpfe drehen sich alle zum Bett, wo Cornibus die ganze Zeit gesessen und genüsslich die Schokolade gemampft hat, die Aaron für ihn gekauft hat. Cornibus sitzt immer noch dort, aber jetzt schwirren plötzlich jede Menge Schokoladenstücke vor ihm in der Luft.

Wir treten näher an das Bett heran.

»Was ist denn jetzt kaputt?«, fragt Gustav staunend.

»Schlotzolade nicht kaputt«, sagt Cornibus. »Aber fangen schwer.«

Er verwandelt sich in einen Oktopus und fischt mit

allen acht Armen nach den Schokoladenstücken, aber sie sind schneller als er. Plötzlich zischen sie alle in eine Richtung, direkt auf die Wand über dem Bett zu. Dort formieren sie sich nach und nach zu irgendwas.

»Was soll das sein?«, fragt Gustav.

»Sieht aus wie Buchstaben. Buchstaben«, stellt Aaron fest.

Ein paar Sekunden später kommt die Schokolade zum Stillstand und wir können lesen, was an der Wand steht.

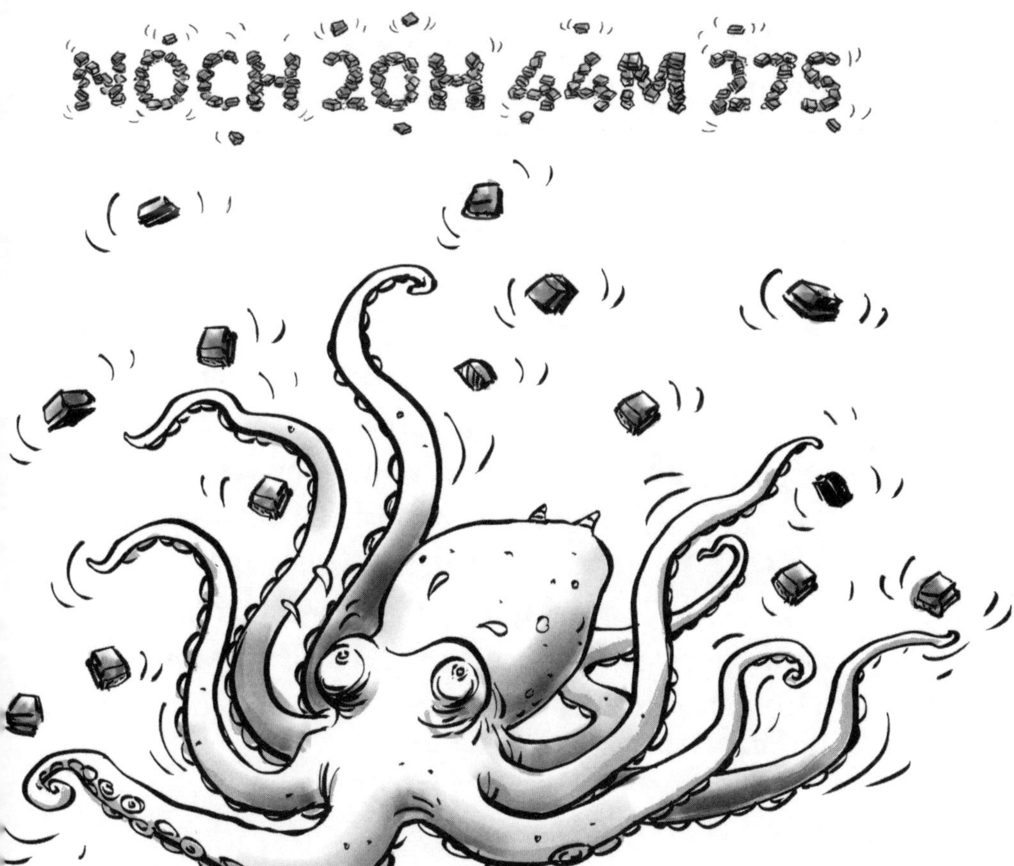

»Das ist der Countdown!«, ruft Gustav überrascht.

Tatsächlich. Die Schokoladenstücke der letzten Zahl verschieben sich im Sekundentakt.

»WER MACHT DAS?«, schreit Lilly. »WAS WILLST DU VON UNS?«

Niemand antwortet ihr.

»ZEIG DICH, DU VERDAMMTER FEIGLING!«, brüllt sie dem Countdown entgegen.

»Hör auf zu schreien, Lilly«, sage ich seufzend. »Das bringt doch nichts.«

»SOLL ICH LIEBER WIEDER DICH ANSCHREIEN? IRGENDWEN MUSS ICH ANSCHREIEN! DAS IST DOCH ZUM VERRÜCKTWERDEN!«

Wir starren eine Weile stumm auf den Countdown, bis Cornibus die Stille bricht.

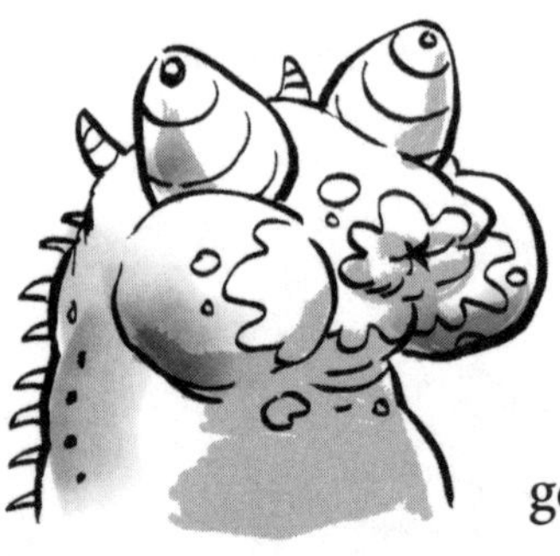

»Cornibus Kautdaun fressen?«

»Ja, mach ruhig«, sage ich. »Wir wissen ja sowieso, was er bedeutet.«

Cornibus verwandelt sich in ein Chamäleon und fischt die Schokoladenstücke blitzschnell mit seiner Zunge von der Wand.

»Wenn ich richtig gerechnet habe, und das habe ich ganz sicher, läuft der Countdown morgen Nachmittag um Punkt halb vier ab. Vier ab«, sagt Aaron.

»Wie viel Uhr ist es denn jetzt?«, will Lilly wissen.

»Es ist zehn vor sieben. Sieben«, antwortet Aaron.

»Verdammt, du musst runter, Luzie«, sagt Lilly. »Um sieben gibt's Abendessen. Onkel Wolfram wartet bestimmt schon auf mich.«

»Okay, dann geh ich besser«, sage ich.

»Iss auf keinen Fall Gewürzgurken«, sagt Lilly. »Die bietet er mir jeden Abend an, obwohl er genau weiß, dass ich sie nicht mag.«

»Willst du vielleicht mitkommen und wir erzählen ihm alles?«, schlage ich vor.

»Nein, lieber nicht«, seufzt Lilly. »Das erfährt er noch früh genug. Wenn der Countdown morgen abläuft und bis dahin nichts passiert ist, sagen wir es ihm.«

»Okay, wie du willst«, sage ich. »Wir sehen uns dann morgen nach der Schule?«

»Ach so, ja, die Schule. Mein Stundenplan liegt auf meinem Schreibtisch, linke obere Ecke. Wo die Räume sind, weißt du ja, morgen steht nichts Außergewöhnliches an.«

»Alles klar«, sage ich. »Dann bis morgen.«

»Moooment«, knurrt Lilly. »Versprich mir, dass du dich morgen von Chiara fernhältst.«

»Wieso?«, erwidere ich. »Wenn wir sowieso in diesen Körpern stecken bleiben, kann es dir doch egal sein, dann musst du sie nie wiedersehen.«

»Ich habe die Hoffnung noch nicht ganz aufgegeben, dass sich das noch ändert. Versprich es mir. Du gehst ihr aus dem Weg. Du wechselst kein einziges Wort mit ihr. Selbst wenn sie auf dich zukommt und dich in ein Gespräch verwickeln will, du sagst nichts und gehst gleich weg. Hast du das kapiert?«

»Ja«, stöhne ich. »Nichts sagen. Weggehen. Das kann ich mir gerade noch so merken mit all meiner Dummheit.«

»Versprich es mir«, knurrt sie.

»Ich verspreche es«, knurre ich zurück.

»Gut«, sagt sie. »Dann bis morgen Nachmittag. Und dusch mich gefälligst vor der Schule mal! Ich stinke nach Hölle!«

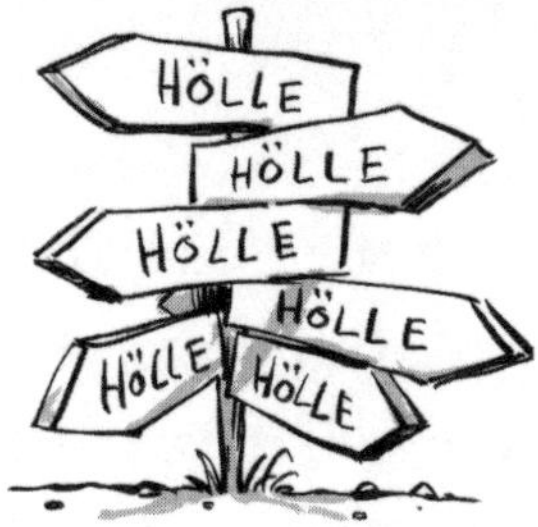

Keine Wahl

»Lilly, bist du wach?«

Wie bitte? Wer spricht da? Und woher soll ich denn wissen, ob Lilly wach ist?

Ich öffne die Augen. Oh. Stimmt ja. *Ich* bin Lilly. Leider immer noch.

»Lilly?«

»Ja, Onkel Wolfram, ich bin wach!«, antworte ich.

»Ich muss wieder früher rüber! Frühstück steht auf dem Tisch! Hab einen schönen Tag!«

»Danke, du auch!«

Komisch, diesmal hat mich gar nicht der Countdown geweckt. Egal, aufstehen muss ich sowieso. Und irgendwas sollte ich doch noch vor der Schule machen. Was war das noch gleich? Ach ja, ich sollte duschen.

Ich warte noch kurz, bis ich höre, wie die Haustür zufällt, dann stehe ich auf und schlurfe ins Bad. Ich ziehe mich aus und drehe das Wasser auf. Als ich vor dem Spiegel stehe, gucke ich mich an. Oder besser gesagt: Ich gucke Lilly an. Das ist das erste Mal, dass ich ein Mädchen ohne Klamotten sehe. Sieht eigentlich nicht großartig anders aus. Die Mitte ist ein bisschen runder. Und da fehlt etwas, das hatte ich ja schon beim Pinkeln gemerkt. Ob Lilly sehr traurig ist deswegen? Könnte ich mir schon vorstellen. Wenn etwas fehlt, ist man ja meistens traurig. Ich muss mal Papa fragen, ob er da was machen kann.

Ich stelle mich unter die Dusche und seife mich ordentlich ein. Als ich fertig bin, schnuppere ich vorsichtshalber noch mal an mir. Nein, kein Schwefelgeruch zu erkennen, Lilly wird zufrieden sein.

Ich trete aus der Dusche, das Bad ist voller Dampf. Nachdem ich mich abgetrocknet habe, hat sich der Dampf größtenteils verzogen, nur der Spiegel ist noch beschlagen. Als ich mich davorstelle, passiert plötzlich etwas. Auf dem Spiegel erscheinen Buchstaben und Zahlen – da ist er wieder, der Countdown.

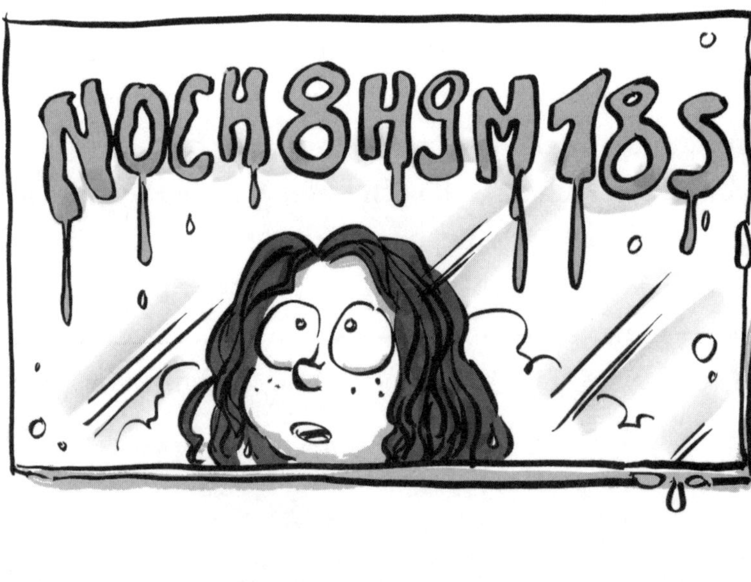

Ich seufze. Wenn mir bloß irgendwas einfallen würde, um diesen blöden Körpertausch rückgängig zu machen. Wobei es mir da eher um Lilly geht. Mir macht das gar nicht so viel aus, ich könnte notfalls auch mit diesem Körper leben. Aber Lilly scheint richtig unglücklich zu sein, dass ich hier drinstecke, und ich will nicht, dass Lilly unglücklich ist.

Der Countdown zählt noch ein paar Sekunden abwärts und verblasst dann langsam. Wie viel Uhr ist es eigentlich? Oh, ich muss mich beeilen!

Ich ziehe schnell irgendwelche frischen Klamotten an, die ich in Lillys Kleiderschrank finde, stopfe mir in der Küche noch ein paar Cornflakes in den Mund und breche auf in Richtung Schule.

Als ich dort ankomme, werde ich überall, wo ich langlaufe, angestarrt. Manche lachen, andere kichern verstohlen, viele zeigen mit dem Finger auf mich oder gucken einfach angeekelt weg. Gestern hätte mir das wahrscheinlich nichts ausgemacht, weil ich gedacht hätte, die freuen sich alle, mich zu sehen. Heute weiß ich aber, dass sie mich nicht an-, sondern auslachen, weil Chiara diese blöden Fotos rumgeschickt hat. Das ist kein schönes Gefühl. Ich glaube, ich spüre gerade zum ersten Mal, wie Lilly sich fühlen muss, wenn das passiert. Und es tut mir sehr leid, dass ich mit daran schuld bin und es sogar noch schlimmer gemacht habe. Fast wünsche ich mir sogar, dass sie für immer in meinem Körper bleiben kann, damit sie das nicht noch mal erleben muss.

Zum Glück begegnet mir Chiara auf dem Weg zum Klassenraum nicht. So langsam kann ich Lillys Wunsch, sie in eine Kakerlake zu verwandeln und platt zu treten, ziemlich gut nachvollziehen. Aber nein, selbst, wenn ich Chiara später noch treffe, ich werde mich strikt an Lillys Anweisungen halten. Kein Wort werde ich zu ihr sagen, falls sie mich anspricht. Eiskalt ignorieren werde ich sie. Ihre Strafe wird sie noch früh genug kriegen, wenn sie irgendwann bei uns unten landet. Und das wird sie ganz sicher, in Abteilung 23 bei den Boshaften Lügenverbreitern. Die müssen für jeden, der eine ihrer Lügen geglaubt hat, einen Löffel glühend heiße Lavasuppe verputzen – runterschlucken dürfen sie aber erst, wenn ihre Zunge in Flammen steht.

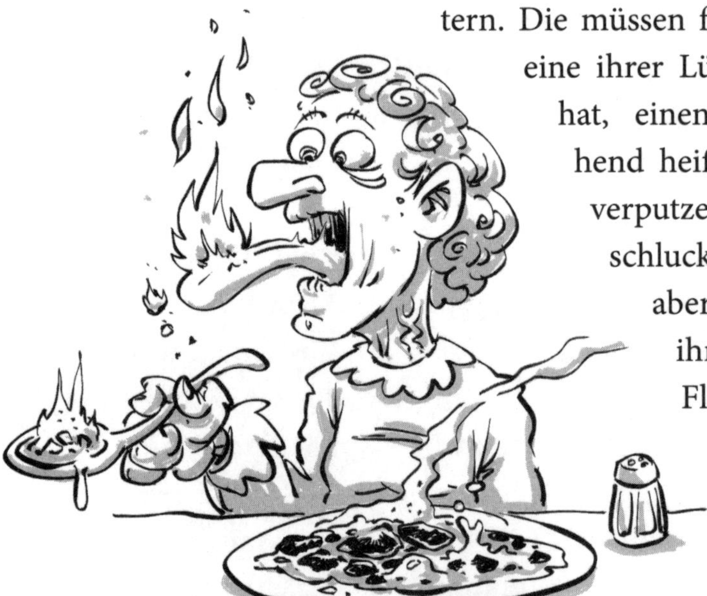

Bei Chiara würde ich dann liebend gern höchstpersönlich den Job des Fütterdämons übernehmen.

Normalerweise bin ich ja nicht sehr begeistert, wenn der Unterricht beginnt, aber heute freue ich mich richtig darüber. Als die Lehrerin den Raum betritt, hört nämlich endlich das Gelächter um mich herum auf.

Die nächsten anderthalb Stunden verbringe ich ausnahmsweise einmal mit Zuhören und lerne dabei sogar irgendwas mit Grammatik.

Als es zur Pause klingelt, überlege ich, ob ich vorsichtshalber im Klassenraum bleibe, aber die Lehrerin schickt mich mit den anderen zusammen nach draußen.

Ich drücke mich in irgendwelchen Ecken herum und hoffe, dass die Pause schnell vorbeigeht. Als es wieder klingelt und ich das Schulgebäude betrete, ertönt eine Stimme hinter mir.

»Da ist sie ja, unsere Läuse-Lilly.«

Mist. Es ist Chiara. Ich laufe einfach weiter, aber sie folgt mir.

»Wo warst du denn?«, ruft sie mir laut hinterher. »Du hast dich doch nicht etwa in irgendwelchen Läuselöchern vor mir versteckt?«

Nichts sagen. Einfach ignorieren und weitergehen.

»Jetzt warte doch mal! Schickes Outfit übrigens. Wo hast du das her? Aus der Altkleidersammlung? Oder, nein, ich weiß es, vom *Floh*markt!«

Ich weiß zwar nicht, worauf sie jetzt anspielt, aber es ist mit Sicherheit wieder etwas Gemeines. Nicht reagieren, weiterlaufen.

»Freust du dich schon auf die nächste Stunde? Was habt ihr denn jetzt? Im Schlaf sabbern für Fortgeschrittene?«

Kann man eigentlich sein Gehör irgendwie abschalten? Das wäre in solchen Fällen sehr hilfreich. Ich laufe weiter.

»Hat dir deine Läuse-Mama heute auch genug Cornflakes mitgegeben? Wohnt bei euch eigentlich die ganze Familie in einer Cornflakes-Packung?«

Okay, das reicht. Das war zu viel. Wir haben sie zwar nie gekannt, aber lass unsere Mutter aus dem Spiel, das fühlt sich irgendwie sehr falsch an. Sie ist tot und kann sich nicht wehren. Ich bleibe ruckartig stehen, drehe mich aber nicht um.

»Oh, habe ich etwas Falsches gesagt? Das wollte ich natürlich nicht. Sag deiner Mutter, es tut mir leid. Oder warte, ich kann es ihr eigentlich auch gleich selbst sagen. Welche war gleich noch mal deine Mutter? Die dritte Laus von links auf deinem Kopf? Die ganz dicke?«

Der Drang, mich umzudrehen und ihr so laut ins Gesicht zu schreien, dass sie rückwärts aus dem Schulgebäude fliegt, ist riesengroß. Aber ich habe es Lilly versprochen. Ich werde nicht mit ihr reden. Keinen Ton

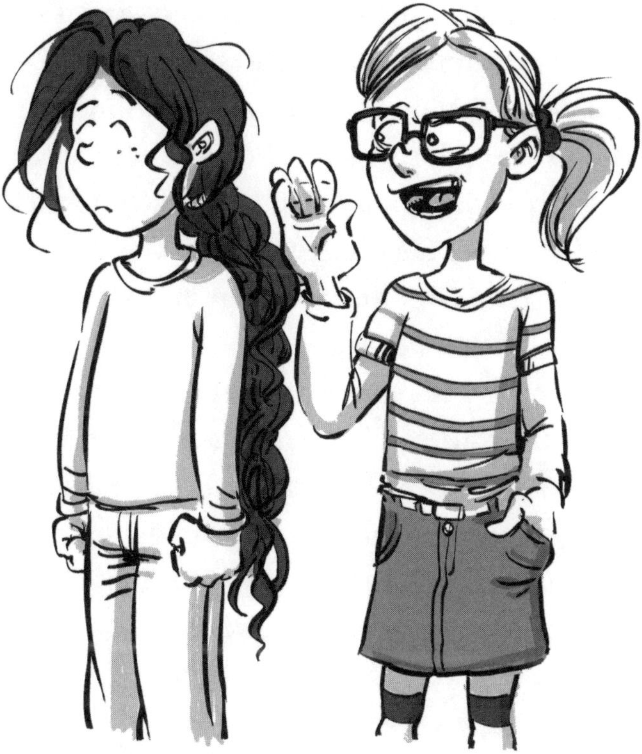

werde ich zu ihr sagen. Aber irgendetwas muss ich machen und in diesem Moment fällt mir ein, was es sein wird. Ich werde sie auf die bösartigste Art beleidigen, die es in der Hölle gibt. Ja, ich weiß, das ist ziemlich gemein. Selbst die fiesesten Dämonen greifen nur im absoluten Härtefall darauf zurück. Es ist die grausamste Art, jemandem zu zeigen, dass man ihn nicht mag. Ich glaube, selbst mein Vater hat das noch nie gemacht, weil es so furchtbar beleidigend ist. Ich atme tief durch. Leicht fällt mir das nicht. Es könnte gut sein, dass sich Chiara nie wieder davon erholt. Es gab sogar schon Dämonen, die auf der Stelle ins Koma gefallen und nie wieder aufgewacht sind. Soll ich es wirklich machen?

»Tut mir leid, Mama Laus! Ich wollte Sie nicht beleidigen! Wie bitte? Sie essen gerade? Guten Appetit!«

Okay, sie will es offenbar nicht anders und lässt mir keine Wahl. Ich mache es.

Um mich herum ertönen lauter entsetzte Schreie unbeteiligter Schüler. Chiara hingegen gibt keinen Ton mehr von sich. Die Versuchung, mich kurz umzudrehen, um zu gucken, ob sie ohnmächtig auf dem Boden liegt, ist groß, aber ich widerstehe ihr. Diese Beleidigung spricht für sich, es wäre sehr stillos, jetzt noch nachzutreten, das verbietet die Dämonenehre.

Ich laufe einfach weiter, ein fassungsloses, entsetztes Raunen hinter mir zurücklassend. Ein kleines Grinsen kann ich mir nicht verkneifen – das tat einfach zu gut und war absolut gerechtfertigt. Schade, dass Lilly das nicht gesehen hat, das hätte ihr garantiert gefallen.

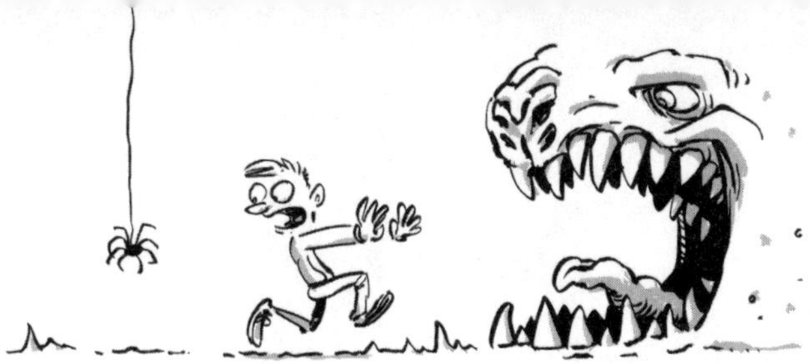

Überhastete Entscheidungen

»Das war wieder richtig, Vitus«, sagt der Holzapfel. »Langsam machst du mir Angst. Stark verbesserte Beteiligung am Unterricht, offensichtliche Lernerfolge und dazu noch das neue Outfit, du wirkst wie ein ganz anderer Mensch. Wobei ich das Outfit eventuell noch mal überdenken würde. Ich glaube, du bist nicht ganz der Farbtyp ... äh ... schrill.«

Ein Kichern ertönt im Klassenzimmer. Ja, meine kleine Rache hat geklappt. Wobei ich die Frisur weggelassen habe, das war mir zu viel Aufwand heute Morgen. Auch mal ganz angenehm, sich nicht um seine Haare kümmern zu müssen. Trotzdem war das Gelächter groß, als ich den Klassenraum betreten habe. Jede Wette, gleich in der Pause werden die Handys gezückt und Fotos geschossen. Dann spürt Luzie endlich einmal, wie das ist. Vorausgesetzt natürlich, wir kriegen das mit dem Körpertausch noch repariert – sonst war die ganze Aktion eher ein Eigentor.

»Grundsätzlich gefällt mir deine Verwandlung aber sehr gut«, fährt der Holzapfel fort. »Weiter so.«

»Gewöhnen Sie sich lieber nicht daran«, sagt Gustav. »Das kann sich auch ganz schnell wieder ändern, von einem Tag auf den anderen sogar. Dann haben Sie plötzlich wieder den alten Vitus hier sitzen.«

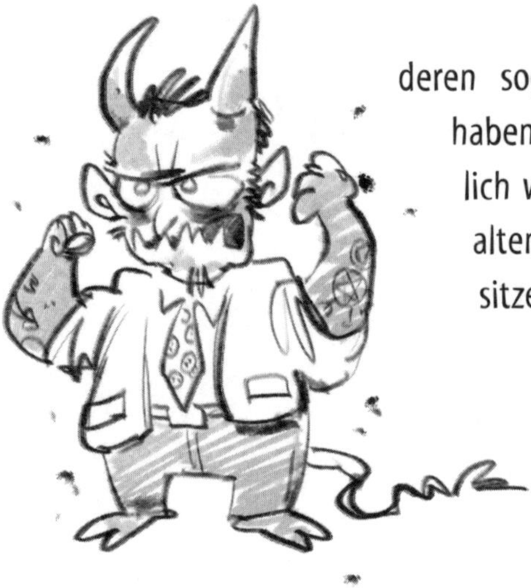

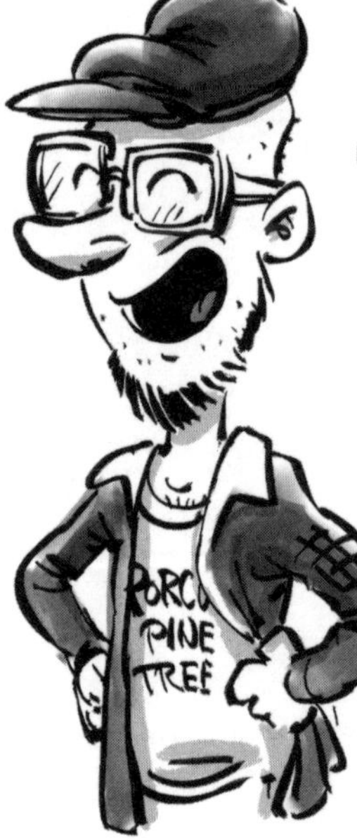

»Das klingt ja fast wie eine Drohung«, erwidert der Holzapfel lachend. »Mal den Teufel bitte nicht an die Wand.«

Hi, hi, das wäre sicher lustig – ein Bild von Papa hier an der Wand.

»Gut, das war's dann auch schon für heute mit Geschichte, gleich ist Pause«, sagt der Holzapfel. »Als Hausaufgabe lest ihr bitte das nächste Kapitel im Buch. Wir sehen uns dann nachher ja noch mal in Mathe.«

Mit seinem letzten Wort ertönt die Klingel, alle stürmen nach draußen.

Als ich mit Aaron und Gustav zusammen den Hof betrete, klicken auch schon ein paar Handykamera-Auslöser. Natürlich nur heimlich, niemand stellt sich mir mit gezücktem Handy offen entgegen – diese Feiglinge sind doch überall gleich.

»Bevor ich es vergesse«, sage ich und drücke Aaron mein Handy in die Hand. »Wärst du so lieb und schießt ein kleines Erinnerungsfoto für Luzie? Er soll doch auch was davon haben.«

»Bist du dir sicher, dass deine Kamera das aushält?«, fragt Gustav grinsend. »Für diese Klamotten brauchst du eigentlich einen Waffenschein. Wenn ich dich zu lang angucke, explodiert wahrscheinlich mein Kopf.«

»Das ist nicht auszuschließen«, sagt Aaron und tritt ein paar Schritte zurück. »Man könnte fast glauben, du hasst deinen Bruder. Bruder.«

»Was? Nein, überhaupt nicht«, erwidere ich. »Auch wenn wir uns noch nicht sehr lange kennen: Ich liebe meinen Bruder. Aber findet ihr nicht auch, dass er diese kleine Rache verdient hat, nach all dem Mist, den er in meinem Körper gebaut hat?«

»Na ja«, sagt Aaron. »Ich finde, jedwede Form von Rache ist nur dann gerechtfertigt, wenn jemand etwas mit Absicht gemacht hat. Du kannst Luzie zwar Dummheit, Naivität und Leichtgläubigkeit vorwerfen, aber Absicht ganz sicher nicht. Sicher nicht.«

Hmpf. Ich weiß ja, er hat recht. Aber an irgendjemandem muss ich mich doch rächen. Es wollte ja niemand, dass ich Chiara in eine Kakerlake verwandle. Und Luzie hat alles noch viel, viel schlimmer gemacht, ob absichtlich oder nicht, das ist mir letztendlich egal. Diese kleine Strafe hat er verdient, finde ich. Im besten Fall lernt er daraus was.

»Ach, mach einfach das Foto«, knurre ich Aaron an. »Das ist doch nur ein harmloser Spaß. Ich ziehe mich nach dem Mittagessen auch wieder um.«

Aaron richtet das Handy auf mich und drückt zweimal auf den Auslöser.

»Hier«, sagt er anschließend und gibt mir das Handy zurück. »Da hat gerade irgendwas gesummt. Gesummt.«

Oh-oh. Nein. Bitte nicht. Das war in den letzten zwei Tagen immer ein sehr schlechtes Zeichen. Luzie wird doch nicht etwa schon wieder …? Ich öffne WhatsApp. Mir wird ein Foto angezeigt.

»ICH BRING IHN UM!«, platzt es aus mir heraus. »ICH SCHWÖRE EUCH, ICH REISSE IHM EIGENHÄNDIG …«

Gustavs Hand presst sich auf meinen Mund.

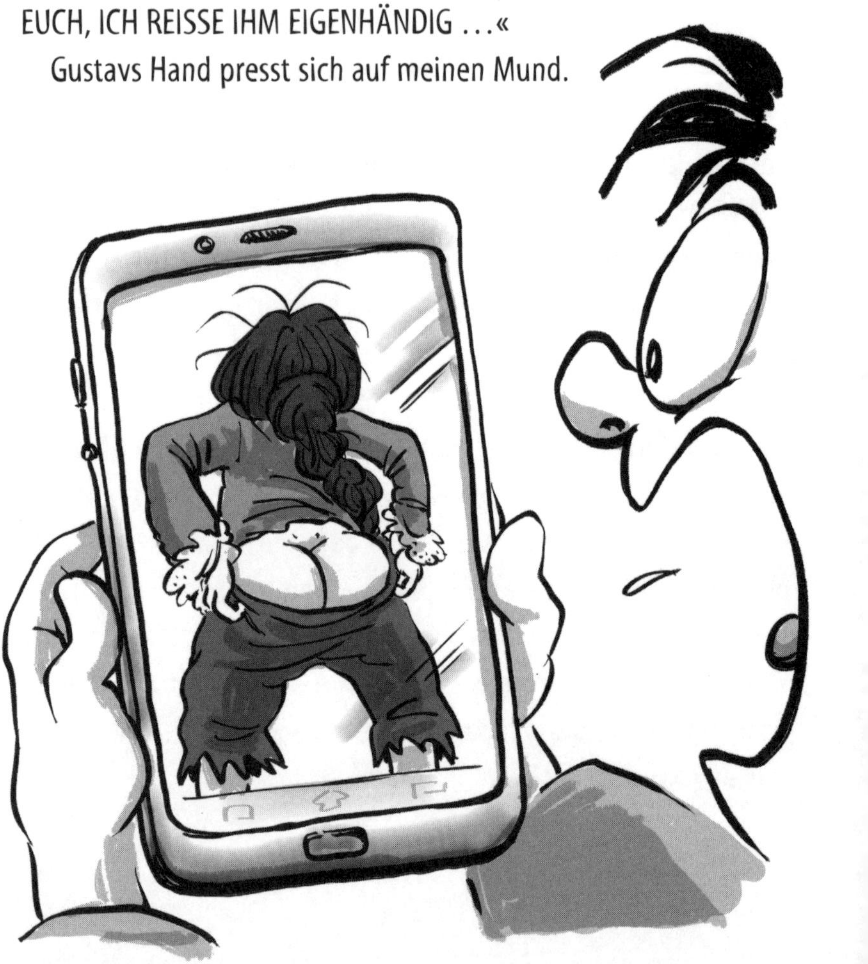

»Ganz ruhig bleiben«, sagt er. »Nicht hier.«

Ich schaue mich um, alle Blicke auf dem Schulhof sind auf mich gerichtet. Ich nicke als Zeichen, dass ich nicht mehr schreien werde.

Wir entfernen uns ein paar Schritte und gehen in eine ruhigere Ecke.

»Was hat er denn diesmal gemacht?«, fragt Gustav.

Ich halte ihm und Aaron das Handy entgegen.

»Oha!«, sagt Aaron. »Ist das sein Hintern? Hintern?«

»Nein«, knurre ich. »Das ist *mein* Hintern. Mein *nackter* Hintern.«

»Aber wieso streckt er ihn direkt in die Kamera?«, wundert sich Gustav.

»Das wüsste ich auch gern«, knurre ich. »Und habt ihr die Klamotten gesehen? Das ist ein Piratenkostüm, das ich letztes Jahr zu Fasching getragen habe. Die Hose ist viel zu kurz und diese Bluse ist grauenhaft. Ich wusste gar nicht, dass ich das Zeug noch habe.«

»Halt mal still«, sagt Gustav. »Ich kann nicht lesen, was da druntersteht.«

»Da steht: *Schon mal eine Laus von hinten gesehen?*«, brumme ich. »Und wisst ihr, was meine Antwort darauf sein wird? *Schon mal eine zermatschte Kakerlake von oben gesehen?*«

Ich drehe mich um und stapfe auf den Haupteingang zu, Aaron und Gustav folgen mir.

»Was hast du vor?«, will Gustav wissen.

»Das, was ich schon lang hätte machen sollen«, antworte ich. »Ich hole das Buch, gehe in meine Schule, verwandle sie in eine Kakerlake und trete drauf.«

»Wie, jetzt gleich?«, erwidert Gustav. »Aber wir müssen in den Unterricht.«

»Mir egal.«

»Vielleicht solltest du dich erst mal beruhigen, bevor du überhastete Entscheidungen triffst. Triffst«, sagt Aaron.

»Ich will mich aber nicht beruhigen«, sage ich und stapfe unbeirrt weiter. »Ich will diese hinterhältige Schlange endlich und endgültig zerstören.«

Wir kommen an Luzies Zimmer an und gehen hinein.

»Ahorn!«, ruft Cornibus begeistert und springt in dessen Arme. »Kein Unterbricht heute?«

»Das heißt Unterricht«, verbessert ihn Aaron. »Und nein, offenbar haben wir heute keinen mehr. Keinen mehr.«

»Du willst echt schwänzen?«, fragt ihn Gustav. »Das können wir doch nicht machen. Ich habe noch nie geschwänzt.«

»Ich auch nicht. Aber wir können Lilly in diesem Zustand nicht allein lassen. Ich gehe auf jeden Fall mit ihr. Du kannst aber natürlich gern hierbleiben. Hierbleiben.«

»Zustand? Was denn für ein Zustand?«, will ich wissen, während ich das Buch in der Nachttischschublade suche. »Das klingt ja so, als wäre ich unzurechnungsfähig.«

»Du bist gerade dabei, eine deiner Mitschülerinnen in eine Kakerlake zu verwandeln, um sie anschließend zu zertreten«, sagt

Aaron. »Das zeugt nicht unbedingt von einem ausgeglichenen Gemütszustand. Gemütszustand.«

»Mach dir um meinen Gemütszustand keine Sorgen«, sage ich. »Der wird sich schlagartig bessern, wenn diese dämliche … Ah, da ist es ja!«

Ich habe das Buch gefunden, stecke es ein und stapfe auf die Tür zu.

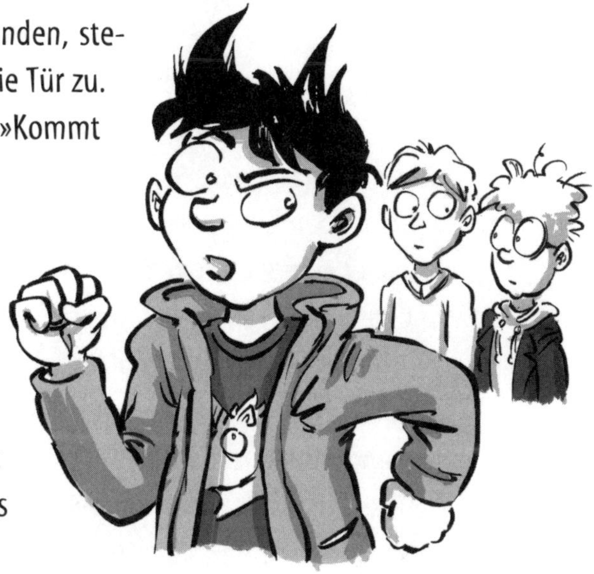

»Was ist?«, frage ich. »Kommt ihr mit oder nicht?«

Aaron schaut Gustav fragend an.

»Na gut«, seufzt Gustav. »Dann schwänze ich eben zum ersten Mal im Leben. Was tut man nicht alles für seine Freunde aus der Hölle!«

»Cornibus auch mitkommen?«

Natürlich. Das hat mir gerade noch gefehlt. Aber ich habe keine Lust, jetzt ewig mit ihm herumzudiskutieren.

»Von mir aus«, sage ich. »Aber du machst dich ganz klein und bleibst bei Aaron. Und du lässt dich nicht blicken, wenn fremde Menschen da sind, verstanden?«

»Cornibus Lully verstanden. Bei Ahorn bleiben. Klein machen. Laus auf Kopf.«

»Alles, nur nicht das«, knurre ich und gehe voraus.

Wir schaffen es, das Schulgelände heimlich zu verlassen, und kommen zwanzig Minuten später an meiner Schule an.

»Und jetzt?«, fragt Gustav.

»Jetzt warten wir bis zur nächsten Pause«, sage ich. »Dann zermatsche ich Chiara und wir gehen glücklich und zufrieden nach Hause.«

»Wohl kaum, wenn du das hier vor allen Leuten machst«, sagt Aaron. »Dann gehen wir nämlich äußerst unglücklich ins Gefängnis. Gefängnis.«

»Ach, irgendwie locken wir sie schon an einen unbeobachteten Platz«, erwidere ich und ziehe das Buch aus meiner Tasche. »Und für eine tote Kakerlake kommt man ja wohl kaum ins Gefängnis.«

»Ich finde ja, wir sollten nichts ohne Luzie unternehmen«, sagt Gustav. »Vielleicht hat er ja noch eine bessere Idee. Eine, bei der niemand zermatscht wird.«

»Was für eine Idee soll das denn sein?«, knurre ich. »Wir zeigen ihr so lang unsere Hintern, bis sie von allein tot umfällt? Verflixt, wie geht denn dieses blöde Ding auf?«

Ich versuche die ganze Zeit schon, das Buch zu öffnen, kriege es aber nicht aufgeklappt.

»Ist da irgendwo ein geheimer Verschluss?«, wundere ich mich. »Oder muss man erst irgendeinen dämonischen Hokuspokus aufsagen, bevor man es benutzen kann?«

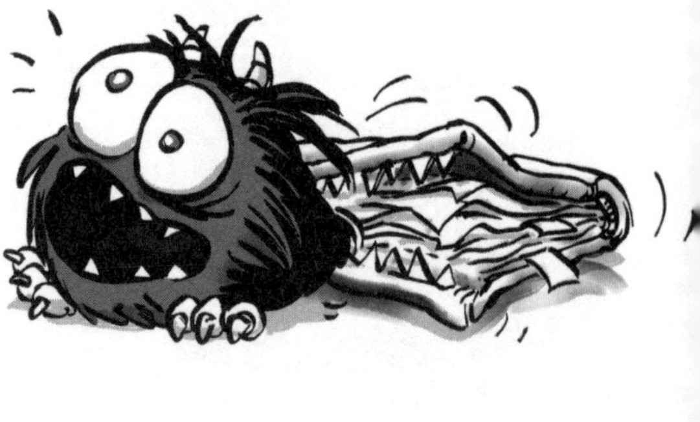

»Buch nur Luzie aufmachen«, sagt

Cornibus. »Auch Cornibus nicht. Hat Cornibus gebissen. Böses Buch.«

»Wie, das Ding beißt?«, rufe ich erschreckt und lasse das Buch fallen.

»Es ist offenbar an seinen Besitzer gebunden. Gebunden«, sagt Aaron und hebt das Buch vorsichtig auf.

»Ich sag's doch, wir brauchen Luzie«, stellt Gustav fest.

»Ja, leider«, knurre ich. »Aber dafür müssen wir auch auf die Pause warten, er hat jetzt Englisch.«

»Weißt du, wo genau er gerade ist?«, fragt Gustav.

»Ja«, antworte ich. »Raum 408.«

»Und der ist wo?«

»Treppe hoch, zweiter Gang rechts, die Nummern stehen an den Türen. Wieso?«

»Ich glaube, ich habe eine Idee, wie ich ihn da eventuell vor der Pause rausholen kann. Soll ich?«

»Ja, mach das. Mach das«, sagt Aaron.

»Okay, bis gleich«, sagt Gustav und flitzt los in Richtung Haupteingang.

Na super. Ich werde hier wohl gar nicht mehr gefragt. Verdammt. Wenn Luzie im Spiel ist, wird das nie etwas mit meiner Kakerlaken-Rache. Aber ohne ihn kann ich offenbar das verflixte Buch nicht öffnen. Was ich aber auf jeden Fall kann, ist, ihn ordentlich für seine dämliche Hintern-Aktion zur Schnecke zu machen. Und das werde ich, und zwar nicht zu knapp.

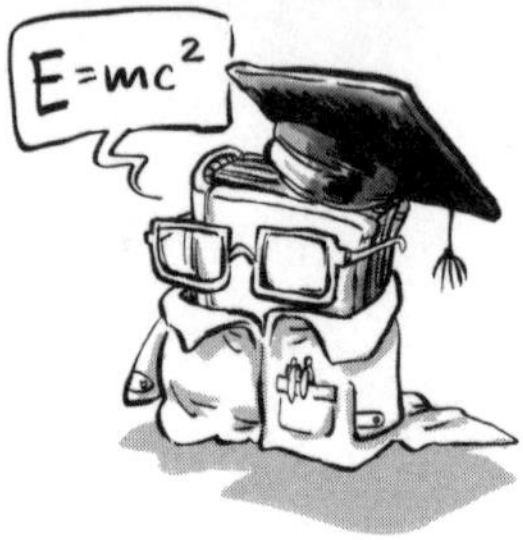

Schlaues Buch

»We use *many* if the noun is countable. For example apples or cars.«

Nicht einschlafen, Luzie. Bloß nicht einschlafen. Sonst macht Josefine wieder ein Foto und Lilly ist sauer, und das will ich nicht.

»We use *much* if the noun is non-countable. For example money or water or sand.«

Gleich fallen mir die Augen zu, ich kann mich nicht mehr lang dagegen wehren. Das ist aber auch total unfair. Ich bin sowieso schon nicht der beste Zuhörer, aber wenn ich kaum etwas verstehe, ist es ganz vorbei. Bei uns sagt Miss Wentworth ja wenigstens ab und zu etwas auf Deutsch, aber der Lehrer hier kann offenbar nur Englisch, wie soll man denn da wach bleiben?

»How about *information*? Much or many?«

Ich verstehe immer nur Matsch, offenbar ein sehr wichtiges Wort der englischen Sprache. Werfen die gern mit Matsch, die Engländer, oder essen die vielleicht Matsch? Ach, egal. Ich spüre, wie sich meine Augenlider schließen. Huch, was war das denn? Ein Geräusch hat mich aufschrecken lassen.

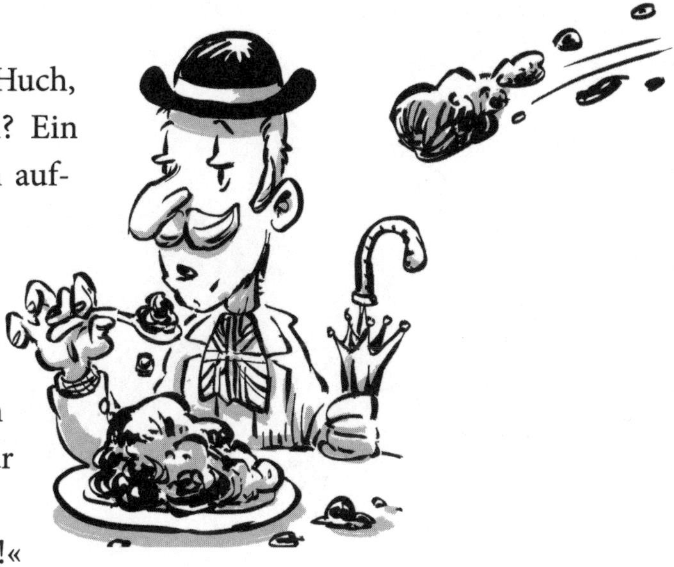

»Please, enter!«, sagt der Lehrer.

Da, noch mal das Geräusch. Ach so, es hat an der Tür geklopft.

»Come in, please!«

Alle starren auf die Tür, sie öffnet sich einen Spaltbreit, ein Kopf schiebt sich herein. Moment mal, diesen Kopf kenne ich doch. Das ist Gustav! Was macht der denn hier?

Er kommt herein und bleibt neben dem Lehrerpult stehen.

»Äh … Verzeihen Sie bitte die Störung«, sagt er. »Ich komme von St. Fidibus. Es ist wegen Lilly.«

Er wirft mir einen kurzen Blick zu.

»Sie muss dringend nach Hause«, fährt er fort. »Ihr Onkel … Er hatte einen Unfall. Er ist beim Putzen die Treppe runtergefallen. Es ist nicht dramatisch, aber er ist im Krankenhaus und Lilly müsste ihm ein paar Sachen bringen.«

Wie bitte? Oje, das hört sich ja schlimm an. Ich bin

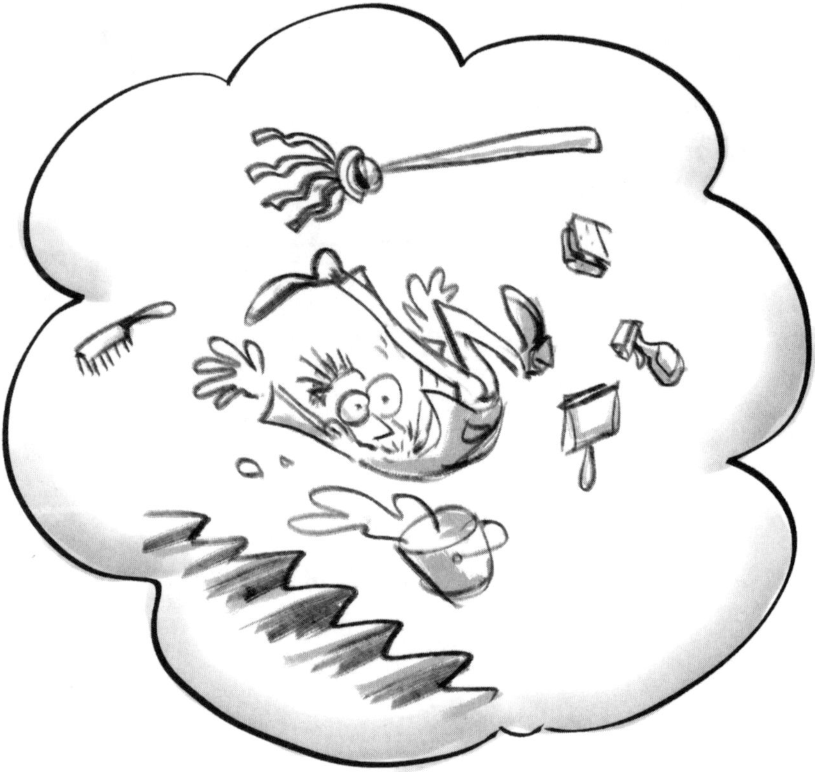

auch schon mal die Treppe runtergefallen und im Krankenhaus gelandet, das ist nicht schön. Armer Onkel Wolfram. Und arme Lilly.

»Oh, das tut mir leid zu hören«, sagt der Lehrer. »Natürlich kann Lilly gehen.«

Ah, er spricht ja doch nicht nur Englisch.

Ich stehe auf und verlasse mit Gustav zusammen den Raum.

»Wie geht es Onkel Wolfram denn?«, frage ich, als wir draußen sind. »Hat er sich was gebrochen? Wie geht es Lilly? Ist sie …?«

»Keine Sorge!«, unterbricht mich Gustav. »Es ist nichts passiert. Ich musste dich da nur irgendwie rausholen. Komm, die anderen warten auf uns.«

»Wie, rausholen? Wieso denn rausholen? Nicht dass ich etwas dagegen hätte, ich bin ja eh fast wieder eingeschlafen. Die anderen sind auch hier?«

»Ja. Und Lilly ist stinksauer. Mach dich auf etwas gefasst.«

»Sauer? Aber wieso denn jetzt schon wieder? Ich hab doch gar nichts gemacht.«

»Das sieht Lilly etwas anders. Sie ist auf hundertachtzig und will Chiara endgültig plattmachen. Wir konnten sie nicht aufhalten, deshalb sind wir vorsichtshalber mitgekommen. Sie hat das Buch dabei, aber sie kann es nicht öffnen. Aaron vermutet, dass nur der Besitzer es öffnen kann.«

»Ja, so was habe ich auch schon vermutet. Gut, dass es stimmt. Wer weiß, was Lilly alles angerichtet hätte. Wo sind Lilly und Aaron denn jetzt?«

»Sie warten draußen auf uns.«

Ich folge ihm aus dem Schulgebäude auf den Hof. Zwei Minuten später erreichen wir Aaron und Lilly, die hinter einem Baum versteckt auf uns warten.

»Luzie!«, ruft mir eine Amsel vom Baum herunter zu. »Endlich wieder da!«

Oh, Cornibus ist auch hier? Er fliegt herab und setzt sich fröhlich trällernd auf meine Schulter.

Lilly stapft wesentlich weniger fröhlich auf mich zu.

»Kannst du mir mal verraten, was das jetzt wieder sollte?«, sagt sie und hält mir ihr Handy entgegen. »Was fällt dir ein, der ganzen Welt meinen Hintern zu zeigen?«

Oh, Chiara hat das also fotografiert? Damit hatte ich nicht gerechnet – wer fotografiert denn bitte schön nackte Hintern?

»Ich habe mich genau an deine Anweisungen gehalten!«, verteidige ich mich. »Ich habe kein Wort mit ihr gesprochen! Aber sie mit mir! Sie ist mir hinterhergelaufen. Und dann hat sie etwas Fieses über deine … über *unsere* Mutter gesagt. Und das fand ich nicht richtig, deswegen habe ich das gemacht. Bei uns unten ist das die bösartigste Beleidigung, die es gibt. Ich dachte, du bist stolz auf mich.«

»Stolz? Wenn du meinen Hintern der ganzen Welt zeigst?«, fährt Lilly mich an. »Und was soll das überhaupt mit diesen Klamotten? Wieso hast du *das* an?«

»Was denn?«, erwidere ich. »Die waren in deinem Kleiderschrank. Ich dachte, die gefallen dir.«

»Das ist ein hässliches, altes Piratenkostüm«, knurrt

Lilly. »Darin wäre nicht mal ein hässlicher, alter Pirat schick. Das wollte ich eigentlich längst wegschmeißen.«

»Na, dafür kann ich dann aber nichts«, erwidere ich. »Und du warst ja auch nicht gerade dezent bei deiner Klamottenwahl. Bei dir war es aber böse Absicht.«

»Ja. Weil du es verdient hast«, knurrt Lilly. »Was hat diese dämliche Ziege denn über unsere Mutter gesagt?«

»Das möchte ich nicht wiederholen, sonst regst du dich nur noch mehr auf«, antworte ich. »Es war jedenfalls nicht nett.«

»Das sag ich doch die ganze Zeit schon. Chiara ist eine hinterhältige, fiese Schlange. Und jetzt hast du sie ja selbst erlebt. Können wir sie dann bitte endlich in eine Kakerlake verwandeln und platt treten? Ich überlasse dir auch gern den ersten Tritt.«

Ja, das stimmt, ich habe Chiara selbst erlebt. Und ich kann mittlerweile sehr gut verstehen, dass Lilly so sauer auf sie ist. Sie lügt, ist gemein, hinterhältig und alles andere als ein guter Mensch. Aber rechtfertigt das allein, sie in eine Kakerlake zu verwandeln und platt zu treten?

»Okay«, sage ich seufzend. »Dann machen wir das eben.«

Ganz sicher bin ich mir nicht, ob das die richtige Entscheidung ist. Aber ich habe keine Lust mehr, mich mit Lilly darüber zu streiten. Ich will, dass sie endlich wieder gute Laune hat – egal, in welchem Körper.

»Na also!«, sagt sie strahlend. »Warum nicht gleich so? Dann hätten wir uns dieses ganze Hin und Her sparen können. Und diesen bescheuerten Körpertausch wahrscheinlich auch. Das ist ja nur passiert, weil wir uns um das Buch gekloppt haben. Such doch bitte gleich mal den richtigen Spruch raus, in einer halben Stunde ist nämlich Pause und dann legen wir los.«

»Ich möchte ausdrücklich betonen, dass ich diese Maßnahme nicht richtig finde«, sagt Aaron und reicht mir das Buch. »Aber ihr müsst wissen, was ihr tut, schließlich seid ihr hier die Teufel. Teufel.«

Ich nehme das Buch entgegen und schlage es auf. Oder auch nicht – es lässt sich nicht öffnen.

»Seltsam«, wundere ich mich und schüttele es kräftig. »Wieso geht es nicht auf? Ich bin doch der Besitzer.«

»Hm«, sagt Aaron nachdenklich. »Vielleicht haben wir uns getäuscht und das Buch entscheidet nicht nach Besitzer, ob es benutzt werden will, sondern danach, was derjenige damit vorhat. In diesem Fall würde das bedeuten, dass es mit eurer Kakerlakenlösung vielleicht nicht einverstanden ist. Ein sehr schlaues Buch, offenbar. Offenbar.«

Uff! Ich hoffe, Lilly merkt es mir nicht an, aber irgendwie bin ich sehr erleichtert, dass sich das Buch nicht öffnen lässt – wirklich wohl habe ich mich mit der Kakerlakenlösung nämlich nicht gefühlt.

»Blödsinn, schlaues Buch«, sagt Lilly. »Bücher sind doch nicht schlau, sie machen höchstens schlau. Gib mal her, das Ding.«

Sie reißt mir das Buch aus der Hand und zerrt mit aller Kraft am Buchdeckel.

»Jetzt geh schon auf, du blödes Buch!«, knurrt sie.

»Ich wäre an deiner Stelle vorsichtig«, sagt Gustav. »Du weißt doch, was Cornibus gesagt hat: Das Buch beißt.«

»Was, echt?«, sage ich verwundert. »Das wusste ich noch gar nicht.«

»Buch Cornibus beißen«, sagt die Amsel auf meiner Schulter. »In Popo. Nicht gut. Böses Buch. Sehr böses Buch.«

»Dieses Buch ist weder schlau noch böse«, knurrt Lilly. »Es ist nur total verklemmt. Aber so schnell gebe ich nicht auf.«

Sie feuert das Buch mit aller Wucht auf den Boden, es öffnet sich immer noch nicht. Sie springt mit beiden Füßen auf das Buch und trampelt darauf herum. Plötzlich zischen weiße Blitze aus dem Buchdeckel. Lilly wird durch die Luft geschleudert, vollführt einen Salto und landet krachend auf ihrem Hintern – oder besser gesagt: auf *meinem* Hintern.

»Ich sage das jetzt nicht, weil es mir eine Genugtuung ist, sondern weil es meiner festen Überzeugung

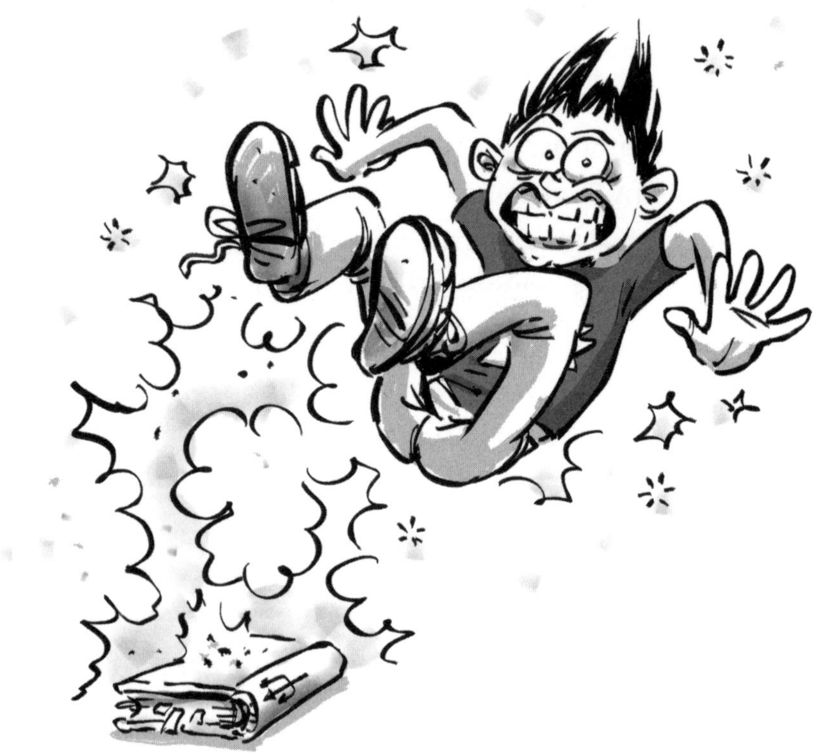

entspricht, dass man Bücher nicht so behandelt«, sagt Aaron. »Geschieht dir recht. Dir recht.«

»Ja, ja«, brummelt Lilly. »Blödes Buch, blödes.«

Aaron hebt das Buch vom Boden auf und wischt mit der Hand den Dreck vom Deckel.

»Ein sehr robustes Buch«, stellt er fest. »Es hat keinen einzigen Knick. Knick.«

Als er das Buch umdreht, um die Rückseite sauber zu machen, öffnet es sich plötzlich.

»Oh!«, sagt Gustav überrascht. »Was ist denn jetzt passiert? Hast du irgendwas gemacht?«

»Nein«, antwortet Aaron. »Aber vielleicht vertraut das Buch mir mehr als unseren teuflischen Geschwistern? Geschwistern?«

Er fängt an, darin herumzublättern.

»Warte!«, sagt Lilly und rappelt sich auf. »Lass mich mit reingucken! Ich sag dir dann, welchen Spruch wir brauchen.«

Als sie hinter Aaron tritt und über seine Schulter schaut, schließt sich das Buch sofort.

»Tut mir leid«, sagt Aaron. »Es ist offensichtlich nicht der Wunsch des Buchs, dass du es liest. Es liest.«

Er geht ein paar Schritte zur Seite und das Buch lässt sich wieder öffnen.

»Probier du es mal«, schlägt Lilly mir vor.

Ich gehe von hinten auf Aaron zu. Als ich nah genug bin, um etwas im Buch erkennen zu können, klappt es zu. Ich entferne mich und es lässt sich wieder öffnen.

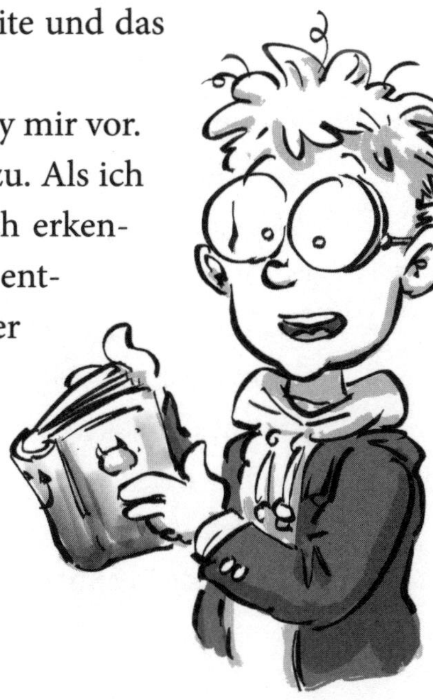

»Das ist der Beweis«, sagt Aaron. »Das Buch möchte, dass *ich* entscheide, auf welche Art und Weise Chiara bestraft wird. Bestraft wird.«

»Das ist total unfair«, brummelt Lilly. »Du stammst überhaupt nicht aus der Hölle. Das spinnt doch, das Buch.«

»Im Gegenteil«, sagt Aaron. »Dafür, dass es aus der Hölle stammt, ist es ein erstaunlich vernünftiges Buch. Und jetzt seid bitte mal für eine Weile ruhig, ich muss mich konzentrieren. Konzentrieren.«

Er entfernt sich ein Stück von uns und blättert durch die Seiten. Ab und zu bleibt er bei einer Seite hängen, liest eine Weile und schüttelt dann den Kopf.

»Oh Mann«, stöhnt Lilly leise. »Wenn das noch länger dauert, fällt Chiara von allein wegen Altersschwäche tot um.«

»Ich glaube, ich habe die perfekte Lösung«, sagt Aaron eine Weile später und wendet sich an Lilly. »Das Problem ist doch, dass Chiara ständig Lügen über dich verbreitet, nicht wahr? Nicht wahr?«

»Ja«, bestätigt Lilly. »Sie lügt, wenn sie nur den Mund aufmacht, die blöde Kuh.«

»Dann wäre es doch nur gerecht, wenn man ihr die eigene, bittere Medizin zu schlucken gibt, stimmt's? Stimmt's?«, sagt Aaron.

»Das heißt, du willst Lügen über sie verbreiten?«, fragt Gustav.

»Das ist ja superlahm«, stöhnt Lilly. »Und dafür hätten wir das Buch auch nicht gebraucht.«

»Jetzt warte doch mal«, sagt Aaron. »Es geht nicht darum, Lügen über sie zu verbreiten. Der Spruch, den ich gefunden habe, ist viel raffinierter. Hier, lest selbst. Selbst.«

Er streckt uns das Buch entgegen. Wir gehen auf ihn zu. Das Buch bleibt offen. Okay. Das bedeutet dann wohl, es ist mit Aarons Wahl einverstanden. Wir versammeln uns um ihn herum und lesen den Spruch.

Das Wuscheln der wehtuenden Wahrheit

Mit beiden Händen fest in die Haare der Zielperson greifen und kräftig kreisförmig wuscheln. Bei Glatzen oder Haarlängen unter zwei Zentimetern mit den flachen Händen einen Trommelwirbel (Mindestdauer zehn Sekunden) auf dem Mittelkopf vollführen. Direkt im Anschluss laut rufen:

Ungewollt und ohne Grund
fällt dir Wahrheit aus dem Mund!

Bewirkt, dass das Zielobjekt für 24 Stunden seine Gedanken/Meinungen/Ansichten ungefragt und ungefiltert von sich gibt.

Anzuwenden bei dringendem Informationsbedarf sowie der aus Eigeninteresse benötigten Zerschlagung von Freundschaften/Ehen und sonstigen lästigen Gemeinschaften.

Achtung: Wahrheit gefährdet die Gesundheit des Zielobjektes und kann zu unvorhergesehenen Schäden an Leib und Seele führen!

»Das ist alles?«, sagt Lilly. »Sie sagt für einen Tag die Wahrheit und das soll ihre Strafe sein? Das klingt aber sehr lahm.«

»Hast du es nicht genau gelesen?«, fragt Aaron. »Sie sagt ungefragt und ungefiltert die Wahrheit. Das bedeutet, sie sagt jedem direkt ins Gesicht, was sie von ihm hält. Und so, wie sie drauf ist, wird das nichts Nettes sein. Damit macht man sich nicht unbedingt Freunde. Jede Wette, danach will niemand aus der Schule noch etwas mit ihr zu tun haben. Tun haben.«

»Also, ich find's gut«, sage ich. »Dadurch zerstört sie sich quasi selbst, das ist doch viel teuflischer, als sie einfach platt zu treten.«

»Ich weiß nicht«, erwidert Lilly skeptisch. »Sie platt zu treten, macht bestimmt viel mehr Spaß.«

»Ach so, es geht hier darum, dass du Spaß hast«, sage ich genervt. »Ich dachte, es ginge darum, Chiara eins auszuwischen, damit sie endlich aufhört, Lügen über dich zu verbreiten.«

»Ja, hast ja recht«, brummelt Lilly.

»Wir könnten es doch einfach mal probieren«, schlägt Gustav vor. »Wenn du danach nicht zufrieden bist, können wir uns immer noch was anderes einfallen lassen. Das mit der Kakerlake hat sich sowieso erledigt, denn das Buch hat offensichtlich etwas dagegen.«

»Okay«, seufzt Lilly. »Dann probieren wir das eben. Aber wie kommen wir an sie ran? Wir können das mit den Haaren und dem Spruch ja schlecht mitten auf dem Schulhof machen.«

»Darum kümmere ich mich«, sagt Gustav. »Ich werde sie irgendwohin locken, wo ihr den Spruch unbeobachtet anwenden könnt, das kriege ich hin. Ihr müsst sie mir nur zeigen, wenn sie zur Pause rauskommt.«

»Das ist kein Problem, die erkennt man schon von Weitem«, sagt Lilly. »Am besten, du lockst sie hinter die Turnhalle, da ist in der Pause niemand.«

»Prima«, sage ich. »Das klingt nach einem guten Plan, so machen wir das.«

Zehn Minuten später klingelt es zur Pause, der Schulhof füllt sich schnell.

»Da ist sie!«, sagt Lilly und zeigt auf Chiara, die gerade aus dem Gebäude kommt. »Die Blonde mit der roten Brille.«

»Alles klar«, sagt Gustav. »Wir sehen uns dann gleich hinter der Turnhalle.«

Er läuft los und wir folgen Lilly in Richtung Turnhalle.

Als wir dort angekommen sind, dauert es nicht lang, bis Gustav kommt – und er hat tatsächlich Chiara im Schlepptau.

»Ah, da ist sie ja«, sagt Chiara mit Blick auf mich. »Moment mal, hast du nicht gesagt, sie wäre in eine Pfütze gefallen und total eingesaut? Das sieht aber nicht so aus.«

»Tja, das war dann wohl gelogen«, sagt Lilly mit einem dämonischen Grinsen in meinem Gesicht. »Aber damit kennst du dich ja aus, mit Lügen, nicht wahr?«

»Wer bist *du* denn?«, fragt Chiara. »Du bist nicht hier auf der Schule, oder? Das wäre mir aufgefallen.«

»Ich bin Lillys Bruder«, sagt Lilly.

»Was? Ha, ha! Das ist ja lächerlich!«, lacht Chiara und wendet sich an mich. »Du hast deinen großen Bruder geholt? Was soll er machen? Mich verprügeln oder so?«

»Nein«, sage ich. »Im Gegenteil. Er findet dich gut und wollte dich unbedingt kennenlernen.«

Lilly wirft mir einen vernichtenden Blick zu.

»Ach so«, sagt Chiara und wird ein bisschen verlegen. »Das ist aber sehr … Also, das freut mich natürlich.«

»Er findet dich sogar ganz besonders gut«, setze ich nach und zwinkere ihr zu. »Nicht wahr, Vitus?«

»Ja«, knurrt Lilly gequält lächelnd. »Ich kann mich kaum beherrschen, so gut finde ich dich.«

»Besonders deine Haare haben es ihm angetan. Angetan«, sagt Aaron.

»Oh … ja … meine Haare …«, stammelt Chiara und wird leicht rot dabei. »Die sind übrigens naturblond.«

Sie wirft ihren Kopf theatralisch nach hinten, sodass ihre Haare durch die Luft wirbeln.

»Und wer bist *du*?«, will sie von Aaron wissen. »Dich habe ich auch noch nie hier gesehen.«

Aaron geht auf sie zu und streckt ihr seine Hand entgegen.

»Ich bin Aaron. Aaron«, sagt er und tritt ihr ans Schienbein.

»Au!«, schreit sie entsetzt auf. »Spinnst du?«

»Das war keine Absicht«, sagt Lilly und hat Mühe, sich dabei ein Grinsen zu verkneifen. »Aaron hat ganz viele Ticks, das ist nur einer davon.«

»Blöder Freak, blöder«, grummelt Chiara und reibt sich das Schienbein.

»Zurück zu uns«, sagt Lilly. »Besser gesagt: zu deinen Haaren. Ich bin total entzückt von deinen Haaren.«

»Hach, das ist lieb, danke«, flötet Chiara. »Deine sehen aber auch nicht schlecht aus. Nur an deinem Klamottengeschmack könnte man noch arbeiten, aber das scheint ja in der Familie zu liegen. Ich kann dich da aber gern beraten. Wollen wir mal zusammen einkaufen gehen?«

»Äh … klar, gern«, sagt Lilly. »Aber erst noch mal zurück zu deinen Haaren. Ich habe noch nie naturblonde, so weich aussehende Haare angefasst. Dürfte ich vielleicht mal kurz?«

»Oh … äh … ja … natürlich«, sagt Chiara und läuft wieder rot an. »Sehr gern. Aber pass bitte auf, dass du sie nicht durchein…«

Zu spät. Lilly hat bereits beide Hände in ihren Haaren versenkt und wuschelt sie wild durcheinander.

»Was … Was machst du da?«, fragt Chiara skeptisch.

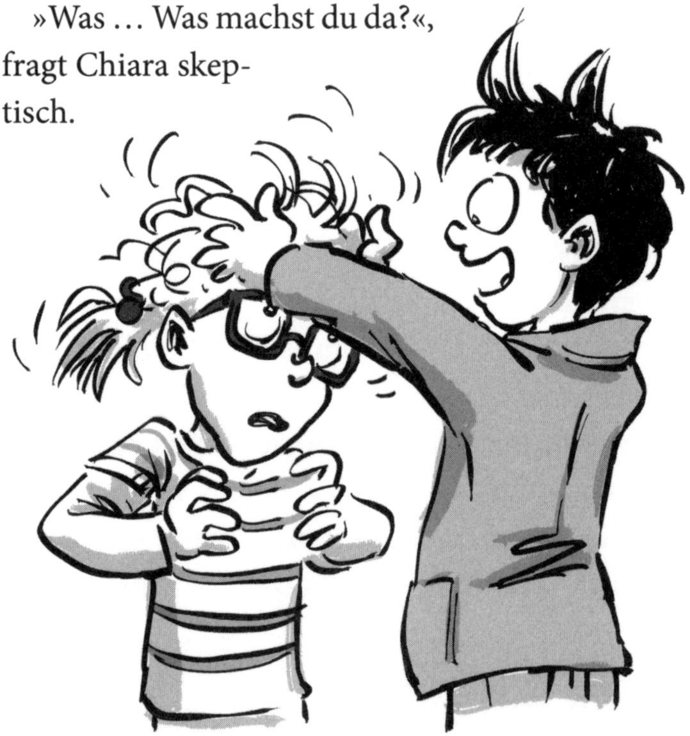

»Keine Sorge«, antwortet Lilly. »Ist gleich vorbei.«

»Was ist gleich vor…?«

»Ungewollt und ohne Grund fällt dir Wahrheit aus dem Mund!«, ruft Lilly, während sie die Hände von Chiaras Kopf nimmt.

Wir starren alle gespannt auf Chiara. Sie kneift dreimal fest die Augen zusammen, mehr passiert aber nicht.

»Was glotzt ihr denn so blöd?«, motzt sie uns an. »Und du! Wer hat gesagt, du sollst aufhören, meine Haare anzufassen? Mach gefälligst weiter, das war schön! Meine Mutter fasst nie meine Haare an! Ich hasse meine Mutter! Und das sag ich ihr auch gleich nachher!«

Wir gucken uns an, immer noch nicht komplett sicher, ob der Spruch funktioniert hat.

»Hat Lilly Läuse?«, fragt Lilly.

»Was? Nein, natürlich hat Lilly keine Läuse!«, erwidert Chiara. »Das hab ich nur erfunden, um mich an ihr zu rächen!«

»Rächen? Wieso denn rächen?«, fragt Lilly verwundert. »Ich hab doch … Lilly hat dir doch gar nichts getan.«

»Doch! Sie wollte nicht mit mir befreundet sein! Dabei habe ich ihr ganz deutlich gezeigt, dass sie gern meine Freundin sein darf!«

»Was? Wann soll das denn gewesen sein?«, fragt Lilly verwundert.

»Im Bus!«, sagt Chiara und sieht mich vorwurfsvoll an. »Beim Schulausflug! Der Platz neben mir war frei und ich habe extra meine Tasche weggenommen, als du vorbeigelaufen bist! Zweimal sogar, auf dem Rückweg auch! Aber du hast dich einfach woanders hingesetzt! Das war voll gemein! Und verletzend!«

»Wie bitte, was?«, fragt Lilly fassungslos. »Und deswegen startest du gleich die größte Mobbingaktion der Weltgeschichte? Ich ... äh, Lilly kannte dich doch bei dem Schulausflug noch gar nicht! Und nur, weil du, ohne einen Ton zu sagen, deine Tasche wegnimmst, ist das noch lange keine offensichtliche Freundschaftsanfrage! Und vielleicht hat sie sich auch deshalb nicht neben dich gesetzt, weil ihr im Bus immer schlecht wird, wenn sie nicht am Fenster sitzt! Hast du über so was überhaupt nur einmal nachgedacht? Dass sich nicht alles, was andere machen oder nicht machen, um dich dreht?«

»Nö, wieso sollte ich? Wenn mich zu Hause schon niemand beachtet, soll sich wenigstens woanders alles um mich drehen. Und warum auch nicht? Ich bin schließlich megatoll! Und wunderschön! Und die allerbeste Freundin, die man sich wünschen kann!«

»Verstehe«, sagt Aaron leise zu Gustav. »Bei der ungewollt ausgesprochenen Wahrheit handelt es sich um die gefühlte Wahrheit, nicht die tatsächliche. Tatsächliche.«

»Was quatscht der Zwerg da?«, sagt Chiara pampig in Aarons Richtung.

»Das ist kein Zwerg, das ist Aaron«, knurrt Lilly. »Soll er sich dir noch mal vorstellen?«

»Was? Nein, auf diesen Wicht kann ich verzichten, ich habe genug Freunde. Und zu denen gehe ich jetzt auch, die wissen mich wenigstens zu würdigen.«

Sie dreht sich um und stapft zurück in Richtung Schulhof.

Lilly gibt uns das Zeichen, ihr zu folgen.

Als wir wieder den bevölkerten Teil des Schulhofs erreichen, erhebt Chiara ihre Stimme.

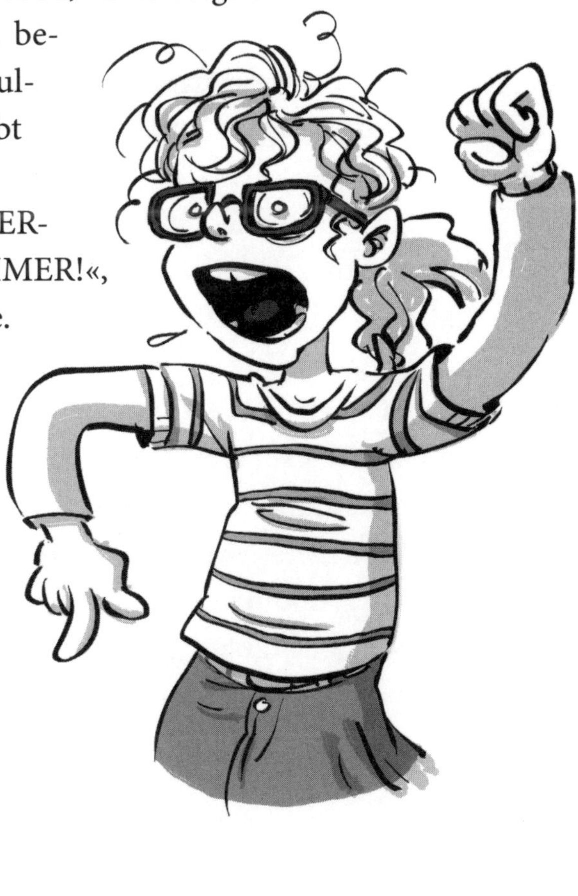

»HEY, IHR MINDERWERTIGEN MÜLLEIMER!«, brüllt sie in die Menge. »ICH BIN WIEDER DA! SAGT MIR, WIE SEHR IHR MICH VERMISST HABT!«

Natürlich erntet sie dafür nur verständnislose Blicke und Kopfschütteln.

»AUS DEM WEG, IHR SCHMEISSFLIEGEN!«, brüllt Chiara und schubst dabei ein paar Leute weg. »WER VON EUCH KAKERLAKEN BRINGT MIR EINE FLASCHE WASSER? EURE KÖNIGIN HAT DURST!«

»Na also«, sagt Gustav grinsend. »Jetzt haben wir doch noch was mit Kakerlaken.«

»HÖRT IHR NICHT? ICH BRAUCHE WASSER! SOFORT!«

Ein älterer Schüler geht mit einer Flasche Wasser auf Chiara zu.

»Was du ganz dringend brauchst, Kleine, ist eine Abkühlung«, sagt er und kippt den Inhalt der Flasche über ihrem Kopf aus.

Der komplette Schulhof fängt an zu lachen, um Chiara herum bildet sich eine Menschentraube, unzählige Handy-Kamera-Auslöser sind zu hören.

»WAS? NEIN, HÖRT AUF! MEINE WUNDERSCHÖNEN HAARE! IHR DÜRFT EURE KÖNIGIN NICHT SO FOTOGRAFIEREN, IHR WERTLOSEN MISTBEULEN!«

»Verdammt, ich sehe nichts«, sagt Gustav. »Sieht sie richtig schön bescheuert aus?«

»Keine Sorge«, sagt Lilly grinsend. »Das kann ich dir in spätestens zwei Minuten auf meinem Handy zeigen.«

Wir lachen.

»Bist du zufrieden mit deiner Rache?«, frage ich Lilly.

»Oh ja«, sagt sie lächelnd. »Nach diesem Tag wird sie garantiert niemanden mehr mobben. Und sie ist auch viel lustiger als eine platt getretene Kakerlake. Danke, dass du mich davon abgehalten hast, Bruderherz.«

»Na ja, alleine hab ich das ja nicht unbedingt geschafft«, sage ich mit Blick auf Aaron und Gustav.

»Ich weiß«, sagt Lilly und zieht uns alle drei zu sich heran. »Ihr seid die Allerbesten! Tut mir leid, dass ich in den letzten Tagen so ein Biest war.«

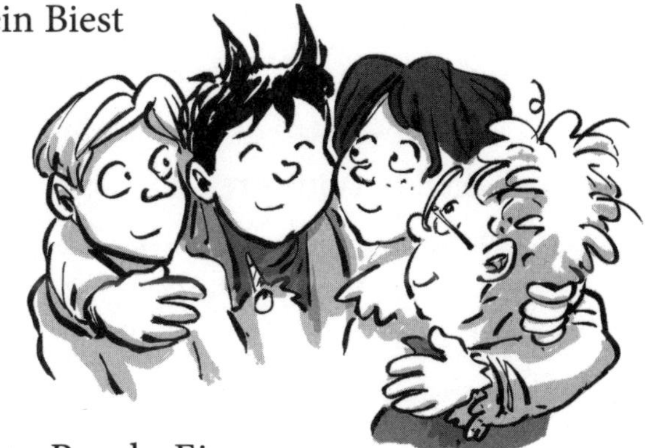

Sie drückt uns eine Weile fest an sich, dann lässt sie wieder los.

»So, und jetzt gehen wir ins Dorf«, sagt sie. »Ich gebe eine Runde Eis aus. Das heißt, Luzie gibt eine Runde Eis aus, ist ja sein Geld.«

»Äh … muss ich nicht zurück in den Unterricht?«, frage ich.

»Nein«, sagt Lilly bestimmt. »Wenn wir schon alle schwänzen, dann kannst du auch mitschwänzen. Und so kriegen wir wenigstens beide Ärger, egal, wer in welchem Körper steckt.«

Stimmt, da war ja noch was. Den Körpertausch hatte ich in den letzten Minuten fast schon vergessen.

»Wie viel Zeit haben wir noch?«, frage ich.

»Ziemlich genau vier Stunden. Stunden«, sagt Aaron.

»Dann lasst uns doch versuchen, erst in ziemlich genau vier Stunden wieder daran zu denken«, schlägt Lilly vor. »Ändern können wir offenbar sowieso nichts daran. Was ist deine Lieblings-Eissorte, Luzie?«

»Schoko«, antworte ich.

»Sehr gut. Dann kriegt dein Körper gleich so viel Schokoladen-Eis, wie reinpasst!«

»Cornibus auch Schlotzolade-Eis?«, zwitschert die Amsel, die über uns kreist.

»Ja«, sagt Lilly lachend. »So viel du willst!«

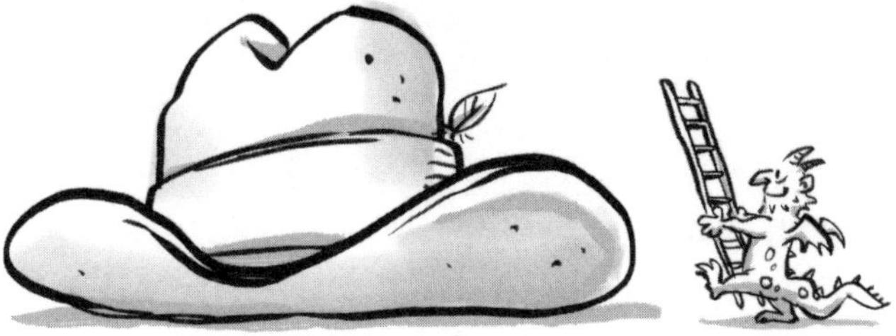

An den Hut

»Hier ist noch eins!«, sagt Lilly grinsend und hält uns das Handy entgegen. »Da schreit sie unseren Direktor an.«

Wir gucken uns das Video an und lachen. Das ist mittlerweile schon das achte oder neunte Video, das Lilly geschickt bekommen hat.

»Aua!«, sage ich und halte mir den Bauch. »Bitte keins mehr, lachen tut so weh mit vollem Bauch!«

Wir haben uns ordentlich mit Eis vollgestopft, selbst Cornibus kann nur noch als Katze auf dem Bett liegen und alle viere von sich strecken.

Als wir zurückgekommen sind, hat uns gleich der Hasenfuß abgefangen. Es gab zwei Wochen Küchendienst als Strafe fürs Schwänzen für Aaron, Gustav und Lilly – oder für mich, falls doch noch etwas passiert. Diese Strafe würde ich aber gern auf mich nehmen, wenn ich dafür wieder in meinem eigenen Körper stecke. Wir erholen uns langsam von unserem Lachanfall. Niemand sagt etwas, alle schweigen stumm vor sich hin.

»Wie viel Uhr ist es?«, fragt Lilly schließlich. »Es ist bald so weit, oder?«

»Ja«, sagt Gustav. »Es sind …«

»Noch eine Minute und zehn Sekunden!«, ertönt plötzlich eine tief donnernde Stimme, die den ganzen Raum erfüllt.

Wir zucken erschreckt zusammen und blicken uns um.

»Schon so spät?«, sage ich. »Das ging aber schnell jetzt.«

»Verdammt, woher kommt denn diese verfluchte Stimme?«, fragt Lilly, und sie ist nicht die Einzige, die sich das fragt.

»Die Quelle ist nicht auszumachen«, stellt Aaron fest. »Sie ist überall und nirgends. Nirgends.«

»Tja, dann wird es jetzt wohl ernst«, sagt Lilly und sieht mich an. »Was machen wir denn, wenn das so bleibt?«

»Dann müssen wir uns wohl damit abfinden«, antworte ich.

Wir stehen beide auf, weil wir zu nervös zum Sitzen sind.

»Wie bringen wir das bloß Onkel Wolfram bei?«, fragt Lilly. »Das wird ihm gar nicht gefallen.«

»Wir sagen es ihm am besten so schonend wie möglich und alle zusammen«, schlage ich vor.

»Was ist mit euch?«, wende ich mich an Aaron und Gustav. »Kommt ihr damit klar?«

»Komisch wird es schon sein«, sagt Gustav. »Aber ich mag euch ja schließlich beide gleich gern, von daher macht es letztendlich keinen Unterschied.«

»Das sehe ich genauso«, sagt Aaron. »Ihr seid meine Freunde, egal in welchem Körper. Körper.«

»Noch dreißig Sekunden!«

»Das ist schön zu wissen«, sage ich zu Aaron und Gustav und wende mich an Lilly. »Ich verspreche dir, dass ich gut auf deinen Körper aufpassen werde. Vielleicht kriegt Papa das ja doch noch hin, wenn seine Finger wieder wärmer sind.«

»Ich passe auch gut auf deinen auf«, sagt Lilly. »Wahrscheinlich besser als du selbst. Auf jeden Fall wird er öfter geduscht.«

Wir lachen beide kurz auf, aber so richtig zum Lachen ist uns nicht.

»Noch zwanzig Sekunden!«

»Halt die Klappe!«, ruft Lilly an die Decke. »Wir können selbst zählen!«

»Irgendwie habe ich das Gefühl, diese Stimme schon mal gehört zu haben«, sage ich.

»Ja, das ging mir eben auch kurz so«, sagt Lilly. »Aber ich komm nicht drauf, wo das gewesen sein könnte.«

»Noch zehn Sekunden! Neun! Acht! Sieben!«

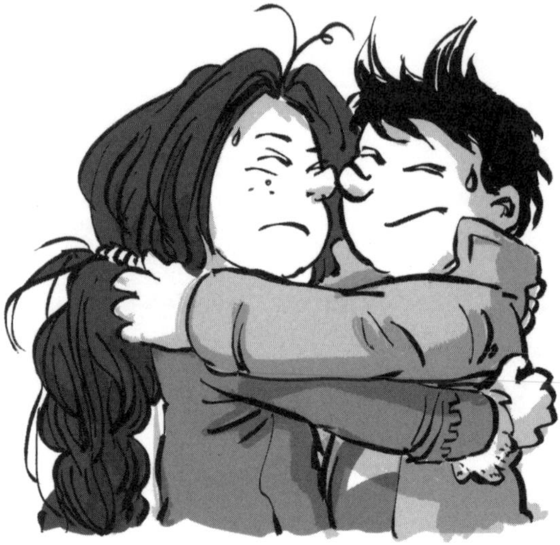

Lilly sieht mich an. Dann schließen wir beide die Augen und drücken uns gegenseitig ganz fest.

»Sechs! Fünf! Vier! Drei! Zwei! Eins!«

Die Stimme verstummt. Wir drücken uns immer noch fest aneinander. Nichts passiert. Wir lösen uns voneinander, ich öffne die Augen und sehe … Lilly!

»Es … Es ist vorbei!«, stammelt sie. »Ich bin … Ich bin wieder in meinem Körper! Du auch?«

»Ja«, sage ich. »Oder?«

Ich schaue an mir herunter und sehe die schrecklichen Klamotten.

»Es ist vorbei!«, juble ich. »Einfach so! Oder hast du irgendwas gemerkt?«

»Nein«, antwortet Lilly. »Aber das ist mir so was von egal! Wir sind wieder zurück in unseren Körpern! Oh, ist das schön!«

Wir umarmen uns wieder und springen überglücklich auf und ab.

»Nicht mehr Lully?«, fragt Cornibus vom Bett aus. »Cornibus froh! War sehr verflirrend!«

»Allerdings, das war es«, sagt Gustav lachend. »Schön, dass ihr wieder da seid, wo ihr hingehört!«

»Das finde ich auch. Auch«, sagt Aaron.

»Das ist ja gerade noch mal gut gegangen, Bruderherz«, sagt Lilly und umarmt mich noch einmal.

»Oh ja«, stimme ich ihr zu.

Ich beuge mich ganz dicht an ihr Ohr und senke meine Stimme.

»Und keine Sorge«, flüstere ich. »Dein Geheimnis ist bei mir sicher.«

»Geheimnis?«, flüstert sie zurück. »Was meinst du?«

»Du weißt schon. Dass bei dir was fehlt.«

»Was fehlt? Was meinst du?«

»Na, in der Mitte«, flüstere ich. »Das Ding zum Pinkeln. Das fehlt doch bei dir.«

Lilly fängt laut prustend an zu lachen. Sie lässt mich los, lässt sich auf den Boden sinken und kriegt sich überhaupt nicht mehr ein vor Lachen.

»Was ist denn so lustig?«, fragt Gustav und fängt an zu kichern.

»Das würde mich auch interessieren«, sagt Aaron glucksend. »Was hast du zu ihr gesagt? Gesagt?«

»Er hat … Er hat gesagt …«, keucht Lilly zwischen zwei Lachanfällen. »Er hat gesagt, bei mir … bei mir fehlt das Ding zum Pinkeln! Ha, ha, ha!«

Aaron und Gustav prusten ebenfalls laut los und lie-

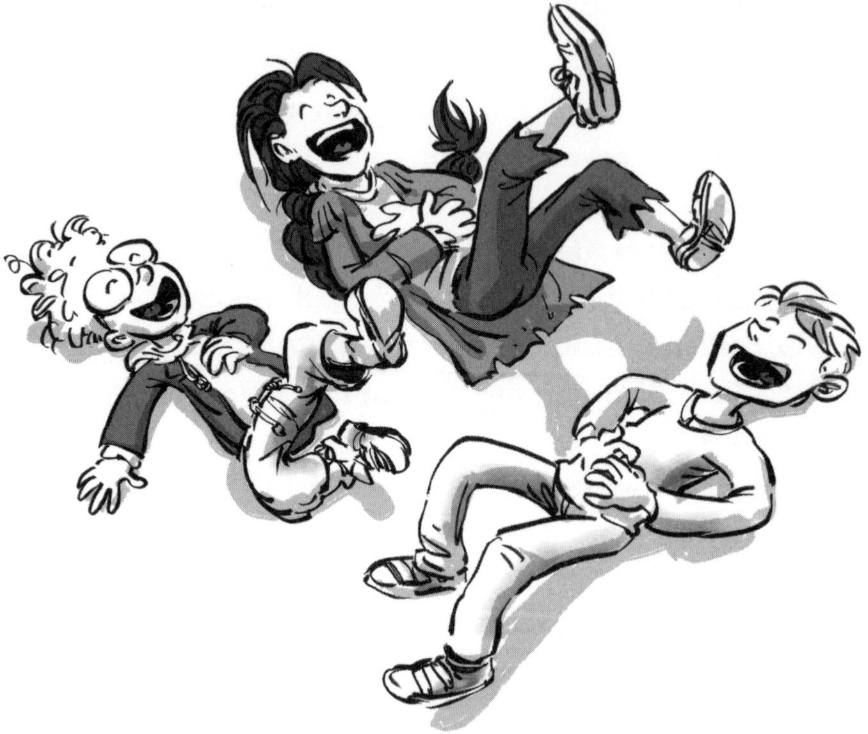

gen im nächsten Moment brüllend vor Lachen neben Lilly auf dem Boden.

»Was denn?«, frage ich verdutzt. »Was ist denn daran so lustig?«

»Das erklären … wir dir … irgendwann mal … in einer ruhigen Minute!«, grölt Lilly. »Hilfe! Ich kann nicht mehr! Ich sterbe gleich vor Lachen!«

Auch wenn ich nicht genau weiß, was da gerade so lustig ist – ich kann nicht anders und muss mitlachen. Wir kringeln uns noch eine gefühlte Ewigkeit zusammen auf dem Boden, bis der Lachanfall endgültig vorbei ist.

»Alles klar«, sagt Lilly und rappelt sich vom Boden auf. »Jetzt, wo alles wieder okay ist, habe ich eigentlich nur noch einen einzigen Wunsch: Ich will raus aus diesen bescheuerten Klamotten.«

Sie geht zur Tür und öffnet sie.

»Wir sehen uns morgen, Jungs«, sagt sie.

»Warte, ich komme mit«, sagt Gustav.

»Ich auch. Tschüs, Luzie. Luzie.«

Die drei verlassen mein Zimmer. Ich atme tief durch. Puh, das waren zwei sehr anstrengende Tage. Gut, dass das alles vorbei ist.

»Luzie Cornibus streicheln? Cornibus Luzie vermisst.«

»Ja, gleich, Cornibus«, sage ich. »Lass mich nur auch erst diese fiesen Klamotten loswerden.«

Ich ziehe mich aus und stopfe die Klamotten direkt in den Mülleimer. Ich gehe an meinen Kleiderschrank, öffne die Tür und … falle vor Schreck fast um! Da steht ein Mann in meinem Schrank! Ein alter Mann! Was zum Teufel ist denn jetzt schon wieder los?

»Hallo, Luzie«, sagt der Mann grinsend und tritt aus dem Schrank.

Ich trete ein paar Schritte zurück. Ich kenne diesen Mann nicht. Aber er kennt offenbar mich.

»Wer … Wer sind Sie?«, frage ich verwirrt. »Und was machen Sie in meinem Schrank?«

»Was denn?«, erwidert er. »Erkennst du etwa deinen

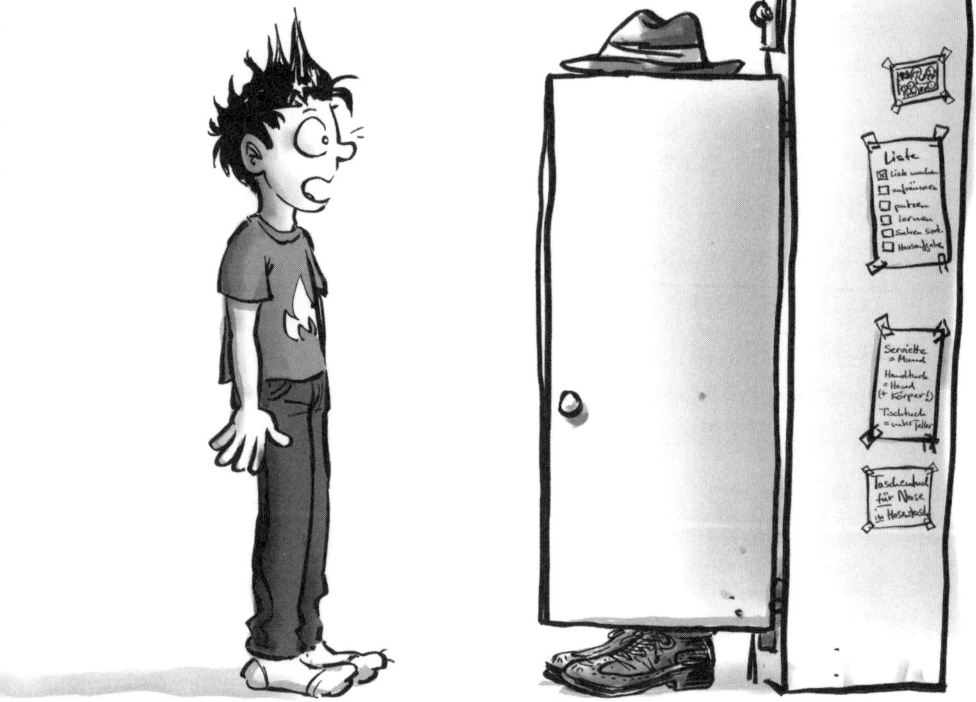

eigenen Opa nicht mehr? Ha, ha! Nur ein Witz! Wie sollst du mich denn erkennen? Du hast mich ja noch nie gesehen!«

Wie jetzt? Das ist mein Opa? Der CEO? Ich fasse es nicht.

»Opa? Aber … Aber … Was machst du denn hier?«

»Du bist manchmal ganz schön schwer von Begriff, nicht wahr? Warte, ich helfe dir auf die Sprünge. Noch fünf Minuten und zehn Sekunden!«

Die Stimme! Das ist die Stimme des Countdowns! Sie

kam mir gleich so bekannt vor! Ich habe sie unten in der Hölle schon einmal gehört! Aber was …? Aber wie …? Warum …?

»Warst du das etwa mit dem Körpertausch?«, frage ich fassungslos.

»Klar, wer denn sonst?«, antwortet er grinsend. »War lustig, oder?«

»Nein, war es nicht!«, fahre ich ihn an. »Das war überhaupt nicht lustig! Was sollte das denn?«

»Ich dachte, es könnte nicht schaden, wenn meine beiden streitenden Enkel mal eine Weile in der Haut des jeweils anderen stecken. Das ist eine sehr wichtige Erfahrung für die Zukunft. Betrachtet es als kostenlose pädagogische Maßnahme.«

Wie bitte, was? Der spinnt wohl. Was bildet der sich ein? Lässt sich unser ganzes Leben lang nicht blicken und jagt uns dann eine Riesenangst ein? Das macht mich gerade sehr sauer.

»Und das hättest du uns nicht einfach sagen können?«, fahre ich ihn an. »Oder besser noch: uns vorher fragen, ob wir das überhaupt wollen?«

»Ach, dann wäre es doch nicht so spannend gewesen«, sagt er grinsend.

»Und was sollte denn dieser Mist mit dem Countdown?«, setze ich nach. »Du hättest das doch jederzeit beenden können, oder?«

»Natürlich. Aber das wäre doch langweilig gewesen. Der Countdown war für den dramatischen Effekt.«

»Den kannst du dir *an den Hut* stecken, deinen dramatischen Effekt!«, motze ich ihn an. »So was macht man einfach nicht, Leuten absichtlich Angst einjagen! Schon gar nicht der eigenen Familie!«

»Ha, ha, der war gut!«, sagt er lachend. »Du weißt aber schon, was dein Vater beruflich macht, oder?«

»Ja, der macht das beruflich!«, erwidere ich. »Und nicht nur einfach mal so aus Spaß!«

»Oh ja, Spaß hatte ich tatsächlich eine ganze Menge«, sagt er grinsend.

»Schön für dich! Dann kannst du ja jetzt wieder abhauen! Du weißt ja, wo der Schrank ist!«

»Nö«, sagt er.

»Wie, nö? Was soll das heißen, nö?«

»Ganz einfach«, antwortet er und legt sich auf mein Bett. »Ich bleibe hier!«

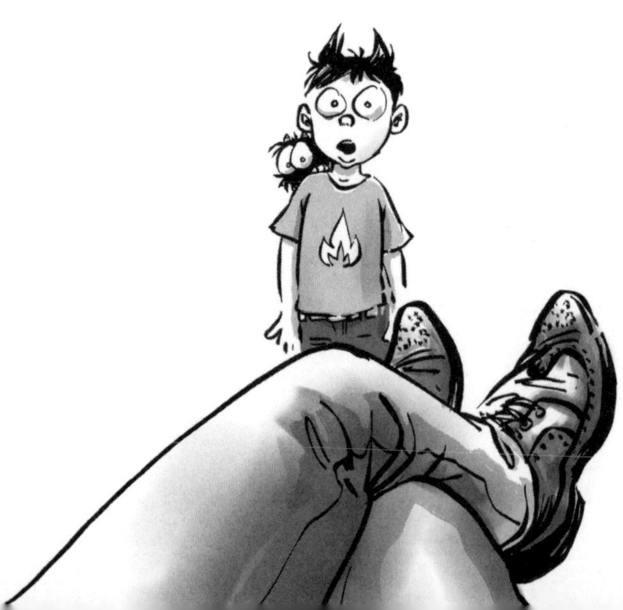

Währenddessen in der Hölle …

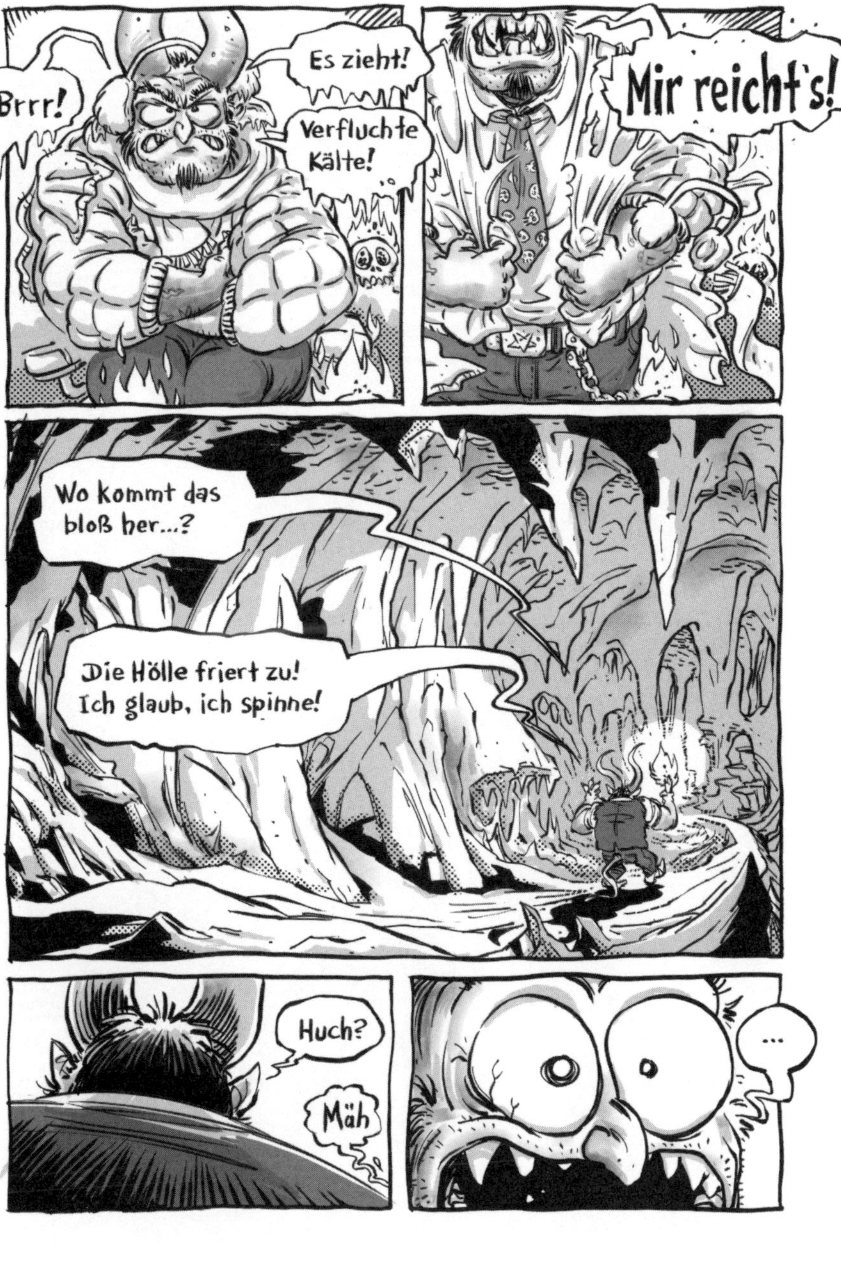

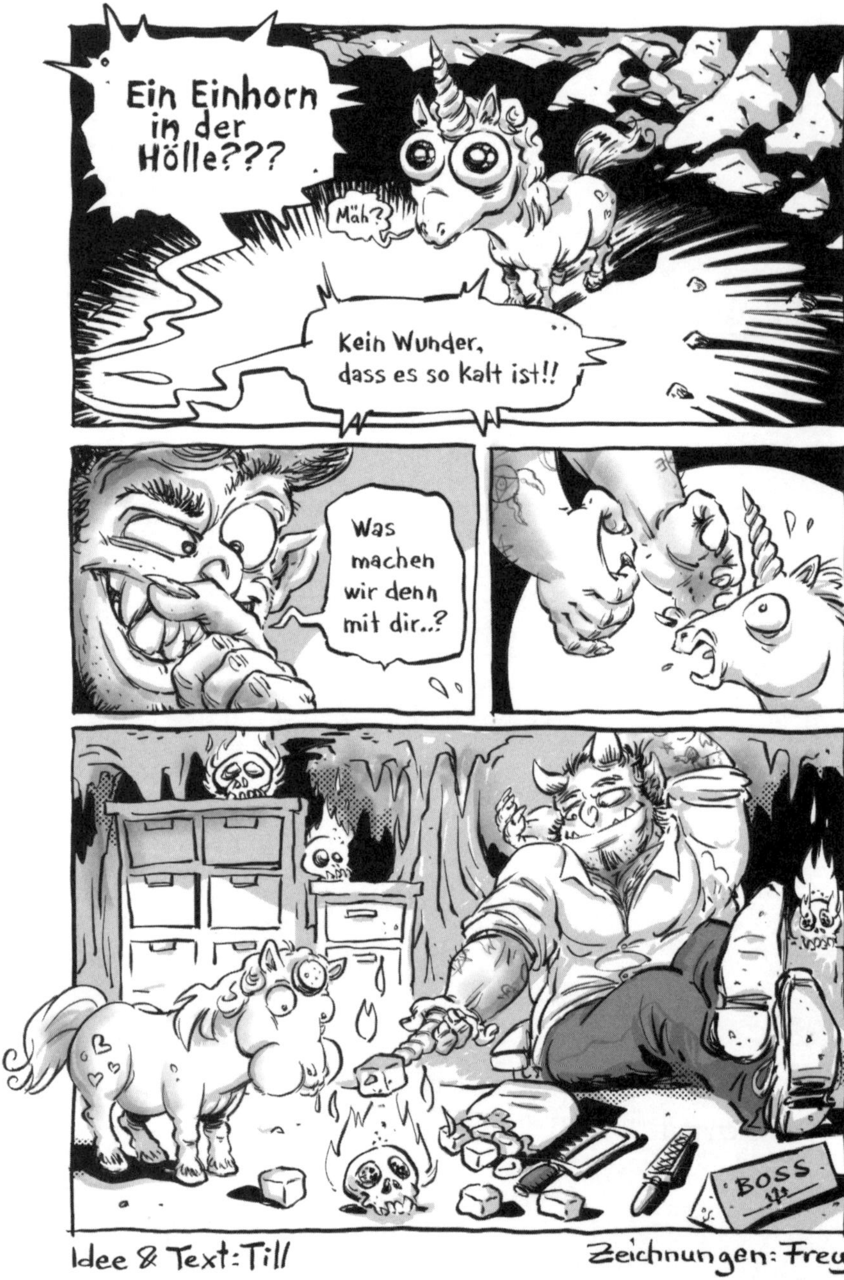

Idee & Text: Till

Zeichnungen: Frey

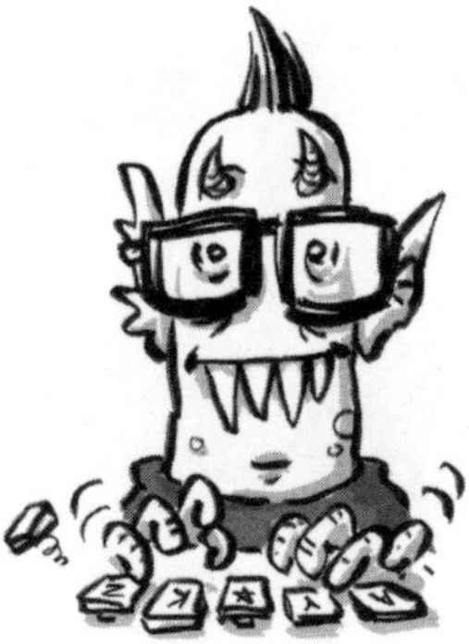

Jochen Till, geboren 1966 in Frankfurt/M., sitzt seit nunmehr zwanzig Jahren in der Hölle in Abteilung 66 (Schriftsteller und andere Lügenerfinder), von Luzifer höchstpersönlich dazu verdonnert, Kinder- und Jugendbücher zu schreiben. Was der Teufel allerdings nicht weiß: Er fühlt sich pudelwohl dort unten und hat höllischen Spaß dabei.

Raimund Frey, geboren 1982 in Isny im Allgäu, zeichnete bereits im zarten Alter von fünf Jahren seine erste Kuh. Luzifer hielt das Bild für ein äußerst gelungenes Porträt von sich selbst und holte Raimund sofort in die Hölle. Seitdem sitzt er dort und malt alles, was der Teufel von ihm verlangt. Und wenn der Chef gerade nicht hinguckt, zeichnet Raimund heimlich ganz viele Dinosaurier.

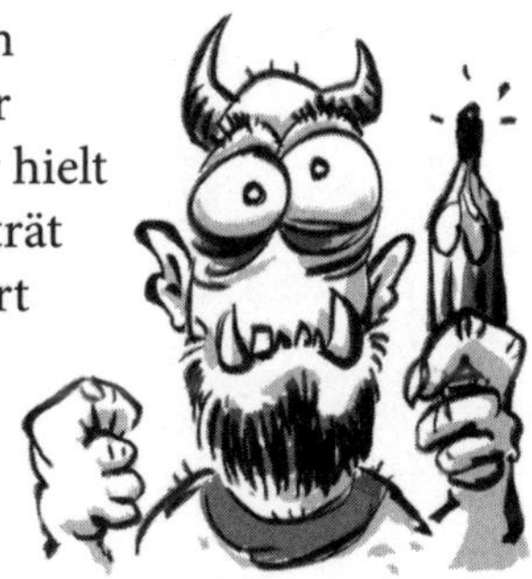

Höllisch gute Produkte zu Luzifer junior findet ihr hier:

www.luziferjunior.shop

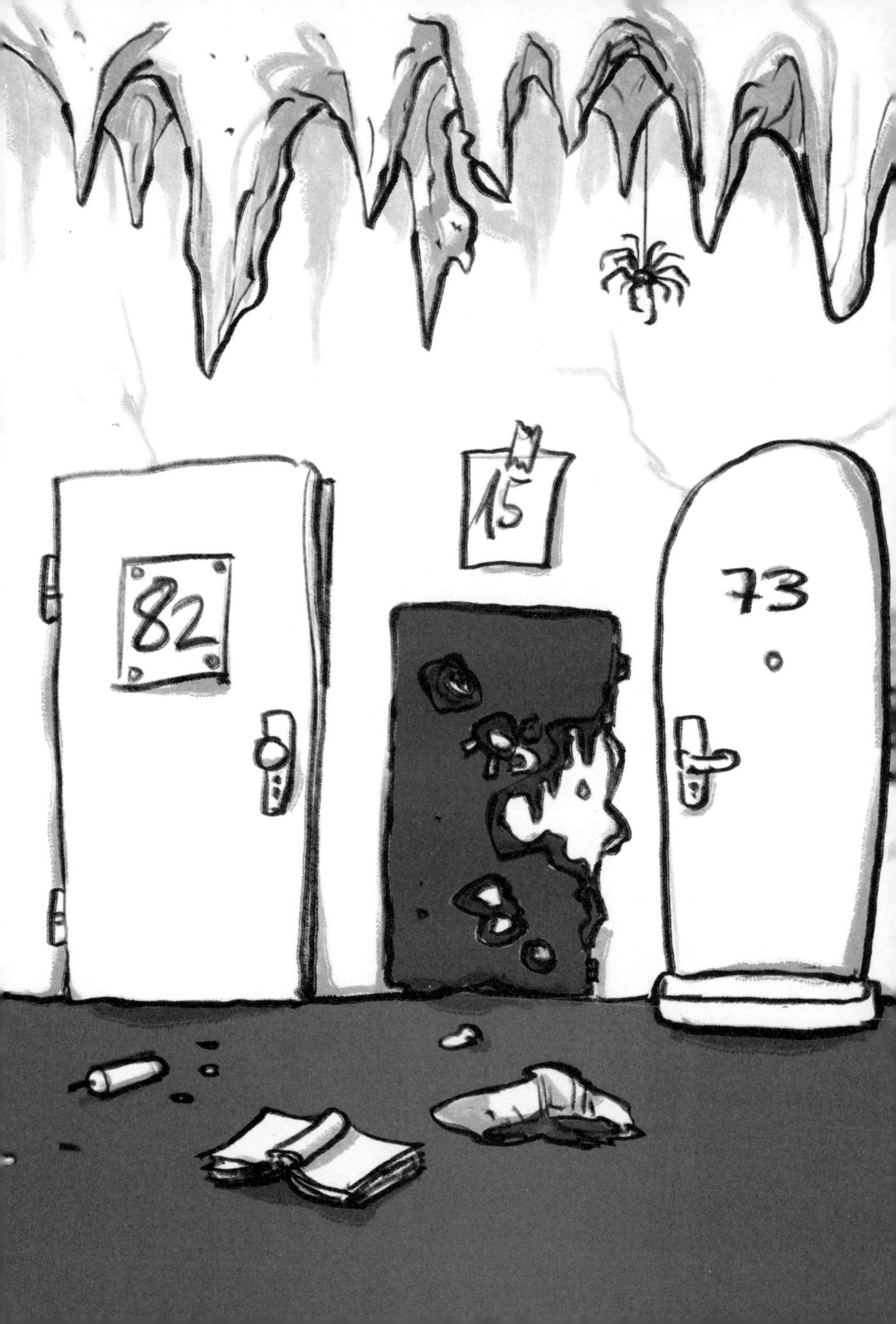
15
82
73